KB042846

# 남북 화해와 민족 통일

# 남북 화해와 민족 통일

남북 화해와 민족 통일 | 전국대학북한학과협의회 엮음

유호열 안영섭 류길재 박순성 최대석 김수민 강원식 백영옥 지음

을유문화사

# 머리말

지난 20세기는 격동의 시대였고 특히 우리 민족은 많은 시련을 겪었던 시기였다. 일제의 식민지 시대를 벗어나자 곧이어 한반도는 두 쪽으로 나뉘고 동족간의 전쟁을 치르면서 분단의 골을 깊어질 대로 깊어졌다. 1990년대 탈냉전시대가 도래했지만 한반도에는 여전히 냉전체제가 지속되고 있으며 갈라진 민족간의 대립과 반목은 사라지지 않고 시간이 지날수록 상호 무관심과 이질성은 깊어만 갔다. 그러나 2000년 6월 13일 김대중 대통령이 분단의 장벽을 넘어 평양 순안공항에 도착하여 김정일 국방위원장과 뜨거운 악수를 나누는 장면은 새 천년 7,000만 우리 민족에게 잊을 수 없는 감격과 환희를 안겨 주었다.

과거 전쟁과 분단이 우리 민족에게 깊은 상처를 안겨 주었듯이 이제 새로운 화해와 협력 그리고 통일의 시대를 열어나감에 있어 더욱 많은 과제와 어려움들이 우리 앞에 닥쳐올 것이다. 우리 모두는 뜨거운 가슴과 냉철한 머리로 힘과 지혜를 모아 민족의 화해와 평화적 통일이라는 역사적 사명을 완수해야 할 것이다.

이러한 시대적 요청에 부응하고자 북한학과가 개설된 대학의 교수들의 모임인 '전국대학북한학과협의회'가 통일부로부터 교재개발연구비를 지원받아 그 결과를 두 권의 단행본으로 출판하게 되었다.

이 책은 남북 화해 시대를 맞아 민족 통일의 길을 모색하는 데 목적을 두고 있다. 따라서 급변하는 남북관계 및 한반도 주변정세에 대하여 각 분야별로 현황과 문제점 및 향후 전망을 심층적으로 분석하였고 동시에 그 동안 강단에서 북한 및 통일문제를 강의했던 경험들을 토대로 내용을 이해하기 쉽게 체계적으로 정리하였다. 기본적으로 이 책은 학부과정의 일반교양과정과 북한학과의 전공과목 교재용으로 만들어졌으나 대학원 관련 과정의 입문서 또는 일반 사회통일교육의 기본 교재로도 사용될 수 있도록 내용상 난이도를 조절하였다.

끝으로 물심양면의 지원을 아끼지 않았던 통일부 박재규 장관님을 비롯한 통일교육원의 관계자 여러분들에게 깊이 감사드린다. 아울러 각 장의 집필을 맡아 주신 여러 교수들과 출판과정에 많은 수고를 한 동국대학교 대학원 석사 과정의 이상숙 양의 노고에 감사하며 이 책의 출판을 기꺼이 맡아 준 을유문화사 정진숙 회장님과 권오상 과장님 그리고 편집진들에게도 고마움을 전하고 싶다.

2001년 3월

전국대학북한학과협의회 회장　강성윤

| 제1장 |

# 한반도 분단 체제의 변화와 통일 시대

유호열(고려대 북한학과)

목　　표: 이 장에서는 한반도 분단 체제의 형성 배경과 분단의 결과를 살펴보고 새로운 통일시대를 개막하기 위한 김대중 정부의 대북 포용정책의 성과를 개괄적으로 검토함으로써 향후의 과제들을 제시하고자 한다.

주 안 점: 분단 체제의 형성과 관련한 국제적 요인과 국내적 요인, 민족간 전쟁의 후유증과 분단 고착을 통해 구축된 분단 체제, 김대중 정부의 대북 포용정책과 6·15 정상회담 이후 조성된 화해협력의 분위기와 통일시대 개막에 주안점을 두고자 한다.

핵심개념: 분단 체제의 형성과 변화, 대북 포용정책, 한반도 평화체제, 통일시대.

## 1. 서론

남북이 분단된 지 55년, 한국전쟁 발발 50년, 남북한은 분단과 전쟁, 그리고 재분단의 반세기 세월을 보냈다. 반만 년 배달겨레로, 그리고 1,000년 이상 한반도에 단일민족국가를 구성하며 살아오던 우리 한민족은 분단으로 대립과 반목이 격화되었고, 전쟁 중에 상호 엄청난 증오와 적대감을 키워나갔으며, 그리고 전쟁 후 남북한은 극심한 후유증에 시달리면서 상대방에 대한 분노와 복수심으로 서로를 부정하며 적대적 경쟁관계를 유지하여 왔다. 휴전체제의 불안정한 질서 속에 양측은 휴전선을 사이에 두고 백만 이상의 중무장한 정규군이 대치하고 있으며 7·4 공동성명, 남북기본합의서를 채택하였음에도 불구하고 상호간 불신과 적대감은 최근까지도 제대로 불식되지 못하고 있다.

분단 이후 북한을 49년 동안 통치했던 김일성 주석이 사망한 이후 북한은 그의 아들 김정일 국방위원장이 권력을 승계하여 통치하고 있다. 반면 남한에서는 4·19 혁명, 5·16 군사쿠데타와 유신체제, 5·18 광주민주화운동, 6·10 민주항쟁을 거치면서 독재와 군부권위주의체제를 무너뜨리고 선거를 통해 평화적인 정권교체를 실현하였다. 분단과 전쟁, 그리고 전후 적대적 분단 체제를 형성하는데 주도적 역할을 했던 지도자들은 사라졌고 그들이 구축했던 체제도 변화하였다. 분단을 기억하고 분단으로 상처입었던 분단 1세대도 이제 어느덧 사회의 뒤편으로 퇴장하고 있다.

이제 분단 2세대, 분단 이후 세대들이 사회의 주역으로 등장하는 새 천년 한반도에는 새로운 변화 가능성이 모색되고 있다. 증오와 불신, 적대감을 털어내고 새로운 남북관계, 그리고 우리 7,000만 민족의 염원인 통일에 대해서도 새로운 기대가 점증하고 있다. 그러나 반세기 넘는 분단 체제의 해체, 통일한국의 건설, 진정한 민족의 통일은 단순히 분단 이전의 상황으로의 복귀를 통해서만 달성될 수는 없다. 이 장에서는 21세기 한반도의 모습을 조망하기 위하여 지난 시기 분단의 형성과 전쟁은 과연 우리에게 무엇을 남겼는가, 전쟁후 분단 고착의 결과 민족간 대립과 갈등은 어떤 양상으로 나타나고 있는가, 김대중 정부의 대북 포용정책은 분단을 극복하는 데 어떤 역할을 하고 있으며 장차 통일 시대를 열어가기 위한 과제들은 무엇인지 등을 개략적으로 살펴보고자 한다.

## 2. 한반도 분단 체제

### 가. 분단의 형성

한반도는 제2차 세계 대전이 끝나고 전승국인 미국과 소련에 의해 국토가 양분되어, 남과 북이 각기 독자적인 헌법을 제정하고 독립된 정부를 구성함으로써 사실상 두 개의 국가가 성립되었다. 남쪽에는 미국의 후원하에 자유민주주의, 자본주의 시장경제체제가, 그리고 북쪽에는 소련을 모델로 한 공산주의체제가 수립되었다. 그러나 이데올로기로서, 정치체제로서의 자유민주주의나 공산주의는 왕조시대, 일제 식민점령통치를 겪은 우리 민족이 당시까지 경험해보지 못한 생소한 이념이고 체제였다.[1)]

미국을 중심으로 독립운동을 했던 이승만은 비록 그가 상해 임시정부의 초대 대통령을 역임하였지만 해방정국에는 개인 자격으로 귀국하였다. 미국식 자유민주주의를 이상으로 갖고 있던 이승만은 좌우 대립의 혼란 속에서 지주 등 보수층과 미국의 지지를 획득하기 위해 노력하였다. 그는 공산당을 비롯한 좌익을 혐오하였으며 소련 공산주의체제에 대해서는 극도의 불신을 가지고 있었는데, 남북한 및 국제 정세의 변화는 이를 더욱 강화하는 계기가 되었다. 남한 내 좌익활동, 북한의 공산주의 확산과 이로 인한 대규모 인구이동, 그리고 동서간 냉전체제의 형성 등 국제정세의 변화 속에 이승만이 제창한 남한 단독정부안이 국내외의 지지를 획득하여 마침내 유엔감시하 총선거를 통해 대한민국이 수립되었다.

중국 공산당 동북항일연군소속 빨치산 부대장이던 김일성은 소련군 대위

1) 강만길, 〈20세기 우리 역사〉(서울: 창작과비평사, 1999). pp. 180~186.

로 평양에 입성하였다. 일제에 대항한 무장투쟁 경력을 갖고 있던 김일성은 민족주의자, 국내 공산주의자, 중국 및 소련에서 활동하던 한인 공산주의자들 속에서 소련에 의해 지도자로 발탁되었다. 소련 점령군의 적극적인 후원 속에 김일성과 그의 빨치산 출신 동료들은 북한 지역의 공산화작업을 착착 진행시켰다. 그러나 남한 지역에서 공산당을 배제한 단독정부 구성이 가시화되고 미소간 냉전이 격화되면서 북한만의 독자정부 구성을 강행하였고 결국 유엔 감시하의 총선거안을 거부한 채 조선민주주의인민공화국을 선포하였다.

대한민국과 조선민주주의인민공화국의 수립은 그러나 또 다른 대립의 시작이었다. 대한민국은 유엔이 승인한 한반도 유일 합법국가로서 '조선'을 인정하지 않았으며 북한도 대한민국을 미제의 '괴뢰' 국가로서 그 합법성과 정당성을 수용하지 않았다. 남한도 북한도 정부수립을 선포하였음에도 불구하고 어느 쪽도 상대방의 존재를 인정하지 않는 동시에 언젠가 기회를 보아 상대 지역에 자신의 체제를 확산시켜 통일국가를 완성하고자 하였다. 분단된 남북한이 각기 독자적 체제를 공고화함에 따라 상호 불신과 적대감은 높아지고 반면 평화적 방법에 의한 통일은 점점 그 실현가능성이 줄어들게 되었다. 그러나 미국의 견제와 국내의 혼란으로 효율적인 군사력을 갖추지 못한 남한에 비해 일찍부터 무력의 중요성과 효용성을 체득하고 있던 북한 정권은 무력을 통한 통일국가 건설에 총력을 기울였다.[2] 주변정세의 변화와 군사력을 동원해 통일을 달성할 수 있는 준비가 완료되자 김일성은 민족해방을 명분으로 전격적인 남침 공격을 감행하였다.

---

2) 해방 정국에서 특히 북한의 건국과 김일성의 권력 강화 과정에 대해서, 중앙일보 특별취재반 편, 〈조선민주주의 인민공화국〉 상 · 하(서울: 중앙일보사, 1992).

## 나. 6·25 전쟁

1950년 6월 25일 전쟁 발발로부터 1953년 7월 27일 휴전 성립 때까지 남과 북은 치열한 동족상잔의 비극을 겪었다. 수백만 명의 인명을 앗아간 전쟁은 동시에 유엔과 중 · 소가 참가한 국제전이었으며 동서간 냉전이 폭발한 이데올로기 전쟁이었다. 38선에서 낙동강으로, 압록강에서 다시 휴전선으로 전선이 이동하면서 한반도 전 국토가 전쟁으로 황폐화되었다. 해방 후 미 · 소 등 외세에 의해 형성된 국토분단은 전쟁을 통해 남북한 주민들간에 형성된 씻을 수 없는 증오와 적개심으로 더 한층 공고해졌다.

전쟁은 북한의 무력침략에 맞서 자유민주주의체제를 수호한 전쟁이었으나 어느 쪽도 결정적으로 승리하지 못한 채 전전의 38선 부근에서 휴전함으로써 전투행위는 중단되었다.[3] 전쟁을 통해 남과 북 어느 쪽도 얻은 것이 없이 사망, 부상, 실종 등으로 엄청난 인명 손실을 입었다. 서로에 대한 남과 북의 증오와 적개심이 극에 달했으며 같은 민족이라는 인식은 사라지고 무찔러야 할 원수의 관계가 되었다. 남한에서는 반공체제가 강화되고 북한에서는 김일성 일인 절대체제가 구축되면서 이에 반대하는 어떠한 개인이나 집단도 용납되지 않았다.

전쟁은 남북한 가릴 것 없이 전국을 초토화함으로써 농업기반이나 산업시설 거의 대부분을 파괴하였다. 남과 북은 전쟁 기간중의 궁핍함은 물론 전후 상당 기간 동안 가난에 시달리게 되었다. 전후 복구사업이 진행되면서도 남과 북의 경제는 왜곡된 채 발전하였다. 남한에서는 미국의 원조물자를 토대로 소비재위주의 원조경제가 그리고 소련, 중국 등 사회주의권의 원조를 받은 북한은 주민의 노력동원을 극대화하는 계획경제가 정착되었다.

---

3) 와다 하루키, 〈한국전쟁〉(서울: 창작과비평사, 1999).

전쟁은 대규모 인구이동을 초래하였으며 이로 인해 1,000만 명 이상의 이산가족이 고통을 겪게 되었고 기형적인 인구 분포는 소외와 배제, 차별을 일상화하였다. 아울러 전쟁이 국제화되면서 남한은 미국의 도움으로 북한은 소련과 중국의 지원으로 체제붕괴의 위기로부터 벗어났으며, 이렇게 형성된 대외의존은 전후에도 변치 않고 지속되어 양측 모두 전쟁에서 일방적인 승리를 달성하지 못했을 뿐만 아니라 그 후 남북간의 분단은 남북한 당사자들간의 문제일뿐 아니라 주변 강대국이 간여하는 국제문제로 전환되었다.

극도의 증오와 적대감, 상호 부정과 불신, 가혹한 처벌을 수반하는 독재체제의 수립과 상호 대립, 파괴되고 낙후된 경제와 왜곡된 경제구조 및 정책, 이산가족의 고통과 부역자 및 반사회주의 반동분자에 대한 가혹한 처벌과 차별, 소외 및 배제의 통제체제, 주변 강대국에 대한 의존과 이로 인한 반민족적 정서와 문화의 확산 등 전쟁은 이데올로기에 의한 분단을 적개심과 증오에 기반한 체제화된 분단으로 고착시켰다.

### 다. 분단의 고착

6·25전쟁은 끝나지 않은 전쟁이다. 남북한은 물론 미국과 중국 등 주요 참전국 모두 엄청난 인명과 재산의 손실을 겪고도 전쟁 전과 비슷한 휴전선상에서 전투 행위를 일시 중단하였기 때문이다. 전쟁 종식과 평화체제 수립이 아닌 한반도 허리를 동서로 가르는 폭 4킬로미터의 완충지역을 설정한 채 양쪽은 휴전협정을 체결하고 휴전상태를 맞은 것이다. 중무장한 양쪽 군대가 단 한시도 긴장을 풀지 못한 채 대치하고 있으며 언제라도 대규모 전면전으로 전쟁이 재개될 수 있는 불안한 평화를 지난 반세기 동안 유지해 오고 있다. 그나마 정전위원회가 가동될 때는 불안한 평화를 관리할 수 있는 대화와 감시장치가 있었으나 1990년대 중반 북한이 정전위 활동을 일방적으로 무실화

함에 따라 1998년에 설치된 유엔-북한군 장성급회담이 유일한 대화창구로서 끝나지 않은 전쟁을 관리해 왔다.[4] 남북한은 1922년 정부당국간 최초의 합의서인 기본합의문을 채택하여 남북 상호간 불가침의 의지를 확인하고 남북 군사공동위원회를 구성하였으나 북한의 실천 거부로 본격적인 활동은 시작도 하지 못한 채 중단되었고, 한반도 평화체제 구축과 군사적 긴장완화를 협의하기 위한 남·북한, 미국, 중국 등이 참가하는 4자회담도 북한의 무성의로 분과위원회 구성만 성사된 채 활성화되지 못하고 있다.

전쟁이 끝나지 않았다는 것은 50년 전 전쟁을 유발했던 원인이 아직도 변하지 않고 그대로 살아 있다는 점에서도 찾아 볼 수 있다. 기회가 주어진다면 자유민주주의체제 또는 김일성 유일체제를 한반도 전체로 확산시키고자 하는 의식이 남북한 지도자들은 물론 일반 사람들 마음 속에 그대로 남아있기 때문이다. 남북 당국간에 분명히 상호 인정과 불가침을 약속했음에도, 그리고 유엔 회원국으로 동시에 가입하여 국제법적으로 엄연한 독립국가로 행세하고 있음에도 남북한 내부적으로는 서로가 서로에 대해 불가침의 대상으로, 진정한 평화의 파트너로 받아들이지 않고 있다. 통일로 가는 과정에서의 특수관계, 적이자 동반자라는 특수관계가 그 긍정적인 면보다는 부정적인 측면만이 부각되고 있는 것이 지난 반세기 동안의 남북관계의 특징이었다고 할 수 있다.[5]

전세계적으로 공산주의체제가 몰락하고 동독이 서독에 흡수통일되었을 때 남한은 북한의 조기붕괴에 대한 가능성에 한껏 고무되었던 적이 있었다. 북한체제의 붕괴, 곧 우월한 남한사회가 북한을 흡수함으로써 통일을 달성할 수 있다는 기대는 분단 이래 내재되어 온 북진통일, 실지회복열망과 일맥상통하는 것이었다. 북한지역을 재건하는 데 소요될 통일비용을 산출하고 통일

4) 〈국방백서 2000〉(서울: 국방부, 2000), pp. 75~77.
5) 백낙청, 〈흔들리는 분단 체제〉(서울: 창작과비평사, 1998), p. 28.

후유증을 최소화할 통일문화, 민족동질화방안 마련에 고심한 것도 남과 북 사이에 아직도 전쟁이 끝나지 않았음을 말해 주었다. 북한 역시 '통일 3대헌장'과 로동당 규약 등 통일과 관련한 모든 문건에서 통일은 북한식 민족대단결의 확산, 적화통일임을 명시하고 있다. 포성이 멎은 휴전이 평화상태로 정착되기 위해서는 전쟁이 진정 끝나야 하고 그 전쟁은 군사적 긴장완화와 평화협정체결을 통해서뿐만 아니라 남북간 모든 형태의 증오와 적개심, 불신과 반목, 대결과 적대적 경쟁을 청산할 때 비로소 끝날 수 있을 것이다.

### 라. 분단의 한

근대독립국가로 발돋움하려던 시기에 일제에 의해 식민지통치를 당하고 일제의 패망으로 통일국가를 수립할 수 있던 시기에 분단과 동족상잔의 전쟁을 겪어야 했던 우리 민족은 극소수 지배층을 제외하고 누구 한 사람 예외없이 극심한 고통에 시달렸다. 고향을 떠날 수밖에 없던 수많은 실향민과 사랑하는 가족과 헤어져야 했던 이산가족, 이데올로기의 대립 속에서 전쟁중에 부모, 형제, 자식을 잃었던 유가족들, 재산을 잃고 삶의 터전을 상실한 채 가난과 싸워야 했던 그리고 전쟁의 결과 급격한 사회변동의 와중에서 방황해야 했던 대다수의 우리 국민들 모두가 피해자요 상처받은 사람들이다. 분단과 전쟁의 책임자요 가해자인 북한에 대해 분노하고 증오할 뿐만 아니라 또 다른 무력침략을 도발할지 모른다는 극도의 불신감을 지워 버릴 수 없었다. 분단과 전쟁의 본질적 내막을 알지 못하는 대다수 북한주민들도 남한과 미국에 대한 증오와 불신, 복수심을 지우지 못하고 있다. 분단과 전쟁의 상처는 아물지 않고 통일국가를 이루지 못한 상실감과 좌절감은 민족 전체의 한으로 남게 되었다.[6)]

그러나 언제까지 분단의 한을 안고 살 수는 없으며 우리는 잃어버린 서로

**분단의 한을 드러낸 문학작품들***

새삼스러운 나의 향수는 가슴이 저리도록 간절한 것이었다. 아니 눈앞에 드리운 보이지 않는 장막 같은 것을 예리한 칼로 섬벅 끊어 버리고 싶은데 그것이 꽉 나의 얼굴 앞에 드리워 있어서 숨조차 드내쉴 수 없을 정도로 안타까우면서도 가슴이 답답하기만 한 그런 그리움이라고 할까…… 선우휘 〈망향〉 p. 113.
흔들리는 배 위에서 기나긴 배 위에서 기나긴 항해에 지친 뱃사람은 흔히 먼 바다에 자우룩하게 끼어 있는 안개를 보고 육지처럼 착각하여 터무니없이 그곳을 동경하게 된다…… 윤흥길 〈무제〉 p. 84.
아무리 안타까워해 봤자 소용없는 북의 가족을 잊어버리기로 작심했다. 그러지 않고는 그쪽이나 이쪽이나 제대로 생활을 영위해 나갈 수가 없다고 나름대로 결단을 내렸던 것이다. 그리고는 꿈 속에서라도 북의 가족을 되살려선 안 된다고 강노인은 굳은 맹세로 오늘날까지 살아왔던 것이다…… 황순원 〈땅울림〉 p. 291.

* 유임하, 〈분단현실과 서사적 상상력〉(서울: 태학사, 1998).

의 반쪽을 찾아 민족의 정체성을 회복해야 한다. 분단의 한은 분노와 적개심을 버리지 않는 한 풀어질 수 없는데 분단 이전의 삶과 동족간의 전쟁을 경험하지 못한 대부분의 분단 후 세대는 스스로 분단의 족쇄에 묶여 있다는 사실조차도 모른 채 살아가고 있다. 분단을 넘어 우리 민족 전체가 하나로 어우러지는 통일의 그림을 상상하지도 못하고 또한 상상하지도 않으면서 분단 체제 속에서의 삶과 가치만을 지속해 온 것이다.

6) 리영희, 〈반세기의 신화〉(서울: 삼인, 1999), pp. 17~31.

## 3. 분단 체제의 유산

### 가. 군사적 대립

분단이 가져온 가장 큰 폐해는 1950~1953년까지 벌어졌던 한국전쟁의 경험이다. 물론 전쟁 이전에 남쪽과 북쪽에서 각각 이념과 파벌에 따른 치열한 투쟁이 전개되었고 수많은 희생자를 냈었다. 그러나 3년 동안 계속된 동족상잔의 전쟁으로 남과 북 양쪽에 엄청난 수의 인명이 희생되었고 주택을 비롯한 대부분의 산업시설이 파괴된 처참한 결과가 초래되었다. 더구나 전쟁은 민족의 통일을 가져오지 못한 채 휴전이라는 형태로 종결되고 남북을 가르는 군사분계선은 시간이 갈수록 더욱 견고한 장벽으로 굳어졌다. 지금도 이 장벽을 사이에 두고 남북 양측의 백만 명이 넘는 정규군이 중무장한 상태로 대치하고 있으며 모든 첨단 장비와 막강한 화력으로 어느 때라도 대규모 전쟁에 돌입할 수 있는 준비상태를 유지하고 있다. 전세계 차원에서의 냉전이 종식된 오늘날에도 한반도는 세계에서 무력 충돌 가능성이 가장 높은 지역의 하나로 남게 되었다.[7)]

분단 반세기가 넘는 1990년대 말까지도 동해안, 서해안, 남해안에서 벌어진 북한의 잠수정 침투 사건들은 한반도에서 남북간의 무력대치가 단순히 대치 상태만이 아니라 언제라도 대규모 무력 충돌로 발전할 수 있는 가능성을 보여주었다. 1999년 6월 북한군의 서해 북방한계선 침범은 급기야 남북 해군간 교전 사태로까지 확대되었으며 막대한 손실을 입은 북한군의 추가 응전이 있었다면 전면전으로까지 확대될 수도 있었을 것이다.

---

7) 이주천, "6·25 전쟁이 남북한에 미친 영향," 동북아전략연구소 한국국제정치학회 주최 학술회의 발표논문(1999. 6. 17), pp. 11~14.

이처럼 대규모 무력충돌이 언제라도 가능한 남북간 첨예한 군사적 대치와 대결이 계속되는 한 한반도에는 진정한 평화가 유지되기 어려우며, 평화가 정착되지 않는다면 민족의 숙원인 통일은 더욱 요원한 일이라고 할 수 있다. 현재와 같이 정전협정에 의거하여 유지되고 있는 한반도의 불안한 정세는 시급히 남북간 군사적 신뢰구축을 통해 궁극적으로는 남북 평화협정을 체결함으로써 보다 안정된 평화체제로 전환되어야 해소될 수 있을 것이다.

## 나. 상이한 체제의 형성과 민족동질성의 상실

8·15 해방은 우리에게 새로운 근대국가를 형성할 수 있는 기회를 제공하였다. 그러나 미국과 소련이 각각 남과 북에 진주하면서 점령 통치를 실시함으로써 남한과 북한에는 미국과 소련에 의해 규정된 자유민주주의체제와 공산사회주의체제가 수립되었다. 봉건 왕조가 붕괴되고 일제 식민지 시대를 겪은 우리로서는 처음으로 국민이 주인이 되는 새로운 근대 국가의 형성 과정에서 서로의 공감대를 형성할 기회가 없이 상이한 이념과 체제를 받아들이지 않을 수 없었다. 길게는 반만 년의 역사와 짧게는 삼국시대 이후 한반도에 단일 민족국가의 전통을 유지해 오던 한민족이 역사상 최초의 국민국가를 형성함에 있어 서로의 교류없이, 오히려 상대방을 증오하고 대립하면서 독자적인 국가를 형성하게 된 것이다.

남한의 경우 초대 이승만 정부로부터 현재 김대중 정부에 이르기까지 역대 정권들은 자유민주주의와 시장경제의 발전을 도모하였다. 지난 50년간의 우리 정치사를 돌이켜볼 때 4·19 혁명, 5·16 군사쿠데타, 유신체제 및 10·26 사건, 5·18 광주민주화운동, 6·10 민주항쟁 등 정치적 민주주의와 관련하여 숱한 굴곡들을 경험하였으며 미국의 원조경제로부터 시작하여 국가 주도의 급속한 산업화를 거쳐 자율적 시장경제 및 국제화 등 적지 않은 변화를 겪었다.

1인 독재체제와 군부 권위주의 통치를 거치면서도 야당과 재야 단체 및 일반 시민들의 정치적 민주주의를 위한 투쟁이 끊임없이 전개되었으며 이러한 줄기찬 민간부문의 노력과 투쟁의 결과 남한체제는 현재 여타 선진 민주주의 국가들과 같은 자유민주주의의 법적 · 제도적 틀을 갖추게 되었다. 자유민주주의 체제를 "국가의 최고 정책결정자를 국민들이 자유 의사에 따라 정기적인 선거를 통해 선출"하는 것이라고 정의할 때 정부 수립 이후 평화로운 선거를 통해 여야 정권의 교체를 이룩한 남한 사회는 명실상부한 자유민주주의체제를 확고히 하였다고 할 수 있다. 뿐만 아니라 경제발전과 국제화, 교육의 급속한 신장은 시민사회가 급속히 성장하는 토대가 되었으며 현재 수많은 자율적인 민간단체들이 각 분야에서 활발히 활동하면서 국가를 효율적으로 견제하고 있다. 물론 완벽하지는 않지만 언론은 점차 국가 권력으로부터 통제를 벗어나 비판과 견제 기능을 효과적으로 수행하고 있으며 지역할거주의라는 부정적 지역주의가 정치권을 중심으로 잔존하고 있으나 1990년대부터 도입 시행되고 있는 지방자치는 광역 및 기초단체를 중심으로 점차 뿌리를 내리고 있다.

남한의 경제성장은 세계가 주목하고 있는 것과 같이 놀라운 기적이라고 할 수 있다. 극심한 빈곤과 대외원조의 의존경제를 탈피한 것이 국가주도의 급속한 산업화 및 대외지향적 경제의 순기능이라면 재벌의 비대화, 정경유착, 빈부격차 등은 역기능이었다고 할 수 있다. 그러나 경제가 발전하고 시민사회가 성장하면서, 그리고 국가경제가 급속히 국제화하면서 이 같은 역기능은 점차 소멸되어가고 있다. 특히 과거 경제 정책의 모순이 누적되어 선진화 문턱에서 IMF의 관리체제에 놓이게 되었으나 이를 계기로 경제의 민주화, 자율적 시장경제체제의 확립이 가속화되게 되었다.

남한에서는 이제 개인의 자유와 인권을 보장하는 자유민주주의의 정치질서와 자본주의 시장경제체제가 확고히 뿌리를 내리고 세계를 상대로 협력과 경쟁을 벌이고 있다. 대부분의 남한 국민들은 우익과 진보세력을 망라하여 시민사회와 지방자치, 복지경제를 지향하는 현체제에 대해 정당성을 부여하고 있다.[8)]

반면 북한 체제는 분단 반세기동안 김일성 유일지배체제와 북한식 사회주의 계획경제체제를 고수해 왔다. 김일성은 1956년 8월 종파사건 이후 절대 권력자로서 유일지배체제를 확립하였으며 마르크스-레닌주의를 폐기하고 개인의 신격화를 토대로 한 김일성 주체사상에 의해 사회 전체가 1인의 의지에 따라 유지되어 왔다. 그 후계자인 김정일 국방위원장은 사회주의체제에서 유래를 찾을 수 없는 부자세습을 통해 이미 1970년대부터 제2인자로서 권력을 행사하였으며 1994년 김일성 주석의 사망 이후 대를 이어 절대 권력자로서 북한을 통치하고 있다. 권력기관인 당 · 정 · 군은 모두 김정일 위원장 1인에게 귀속되어 일사불란한 명령체제에 따라 2,000만 북한 주민들을 통치하고 있으며 체제에 대한 간헐적인 저항과 도전 사례가 전해지기는 하지만 철저하고 엄격한 통제제체와 가혹한 처벌은 어떠한 조직적인 반체제 활동을 불가능하게 하고 있다. 특히 엘리트계층에선 맹목적인 충성경쟁이 있을 뿐 황장엽 비서를 비롯한 소수의 상층부 인물들의 탈출 망명이 유일한 저항의 수단이라고 할 수 있다. 철저한 정보 차단 속에 체제에 대한 비판과 저항은 찾아볼 수가 없다. 주체와 자주란 명목하에 남한과 미국을 비롯한 자유민주주의국가를 적대시하는 정책을 지속하였으며 체제 전환을 이룩한 러시아는 물론이고 개방과 개혁을 가속화하고 있는 중국까지도 사회주의 배신자로 비판하였다. 핵무기를 비롯한 대량살상무기와 중 · 장거리 미사일 등 운반수단을 개발하여 국가적 위기를 심화시킴으로서 대내적 통합을 유지하고 강성대국이란 기치

8) 강정구, 〈현대 한국사회의 이해와 전망〉(서울: 한울, 2000), p. 108.

하에 군사주의 국가로서의 성격을 강화하였다.

태어나면서부터 김일성 부자에 대한 충성 교육은 너무도 철두철미하게 이루어지는 까닭에 대다수 인민들은 시간이 지나도 김일성 수령에 대한 충성심에 변함이 없으며 사회체제 전체가 충성을 고취하는 분위기속에 김일성 김정일 부자를 중심으로 한 전체주의에 변화의 조짐을 발견하기 어렵다. 해외 유학이나 방문 등으로 북한 체제 이외의 세계를 접한 주민들도 그 자체가 누리는 특권에의 매력을 포기하기란 좀처럼 쉬운 일이 아니며 더구나 구조적으로 김일성 · 김정일 체제 이외의 대안을 생각한다는 것은 북한체제의 현실로 미루어볼 때 거의 불가능한 일이라고 할 수 있다.[9]

남과 북이 이처럼 분단 50년 동안 서로 너무도 상이한 정치 · 경제체제를 발전시켜 왔기 때문에 상대방에 대한 충분한 이해와 상대 체제를 인정하고 존중한다는 것은 결코 쉬운 일이 아니다.

### 다. 경제적 격차의 심화와 무관심

분단으로 인해 남과 북 사이에 가로 놓인 또다른 장애물은 시간이 경과함에 따라 더욱 두드러지게 나타나고 있는 남북간 경제적 생활수준의 차이이다. 한국 전쟁 이후 남한은 피폐한 폐허 위에 미국의 원조로 전후 경제를 재건하였으나 국가의 경쟁력과 국민들의 생활수준이 본격적으로 향상되기 시작한 것은 급속한 수출주도형 산업화를 추진한 1960년대 말 1970년대 초의 일이었다. 그러나 북한은 사회주의 계획경제의 특성상 대규모 노력동원이 가능하였기에 전후 소련, 동유럽 및 중국 등 사회주의 형제국가들의 적극적인 원조를 토대로 이미 1950년대 중반 이후 전후 복구사업을 신속히 완료하고

9) 황장엽, 〈개인의 생명보다 귀중한 민족의 생명〉(서울: 시대정신, 1999), p. 318.

1960년대 초반에는 북한 경제사상 가장 풍요로운 황금기를 맞이할 수 있었다. 그러나 사회주의 계획경제의 구조적 한계(부족의 경제)와 군사부문에 대한 지나친 편중으로 인하여 1960년대 중반 이후 경제성장이 정체 상태에 빠져 1980년대 말까지 회복되지 못하였다. 더구나 1990년대 초 소련과 동유럽의 붕괴는 북한 경제에 치명적인 타격을 주어 이후 북한 경제는 마이너스 성장을 지속하였으며 1994년부터의 홍수, 가뭄 등 자연재해는 북한 경제를 최악의 상황에 빠지게 하였다.

반면 남한의 경제는 급속한 산업화를 통해 경제의 양적 · 질적 성장을 계속하였으며 1, 2차 국제원유위기를 성공적으로 극복한 후 소위 아시아의 '4마리 용' 중의 하나로서 1990년대에는 세계 경제선진국의 문턱에 다가갈 정도로 발전하였다. 비록 1997년 말 외환위기로 말미암아 IMF관리체제에 놓이는 등 경제위기를 맞았으나 1998년 중반 이후 서서히 이 같은 경제위기를 벗어나 새로운 도약을 시도하고 있다.

이처럼 남과 북이 상반된 경제질서하에 상이한 정책을 추진한 결과 1970년대 초반까지 부분적으로 우세를 보인 북한의 경제는 지속적으로 추락한 반면 비록 혼란속에 시작은 더뎠지만 남한의 경제는 이제 북한을 완전히 압도하게 되었다. 사회주의체제와 시장자본주의체제간 경제력의 산술적 비교는 대단히 복잡하고 어려운 일이나 주민들의 생활수준과 생산력 등을 기준으로 비교할 때 남과 북의 경제력 격차는 20대 1이 넘고 있으며 이 같은 격차는 시간이 지나면서 더욱 그 폭이 넓어지고 있다.[10)]

남북이 통일되었을 때 남한의 월등히 우월한 경제력은 빈곤한 북한 지역의 재건과 주민들의 생활수준의 향상에 기여할 수는 있을 것이며 따라서 통일비용을 고려할 때 남한의 경제가 질적으로, 양적으로 건실하게 꾸준히 성장해

10) 〈북한개요 2000〉(서울: 통일부, 2000), p. 316.

야 할 것이다. 그러나 월등한 경제력만으로 통일을 촉진할 수는 없다는 데 문제가 있다. 즉, 통일 이전 단계에서의 경제력의 격차는 남한 주민들간에 통일에 대한 열망을 희석시키는 동시에 통일 자체에 대한 저항과 극도의 무관심을 초래할 수 있다. 특히 빈곤한 북한과의 통합, 막대한 통일비용 지출에 대한 우려는 젊은 세대로 올수록 높아지는 경향이 있다. 동시에 통일이 된 이후에 남과 북의 경제적 격차가 극심할 경우 단기적으로 볼 때 엄청난 통일비용의 지출과 이에 따라 통일한국 전체가 일시적이나마 성장저하, 인플레이션, 실업증대 등 각종 경제적 어려움을 겪을 수도 있다.

### 라. 주변 국가간 대립과 갈등

한반도의 분단은 비록 임시조치로 이루어졌으나 분단이 고착되는 과정에서, 그리고 한국전쟁을 겪으면서 한반도 분단의 국제적 성격이 두드러지게 나타났다. 이와 같은 역사적 맥락 속에서 남과 북은 동서 냉전의 구도속에 각각 편입되어 있었기 때문에 그 분단의 안정적 관리와 나아가 분단 해소는 우선적으로 주변 강대국 또는 동서 냉전의 큰 틀 속에서 모색하지 않을 수 없었다. 그러나 전세계 차원에서의 냉전구도가 해체된 1990년대에도 한반도의 사정은 과거와 그 성격이 크게 달라지지는 않았다.[11)]

1980년대 말부터 북방정책을 적극적으로 추진한 결과 남한은 과거 적대국이자 북한의 최대 후원자인 구소련 및 중국 등과 수교를 맺게 되었으며 이들 양국과의 관계는 경제 교류 협력의 차원을 넘어 정치, 안보, 군사 분야로까지 확대되었다. 다만, 이들 국가들이 공식적으로는 한반도의 평화통일과 당사자 해결원칙을 지지하고 있으나 보다 근본적이고 실질적인 이해는 여전히 한반

---

11) 길정우, "한반도 냉전구조 해체 방안: 포괄적 논의를 위한 시론," 통일연구원 제29차 학술회의 발표논문(1999. 2. 26).

도의 안정과 현상유지에 있다고 하겠다. 반면 북한은 1990년대부터 미국 및 일본 등과 관계 개선을 위한 일련의 협상을 시작하였으며 북한이 미국 및 일본 등 주변 강대국과 관계를 개선하는 것이 한반도의 긴장완화와 평화정착에 도움이 된다는 판단 아래 김대중 정부도 이들 우방국들에게 북한과의 관계 개선을 적극 권유하고 있다. 그러나 북한의 핵개발 의혹을 포함한 대량살상무기 및 미사일개발문제와 일본인 납치문제 등으로 순조로운 진척을 보이지 못하고 있다.

더구나 1998년 8월 말 일본 영토를 가로질러 북한이 중 · 장거리 미사일인 대포동 1호를 발사함으로써 미국과 일본은 미 · 일 신안보협력지침에 따라 새로운 안보협력관계를 강화하게 되었으며 이에 대해 중국과 러시아는 공동으로 경계와 견제를 강화함으로써 한반도 주변의 긴장구조는 쉽게 해소되지 못하고 있다. 특히 한반도의 평화와 통일과 관련하여 최대의 변수인 미국과 중국과의 관계는 중국의 인권문제와 중 · 대만관계, 코소보 문제 등 걸림돌로 인하여 긴장과 대립의 관계를 유지하고 있다. 반면에 북한과 국경을 접한 유일한 사회주의 형제국인 중국은 경제지원과 정치, 군사, 외교적 협력관계를 활용하여 한 · 중수교 이후 한때 소원했던 북한과의 관계를 복원 · 강화하였으며 러시아는 국내정치적 변동과 서구로부터의 소외로 인한 대응으로서 구소연방 국가들과 과거의 동맹국들과의 관계회복에 노력함으로써 북한과도 보다 긴밀한 협력관계를 구축하였다.

한반도 긴장완화와 평화정착 및 궁극적인 평화통일로 이어 가기 위한 노력의 일환으로 남북한, 미국, 중국이 참여하는 4자회담은 분과위를 구성하는 등 형식상 진전이 있었으나 주한미군철수와 북미평화협정체결 등을 의제화하려는 북한의 일관된 입장에 변화가 없어 답보상태를 면하지 못하고 있다. 아울러 한반도 통일의 긍정적 여건 조성이란 차원에서도 중요한 일본과 러시아가 참여하는 동북아 다자간 안보대화의 설립문제는 아직 본격적인 논의 단계에 들어가지 못하고 있는 등 한반도의 주변 상황은 아직도 냉전의 잔재가 남아 있어 남북 통일을 위한 우호적인 환경은 조성되어 있지 못한 실정이다.

## 4. 김대중 정부의 대북 포용정책과 분단 체제의 변화

분단 반세기 만에 처음으로 여야간 평화로운 정권 교체를 통해 1998년 2월 25일 출범한 김대중 정부는 분단 체제의 유산을 극복하고 새로운 통일시대의 문을 열었다. 역대 정권들과는 달리 통일과 관련한 거창한 구호나 새로운 통일방안을 제시하기보다는 한반도 긴장완화와 남북간 평화공존, 평화교류 등 현실적인 목표 달성을 최우선 과제로 설정하였다. 이를 위해 가능한 분야부터 사안별로 대화, 교류 · 협력하고자 하는 실사구시의 대북 포용정책을 추진하고 있다.

아울러 김대중 정부는 한반도문제의 근본적 해결이라는 장기적 구도하에 포괄적 접근을 통해 한반도 냉전구조를 해체하여 현재와 같이 긴장되고 불안한 군사적 대치상태를 평화상태로 전환하는 데에 궁극적인 정책 목표를 두고 있다.[12)]

이러한 목표하에 대북정책을 추진하고 있는 김대중 정부는 2000년 6월 13~15일 평양에서의 제1차 남북 정상회담을 개최하고 남북 정상이 직접 서명한 남북공동선언이란 역사적인 합의문을 도출하는 성과를 거둠으로써 분단 체제를 극복하고 평화통일을 이룩할 수 있는 전기를 마련하였다.

---

12) 허문영, "한반도 냉전구조 해체방안: 장기 포괄적 접근(시론)," 통일연구원 제29차 국내학술회의 발표논문(1999. 2. 26), p. 64.

## 가. 대북 포용정책의 원칙과 방향

김대중 대통령은 그의 취임사에서 일관성 있는 통일정책을 추진하기 위한 대북 정책 3원칙을 제시하였다. 첫째, 평화를 파괴하는 일체의 무력도발을 허용하지 않으며, 둘째, 북한을 해치거나 흡수하려고 하지 않고, 셋째, 가능한 분야부터 남북간 화해와 협력을 추진해 나가는 원칙이다. 김대중 정부는 출범과 동시에 이 같은 대북정책 3대 원칙을 실제 정책에서 구현하기 위해 안보와 협력의 병행추진, 평화공존과 평화교류의 우선 실현, 화해 협력으로 북한의 변화여건 조성, 남북간 상호이익 도모, 남북 당사자 해결원칙하에 국제적 지지 확보 및 국민적 합의에 기초한 대북정책추진 등 6개 항의 구체적인 정책추진 기조를 제시하였다. 아울러 김대중 정부는 남북간 평화와 화해를 정착하고 교류 협력을 효율적으로 추진하기 위해 '정경분리' 원칙과 '상호주의' 등 남북접근방식의 2대 원칙을 천명하였다.[13)]

한편 김대중 정부는 우리의 안보태세를 튼튼히 하면서 한반도를 둘러싼 냉전구조를 적극적으로 해체해 나가는 것을 새로운 남북관계 해결을 위한 종합적인 대북정책의 골격으로 설정하였다. 더 이상 한국에 위협이 될 수 없는 북한을 상대로 한국 정부의 주도적 역할을 통해 남북관계 개선 및 한반도 평화정착 여건을 조성하되 주변 국가들간의 협력을 통해 한반도 문제를 포괄적으로 해결해 나간다는 전략이다. 이처럼 한반도 냉전구조를 해체하고 남북한 및 주변 국가들간의 호혜적인 관계를 구축하기 위해서 김대중 정부는 5대 과제를 중점적으로 해결해 나가고자 하고 있다. 첫째, 남북관계를 불신과 대결이 아닌, 화해와 협력의 관계로 전환하고, 둘째, 미국과 일본이 북한과의 관계를 개선하고 정상화하며, 셋째, 한반도에서 대량살상무기를 제거하고 군비통

13) 통일부, 〈평화와 화해 협력을 위한 대북정책과 남북현안에 대한 입장〉(1999), pp. 11~14.

제를 실현해 나가는 동시에, 넷째, 북한이 책임있는 성원으로서 국제사회에 참여함으로써, 다섯째, 현재의 정전체제를 공고한 평화체제로 전환하여 법적 통일에 앞서 사실상의 통일을 실현하는 것이다.

김대중 정부가 이처럼 대북 포용정책을 추진하게 된 것은 북한정세에 대한 새로운 평가에 기인한다. 첫째, 북한은 식량난을 비롯한 심각한 경제난으로 체제 위기에 처해 있으나 김정일 국방위원장을 중심으로 한 북한의 핵심 권력구조에는 근본적인 변화가 없다. 물론 북한 내부로부터의 돌발사태 발생 가능성을 배제할 수 없으나 김정일 체제가 상당 기간 유지될 수 있다. 둘째, 북한을 외부로부터 붕괴시키려는 노력은 많은 희생과 대가를 지불해야 할 뿐만 아니라 현실적으로 대단히 어려운 과제이다. 따라서 북한에 대한 외부로부터의 붕괴 시도는 최악의 경우 한반도에서 전면적인 무력충돌 가능성을 높일 뿐 중국의 대북 지원이 지속되는 한 북한에 대한 어떠한 봉쇄정책도 효과가 없을 것이다. 셋째, 북한이 모든 부문에서 더 이상 한국과의 경쟁상대가 아니며 자체의 적극적인 개방과 개혁을 추진함으로써만이 체제 소생의 가능성이 있다. 따라서 현재와 같은 부분적이고 제한적인 개방을 통해서는 북한 경제의 회복을 기대할 수 없으며 북한 경제의 회생을 위해서는 결국은 한국의 지원과 협조가 절대적으로 필요하다는 등 북한문제에 대해 과거와는 다른 인식을 하였다.[14)]

이러한 북한에 대한 변화된 인식과 다층적 · 다변적인 정책추진 구도하에 김대중 정부는 한반도의 냉전구조를 해체하여 평화체제를 정착하고 북한과의 화해협력을 통해 남북관계를 개선하기 위하여 5대 분야의 구체적인 과제들을 중점적으로 추진하였다: ① 정경분리원칙에 따라 남북 교류협력의 활성화, ② 북한의 식량문제 해결을 위한 인도주의적 대북지원 확대, ③ 상호주의

---

14) "〈국민의 정부〉의 대북정책," 임동원 외교안보수석비서관 동아시아 연구회 강연(1998. 9. 10).

원칙의 탄력적 적용을 통한 이산가족문제 해결, ④ 당국간 대화채널 가동을 통한 기본합의서 체제의 복원, ⑤ '4자회담'과 경수로 사업의 원활한 추진을 통해 한반도 안전보장과 평화정착 등이다.

## 나. 남북정상회담과 6·15 공동선언

경제난에 처한 북한은 외부로부터의 경제지원이 절실하며 특히 김정일 체제의 공식 출범 후 '강성대국,' '융성한 경제 발전'을 이룩하기 위해서는 외부로부터의 자본 유입이 절실한 실정이다. 1992년 남북간 기본합의서가 체결되었음에도 불구하고 남한과의 경협이 답보 상태에 놓이게 되자 북한은 미국과의 관계를 강화하고 미국으로부터의 경제적 지원을 최대한 확보하는 것을 1차적 과제로 설정하였다. 즉 북한은 핵개발 의혹과 관련 한반도의 긴장을 고조시킴으로써 북·미 직접 대화창구를 개설하고 1994년 제네바 기본합의에 따라 핵개발을 동결한 대가로 미국으로부터 매년 50만 톤의 중유를 제공받고 2,000메가와트 경수로 발전소 및 대북경제제재 완화 등을 순조롭게 얻어낼 수 있으리라고 기대했었던 것 같다.

북한은 이후 미국과의 협상시 철저히 계산된 힘의 과시를 통해 경제적 보상을 받을 수 있었기 때문에 위기활용외교전술을 지속하였다. 또한 북한이 원조 극대화 전략에서 경제개발 전략으로 경제발전 전략 전환을 모색하면서도 일본의 배상금 확보 및 기타 한국을 비롯한 국제사회로부터 장기 신용 공여 등을 획득하기 위해 이들 관련국에게 영향을 행사할 수 있는 나라는 미국뿐이라고 인식하였다. 그러나 2000년 미국의 대선을 앞두고 민주, 공화 양당이 대북정책을 재고할 가능성이 높아지면서 북한으로서는 기존의 통미봉남 정책을 수정하지 않을 수 없게 되었다.

이제까지 개혁·개방은 곧 체제이완, 체제붕괴로 이어질 것으로 인식하고 있는 북한은 김대중 정부의 당국간 대화세의에 내해 부정석 반응만을 보이고 그나마 유일하게 성사되었던 베이징 차관급회담에서도 일방적인 비료지원만을 요구할 뿐 남한 당국과의 대화에 어떠한 성의도 보이지 않았었다. 남한 정부의 호혜적 '상호주의'에 대해 장사꾼의 논리라고 비판하는가 하면 대북 화해와 협력의 의지를 담은 '햇볕정책'에 대해서도 북한을 흡수통일하기 위한 모략으로 비방하기도 하였다.[15] 반면에 우리의 대북포용정책으로 인하여 남북 민간 교류협력은 과거에 비해 크게 증가하였으나 북한은 우리 정부가 제의한 당국간 대화에 당분간 응하지 않고 남한이 쉽게 받아들일 수 없는 국제공조체제 파기와 국가보안법 철폐 등 선행 실천사항들을 지속적으로 요구함으로써 가능한 한 경색된 분위기를 유지하고자 하였다. 즉 교류와 협력에 따른 이익은 극대화하고 부정적 효과는 최대한 차단하고자 하였다.

그러나 김대중 정부의 대북 포용정책은 정권 출범이후 주변국들의 지지와 호응 속에 일관성있게 추진되었다. 잠수정 침투, 서해교전, 금강산 관광객 억류사건 등 남북관계상 악재들이 발생했음에도 불구하고 금강산 관광사업이 순조롭게 진행되었으며 한반도 위기설이 유포되고 있는 상황에서도 한국 정부는 적극적으로 한반도의 냉전구조해체를 위한 북미간의 관계정상화를 포함하는 일괄타결안을 꾸준히 견지하였다. 이에 북한으로서도 점차 김대중 정부의 대북포용정책에 대해 신뢰성을 갖게 되었으며 적어도 남한과의 교류협력이 북한체제가 체제 자체를 유지하면서 경제 발전을 도모할 수 있는 돌파구라고 판단하게 되었다고 보인다.

이 같은 맥락에서 북한은 최고 지도자 김정일 국방위원장이 직접 나서서 한국의 김대중 대통령의 정상회담 제의를 수용하여 새로운 남북관계를 형성하게 되었다.[16] 2000년 6월의 남북정상회담에서 양 정상이 민족의 화해와 단

15) 〈로동신문〉 1998년 8월 20일.

16) 김대중 대통령은 남북정상회담을 위한 특사교환을 대통령 당선 직후 회견(1997년 12월 29일)

'남북공동선언의 주요 내용'

1) 통일문제를 그 주인인 우리 민족끼리 서로 힘을 합쳐 자주적으로 해결한다.
2) 통일을 위한 남측의 연합제 안과 북측의 낮은 단계의 연방제 안이 서로 공통성이 있다고 인정하고 앞으로 이 방향에서 통일을 지향한다.
3) 올해 8·15에 즈음하여 흩어진 가족, 친척 방문단을 교환하며, 비전향장기수 문제 등 인도적 문제를 조속히 해결한다.
4) 경제협력을 통하여 민족경제를 균형적으로 발전시키고, 사회, 문화, 체육, 보건, 환경 등 제반분야의 협력과 교류를 활성화한다.
5) 이상과 같은 합의사항을 조속히 실천에 옮기기 위하여 빠른 시일 안에 당국 사이의 대화를 개최한다.

김대중 대통령의 초청에 따라, 김정일 국방위원장은 앞으로 적절한 시기에 서울을 방문한다.

합, 교류와 협력이라는 한반도 문제의 근본 화두에 대해 합의한 이후 김대중 정부의 대북정책은 이러한 기조 위에서 구체적 현안들을 해결하는 데 역량을 집중하고 있다.

분단 이후 최초로 성사된 남북정상회담은 반세기 동안 지속된 분단 체제를 변화시킬 수 있는 역사적인 전기를 마련하였다. 남북정상회담의 성사는 무엇보다도 분단 반세기 만에 남북한의 최고 지도자가 직접 얼굴을 맞대고 회담을 하게 됨으로써 상호 실체의 인정이라는 남북문제의 근본적인 문제가 풀리기 시작한 것으로 보아야 할 것이다. 따라서 남북관계의 기본 성격이 불신과 반목, 적개심과 적대적 대결관계에서 신뢰와 화해, 호혜적 상호 협력관계로

---

과 대통령 취임사(1998년 2월 25일)에서 제안한 이래 2000년 3월 10일의 베를린선언에 이르기까지 수차례 계속하였다. 아태평화재단, 〈남북정상회담〉(2000), p. 17.

전환될 수 있는 토대를 마련하게 된 것이다. 이에 따라 상호 비방 등 비생산적 대결관계를 청산하고 대화와 협상을 통한 건설적인 의존관계를 통해 서로가 이익을 얻을 수 있는 방향으로 정책이 추진될 수 있게 되었다.

동시에 남북 정상간의 회담을 통해 그 동안 중단되었던 당국간 각급 대화채널이 복원되었다. 복원된 남북 당국간 대화채널은 분야별 실무위원회 또는 실무회담 형식으로 실천 가능한 문제들을 우선적으로 논의하며, 재가동된 남북연락사무소는 상호 상설 대화기구로서의 기능과 역할을 수행하게 되었다. 또한 오랜 폐쇄와 고립으로부터 탈피하려는 북한은 남북 정상회담을 계기로 국제사회에 적극적으로 참여할 수 있는 토대가 마련되었다. 이로써 북한은 그 동안 느꼈던 체제압살위기의식에서 벗어나 대외협력과 책임있는 국제사회의 일원으로서 활동할 수 있게 되었다. 따라서 예측불가능하던 북한의 정책과 태도가 보다 예측가능해지고 투명해짐으로써 남북간에 보다 많은 교류와 협력이 지속적으로 이루어질 수 있을 것으로 예상된다.

반면 정상회담의 공동선언에는 구체적으로 언급되어 있지 않지만 남북한이 화해와 신뢰를 토대로 남북관계를 정상화하게 됨으로써 향후 정치 · 군사적 문제들에 대한 보다 실질적인 논의가 이어질 수 있을 것으로 보인다. 북한의 핵, 미사일 등 대량살상무기 개발문제를 포함하여 한반도 긴장완화 및 평화체제 구축문제에 대해서도 진전이 있을 것이다. 이는 냉전적 대결구도를 평화협력의 구도로 전환하는 일대 전기가 될 것이며, 기존의 4자회담 등 가동 가능한 협의채널들을 통해 보다 포괄적인 타결책이 마련될 수 있을 것이다. 아울러 한반도 및 동북아 전체의 평화와 안정을 위한 다자간 안보기구 등에 대한 논의도 보다 활발해질 것으로 보인다.

## 다. 대북 포용정책의 주요 내용

### 1) 남북간 교류 협력

남북 교류 협력은 북한체제의 안정적 변화 여건을 조성하고 남북간 화해 기반을 조성하는데 크게 기여할 수 있는 분야이다. 특히 남북경협과 민간인 교류의 확대를 위해 현정부는 시장경제 원리에 따라 민간 기업의 자율적 경협 추진 분위기를 적극적으로 조성 및 지원하기 위해 기업인 방북 확대, 투자 규모 상향 철폐 및 경협절차 간소화 등을 골자로 한 '남북경협 활성화조치'(1998. 4. 30)를 발표하여 시행하였으며, 이를 더욱 촉진하기 위하여 경협사업에 대한 남북협력기금 지원지침을 제정(1999. 10. 21)하는 등 지원제도를 마련하였다.

이에 따라 남북교역 규모는 1998년 외환위기와 이에 따른 국내경기 침체로 남북교역 규모가 2억 달러대로 감소하였으나 1999년에는 다시 회복하여 총 3억 3,000만 달러가 넘는 액수를 기록하였다. 더구나 2000년 10월까지의 교역 총액은 3억 6,600만 달러로서 이미 사상 최고치를 경신하였다. 1992년부터 시작된 위탁가공교역은 남북경협에서 그 비중이 꾸준히 증대하면서 1999년도에는 144개 품목에 액수로는 1억 달러 수준으로까지 확대되었다. 2000년도에도 위탁가공사업은 꾸준한 신장세를 이어가면서 10월 현재 이미 1억 1,100만 달러에 이르고 있다. 협력사업의 경우 남북경협활성화 조치에 따라 다양한 분야에서 사업이 추진되어 총 39건의 협력사업자 승인이 이루어졌고 이 중 18건의 협력사업이 승인을 받았다. 특히 18건의 협력사업 중 11건이 김대중 정부의 출범 이후 승인을 받은 것이다.[17]

한편 경제분야의 교류협력사업 못지 않게 사회문화 분야에서의 교류협력

---

17) 통일부 교류협력국, 〈월간 남북교류협력 및 인도적사업 동향〉 제112호 (2000. 10. 1~10. 31).

도 활발히 전개되고 있다. 1991년 탁구 남북단일팀 구성 및 국제대회 참가 사업이 협력사업자 승인을 받은 이래 현재까지 22건의 협력사업자 승인과 총 18건의 협력사업 승인이 이루어졌다. 이 중 대부분은 김대중 정부 출범 이후 이루어진 것으로 22건의 사업자 승인 중 18건, 18건의 협력사업 중 15건이 이 기간에 승인을 받았다. 특히 사회문화 교류협력은 1990년대 초반 이후 중단되었던 예술, 체육분야를 비롯하여 종교 언론 등 다양한 분야에서 교류가 확대되고 있는 추세를 보이고 있다. 특히 1999년 12월 북한 농구단이 서울을 방문하여 제2차 통일농구대회를 개최함으로써 쌍방간 교류협력이 이루어졌고 2000년에는 평양어린이예술단과 평양교예단 및 조선국립교향악단의 서울 공연이 성사됨으로써 남북 교류협력은 본격적인 단계로 진입하였다.

금강산 관광 및 개발사업은 초기 추진과정에서 북한측에 막대한 비용을 현금으로 지불하고 구체적인 합의서 작성 미비 등 문제점을 노출함으로써 국내외의 비판을 받기도 하였으나 지난 2년 동안 한두 차례 중단의 위기를 무사히 넘긴 채 순조롭게 진행되고 있다. 1998년 11월 18일 관광개시 이후 30여만 명의 인원이 금강산을 관광하였으며 최근에는 4편의 선박을 이용하여 매달 2만 명의 관광객이 금강산을 다녀옴으로써 분단 이후 최대규모의 남북간 협력사업으로 자리잡고 있다.

이상의 경제 및 사회문화분야의 남북간 교류협력사업이 본격적으로 추진되면서 남북간 인적왕래가 급증하고 있다. 북한 방문의 경우는 금강산 관광객을 제외하더라도 1998년부터 2000년 10월 말까지 총 1만 4,772명이 북한을 다녀왔는데 이는 남북교류가 추진된 1989년부터의 총 방문객 1만 7,177명의 86%에 해당하는 성과라 할 수 있다.

#### 2) 북한식량난 해결을 위한 대북지원

사회주의 계획경제체제의 구조적인 모순과 동구 및 소련 등의 붕괴로 인해

만성적인 식량난을 겪고 있던 북한은 1995년부터 홍수 가뭄 등 연이은 자연재해로 인하여 농업기반마저 붕괴되어 극심한 식량난에 시달리고 있다. 우방국인 중국은 매년 수십만 톤에 이르는 식량 원조를 제공하였고 유엔의 WFP를 통한 각국의 지원을 비롯하여 국제적십자사, 기타 국제 NGO 등이 지속적으로 북한에 긴급 구호 식량을 지원하였다. 우리도 1995년 북한의 수재 이후 동포애와 인도주의 차원에서 대북 지원을 전개하여 정부가 직접 지원 형태로 쌀 15만 톤을 제공한 것을 비롯하여 유엔기구를 통해 기탁하거나 민간 차원의 남북적십자 회담을 통해 물품을 제공하는 등 2000년 10월 말까지 총 4억 7,019만 달러 상당의 대북 지원을 실시해 왔다. 김대중 정부 출범 이후 정부는 세계식량계획(WFP)의 대북지원계획에 동참하여 옥수수 등 식량 및 비료 41.5만 톤 등 1억 2,000만 달러 상당을 북한에 지원하였으며 민간차원에서도 적십자사의 제3차 대북 식량지원을 비롯하여 2000년 10월까지 8,900만 달러 상당의 지원을 하였다. 아울러 북한의 심각한 식량난을 감안하여 남북정상회담 이후 식량 50만 톤을 차관형식으로 지원하고 10만 톤의 외국산 옥수수를 WFP를 통해 무상지원함으로써 추가로 1억 달러의 대북 식량지원이 이루어지고 있다.[18]

정부차원의 지원과 병행하여 민간차원의 대북지원을 활성화하기 위하여 정부는 1단계(1998. 3. 18) 및 2단계(1998. 9. 18) 활성화 조치를 발표하였다. 이에 따라 민간단체 대표들이 대북지원 및 분배결과를 확인하기 위해 북한을 방문하는 것을 허용하고 협력사업 방식의 대북지원도 허용하였다. 아울러 민간의 대북지원을 위한 모금활동에 대한 규제도 대폭 완화하고 대북 지원창구를 다원화하여(1999. 2. 10) 대북지원관련 민간단체의 불만과 불편을 대폭 해소하였다. 또한 '인도적 차원의 대북지원사업 처리규정'(1999. 10.

18) 통일부 보도자료(2000. 9. 28).

27)을 시행하여 민간단체의 지속적이고 안정적인 대북지원사업 추진을 뒷받침하고 있다. 이러한 정책적 조치들을 통해 대북지원사업은 적은 비용으로 보다 효과적인 성과들을 도출해 나가고자 노력하고 있다.

### 3) 남북이산가족 문제

김대중 정부는 이산가족 1세대의 고령화를 감안하여 이산가족 문제의 해결을 최우선적 과제로 설정하였다. 김대중 대통령은 취임사 및 3·1절 기념사를 통해 이산가족문제의 해결을 북한측에 촉구하면서 남북 당국간 협의를 통해 이산가족문제를 해결하고자 하였다. 이에 따라 이산가족문제와 북한이 필요로 하는 비료지원문제를 상호주의에 입각하여 맞바꾸는 문제를 논의하고자 제1차 베이징 차관급회담(1998. 4)과 이어 제2~3차 차관급회담(1999. 6~7)을 개최한 바 있다. 회담이 순조롭게 진행될 경우 이산가족의 생사 주소 확인, 서신거래, 상봉 그리고 재결합 등 단계적 해결을 모색하고자 하였으나 북한측의 준비 부족으로 회담은 성과를 거두지 못하였다.

이산가족문제를 공식적 · 제도적으로 해결하기 위한 정부 당국간 협상이 교착되자 정부는 비공식, 민간차원에서의 이산가족 교류 활성화를 지원하는데 적극적인 노력을 기울였다. 그러나 이처럼 개별차원에서 비공식적으로 이산가족들이 제3국에서 중개인을 통해 이산가족의 생사를 확인하고, 상봉하기 위해서는 적지 않은 비용이 소요되는 까닭에 정부는 이 부분에 대해 우선 지원책을 강구하였다. 2000년 3월 제3국을 통한 민간차원의 교류활성화를 위한 '이산가족교류촉진계획'을 발표하여 이산가족들의 교류경비 지원경비를 확대하고 이산가족교류에 따르는 제반 절차들을 대폭 간소화하였으며 '이산가족정보통합센터'를 설치 운영하여 이산가족관련 데이터베이스도 구축하여 운영하고 있다. 이제까지 이산가족 데이터 10만여 건을 확보하고 있으며 수시로 자료를 보완하고 있다.

이에 따라 이산가족의 북한주민접촉 신청건수가 급격히 증가하여 1998년부터 2000년 7월 말까지 2년 반 동안 1만 1,700여건(총 누계 15,623건)에 이르렀다. 김대중 정부 출범 이후 제3국을 통한 생사확인 1,567건(총 2,581건), 서신교환 2,440건(총 5,858건), 제3국 상봉 403건(총 558건) 및 방북상봉 총 10건이 성사되었다. 북한은 정상회담이 성사되기 전까지 당국 차원에서의 이산가족 문제 해결을 위한 협의에 대단히 조심스럽고 소극적인 대응만으로 일관하였으나 민간 차원의 이산가족 교류에 대해서는 김대중 정부의 출범 이후 신축적인 입장을 보여 왔음을 확인할 수 있다. 남북정상회담 이후 남북공동선언의 합의에 따라 2000년 8월 15일 남북 양측의 이산가족 100명씩의 서울과 평양에서 상봉하였으며 11월 말 서울과 평양에서의 제2차 상봉사업에서도 1차 상봉 때와 같이 양측 100명씩의 대표단이 교환 방문하였다.

### 4) 대북경수로 지원사업

대북경수로 지원사업은 북미 제네바 합의(1994. 10. 21), 북미 콸라룸푸르 준고위급회담(1995. 6. 13), KEDO-북한간 경수로 공급협정(1995. 12. 15)이 체결되고 이후 한전(KEPCO)-KEDO간 주계약지정 합의(1996. 3. 19)가 이루어짐으로써 본격적으로 실행되었다. 이후 KEDO-북한간 특권 면제 및 영사보호, 통행, 통신 의정서(1996. 7. 11), 부지인수, 서비스이용 의정서(1997. 1. 8), 미지급시 조치 의정서(1997. 6. 24)가 서명 발효되고 KEDO-북한간 실무협상을 통해 각종 절차 등에 관한 19개 합의서가 발효(1997. 7. 2)됨으로써 부지준비공사 착공식(1997. 8. 19)을 개최하고 본격적인 공사에 착수하게 되었다. 부지준비공사는 총 4,500만 달러의 예산으로 남북한 근로자 250명이 공동으로 작업에 참여하여 1년간의 작업 끝에 1998년 8월 대부분의 초기준비공사를 마무리하였으나 KEDO이사국들의 비용 분담에 관한 협상이 지연되고 북한 미사일 문제가 부각됨으로 해서 1999년 말까지 5차 연장공사를 추진하였다.

본공사 착공과 관련하여 현재 품질보장 의정서 체결을 위해 협상을 진행하고 있으며 향후 인도일정 등 5개 의정서에 대해 협의할 예정이다. KEDO집행이사국들은 1998년 11월 예상사업비를 46억 달러로 하는 재원분담결의를 채택하였고, 이에 약속한 사항을 해당국가 내 비준동의를 거쳐 1999년 11월 9일 재원분담약속을 제도적으로 보장하는 차관공여협정이 발효되었다. 이러한 주변 여건이 완비됨에 따라 1997년 10월부터 2년여 동안 진행되어 온 KEDO-한전간의 경수로사업 주계약이 1999년 12월 15일 체결되어 경수로사업을 본격적으로 추진할 수 있는 토대를 마련하고 2000년 2월 3일 주계약이 발효되어 본공사에 착수하였다. 2000년 4월의 훈련 의정서 및 7월의 품질보장의정서를 타결하기 위한 실무협의회가 개최된 데 이어 10월 20일 평양에서 7번째 의정서인 훈련 의정서에 KEDO와 북한간에 협의를 타결지은 후 양측이 서명하였다.

경수로 사업을 추진하기 위한 북한과 KEDO간의 협상 및 각국간의 의견조정 등으로 비록 당초 계획했던 시간보다 지체되고 있으나 향후 경수로 본공사가 차질없이 진행된다면 이는 북한의 전력난을 해소하는 데 큰 기여를 할 수 있을 뿐만 아니라 남북간 협력사업으로도 엄청난 파급 효과를 가져옴으로써 민족 경제공동체를 구성할 수 있는 시범장이 될 것이다.

### 5) 남북 당국간 회담

'기본합의서'는 남북문제 해결을 위해 분단 후 남북 정부간 최초로 합의한 민족의 장전으로서 남북간 화해, 불가침 및 교류 협력에 관한 모든 사항을 광범위하게 담고 있다. 남북한이 기본합의서에서 합의한 사항들을 착실히 준수 · 이행한다면 안보문제를 비롯한 통일 전단계의 대부분의 남북 문제는 원만히 해결할 수 있을 것이다. 김대중 대통령도 8·15 경축사를 비롯하여 기회

**'남북정상회담이후 남북 당국간 회담 일지'**

**남북장관급회담**

제1차 회담(2000. 7. 29~31, 서울) 제2차 회담(2000. 8. 29~9. 1, 평양)

제3차 회담(2000. 9. 27~30, 제주) 제4차 회담(2000. 12. 12~16, 평양)

**국방장관회담**

제1차 회담(2000. 9. 25~26, 제주)

**군사실무회담**

제1차 회담(2000. 11. 28, 판문점) 제2차 회담(2000. 12. 5, 판문점)

제3차 회담(2000. 12. 21, 판문점) 제4차 회담(2001. 1. 31, 판문점)

**남북경협실무접촉**

제1차 회의(2000. 9. 25~26, 서울) 제2차 회의(2000. 11. 8~11, 평양)

**남북경협실무추진위원회**

제1차 회의(2000. 12. 28~30, 평양)

김용순 특사 방문(2000. 9. 11~14)

**남북적십자회담**

제1차 회담(2000. 6. 27~30, 금강산) 제2차 회담(2000. 9. 20~23, 금강산)

제3차 회담(2001. 1. 29~31, 금강산)

있을 때마다 기본합의서 이행에 관한 남북 최고당국자의 의사와 의지를 확인하기 위한 특사교환을 제의하고 기본합의서 이행의 필요성을 역설하였을 뿐만 아니라 김대중 정부는 북경에서의 3차례 차관급 당국회담에서도 남북기본합의서 이행문제를 제기하였다. 또한 국회에서도 기본합의서가 남북 당국간 합의한 최초의 문서인 점을 확인하고 여야 공동으로 기본합의서 이행 실천을 촉구하는 결의문을 채택하는 등 초당적인 협력 자세를 보여주었다.

그러나 남북정상회담 이후 진행된 각급 당국간 회담을 검토할 때 향후 당국간 회담은 기본합의서에서 설정했던 각급 대화 채널을 명칭 그대로 복원할 수는 없을 것 같다. 추진중인 장관급회담과 이에 의거한 각종 실무협의회는 고위급회담, 분과위원회 및 공동위원회 체제와 흡사한 형태로 이루어지고 있으나 이는 사안의 필요에 따라 구성되어 운영되는 형태를 띠고 있다.

반면, 중단되었던 판문점 연락사무소의 재가동을 통해 실무적인 문제들에 대한 협의가 이루어지고 있는 점도 긍정적이라고 할 수 있으며 각급 회담에서 회담대표들의 태도 역시 과거의 정치적 명분 논쟁보다는 실용적 접근을 통해 합의를 도출하고 실행하는 데 중점을 두고 있어 회담이 진행됨에 따라 남북 당국간회담의 내용과 형식에 있어 실질적인 개선을 기대할 수 있다.

#### 6) '4자회담'과 한반도 평화체제 정착

평화통일을 이루기 위해서는 역설적이지만 확고한 안보태세를 갖추어야 한다. 안보태세가 확고해야만 남북간 대화, 교류, 협력에서 최대한 유연성을 발휘할 수 있을 것이며 결과적으로 남북관계 개선과 통일을 달성할 수 있을 것이다. 문제는 우리의 안보태세를 어느 선에서 유지해야 북한이 위협을 느끼지 않으면서 우리와의 대화와 교류협력의 장으로 나올 수 있을 것인가 하는 점이다. 이러한 안보 딜레마를 해소하고 평화를 정착하기 위해서는 신뢰구축 및 군사적 긴장완화를 위한 제도적 장치를 마련해야 한다.

현재 4자회담은 남북한이 중심이 되고 미국과 중국이 보장하는 형태로 남북 평화협정 체결을 목표로 추진되고 있다. 평화협정 체결을 위해서는 우선 한반도 긴장완화와 군사적 신뢰구축문제가 집중적으로 다루어져야 한다는 인식하에 긴장완화분과위원회와 평화체제분과위원회 등 2개의 분과위원회도 설치하였다.

이제까지 총 6차에 걸쳐 개최된 본 회의(1997. 12. 9~10, 1998. 3. 16~21, 10. 20~24, 1999. 1. 19~22, 1999. 4. 24~27, 1999. 8. 5~9)에서 북한은 주한미군문제와 북미 평화협정문제를 지속적으로 거론하고 있어 구

체적 사안에 대해 진전된 모습은 보여주지 못하고 있다. 그러나 미국은 한반도 평화회담 전담특사를 임명하여 4자회담 추진에 열의를 보이고 있으며 중국도 초기의 소극적 자세에서 탈피하여 적극적인 입장을 보임에 따라 북한의 태도여하에 따라 회담을 통해 구체적인 성과를 거둘 가능성도 있다.[19] 특히 남북정상회담을 통해 남북관계에 진전이 있은 이후 김대중 대통령은 4자회담을 통해 한반도 및 동북아 전체의 평화환경을 조성할 것을 재차 강조하고 있다. 북한의 김정일 위원장이 정상회담에서 김대중 대통령과의 회담 중에, 그리고 정상회담 직후 발표된 우리측 설명문안을 보면 한반도의 평화정착을 위해 남북한이 긴밀히 협력할 것을 다짐한 것으로 알려지고 있어 분단과 냉전체제를 해소할 수 있는 토대가 조만간 마련될 수 있을 것이다.

## 5. 결론

전세계 차원의 냉전구도가 해체되었음에도 한반도 주변의 정세는 아직도 부분적인 냉전의 잔재가 남아 있으며 특히 한반도에는 군사적 대치상태가 지속되고 있다. 한반도 분단 50년 동안 고착된 남북한의 이질적인 체제와 극심한 경제적 격차, 그리고 통일에 대한 거부감과 무관심 등 남북통일에 대한 저해 요인은 다양하며 시간이 지남에 따라 새로운 요인들이 첨가되고 있다. 반면 주변정세의 변화와 남북한 내부환경의 개선으로 분단극복과 통일에 긍정적인 측면도 많으며 더구나 시간이 지남에 따라 새로운 긍정적 요인들이 점차 증가하고 있다. 지난 3년간 지속적으로 추진된 김대중 정부의 대북 포용정책은 이러한 분단 체제를 극복하는 데 결정적인 전기를 마련하였으며 특히

19) 박영호·박종철, 〈4자회담의 추진전략: '분과위' 운영방안을 중심으로〉(서울: 통일연구원, 1999), pp. 33~34.

지난 6·15 정상회담 이후 한반도에서 전개되고 있는 변화의 물결은 분단을 극복하고 통일을 이룩할 수 있다는 자신감을 우리 모두에게 심어 주고 있다.

이러한 상황에서 한반도 군사적 긴장 완화와 평화체제 정착, 주변국들의 통일한국 출현에 대한 의구심 해소와 동북아 다자안보회의 구성을 비롯한 적극적인 통일 지원 여건 구축, 양측간 상호 이해의 증대 및 상대방에 대한 인정, 남북간 적대감 해소와 신뢰 구축, 남북 주민간 접촉, 교류협력의 증대 및 당국, 비당국, 민간급 대화협상 채널의 확대, 교류협력의 제도화, 그리고 무엇보다도 우리 국민들과 지도자들 사이에 통일의 당위성에 대한 광범위한 합의와 확고한 통일 의지를 지속적으로 다져 나가는 것이 필요하다.

통일을 위해서는 무엇보다도 북한이 지금보다는 훨씬 더 많이 변화해야 할 것이나 통일의 기회가 주어질 때 이를 구현할 수 있는 우리의 준비 태세 확립이 그 어느 때보다도 절실하다. 이를 위해서 그 동안 쟁취한 정치적 민주화를 확고히 정착시키고, 지속적인 경제 발전과 복지사회의 실현, 지역할거주의의 타파와 사회적 관용의 증대, 기회균등의 확산 등을 실현함으로써 북한의 일반 주민들은 물론 엘리트들에게 남한 사회가 그들이 지향하는, 그들을 진실로 포용할 수 있는 사회라고 인정할 수 있도록 정부와 국민 모두가 역량을 결집해 나가야 할 것이다.

상대방의 체제가 붕괴되거나 흡수 병합을 목적으로 상대방 체제의 붕괴를 촉진시킴으로써 급속한 통일을 달성하고자 할 때에는 현상황에서 적지 않은 희생과 경우에 따라서 무력 충돌의 가능성까지도 배제할 수 없으며 통일 후 엄청난 후유증을 각오해야 할 것이다. 물론 통일의 기운이 아무도 예견하지 못한 시기에 갑작스럽게 다가올 수도 있으나 무력을 통하지 않고 평화로운 통일을 상정할 때, 그 통일은 양측을 모두 만족시키기 위해 매우 복잡하고 어려운 협상과 타협을 통해 점진적 단계적으로 이루어져야 한다.[20] 남북간 진정한 관계개선이 이루어지는 시점에서 이러한 개선된 관계를 보다 활성화하고 제도화하기 위한 장치로서 남북간 국가연합을 발족시킬 수 있을 것이며 이는 과정으로서의 통일뿐만 아니라 완전한 최종 형태의 통일 국가를 건설하는 출발점이 될 것이다.

**더 알아보기**

1. 분단이 체제로서 고착됨으로써 우리의 의식과 생활에 어떠한 영향을 주었는지 좀더 구체적으로 살펴보자.
2. 대북 포용정책의 향후 과제를 제시하고 이를 효과적으로 추진할 수 있는 방안을 모색해 보자.
3. 통일에 따른 우리의 경제적 부담과 기대효과를 비교 검토해 보자.
4. 통일시대의 정치, 경제, 군사, 외교, 사회, 문화에 대해 가상 시나리오를 작성해 보자.

---

20) 통일연구원 통일문제 국민여론조사결과 응답자의 82.6%가 당장의 통일보다 점진적 통일을 선호하고 있는 것으로 나타났음. 최수영 외, 〈1999년도 통일문제 국민여론조사〉(서울: 통일연구원, 1999). p. 78.

| 제2장 |

# 남북관계의 역사적 전개

안영섭(명지대 북한학과)

목 표: 해방 이후 남북관계의 역사적 전개과정을 구체적으로 비교 · 검토하고 21세기의 남북관계 변화를 전망한다.

주 안 점: 해방 이후 통일국가건설의 실패요인으로 미국, 소련 등 점령군간의 갈등관계, 국내정치의 분열, 한국전쟁 이후의 남북 대결과 주변정세의 변화, 남북정상회담의 성사와 김정일체제의 변화 가능성.

핵심개념: 단독정부론, 통일전선, 남북대화, 4자회담, 남북정상회담, 북한의 개혁과 개방.

## 1. 서론

1945년 제2차 세계 대전에서 일본이 패배함으로서 일본식민통치에서 독립한 우리나라는 같은해 미국과 소련이 신탁통치를 계획하고 남한과 북한에 각각 진주했다. 1947년 미국은 임시정부에 대한 합의가 결렬됨에 따라 이른 바 '한국문제' 를 유엔에 상정하였다. 그 이전인 1945년 김일성의 지휘에 따라 북한 공산당이 결성되었다.

1948년 총선거가 실시되어 남한에서는 이승만이 제1공화국 대통령으로 선출되고, 북한에서는 김일성이 권력을 장악함으로써 남북분단은 공식화되기에 이르렀다. 1950년 북한이 남한을 침략하여 한국전쟁이 일어났으며 1950년부터 1953년까지 미국은 유엔의 위임을 받아 다른 15개국과 더불어 남한을 군사적으로 지원하였다. 150만 명의 사망자를 낸 이 전쟁은 1953년 판문점에서 휴전협정이 조인됨에 따라 정전상태로 들어가게 되었다. 1955년 김일성은 주체이념으로 자신을 우상화했는데 주체사상은 마르크스-레닌주의를 상당히 변형한 형태로서 자주적 민족주의, 사회주의 및 개인숭배사상의 혼합물이다.

1956년 니키타 흐루시초프 소련수상은 스탈린을 비방하고 김일성에 대한 비판도 권장했으나 이 비판은 즉각 억압되었다. 김일성은 1967년부터 1969년 사이에 남한을 전복하기 위한 도발 작전들을 적극적으로 전개하였다. 1968년 북한은 특수 게릴라를 조직해 소위 '김신조 일당'이 청와대를 습격했고, 같은해 미국 정찰군함 푸에블로호를 납치했으며, 울진과 삼척에 무장공비를 침투시켰다. 1974년 김일성의 아들 김정일이 정권후계가 가능한 인물로 부상했다. 또한 남한의 박정희 대통령의 암살을 기도했는데, 이 암살기도는 실패했으나 박대통령의 부인 육영수가 살해되었다. 1979년에는 남한에서 당시 중앙정보부장 김재규에 의해 박정희 대통령이 살해되었으며, 1980년 전두환 장군은 쿠데타를 통해 권력을 장악한 후 제5공화국 대통령에 취임했다.

북한의 김정일은 1980년 후계자로 공식 인정되었다. 1991년 김정일은 북한 인민군 총사령관에 임명되었다. 1992년에는 미국 중앙정보국(CIA)이 북한은 핵무기를 제조할 수 있는 능력을 보유하고 있다는 정보를 공개하였다. 1994년 김일성이 남북정상회담 직전에 사망하자 김정일은 주석이나 로동당(공산당) 총비서직을 공식 승계하지는 않았지만 인민군 최고사령관 자격으로 김일성의 권력을 사실상 승계했다. 같은해 미국은 북한과의 협상을 통해 핵무기개발 중지 대가로 미국측의 중유제공과 한국측의 민간용 원자로 시설을 건설 · 제공키로 하는 제네바 기본합의(Agreed Framework)에 도달했다. 1995년 파괴적인 대홍수로 북한은 쌀 농사를 망치고 여러 해 동안 영향을 받게 될 정도로 경작기반에 큰 피해를 입었다. 1996년부터 극심한 식량난으로 북한은 광범한 기아상태에 빠지게 되었다.

무장간첩선과 서해무력도발에서 보듯이 북한은 극심한 경제난에도 불구하고 군사대국화와 모험주의 노선을 고수해 왔으며 테러행위 등으로 국제적 고립상태에 빠져 있음에도 국내적으로는 고도의 독재체제의 유지, 대외적으로는 벼랑 끝 전술(brinkmanship)을 구사함으로써 반대급부로 식량지원, 핵의혹 시설 사찰에 대한 대가 등을 받아내 왔다. 그러나 북한의 이런 국가경영이나 대외관계 형성과는 정반대로 나아가고 있는 국제사회의 압력을 받아 북한의 이러한 대내외 정책노선은 변화가 불가피하게 되었다. 북한은 남한의 보수세력으로부터는 식량과 비료 지원, 그리고 상호주의 원칙에 어긋난다는 비판을 받고 있는 민간부문의 금강산 관광사업 등 형식적으로는 민간부문에 의한 남북교류 및 경제협력사업 등을 통해 경제적 지원을 받아 왔다.

그러나 6·15 남북정상회담 이후 남북관계는 크게 달라졌다. 물론 정상회담 이후 실질적 개선이 대폭적으로 이루어졌다고는 말하기 어렵다. 대폭적인 개혁과 개방 정책을 채택할 수 없는 김정일 정권의 속성에 비추어 21세기에 들어서도 상당기간 남북관계는 화해와 협력, 긴장과 대결이 교차하는 양면성의 국면을 보일 가능성이 크다.

이상에서 남북관계의 역사적 전개를 개관하였다. 다음에는 시대와 주제를 중심으로 구분하여 보다 상술하고자 한다.

## 2. 해방과 통일국가건설의 실패

### 가. 해방 이후 혼란기의 미국과 소련

1945년 일제 식민통치에서 해방된 이후 한반도는 국가건설이 가장 큰 과제였다. 그러나 한반도는 자주적으로 이 과제를 수행하는 데 많은 장애에 봉착했다. 무엇보다도 국제정세의 영향이 가장 컸다. 제2차 세계 대전 이후 세계체제는 변화하고 있었다.

하나는 자본주의 국가들에서의 변화로서 영국과 프랑스의 퇴조와 미국의 부상, 범미주의의 확립, 미국의 전세계의 분쟁 개입 등이 두드러졌다. 특히 미국은 유럽에서 나토에 참여했고 동아시아에서는 중국, 한국과 베트남 문제 등에 개입하기 시작했다. 다른 하나는 사회주의권으로 사회주의는 공산주의 종주국인 소련의 일국 사회주의에서 탈피, 동유럽 · 아시아로 확산하고 있었다. 결과적으로 미소냉전체제가 형성되고 있었다.

미국의 세계전략을 보면 궁극적 목표는 세계자본주의 유지와 재편에 있었다. 얄타체제는 미 · 소간 전시협조체제였으며 한국의 신탁통치 구상을 담고 있었다. 그러나 트루먼 독트린은 미국의 소련봉쇄정책으로서 본격적인 냉전체제를 출발시키는 전환점이 되었다. 미국의 극동정책은 아시아에서의 대소봉쇄정책이었으며 미국의 대한정책은 이상주의와 현실주의의 갈등 속에서도 미국의 국가이익에 부합할 수 있도록 한국을 반공완충국가로 강화하는 데 그 목적이 있었다.

한편 소련의 세계전략은 사회주의에 입각한 세계혁명에 있었고 소극적 타협을 통한 세력균형과 안보이익을 위한 완충지대 확립에 주력했다. 약소국가들의 순수한 민족주의 해방운동을 억누르고 강대국으로서의 이익을 추구했다. 소련의 대한 정책은 수세적 · 방어적 성격을 띠고 있었으나 북한에는 우호정권 수립을 기도했다. 소련은 모스크바 삼상회의에서 한반도 전역의 우호정권 수립기도를 나타내 보였다. 그러나 한반도 민족해방운동의 지지보다 현실적으로 가능한 안전지대 구축이 일차 목표였다.

한편 국내정세를 보면 해방당시 경제가 어려웠고 계급적 갈등요소가 존재하고 있었으며 이런 상황을 변화시키려는 변혁운동의 움직임이 일어나고 있었다. 해방 당시 우리 나라의 경제 상황을 보면 반봉건적 농업생산관계와 일제에 종속된 산업구조를 갖고 있었다. 결과적으로 농업생산력의 위기, 공업생산액 축소, 노동자 수 축소, 실업만연, 실질임금 저하, 노동자 생활 약화, 통화남발과 투기 경향, 생활수준 저하 등 많은 문제점을 안고 있었다.

계급구성과 변혁운동의 성격을 살펴보면 전 국민의 77%가 농민이었는데 그 중 지주가 2~4%, 자작농은 14%, 자 · 소작농은 34.6%, 순소작농은 49%였다. 전체 농민의 4분의 3은 빈농이었다. 1944년 전국 212만 명의 노동자 중 남한 공장 노동자는 30만 명에 불과했고 일제가 물러난 1946년에는 12만 2,000명으로 줄어들었다. 이러한 경제사회적 배경에서 가장 중요한 문제는 자주적 민주주의 국가 건설의 과제였다.

그러나 해방 이후 서구열강들은 한반도를 그냥 놓아두지 않았다. 해방은 곧 미 · 소 군대에 의한 군사적 점령, 점령군에 의한 배타적 지배의 실시, 그리고 남북분단으로 이어졌다. 이런 가운데 국내정치상황도 혼란스러웠다. 자주적 민주주의 국가건설이 지상과제였음에도 정치세력들은 여러 파벌들로 분열돼 있었다.

### 나. 국내정치의 분열

우선 각 정파의 입장을 살펴보면 첫째, 김구와 한독당이 있었다. 임시정부

내의 김구계열과 조소앙세열은 연합을 이루고 있었다. 조소앙은 삼균주의를 강령으로 채택했다. 삼균주의란 조소앙이 제창한 정치사회사상으로 쑨원[孫文]의 삼민주의와 사회주의의 영향을 받아 1930년대에 제창된 것으로 개인간 · 민족간 · 국가간 균등을 말하고, 정치적 균등 · 경제적 균등 · 교육적 균등의 실현으로 삼균을 이루어 세계일가(世界一家)의 이상사회를 건설한다는 평등주의 사상이었다. 토지문제에서는 토지국유를 주장하면서도 구체적인 방법을 제시하지는 못했다. 임정법통론을 주장하고 반탁운동을 전개했으며 미소공동위원회에 참가를 거부함으로써 정부 수립 이후 정계에서 배제되었다.

둘째, 이승만이 총재를 맡은 독립촉성중앙협의회가 있었는데 자주독립 촉진을 위해 한국민주당, 국민당, 건국동맹, 조선공산당 등을 비롯한 각 정당과 단체들이 조직한 이 국민운동연합체는 반탁노선, 미소공동위원회에 반대했으며 남한 단독정부노선을 주장했으나 국내에서의 기반은 처음에는 미약했다. 한편 대미, 대유엔 로비에 적극적이었으며 한미협회를 운영하고 있었다. 박헌영이 친일파와 민족반역자를 제거하라는 명분을 내세워 탈퇴함으로써 통일전선은 무너졌다.

셋째, 여운형과 건국준비위원회 및 조선인민당이 있었다. 1944년 여운형에 의해 결성된 건국동맹은 일제의 패망과 더불어 조선건국준비위원회(약칭 '건준')로 개편되었다. 그러나 해방직후 좌익계로 주도권이 넘어가면서 조선인민공화국(약칭 '인공')으로 개편되었다. 여운형은 따로 1945년 11월 12일 '조선인민당'을 결성했으며 모스크바 삼상회담이 발표되자 조선공산당, 조선신민당과 더불어 좌익의 연합체인 민주주의 민족전선에 가담하여 모스크바 삼상협정에 대한 총체적 지지의 입장에서 미소공동위원회의 성공을 위한 적극적 활동을 전개했다. 해방을 미소에 의해 주어진 것으로 인식하고 자주적 민족국가 수립을 위한 좌우세력의 연합에 노력했다. 민족통일전선의 범위를 매우 광범위하게 설정하여 인민당을 민족반역자와 극좌, 극우의 편향자를 제외한 전인민의 정당으로 위치를 부여하여, 노동자, 농민, 도시 소시민 등 기층 민중뿐만 아니라 중간계급, 자본가, 지주까지 모두 포괄해야 한다고 주장했다. 물론 친일파 민족반역자는 제외했다. 계급적 기반에 우선하기보다는 각 개인의 성향에 우선하는 통일전선의 원칙을 내세웠으며 민주의원이나 과도입법의원에는 불참했다. 단독정부를 주장하는 김구, 이승만과의 타협을 거부하고 진보적 지식인층을 중심으로 소부르주아층에 광범한 영향력을 발휘하고 있었다.

넷째, 한민당 계열이 있었다. 미군정은 여운형이 중심이 된 건국준비위원회가 선포한 조선인민공화국을 인정하지 않고 친미우익정권을 후원하기 위해 한민당 인사들과 긴밀한 접촉을 가졌는데 한민당은 대한민국 임시정부의 법통을 계승하려 한 반면, 미군정은 민족주의적인 임시정부를 인정하지 않으려고 했다. 한민당은 구성원 대부분이 친일파와 해외유학자였고 해방정국에서는 미군정의 여당, 미군정 행정의 대리자로 활동했다. 좌익세력이 주도한 인민공화국에 대한 반대를 목적으로 결성됐기 때문에 '임정봉대'를 주장했으며 미국이 공식적으로 임정을 승인하지 않자 임정을 외면했다. 미군정에 밀착하여 토지개혁을 비롯한 개혁정책에 철저히 반대하면서 유상매수 · 유상분배를 주장했고, 친일파 처리에는 반대입장을 취했다. 중심 인물은 송진우, 김성수, 장덕수, 조병옥, 백관수, 김병로, 원세훈 등이었다.

다섯째, 김규식과 민족자주연맹이 있었다. 이 세력은 민족연합적인 정치노선으로서 반탁운동에 소극적이었다. 1947년 7월 여운형 암살직후에는 김규식을 중심으로 중간파들이 민족자주연맹을 결성했다. 남북연석회의의 모태가 되었고 남북연석회의의 좌절 이후 일부는 북한에 남아 조선민주주의인민공화국의 수립에 적극적으로 참여했으나, 일부는 남한으로 귀환하여 단정수립에 불참했다. 이후 반(反)이승만 세력을 형성하여 민족통일운동을 전개하였다.

여섯째, 조선공산당 및 남로당 세력이 있었다. 박헌영이 1939년 서울에서 조직한 경성콤그룹을 중심으로 1945년 9월 8일 조선공산당이 결성되었는데 볼셰비키적 전위정당노선이었다. 한편으로는 인민당과 신민당내의 좌파세력을 흡수하여 1946년 12월 남로당이 결성되었다. 무상몰수와 무상분배 방식의 토지개혁과 8시간 노동제, 일본인과 민족반역자의 재산 및 각종 기관의 국유화를 주장했다. 초기에는 미군정에 대한 협조노선을 폈으나, 1946년 6월 이후 9월 총파업과 10월 항쟁을 거치면서 남한 내에서는 영향력이 쇠퇴했다.

일곱째, 조선공산당 북조선분국과 북로당 세력이 있었다. 1945년 10월 10일에서 13일 사이 '조선공산당 서북 5도 당원 및 열성자 연합대회' 를 개최, '조선공산당 북조선분국' 을 설치했다. 민주기지론에 입각하여 조선혁명을 추진했다. 1946년 4월 북조선공산당으로 개칭, 같은해 8월 신민당과 합동하여 북조선로동당으로 변경했으며 1949년 6월 말 남로당과 합당하여 조선로동당을 결성했다. 해방정국의 실질적인 북한지역의 통치기구의 역할을 수행했다. 1946년 무상몰수 · 무상분배의 토지개혁을 실시했으며 북한지역에서 활동하던 토착공산주의자와 일제하 만주항일연군 출신의 인사가 중심을 이루었다. 그리고 인민민주주의 혁명노선을 채택했다.

마지막으로 신민당 세력이 있었다. 이 세력은 김두봉을 비롯한 화북조선독립동맹 출신인사들과 백남운 등 국내 사회주의자들의 결합체로서 정치노선으로는 인민민주주의노선의 통일전선을 채택했다. 그러나 이 세력은 뒤에 북로당과 남로당에 각각 합당했다.

이상에서 보았듯이 해방 이후 출현한 이렇게 다양한 정치세력들은 결국 통일전선을 결성하는 데 실패하고 말았다. 그러나 대별하면 좌익세력과 우익세력으로 구분할 수 있었는데 이런 정치세력들이 결국 남과 북으로 나뉘어 서로 다른 이념에 따라 2개의 정부를 수립하게 되었다.

## 다. 통일전선의 실패

1943년의 카이로회담과 1945년 얄타회담 등에서 연합국들이 합의한 신탁통치안은 즉각적인 독립을 원했던 한국인들의 저항에 부딪쳤고 1946년 10월 미소공동위원회가 결렬되면서 한국문제는 유엔으로 이관되었다. 1947년 5월 한국문제 해결을 위한 제2차 미소공동위원회가 열렸으나 합의가 이루어질 가능성이 희박해지자 미국은 한국문제를 유엔으로 넘겼던 것이다. 1948년 1월 유엔은 유엔임시한국위원단을 한국에 파견했으나 북한방문 요청이 북한과 소련에 의해 거부되어 남북을 통한 통일선거 실시는 불가능하게 되었다. 남한에서는 남한단독정부수립을 주장하는 이승만 계열과, 남한 단독정부 수립은 국토의 영구분단과 민족분열을 초래한다는 주장을 펴는 김구와 김규식 계열로 국론이 분열되었다. 김구는 남북한 통일정부 수립을 위해 신탁에 반대하였으나 좌익세력은 신탁에 찬성하고 나섰다. 1948년 2월 김구와 김규식은 북한의 김일성과 김두봉에게 남북요인회담의 개최를 요망하는 서신을 보냈으나 회답을 받지 못했다. 이에 앞서 특히 1946년과 1947년은 이 문제로 좌우가 격렬하게 대립했다.[1] 1947년 7월 하순에는 한국인의 자주적이며 자유스런 통일 건설을 위한 좌우합작위원회가 결성되었다. 이 기구는 1946년 5월 1차 미소공동위원회 결렬 이후 여운형 · 김규식을 중심으로 결성되었는데 좌우합작파의 노력은 신탁통치문제, 토지개혁 및 주요산업 처리 등 경제정책문제, 친일파 처리문제를 둘러싸고 좌익과 우익이 강경하게 대립했다. 이후 미군정의 대한정책이 남한만의 단독정부수립으로 전환함에 따라 좌우합작운동은 결국 실패했다.

해방 이후 좌우합작을 통해 중립적인 통일정부를 수립하려던 한국인들의

---

1) 한영우, 〈우리역사〉(서울: 경세원, 1997), p. 546.

꿈은 실현되지 못했다. 그러나 이를 위한 노력은 있었다. 남북협상은 1948년 4월에 있었다. 남한만의 단독정부 수립에 반대하는 김구 · 김규식 등이 남북통일정부 수립을 위해 평양으로 가서 북한측 정치지도자들과 일련의 협상을 가졌다. 1948년 4월 19일에서 23일까지 평양에서 '미 · 소 양군 철수요청서', '단독정부 수립에 반대하는 동포에게 보내는 격문' 등을 채택했다.

이 배경을 좀 더 상술하면 1948년 3월 25일 북한은 평양방송과 서신을 통해 북한민주주의 민족통일전선 제26차 중앙위원회의 결정을 알려왔다. 그것은 4월 14일부터 평양에서 남한의 모든 민주주의 정당 사회단체와의 연석회의를 개최하고 조선의 민주주의 독립국가 건설을 추진하는 것을 공동목적으로 하자는 내용을 결의한 것이었다. 북한은 이 서한을 민족자주연맹, 한국독립당, 남조선로동당 등 17개 단체와 단독선거를 반대하는 단체 및 김구 · 김규식 등의 15명에게 전달하였다. 국내 여론이 단독정부수립에 대한 찬반양론으로 갈라져 들끓는 가운데 남한에서는 김구, 조소앙, 조완구 등 한국독립당 대표들과 원세훈 등 민족자주연맹대표단, 민주독립당의 홍명희 등이 평양에서 열린 전조선제정당 사회단체대표자 연석회의에 참석하였던 것이다. 이 회의는 미소 양군의 즉각 철군을 요청하는 메시지를 양국에 전달할 것을 결의하였다. 4월 27일에는 김구, 김규식, 조소앙, 조완구, 홍명희, 김붕준, 이극로, 엄항섭, 김일성, 김두봉, 허헌, 박헌영, 최용건, 주영하, 백남운 등 15명으로 구성된 남북요인회담을 개최하고 남북통일정부 수립방안에 관한 성명을 채택했다. 이어서 김구, 김규식, 김일성, 김두봉 등 '4김 회담'이 이루어졌는데 여기에서 남한측은 ① 연백평야에 공급하다 중단된 수리조합개방문제, ② 남한으로 공급하다 중단된 전력의 지속적인 송전문제, ③ 조만식의 월남허용문제, ④ 만주 뤼순(旅順)에 있는 안중근의 유골을 국내 이장하는 문제 등을 제의했다. 이에 대해 김일성은 ①과 ②항은 수락하고 ③과 ④항은 뒤로 미루었는데 김구와 김규식이 서울로 돌아와 이 사실을 발표한 며칠 뒤 다시 수리조

합의 개방과 전력송전은 중단되었다. 결국 남북협상은 결렬되었고 이후 대한민국 수립과정에서 이들 통일정부노선을 추구했던 인사들은 배제되는 결과를 가져왔다.[2)]

이에 앞서 1948년 2월 26일 유엔 소총회는 "선거는 가능한 지역인 남한에서만 추진한다"는 방안을 표결에 붙였으며 31대 2로 가결되어 한국의 분단은 고정되었다. 결국 1948년 5월 10일 서울에서는 남한만의 단독 국회의원 총선거가 실시되었다. 같은해 7월 17일 대한민국 헌법이 제정되었다. 같은해 8월 15일 이승만을 대통령, 이시영을 부통령으로 하는 대한민국 정부가 수립되었다. 이로서 1,000년 동안 통일된 국가를 이어온 우리민족은 다시금 남북분단시대를 맞게 되었다.

1948년 8월 21일에서 8월 25일까지 북한의 해주에서는 북한지역 212명과 남한지역 360명의 최고인민회의 대의원이 선출되었다. 9월 2일 제1차 최고인민회의가 개최되었으며 헌법이 제정되었다. 이로써 9월 9일 수상 김일성, 부수상 박헌영 · 홍명희 · 김책으로 하는 조선민주주의인민공화국이 수립되어 남북분단시대는 남과 북 양측이 사실상의 국가적 실체를 공식적으로 발족시키게 되었다. 공식적인 민족분단의 시대가 시작되었던 것이다.

## 3. 분단 이후 남북관계의 전개

### 가. 분단 이후 남북관계변화 개관

남북관계는 한국전쟁의 발발로 악화가 고조되었다. 이 전쟁은 우리민족의

2) 〈세계대백과사전〉(서울: 동서문화, 1999), 제6권, p. 3024.

분단사에 치유하기 어려운 깊은 상처를 남겼다. 1950년 6월 25일 민족통일을 표방한 조선민주주의인민공화국의 선공으로 전쟁이 발발했다. 북한군은 4일 만에 서울을 점령했으며 이후 1953년 7월 27일까지 남한과 북한, 미국 및 유엔군, 중국이 참전하는 대규모 국제전쟁으로 비화했다.

한국전쟁의 결과는 비참했다. 남북 쌍방에 약 150만 명의 사망자와 360만 명의 부상자가 발생했으며 국토의 극심한 피폐를 가져왔다. 무엇보다도 남북의 적대감이 극도로 심화되어 민족분단체제가 공고화된 것은 지금도 남북문제를 푸는 데 해결하기 어려운 뿌리깊은 장애요인이다. 이 전쟁의 결과로 남한에서는 반공이 국시의 가장 중요한 부분이 됐으며 반공이데올로기가 초법적 권위를 지니고 전 사회를 지배하게 되었다. 북한에서는 김일성을 중심으로 하는 만주항일연군 출신들이 남로당 계열과 연안파 계열, 소련파계열을 배제하고 권력을 독점하게 되었다. 한마디로 한국전쟁은 남북분단을 고착시키고 관계를 얼어붙게 하면서 불신과 대립으로 점철되는 시대를 열었다.

불신과 증오의 벽으로 나뉘어졌던 남북관계에 정책적 변화가 시도되기 시작한 것은 1970년부터이다. 1970년 8월 15일 박정희 대통령은 8·15선언에서 "인도적 견지와 통일기반 조성에 기여할 수 있고 남북간에 가로막힌 인위적 장벽을 단계적으로 제거할 수 있는 획기적이고도 현실적인 방안을 내놓을 용의 표명과 선의의 경쟁"을 제의했다. 1971년 8월 12일 한국적십자사 최두선 총재는 이산가족찾기 운동을 위한 남북적십자 회담을 제의했다. 1971년 9월 20일부터 72년 8월 11일까지 남북적십자 예비회담이 모두 총25회에 걸쳐 있었다. 1972년 7월 4일 역사적인 7·4 남북공동성명이 발표되었다.

북한에서는 1972년 12월 27일 사회주의헌법의 시행에 따라 김일성이 국가주석에 취임했다. 1973년 2월에는 3대혁명소조를 발동했다. 1973년 6월 23일 박정희 대통령은 '평화통일외교정책'을 선언했는데 이것은 할슈타인 원칙[3)]의 포기를 의미하는 것이었다. 또한 이와 함께 박대통령은 UN과 국제기구에의 남북한 동시가입을 제안했는데 이에 대하여 김일성은 '고려연방공화국' 국호에 의거한 단일가입을 제안했다. 1974년 1월 18일 박정희 대통령은 남북한 상호불가침 협정 체결을 제의했으며 같은해 8월 15일 평화통일 3대 기본원칙을 제시했다. 3대원칙은 남북상호불가침 협정체결, 남북대화 성실진행, 토착인구비례에 의한 남북한 자유총선거 실시 등이었다. 그 후 1979년 7월 1일에는 한미공동성명이 나왔는데 이것은 '남북한과 미국 3당국회의'를 제의한 것이었으나 1978년 박정희 대통령은 사망했다.

북한을 보면 1974년 9월 16일 국제원자력기구(IAEA)가 북한가입을 가결했으며 1975년 8월 30일에는 리마에서 비동맹회의에 가입했다. 1977년 4월에는 최고인민회의가 토지법을 제정했으며 1977년 8월 1일에는 200해리 경제수역을 발효시켰다. 1977년 12월에는 최고인민회의가 김일성 주석을 재선출하고 제2차 7개년 계획을 채택했다. 1978년 4월 최고인민회의는 사회주의노동법을 제정했다. 1979년 6월 8일에는 UNDP(유엔개발계획)에 가입하였다.

1980년 1월 24일에는 남한이 남북총리회담을 제의했으며 1981년 1월 12일에는 전두환 대통령이 남북한 당국 최고책임자 상호방문을 제의했다. 1982년 1월 22일 전두환 대통령은 민족화합민주통일방안을 제의했다. 1984년 8월 20일 전두환 대통령은 남북간 물자교역 및 경제협력을 제의했으며 대북기술 및 물자 무상제공 용의를 표명했다. 1985년 1월 9일 전두환 대통령은 서울과 평양에 상주연락대표부를 설치할 것을 제의하였다. 1985년 9월 20일부터 23일 사이에는 남북이산가족 고향방문 및 예술공연단 동시 교환방문이 있었는데 65상봉가족 92명이 만났다. 이것은 최초의 남북이산가족 상호교환 방문

---

3) 1955년 말에 서독이 표명한 소련을 제외하고 동독을 승인하는 국가와는 외교관계를 맺지 않는다는 서독의 외교원칙. 당시 서독의 외무차관 발터 할슈타인(Walter Hallstein)의 이름을 딴 것임. 서독만이 국제법상 존재하는 유일한 독일국가이며 전 독일 민족을 대표하고 유일한 주체라는 유일대표권 주장에 의해 1957년 유고슬라비아, 1963년 쿠바에 적용됨.

이었다.

1987년 3월 17일 남한정부는 남북총리회담 개최를 제의했다. 1988년 7월 7일에 제6공화국의 노태우 대통령은 민족자존과 통일번영에 관한 특별선언을 발표했으며 같은해 10월 18일 노태우 대통령은 비무장지대안에 평화시를 건설할 것과 남북정상회담 및 동북아평화협의회의 수립을 제의하였으며 이 내용은 유엔총회 본회의 연설을 통해 국제사회에 전달되었다. 1989년 9월 11일 노태우 대통령은 한민족공동체 통일방안을 제147회 정기국회 연설을 통해 천명하였다.

북한은 1980년 10월 로동당 제6차 대회를 열고 김정일 서기를 당내 2인자로 선출했으며 1980년대 10대 전망목표를 제시했다. 이에 따라 1984년 9월 8일 최고인민회의는 합영법을 공포하였고 조선적십자회는 남한에 대한 수해원조물자 송부를 결정했다. 1984년 11월 15일 제1차 남북경제회담이 열렸으나 구체적 성과를 도출하지는 못했다. 1987년 4월에는 최고인민회의가 인민경제 제3차 7개년 계획을 채택했으며 1988년 3월 로동당 중앙위 총회에서는 과학기술발전 3개년 계획 수행이 결의됐다. 1989년 7월 북한은 제13회 세계청년학생평화축전을 평양에서 개최했다.

남한은 1990년 1월 1일 신년사에서 노태우 대통령이 남북당국, 특히 최고책임자간 회담을 제의했다. 1990년 8월 15일 노태우 대통령은 군비통제 등에 관한 '고위급 회담'을 제의했다. 1991년 11월 8일 노태우 대통령은 한반도 비핵화와 평화구축을 위한 선언을 발표했다. 1992년 12월 10일부터 12월 13일까지 남북 고위급 회담에서는 남북기본합의서가 채택되었다. 이것은 제5차 고위급회담이었는데 공식명칭은 '남북화해와 불가침 및 교류협력에 관한 합의서'였다.

1992년 7월 19일부터 25일까지 북한의 김달현 부총리는 최각규 부총리 초청으로 서울을 방문하였다. 1993년 5월 29일 남한은 핵문제 해결 및 남북한 현안문제 협의를 위한 대표접촉을 제의했으며 1993년 문민정부가 출범하면서 그 해 7월 6일 김영삼 대통령은 3단계통일방안과 통일정책 3대 기조를 천명했다. 1994년 2월 25일 김영삼 대통령은 제조업, 농업, 건설, 에너지 등의 분야에서 남북경제공동개발을 시작할 용의가 있음을 천명하였다. 1994년 4월 15일 정부는 이른바 4·15조치를 발표했는데 특사교환을 추진하지 않고 북한 벌목공 망명을 허용하기로 결정했으며 북한 핵문제 해결을 위해서는 한반도 비핵화공동선언에 입각한 남북상호사찰이 필수적임을 강조했다. 이로써 남북관계는 경색국면을 맞게 되었다.

그러나 1990년대 북한은 제약적인 여건 속에서나마 변화의 몸부림을 보이기 시작했다. 1990년 9월 제1차 남북고위급회담이 서울에서 열렸는데 이 시기에 일본 자민당과 사회당대표단이 북한을 방문하였다. 9월 28일에는 북한의 로동당과 일본의 2개 정당이 공동선언을 채택하기도 했다. 1990년 10월과 12월에 제2차 남북고위급회담이 평양에서, 제3차 회담은 서울에서 각각 열렸다. 1991년 1월에는 북 · 일 국교정상화를 위한 제1차 정부간 회담이 평양에서 열렸다. 1991년 5월 제3차 북 · 일 정부간 회담이 베이징에서 열렸으나 이은혜 문제로 결렬되고 말았다. 같은해 9월 17일 UN 총회는 남북한 동시가입을 만장일치로 가결했다. 1991년 12월 28일 북한은 나진 · 선봉자유경제무역지대를 지정했으며 1992년 1월 30일에는 국제원자력기구(IAEA)와 핵안전협정을 체결했다. 1992년 4월 9일에는 사회주의헌법을 수정했고 7월 15일에는 화폐개혁을 단행했으며 9월 17일에는 제8차 남북고위급회담이 열려 남북기본합의서에 따른 분야별 부속합의서를 조인하였다. 10월에는 외국인투자법, 합작법, 외국인기업법 등을 공포하여 경제개방의 신호를 보이기도 하였다. 이어 다음해인 1993년 1월 31에는 외국인 투자기업 및 외국인 세금법, 외화관리법, 자유경제무역지대법 등을 공포하였다. 그러나 1993년 3월 12에는 핵확산금지조약(NPT)에서의 탈퇴를 선언했다.

1993년 4월 9일 김정일은 국방위원장에 추대되었고 1993년 6월에는 북·미 1단계 고위급 회담이 뉴욕에서 열려 북한은 NPT 탈퇴를 유보하겠다고 발표했다. 1993년 7월에는 북·미 2단계 고위급 회담이 제네바에서 열려 북한의 핵문제에 관한 협상이 있었다. 북한은 경제면에서도 변화의 조짐을 보이고 있었다. 1993년 10월 27일 토지임대법을 공포하였고 같은해 11월에는 세관법과 외국인투자은행법 등을 공포했다. 12월에는 로동당 중앙위 전원회의가 열려 향후 3년을 완충기로 설정하여 '농업, 경공업, 무역제일주의' 등을 천명하였다. 1994년 1월 20일에는 개정 합영법을 공포하였다.

그러나 북한은 국제무대에서 정치적으로 갈등을 겪어야 했다. 1994년 6월 10일 IAEA는 북한의 핵무기 개발이 사실이며 위험수위에 왔다고 판단하여 북한제재결의안을 채택했다. 미국은 특히 북한에 대한 무력제재를 심각하게 고려해 한반도에서 또 한 차례 전쟁이 일어날지도 모를 위기상황을 맞았다. 이런 위기분위기 속에서 카터 전 미국 대통령은 북한을 방문했다. 1994년 6월 13일 카터 대통령은 극적으로 남북정상회담을 끌어내는 데 성공하여 북한은 남북정상회담을 제의했고 1994년 6월 18일 남한은 이를 즉각 수락함으로써 한반도의 위기국면은 일단 해소되었다. 김영삼 대통령의 남북정상회담 제의 수락이 있은 후 6월 28일 남북정상회담 예비접촉이 있었으며 정상회담 개최를 위한 기본합의서가 채택되기도 했으나 김일성은 돌연 사망하고 말았다.

김일성의 사망 이후 1994년 8월 15일 김영삼 대통령은 한민족공동체 건설을 위한 3단계 통일방안을 천명했다. 이에 따라 1994년 11월 9일 정부는 남북경협 활성화조치를 발표했으며 1995년 3월 7일 김영삼 대통령은 북한에 대해 곡물과 원자재를 지원할 용의가 있음을 표명했다. 1995년 5월 15일 김영삼 대통령은 북한에 대한 곡물과 물자지원 용의를 다시 표명했으며 1995년 6월 17일부터 9월 30일까지 중국 베이징에서 남북 쌀 회담이 개최되었다. 1995년 6월 25일부터 10월 7일까지 남한은 북한에 대해 쌀 15만 톤을 지원했다.

김일성에 이어 김정일이 사실상 권력을 잡은 북한에서는 1995년 3월 29일 민족통일대축전 북측 준비위원회가 '8·15 민족통일대축전' 관련 민간수준의 접촉을 제의했다. 이 해 5월 26일 북한의 국제무역촉진위원회 위원장 이성록은 남한의 쌀 제공을 검토할 용의가 있음을 표명하였다. 그 후 남북관계는 이렇다 할 진전을 거두지 못했다. 1998년 4월 18일 김정일은 '김정일 서한' 형식으로 '민족 대단결 5대 방침'을 발표했다. 남북관계가 활발해지기 시작한 것은 1998년 김대중 정부의 출현과 더불어 대북 '햇볕정책'이 시도되면서부터이다. 북한의 폐쇄와 고립을 위협하는 국제정세의 급변, 북한의 경제적 파탄 등 내부사정 등과 복합적으로 작용하여 김대중 정부의 대북 정책은 금강산 관광사업 등 가시적 효과가 나타나면서 2000년 6월 15일 역사적인 남북정상회담으로 발전하게 되었다.

김일성 사망 이후 북한의 대외관계에서는 미국이 가장 핵심적 위치를 차지했다. 1994년 8월 12일 북 · 미 3단계 회담이 열려 연락사무소 설치 등에 합의했다. 1994년 10월 18일 북 · 미 핵 협상이 제네바에서 타결되었고 1995년 1월 21일 미국은 대북한 무역 및 투자제한 일부 완화조치를 발표했다. 1995년 4월 북한은 '평화를 위한 평양 국제체육 및 문화축전'을 개최했다. 1995년 6월 13일 북 · 미 준 고위급 회담이 콸라룸푸르에서 타결되었다. 1996년 1월에는 북 · 미 미군유해협상이 하와이에서 열렸으며 이 해 2월 23일 북한은 미국과의 평화협정 전 단계조치로 '잠정협정'을 제의했다. 이에 따라 북한은 같은해 4월 4일 정전협정에 규정된 DMZ 규정 준수를 거부하겠다는 입장을 취했다. 1996년 4월 20일 북한은 베를린에서 미국과 미사일회담을 가졌다. 이 해 5월 10일 북한과 미국은 뉴욕에서 2차 미군유해협상을 갖고 문제를 타결했다. 1996년 9월 13일 북한은 나진선봉 국제투자포럼을 3일간 개최했으며 1997년 1월 8일 북한에 대한 KEDO 경수로 제공을 위한 서비스의정서와 부지의정서에 서명했다. 1997년 2월 12일 북한 로동당 국제남낭비서 황상엽은 한국에 망명을 요청하여 그 후 망명했으며 바로 이어 2월 13일 북한은 포괄적 핵실험 금지조약 서명을 거부하고 나섰다. 곧 이어 3월 5일 4자 회담 공동설명회가 개최되었고 1997년 3월 7일 연락사무소 개설 등 관련 북 · 미 준고위급 회담이 열렸다. 이어 3월 19일 미국은 4자 회담 성사를 전제로 미국 내 북한자산의 동결을 해제하는 방안을 검토할 수 있다고 언급했다.

같은해 4월 16일 북한-KEDO간 고위급 전문가협상이 경수로 대상부지에서 개최되었고 북한은 미국에 국교수립을 요청했다. 7월 28일에는 KEDO 현장사무소가 개설되었고 8월 4일 대북 경수로 관련 남북간 통신이 개통되었다. 8월 24일에는 주이집트 북한대사 장승길의 제3국 망명이 있었으며 9월 북한과 일본은 북송 일본인처 일본방문에 합의했다. 10월 김정일 로동당 총비서로 공식 추대된 직후인 10월 15일 북한과 러시아는 농업협력협정을 체결하였다. 11월 5일에는 DHL 평양사무소가 개설되기도 했다. 11월 8일 북송 일본인처 고향방문단 제1진 15명이 나리타공항에 도착했다. 12월 19일 4자 회담 제1차 본회담이 개막되었다. 1998년 2월 6일에는 FAO 북한대표부 김동수 일가가 망명함으로서 국제사회에서는 북한의 고위층 인사들이 줄줄이 망명할 가능성이 있다는 전망이 나오기도 했다. 같은해 3월 1일 북한은 비행정보구역(FIR)을 개방했으며 3월 16일 4자 회담 2차 본회담이 제네바에서 21일까지 열렸다. 1998년 6월 23일 유엔군사령부와 북한군 장성급 회담이 열렸으며 이 해 7월 26에는 제10기 최고인민회의 대의원 선거가 열렸는데 9월 5일의 최고인민회의 제10기 1차 회의에서는 사회주의 헌법이 개정(8차)되어 주석직이 폐지되었으며 김정일 국방위원장을 핵심으로 하는 국가지도기관이 개편되었다.

## 나. 최근의 남북관계와 주변4대국

남북관계와 주변 4대국은 불가분의 관계에 있다. 앞서 지적한 대로 한국분쟁의 씨앗은 제2차 세계 대전 종전 이후 소련이 한반도 38선 이북을 점령하고 미국이 그 이남을 점령하게 됨으로써 뿌려졌다. 남북한에 대한 미국의 정책은 지역적 고려는 물론 전세계적인 전략에서 형성되어 왔다.[4] 미군은 제2차 세계 대전이 끝나 일본의 무장해제를 위해 남한에 진주했으나 1948년 남한 단독정부가 수립된 이후 유엔총회의 결의로 500여 명의 군사고문단만을 남기고 모두 철수하였다. 그러나 1950년 한국전쟁이 발발했다. 이 전쟁으로 1953년 휴전이 성립되었음에도 미군은 한국을 방어하기 위해 계속 주둔해 왔다. 이러한 목적은 1954년 발효한 한미상호안보조약으로 공식화됐으며 이것은 미국이 주도하는 유엔사령부가 한국 방위를 위해 계속 개입하게 한 협정을 보완하는 역할을 해왔다. 냉전체제가 계속되던 1970년대에 미국은 한국에 대한 방위개입규모를 줄일 계획에 주력했다. 1969년의 괌 독트린에 따라 1970년에는 한국으로부터 2만 명의 미군이 철수할 것이라고 발표했다. 지미 카터[5] 미국대통령은 1977년 당시 주둔 중이던 4만 1,000명에 달하던 미군을 한국에서 철수시킬 계획을 세웠으나 이를 포기했다. 1978년에는 한미연합사령부가 창설되었고 이에 따라 주한미군이 전시 · 평시의 한국군에 대한 작전통제권을 행사하게 되었다.

1980년대 후반에 들어와서는 한반도 주변정세가 크게 달라지고 미국경제가 침체하기 시작하면서 주한미군 감축과 역할조정, 방위비 분담 문제가 제

4) M. Yahuda, pp. 150~51.

5) James E. Carter(1924~ ). 1976년 미국 제39대 대통령으로 취임. 가업인 땅콩재배를 하다가 정치에 입문 1962년 민주당 조지아주 상원의원에 당선됨. M. 베긴 이스라엘 총리와 M. A. 사다트 이집트 대통령을 설득하여 중동평화실현에 공헌함.

기됐으며 1989년 미의회가 채택한 넌-워너 수정안에 따라 1990년 열린 제12차 한미군사위원회회의(MCM)에서 1992년 말까지 제1단계로 지상군과 공군 총 6,987명을 감축하기로 확정하였다. 1991년 유엔군사령부 군사정전위원회 수석대표가 한국군 장성으로 교체되고 미군 2사단이 담당하던 판문점 지역내 비무장지역 을(乙)구경계책임과 GP 2개소 중 1개소를 한국군이 인수하였다. 1992년에는 한미연합야전사령부(CFA)가 해체되었으며 제24차 한미연례안보협의회(SCM)에서 평시작전통제권을 한국에 이양하기로 합의, 1994년 12월 이양되었다. 그러나 1993년부터 실시될 예정이었던 제2단계 감축은 북한의 핵개발 의혹이 해소될 때까지 보류하기로 합의하였다. 이렇듯 한미 안보협력관계는 매우 긴밀하게 유지되어 오면서도 시대와 상황의 변화에 따라 변하게 되었다.

북한과 미국과의 관계는 공산주의 몰락 이후 탈냉전시대가 찾아오면서 크게 변화하는 양상을 드러내기 시작했다. 남북한 UN 동시가입도 이러한 변화에 일역을 담당하게 되었다. 북한은 공산주의의 붕괴전인 1984년부터 국제적 고립주의와 사회주의 계획경제의 한계를 인정하고 합영법을 제정해 서방과의 경제 및 기술 교류를 활성화하려는 시도를 보이기 시작했다. 1990년 11월 베이징에서 미국과의 외교관 접촉이 13번째 이루어졌고 그 이전인 5월에는 6·25 전몰 미군 유해의 일부 반환도 이루어졌다. 북한은 1991년 남북한 유엔 동시가입 이후 미국과의 수교를 적극 추진해왔다. 그러나 북한의 핵개발 의혹이 양국관계를 긴장시키다가 1994년 제네바 기본합의 이후 관계는 다소 호전되었으나 금창리에서 핵의혹 시설 문제가 다시 불거지고 1998년에는 대포동 미사일이 발사되면서 관계는 다시 악화되었다. 앞으로 북 · 미관계는 핵과 미사일 개발 등을 포함하여 북한이 호전주의와 군사력 강화, 강성대국노선을 포기하고 개혁과 개방으로 나오려는 의지에 따라 전적으로 좌우될 것이다.

한국의 중국 및 러시아 관계는 탈냉전 이후 두드러지게 개선되어 왔다. 양국은 1992년 8월 베이징에서 국교를 수립함으로써 82년 만에 정식 외교 관계 수립을 통해 관계를 정상화했다. 양국 정부는 UN 헌장 준수와 상호 내정 불간섭, 평화공존의 원칙에 따른 선린우호협력 관계를 발전시키기로 했다. 양측은 특히 한반도의 평화와 안정에 기여하고 중국은 한반도의 평화통일을 지지한다는 점을 명문화했다. 지금까지 한·중관계는 원만히 유지되고 있으나 1999년 주룽지 중국총리가 북한의 핵과 미사일 개발이 북한의 주권사항이라고 공개적으로 언급함으로써 양국관계는 불편해질 소지가 생겼다. 그러나 이것은 한국을 겨냥한 것이라기보다는 미국과 일본에 대한 외교적 압박수단으로 볼 수 있는 측면이 강했다.

한국은 소련연방이 해체되기 전인 1990년 국교를 수립함으로써 1904년 한·러 수호통상조약이 폐기된 지 86년 만에 국교를 정상화했다. 양국은 특히 양국의 수교가 한반도의 안정과 평화정착에 기여하기로 합의하였다. 소련연방이 붕괴하고 이를 계승한 러시아와는 1992년 기본조약을 체결하여 우호국으로서의 우호협력관계와 양국간에 무력위협과 무력행사금지, 분쟁의 평화적 해결, 경제와 기술을 비롯한 여러 분야들에서의 협력 증진을 약속하였다. 외교관계의 수립 이후 양국은 큰 분쟁이 없는 가운데 대체로 선린우호관계를 유지해 왔으며 1999년 김대중 대통령의 러시아 방문에서는 한반도의 안정과 평화를 위해 양국이 공동으로 노력하기로 합의했다.

한반도 안보정세에 있어 비상한 관심은 북한의 동향이다. 한반도 주변4국의 대북관계를 진단해 보면 중국은 앞으로도 북한을 계속 지원할 것으로 보인다. 그 이유는 중국은 한반도의 통일을 시급하게 생각하고 있지 않으며, 미국의 동아시아 정책의 핵심은 중국에 대한 군사적 봉쇄이므로 북한이라는 골칫거리가 사라지면 미국의 중국봉쇄정책이 한결 용이해진다는 점을 간파하고 있는 것으로 보인다. 또한 북한 카드는 한국, 미국, 일본에 대한 외교적 압박 수단으로서 전략적 이용가치가 있다고 판단하고 있는 것 같다. 주룽지 중국총리가 핵과 미사일 개발은 북한의 주권사항이라고 언급한 것도 같은 맥락에서 풀이된다. 또한 유교정치문화의 영향으로 중국의 외교정책은 '형과 아우' 간의 상징성을 중요시하는 경향이 있다는 점에도 유의해야 한다.

그러나 북한의 지원에는 제약점도 있다. 중국은 미국과의 관계 악화를 바라지 않으며 특히 대미 경제적 의존도가 높다. 중국은 또한 북한의 핵과 미사일 옹호 입장이 국제사회의 광범한 지지를 받지 못한다는 것을 잘 알고 있다. 따라서 앞으로 중국의 대북 지원 규모와 성격이 변할 수 있다. 이 변화는 중국의 체제변화와도 함수관계에 있다. 비록 장기적인 변화 가능성이기는 하지만 중국경제의 시장경제로의 발전과 느린 속도나마 정치적 민주화의 진전이 이루어지는 가운데 북한정권의 폐쇄성이 유지된다면 중국의 대북 지원은 상징적 차원으로 제약받을 수도 있다. 1999년 11월 중국은 미국과 WTO체제 가입을 위한 협상을 타결했다. 앞으로 WTO체제 공식가입과 그 후 국제사회의 책임 있는 일원으로 행동하면서 국가이익을 추구하는 과정에서 북한의 군사적 모험주의가 장애물로 등장하면 이를 해소하려 할 것이기 때문에 북 · 중관계가 계속해서 순탄하고도 안정적으로 유지되기 어려운 측면도 있다.

한편 러시아와 북한과의 관계는 소강상태에 있으며 러시아의 대북 지원도 소극적이다. 러시아는 한반도의 통일이 러시아에 위협이나 불이익이 될 수 없다고 생각하고 있다. 러시아는 동북아에서 군사적 영향력을 계속 유지하기를 원하고 있기 때문에 북한의 군사대국화를 원치 않으며 군사적 지원도 하지 않을 것이다. 1999년 7월에 체결된 북 · 러 우호협력조약에서도 자동군사개입조항은 삭제되었다. 시급한 러시아 경제개발과 시베리아 개발 사업 등에 북한의 폐쇄체제가 도움이 되지 않으며 마르크스-레닌주의를 포기한 러시아가 북한에 대한 전통적 영향력을 유지하기도 어렵다. 러시아는 일본과의 협력강화에도 북한의 고립, 폐쇄, 독재체제가 도움이 되지 않는다고 판단하고 있다. 단지 미국과 일본에 대한 협상 카드와 한반도에 대한 영향력을 행사하는 수단으로서 북한과의 관계가 활용가치는 있다고 판단하고 있는 것으로 보이며 이런 차원에서는 선별적으로 이용할 것이다. 북 · 러 우호협력조약도 이런 목적으로 활용할 것이다. 한국과 러시아간에는 1999년 역사상 최초로 친선 군사사절단 교환 방문 등이 이루어져 군사적 교류도 트일 전망이어서 한국에 대해서는 북 · 러 우호조약의 의미가 더욱 약화되고 있다.

한반도의 안정에는 북한과 미국, 그리고 북한과 일본과의 국교정상화도 큰 역할을 하게 되어 있다. 그러나 문제는 북한이 한반도 평화를 위한 한국과 미국의 제의를 얼마나 성의 있게 수용할 것이냐에 따라 좌우되게 되었다. 대체로 볼 때 앞으로 1~2년 이내에 북한은 미국 및 일본과 수교를 이룰 가능성이 높다. 앞으로 북한과 미국 및 일본간에는 협상이 계속될 전망이다. 일본은 미국과 상호방위조약을 맺고 있다. 따라서 일본의 대 북한정책은 미국과 북한과의 관계가 어떻게 변화하느냐에 따라 크게 좌우될 것이다.

한국과 미국 그리고 일본간에는 입장차이에도 불구하고 북한의 군사대국화를 견제하고 한반도 안보를 지키기 위한 공조체제가 비교적 잘 이루어져 왔다. 공조체제에서의 이탈가능성은 일본이 가장 높지만 일본은 미일안보협력체제의 구속을 받고 있다. 미국 클린턴 행정부는 한국의 김대중 정부와 마찬가지로 북한에 포용정책(engagement policy)을 써 왔다. 미국의 이러한 대북 정책기조는 김대중 정부의 요청에 어느 정도는 영향을 받은 것으로 볼 수 있다. 물론 미국의 포용정책은 한국의 그것과는 다르다. 전자는 기본적으로 채찍과 당근을 동시에 사용하려는 것인 반면 후자는 당근에 더 많은 역점을 두었다고 볼 수 있다. 그러나 이 정책의 운명이 어떻게 될지는 북한의 예측불가능성 때문에 점치기 어렵다. 특히 클린턴 행정부의 대북정책은 미국 의회를 비롯한 보수파로부터 지나친 유화정책이라는 비판을 받았다. 2001년 공화당 출신 부시행정부의 출현으로 미국의 대북정책은 상호주의 원칙에 역점을 두는 방향으로 적잖은 변화가 있을 것으로 예상된다. 특히 공화당 의원들이 중심인 미국 의회의 보수파들은 북한의 인권문제에 보다 더 큰 관심을 가질 것이며 핵과 미사일 문제를 보다 적극적이며 가시적으로 해결하려 할 것이다. 일본은 한국과 미국의 대북 포용정책의 효과에 기본적으로 더 회의적 반응을 보여 왔다. 일본은 북한의 핵과 미사일에 대한 강력한 대응이 국가이익에 더 유리하다고 판단하고 있다. 미국이 북한에 대해 군사적 응징을 가할 경우 한국과 미국에 비해 일본은 직접적인 피해를 가장 덜 받게 돼 있다.

북한의 대 주변 4대국 외교전략을 보면 먼저 미국과의 관계에서는 핵과 미사일 카드를 활용하여 구체적인 보상을 계속 요구했다. 4자 회담에도 계속적인 지연전술과 비타협적인 입장을 견지하면서도 경제적 실리를 위해서는 관계개선을 추구하는 양면전략을 구사했다. 일본에 대해서도 미국에 대해서와 마찬가지로 핵과 미사일 카드를 활용하여 경제적 지원을 받으려 했으며 특히 식민통치에 대한 배상금 지원 등 실리적 이익을 추구하는 외교와 협상을 강화했다. 대미 접근에서와 같이 경제적 실리를 추구했다.

중국과의 관계에서는 동북아에서 유일하게 남은 사회주의 혈맹임을 강조하면서 특히 중국이 티벳, 신장, 내몽고 등 중국의 변방에 대한 현상유지정책에도 북한의 건재가 중요하다는 점을 강조하면서 중국의 물질적 및 외교적 지원을 강화하려는 노력을 계속했다. 또한 대미, 대일 관계 개선을 역이용하여 중국의 지원을 강요하는 전략도 구사했다. 러시아와의 관계를 보면 러시아의 정치경제체제 변화에도 불구하고 전통적인 관계를 유지하려 했다. 특히 4자 회담 대신 6자 회담을 찬성하면서 러시아를 끌어들여 회담의 진행과정을 더욱 복잡하게 하고 이로 인한 회담지연을 통해 반사이익을 추구하려 했다.

탈냉전시대의 시작을 맞아 동북아 질서의 개편과정에서 우선 주목되는 측면은 중국이 초강대국으로 부상할 가능성이다. 중국이 21세기에 초강대국으로 부상한다면 그 영향을 가장 크게 받을 국가가 바로 한국이라고 말할 수 있다. 아무튼 홍콩의 중국반환에 이어 대만과의 통일을 위해 부단히 노력하고 있는 중국이 21세기 한반도를 중심으로 한 동북아와 아시아태평양 질서에 큰 영향과 파장을 던질 것임은 확실하다.

미국과 유럽 및 일본 등 강대국들에서 소위 '중국-홍콩-대만 주식회사' 출현 현상을 연구하는 활발한 노력을 벌이고 있는 것은 이 때문이다. 1997년 6월 30일 홍콩은 공식적으로 중국에 반환되었다. 일부 분석가들은 이 사건을 점점 더 문제가 많고 위험하기까지 한 중국제국의 세계초강대국으로의 재통합현상으로 보았다. 1980년대 초부터 홍콩으로부터 중국에 대한 투자가 물밀듯이 일어났고 교역도 천정부지의 증가세를 기록했다. 그 후 몇 년이 지나 중국과 대만간에도 같은 형태가 나타났다. 홍콩과 대만의 경영기술과 금융 및 수출 노하우가 중국의 거의 무한한 노동력과 광활한 영토와 결합함으로써 중국은 앞으로 10년 안에 황폐한 공산주의 혁명국가로부터 경제 초강대국으로 발전할 수 있는 길로 들어선 것이다.

그러나 중국이 극복해야 할 문제들도 많다. 지적소유권 침해의 만연, 조직적인 세금부정, 법과 질서체계의 극심한 부패 등은 중국이 '제3의 길'이라고 자랑하는 소위 '사회주의 시장경제'의 심각한 해악을 드러내고 있는 것이다. 전통적인 소련 스타일 공산주의와 동아시아 자본주의의 결합체로서의 정치경제체제는 상당한 한계를 드러낼 수도 있다. 그러나 영국식으로 길들여진 홍콩의 반환은 중국에서 민주주의 체제가 성장하는 데 기여할 수 있을 것이다.[6] 또한 중국은 대만과의 재통일을 위한 노력을 이미 배가하기 시작했다. 만일 재통일이 이루어진다면 이것은 동북아는 물론 세계질서 전반의 변화에도 큰 영향을 미칠 것이다. 또한 이러한 목적이 성취되기 이전에도 그 과정에서 중국의 노력은 동북아 질서에 적잖은 영향을 미칠 것이다.

한국으로서는 21세기 중국의 초강대국 부상이 한반도 재통일 전후과정에

6) Willem van Kemenade, *China, Hong Kong, Taiwan, Inc.: The Dynamics of a New Empire* (New York: Alfred A. Knopf, 1997).

가장 중요한 변수로 등장함에 따라 이 주제에 대한 연구에 총력을 경주해야 한다. 중국의 초강대국 부상은 동북아 · 태평양 국제질서에서 주요한 행위자들인 미국, 일본, 러시아, 한국간의 관계에 심대한 영향을 미칠 것임은 두말할 나위조차 없다. 새로운 세계질서변화에 주목하면서 이러한 중국 변화의 방향과 성격에 대한 철저한 연구와 분석이 요청되는 시점이다.

그러나 중국이 미래의 기대주라면 일본은 이미 지역 강대국 수준을 넘어 세계 초경제대국이며 미국, 중국, 러시아의 이해관계가 교차하는 나라이기도 하다. 이러한 상황은 한반도와 유사점이 있다. 일본은 특히 중국이 무력으로 대만 문제를 해결할 가능성을 우려하고 있다. 일본은 동시에 중국의 불안정이 이 지역과 일본에 어떤 영향을 줄 것인지에 대해서도 염려하고 있다. 일본이 유엔 안전보장이사회 영구 상임 이사국이 되면서 국제적 지위를 높이는 것을 중국이 과연 환영할 것인가의 문제도 일본은 심각한 고려대상이다.

북한과 주변국가들과의 관계에서 가장 핵심적인 관심사는 북한의 핵무기와 미사일 개발 문제이다. 북한의 핵과 미사일 등 대량살상용 무기개발은 미국과 일본의 대 한반도 정책에서 최우선과제가 되어 왔다. 미국의 대북한정책의 핵심은 북한의 군사적 모험을 저지하는 것이며 이를 위해서는 무엇보다도 핵과 미사일 개발을 중지시키는 것이다. 핵무기를 보유하고 있지 않은 일본도 북한의 핵과 미사일 개발을 안보와 평화를 위협하는 중대요인으로 간주하면서 큰 우려를 표명하고 있으며 이에 대응하기 위한 시도의 일환으로 미국과 공동으로 전역미사일방위체제(Theater Missile Defense : TMD)를 구축할 움직임을 보이고 있다. 북한이 장거리 미사일 개발 능력을 보유하고 있다는 점이 확실해졌기 때문에 박차를 가하고 있다. 그러나 이러한 움직임은 중국과 러시아를 긴장시키고 있으며 특히 미 · 중 관계가 불편해진 하나의 이유가 되고 있다. 일본은 TMD 개발을 위해 1999년 예산에 9억 6,000만 엔을 편성했었다.

미국은 북한과 핵 · 미사일 회담을 계속해 왔다. 1994년 10월 미국과 북한 간의 제네바 기본합의에 따라 북한이 흑연감속형 원자로 2기를 동결하는 대가로 한반도에너지개발기구(Korean Peninsula Energy Development Organization: KEDO)[7]에 의한 경수로 건설을 지원하는 대신 북한 영변의 시설에 대한 핵사찰이 이루어져 왔다. 1999년에는 핵무기 개발을 위한 시설로 의심받았던 북한의 금창리에 있는 지하시설을 곡물지원조건으로 미국이 사찰했으며 핵시설이라는 완벽한 증거는 포착하지 못했다는 결론을 내렸다. 미국은 북한과 미사일 회담을 계속해 왔으며 1999년 3월에는 평양에서 제4차 회담이 열렸으나 이직 이렇다 할 성과를 거두지 못하고 있다.

일본의 대북 정책은 견제와 협상이라는 양면전략을 구사하고 있으며 북한의 군사적 위협이 가중될 경우 현행 자위대[8]법을 본격 개정하여 보다 적극적인 안보전략을 펼칠 가능성이 크다. 이런 맥락에서 일본은 새로운 방위지침(new guidelines)도 마련했다. 미일 안전보장체제의 재구축 및 UN의 활동범위 안에서 국제적 안전보장에 적극 참여할 움직임도 보이고 있다.

결론적으로 한반도를 둘러싼 주변4강의 이해를 비롯하여 이러한 국제환경의 변화는 20세기에 있어서와 마찬가지로 21세기에도 남북관계에 영향을 미칠 수 있는 핵심변수의 하나로 여전히 자리잡고 있다.

---

7) 북한의 흑연감속형 원자로 동결대가로 미국이 북한에 제공키로 한 1,000MW급 경수로 2기를 건설하기 위해 설립된 미국 뉴욕 소재의 국제 컨소시엄. 1995년 3월에 발족됐으며 한국, 미국, 일본을 포함하여 영국, 캐나다, 오스트레일리아, 독일 등 17개국이 참여하고 있다. 원자로 시설과 그 건설은 한국전력이 핵심역할을 수행한다.

8) 1950년 창설된 경찰예비학교를 모체로 한 육 · 해 · 공군으로 이루어진 일본의 방위군대조직. 방위청이 지휘하며 관할하고 총병력은 27만 5,000명이며 지원제이다. 1993년 군사비는 4조 7,000억엔. 1991년 4월 페르시아만에 6척 규모의 소해(掃海)부대를 파견했으며 1992년 11월에는 캄보디아에 유엔평화유지군(PKO)을 파견하였다. 자위대라는 명칭에도 불구하고 군사력은 세계적인 수준이다.

### 다. 남북정상회담의 배경

여기서 분단 이후 남북관계에서 가장 획기적 사건이라고 할 수 있는 남북정상회담이 이루어진 배경을 보다 면밀하게 고찰해 볼 필요가 있다. 앞서 언급한 대로 1994년 남북관계는 북한의 핵 문제로 인해 위기상황으로 치닫고 있었다. 이 해 6월 이 문제를 타결하기 위해 지미 카터 전 미국대통령은 북한을 방문했다. 그러나 이 방문은 핵 문제의 해결뿐만 아니라 남북정상이 만날 수 있는 계기를 마련하는 두 가지 중대한 결과를 가져온 방문이었다. 김일성 주석이 카터 대통령을 통해 김영삼 대통령과의 정상회담을 제의했기 때문이었다. 김영삼 정부는 이 제의를 즉각 수락하였고 이어 양측간 협의를 통해 남북정상회담의 구체적인 일정 마련에 들어갔으나 그 해 7월 8일 김일성 주석의 사망으로 정상회담은 무기한 연기되었다.

여기서 중요한 점은 이러한 역사적 사실자체가 아니라 1994년 김일성 주석이 정상회담을 제의한 배경이다. 이러한 맥락에서 주목되는 사실은 1990년 김일성이 행한 신년사이다. 김일성은 이 해 남북 최고위급 회담을 제의하였고 남한도 남북정상회담의 조속한 성사를 제의한 적이 있었다. 결과적으로 남북정상회담이 성사되지는 않았지만 분단 이후 처음으로 남북 고위급 회담이 서울과 평양을 오가며 여덟 차례에 걸쳐 진행되었다. 그 후 북한의 핵 문제는 남북간에는 물론 북미간, 그리고 동아시아와 국제사회 전반에 가장 중요한 관심사의 하나로 대두되었다. 결과적으로 남북관계는 물론 미국을 비롯한 다른 국제사회와 북한의 관계는 경색되었다.

1990년 김일성이 신년사를 통해 제의한 최고위급 회담은 그 후 핵 문제로 인한 남북한간의 긴장상태에도 불구하고 끝내 김일성의 남북정상회담 제의 단계까지 발전하게 되었다. 여기서 1990년 김일성 신년사의 최고위급 회담 제의 배경을 유추해볼 필요가 있다. 당시 북한은 국제사회에서 더욱 고립되는 국면을 맞고 있었다. 1980년대 말 공산주의의 종주국 소련을 비롯한 동유럽에서 공산주의가 몰락하면서 탈냉전시대가 시작됐고 한 · 소 수교 등 국제정세는 북한의 김일성 정권에게 불리하게만 돌아가고 있었다. 이러한 배경에서 김일성은 현실적 판단을 했던 것으로 추측된다. 남북관계의 긴장완화가 대세요 북한 정권의 이익에도 부합한다는 결론을 내렸을 만하다. 그러면 이런 상황파악과는 부합하지 않는 핵무기 개발에는 북한이 왜 적극적이었을까. 그것은 한편으로 북한의 체제를 존립시키기 위해서 군사력이 필요하다고 생각했을 것이다. 공산주의가 급격히 퇴조하고 소련 등 동유럽권의 전통적 우방이 등을 돌리면 돌릴수록 이런 위기 상황에서 핵무기와 미사일을 비롯한 강력한 군사력 유지만이 국제사회에서 고립된 북한을 지킬 수 있는 유일한 길이라고 판단했을 가능성이 높다. 다시 말해서 국제사회의 흐름을 거역할 수 없다고 보고 남북최고위급 회담을 제의하는 등 외교적 이니셔티브를 발휘하면서도 김일성 정권의 수호를 위한 최후의 보루로서 강력한 군사력 확보는 필수적이라는 귀결에 도달했을 가능성이 크다. 또한 이런 군사력을 바탕으로 미국, 일본, 한국을 비롯하여 국제무대에서의 여러 가지 협상을 통해 여러 가지 이익을 취할 수 있을 것으로 판단했을 것이다. 이런 결과로 외견상 양립할 수 없는 외교행태가 나온 것으로 볼 수 있다는 것이다.

그 후 남북관계는 북한의 핵 문제와 강성대국을 지향하는 북한정책의 기조 등으로 불편해졌다. 이런 결과에 이르게 된 중요한 요인의 하나는 김일성을 계승한 김정일의 권력기반이 튼튼하지 못한 데서도 찾을 수 있을 것이다. 김정일도 그 동안 국제사회의 큰 조류와 남북 협력과 교류의 필요성을 인정하면서도 아버지인 김일성에는 훨씬 못 미치는 절대적 권위와 권력을 강화하기 위해 그 기반을 확장하는 노력에 우선 심혈을 기울이는 한편 김일성이 시도했던 대로 강성대국 기반을 강화함으로써 북한체제를 존립시켜야 한다는 판단을 갖고 있었던 것으로 보인다. 여기서 또 하나 주목해야 할 점은 김정일도 김일성처럼 남북정상회담의 필요성을 깊이 느껴 왔을 것이라는 점이다. 김정일은 1997년 10월 로동당 총비서로서 권력을 공식 계승했다. 또한 1998년 9월에는 헌법을 개정해 김일성을 영원한 주석으로 하고 주석제를 폐지함에 따라 김정일은 최고 통치권자인 국방위원장에 추대되었고, 이것으로 국가수반 승계가 완료됐다. 다시 말하면 김일성 사망 후 김정일이 북한의 권력을 공식적으로 완전 장악하기까지 4년 2개월이 걸린 셈이다. 어쨌든 이런 과정을 거쳐 김정일의 권력기반은 명실공히 견고하게 다져진 것이다. 이러한 결과는 김정일로 하여금 이제는 대외관계에 역점을 둘 수 있는 상황을 만들었다고 봐야 할 것이다. 사실상 최근 활발해진 북한의 대외관계 수립은 이것을 강요하는 국제정세 변화 못지 않게 그의 이런 권력기반 강화완료 배경과 무관하지 않은 것으로 보인다. 특히 그 동안 무기한 연기돼 온 남북 정상회담을 할 수 있는 분위기도 성숙했던 것이다.

## 4. 21세기 남북관계 변화 전망

### 가. 향후 남북관계의 변화요인

김일성 사망 이후 김정일이 권력기반을 다지는 데 필요한 시간과 정권의 존립을 위해 군사적 모험주의를 견지해야 할 필요성 등이 정상회담을 지연시킨 요인으로 작용해 왔다고 말할 수 있다. 그러나 김대중 정부의 대북 포용정책은 이러한 북한의 변화를 예상하고 북한의 접근의사를 수용할 수 있는 태세를 마련했다는 점에서 평가할 만하다. 그러나 남북정상회담을 낳은 핵심적 원인으로는 결코 볼 수 없다는 점에도 주목해야 한다.

어쨌든 오늘날 한반도 냉전구조는 점진적이나마 완화과정을 밟고 있는 것으로 보인다. 물론 이 과정이 앞으로도 순탄치만은 않을 것이다. 김대중 정부의 햇볕정책은 앞서 언급했듯이 비전의 정책으로 평가할 만한 요인들을 분명히 내포하고 있지만 지금까지도 그렇고 향후에도 남북관계는 '긴장과 불안 가운데 교류와 협력 확대' 라는 부조화적 양면성이 상당기간 지속될 전망이다. 이 점을 실례로 보여주고 있는 것이 1999년의 서해 남북함정 교전이며 최근 북방한계선에 대한 북한의 미묘한 입장, 그리고 봉남통미(封南通美)라 불리는 기본 외교전략, 이산가족문제와 경제협력문제 협의 등을 위한 남북장관급 회담에서의 미묘한 갈등, 북한의 남한언론보도에 대한 잦은 불만표시 등이다. 이러한 긴장과 갈등 및 모순은 남북정상회담 이후 협력과 화해분위기가 발전하고 있지만 앞으로 간헐적으로 다시 나타날 가능성을 배제할 수 없다. 북한은 체제유지에 위협적인 요소가 드러나고 있다고 판단하면 현재 진행 중인 교류와 협력에 관한 논의와 실천 전반을 무기한 중단시킬 가능성도 있다.

결국 남한이 북한에 대해 안보와 포용이라는 외견상의 모순을 지혜롭게 조화시키는 일은 그렇게 쉽지 않을 것이다. 그럼에도 불구하고 정상회담 이후의 남북관계를 낙관할 만한 이유를 몇 가지로 요약해 볼 수 있다.

첫째, 북한의 경제난 등 국력 쇠약이다. 대규모의 군사력을 유지하고 있다고는 하나 과거 군사대국 소련과 오늘날의 러시아에서 볼 수 있는 것처럼 군사력만으로는 새로운 세계질서의 특성상 국가존립과 경쟁력 확보가 어렵다. 김정일 체제의 안정적 생존에는 무엇보다도 경제력의 강화가 필수적인데 개혁과 개방이 없이는 이것을 성취하기가 불가능하다.

둘째, 북한의 대외관계에서 가장 중요한 북 · 중 관계의 성격이 변하고 있다. 미국과 일본도 북한에 대해 개혁 · 개방 압력을 가하고 있지만 북한의 유일한 실질 우방인 중국도 김정일의 군사적 모험주의를 지지하지 않고 있다. 이 점에서는 러시아의 입장도 유사하다. 특히 중국은 고도경제성장을 위해외자 유치와 교역확대 등을 계속 모색해야 하는데 이웃에 핵과 미사일로 무장한 위험한 '강성대국' 의 출현을 장애요소로 간주할 것이다. 특히 중국은 미국과 WTO가입협상을 타결한 데 이어 공식 가입이 하루 속히 이루어지기를 원하고 있다. 이런 마당에 국제사회에서 비난받을 테러국가나 군사적 모험주의를 지지할 이유가 없다. 또한 중국으로 넘어오는 탈북자 문제도 골칫거리다. 주룽지 중국총리는 북한의 핵과 미사일 개발이 북한의 '주권사항' 이라고 말한 적이 있었으나 한편으로는 북한의 군사대국화에는 반대한다는 모순된 입장을 국제사회에 분명히 밝히기도 했다. 요약하면 미국과 일본은 물론 중국도 북한이 개혁 · 개방의 길을 택하도록 직 · 간접으로 압력을 가하고 있는 것이다.

셋째, 북한이 김대중 정부의 포용정책을 받아들이고 있는 증후가 점점 두드러지고 있다. 그러나 북한이 현재의 국내외 여건에 비추어 포용정책을 받아들이는 것밖에는 다른 선택의 여지가 없다는 것과 진정으로 이 정책을 신뢰하면서 진정한 성의를 보이고 있느냐는 별개의 문제로 볼 수 있다. 만일 진정한 신뢰와 성의로 임하려 한다면 남북정상회담에서 합의된 사항들이 실제로 크게 진전할 수 있을 것이다. 북한이 남한 정부의 포용정책의 핵심목표인 화해협력정책에 신뢰와 성의로 중단 없는 반응을 적어도 향후 수년간 계속한다면 한반도 분단 상처의 본격 치유를 향한 획기적인 남북관계 변화 시대가 열리게 될 것이다.

### 나. 김정일 체제의 장래와 향후 남북 관계

김정일 체제의 국가운영상의 특징은 아직도 정치적 독재주의, 군사적 대국화에 기초한 모험주의, 부분적인 경제 개혁개방이다. 이러한 체제가 어떻게 변화할 것인지 확실한 예측은 어렵다. 표면적으로는 안정을 유지하고 있으나 어떤 방향으로든 상당한 변화가 이루어질 가능성도 있다. 그러나 군사적 측면만을 고려하면 체제변화의 가능성은 낮다. 군사적 측면에서 볼 때 북한의 변화 전망은 어둡다. 민주화로의 변화는 군사력이 강한 국가들에서보다는 약한 나라에서 더 일어나기 용이하다는 것이 지금까지의 경험적 연구결과이다. 파나마나 아이티 같이 군사력이 약한 나라들은 민주화의 압력 특히 미국의 압력에 쉽게 무너질 수 있다. 그러나 핵과 미사일 등 대량살상 무기 개발에 총력을 기울여 온 북한을 비롯하여 아르헨티나, 브라질, 이집트, 인도, 이란, 이라크, 이스라엘, 파키스탄, 남아프리카, 시리아, 대만, 터키 등과 같이 현대 무기들과 핵무기 및 화학무기 등의 생산능력이 있는 국가들에 대한 미국의 압력은 상대적으로 약할 수밖에 없다. 이런 나라들은 제3세계 가운데서도 군사적 거대국가들로 특히 돋보이는 나라들이다.[9)]

향후 김정일 체제의 특징은 다음과 같이 요약될 수 있다. 첫째, 김정일 체제는 당분간 안정을 유지할 것이다. 그 이유는 반체제세력 형성과 체제이완 쿠데타 등에 의한 가능성이 낮다는 점이다. 김정일 체제 수혜집단인 특권층은 공멸 가능성을 공고히 인식하여 반체제 세력에 대한 감시와 억압을 심화시키고 있기 때문이다. 소련과 동유럽 공산주의 붕괴상황과 북한의 현실은 다르다.

둘째, 군사대국화 정책과 고도의 정치적 독재체제의 제약하에서나마 경제적 재원확보를 위해 소폭의 경제개혁 · 개방이 계속될 것으로 예상된다. 북한의 경제개혁 · 개방은 식량문제와 외화문제를 완화하지 않으면 김정일 체제 유지도 심각한 도전에 직면하게 될 것이라는 판단에서이다. 그러나 김정일은 지금 소폭적인 개혁 · 개방을 실험중이며 완전히 채택한 것은 아니다. 부작용을 두려워하고 경계하고 있으며 언제라도 중단할 수도 있다. 특히 식량 위기

9) Michael T. Klare, "Pax Americana : U.S. Military Policy in the Post-Cold War Era," P. Bennis and M. Moushabeck, eds., p. 52.

등을 일단 넘기면 노력이 위축될 가능성도 적지 않다. 앞으로 남북협력개발 사업들에서는 수용하기 어려운 협상조건들을 제시하고 이익을 극대화하면서도 남한의 시장자본주의, 자유민주주의, 기독교 등의 '오염'이 감당하기 어려운 수준으로 발전하는 것을 철저히 막는 정책을 구사할 것이다.

정치체제의 근본적 변화 가능성은 매우 제한적이다. 김정일 체제의 변화는 원천적인 한계를 지니고 있다. 김정일 체제의 붕괴만이 북한에 실질적 변화를 가져올 것이라는 분석이 많다. 김정일 체제 붕괴 이후에도 북한 체제가 근본적으로 변화할 것이라는 보장은 없지만 현재로서는 정치체제의 근본적 변화를 위해서는 이 체제의 와해만이 유일한 출구로 보인다. 일례로 인민경제계획법은 1995년 이후 제정된 농업법, 무역법 등과 함께 과거의 현지지도 방식과 같은 주먹구구식, 즉흥적 경제운영방식의 개선을 목적으로 하고 있으나 이 법 제정 배경의 핵심에는 어디까지나 전체주의적 사회통제라는 틀 안에서도 외화획득을 극대화하기 위한 목적도 포함되어 있다.

어쨌든 부분적 경제 개혁개방의 신호는 아주 장기적으로 덩샤오핑〔鄧小平〕 체제와 유사한 체제로의 전환에 기여할 수 있는 변화로도 볼 수 있다. 그러나 중국보다 경제개혁 속도는 훨씬 느릴 것이며 무엇보다도 '북한판 천안문 사태' 가능성을 철저히 봉쇄하기 위해 매우 제한적인 경제개혁 및 개방이 될 가능성이 크다.

이러한 원천적인 한계에서나마 남북관계는 점진적인 발전을 기록할 것으로 전망된다. 남한의 포용정책은 대북 접촉을 최대한 확대하는 방향으로 추진되고 있다. 기본적으로 이러한 방향설정은 바람직하다. 그러나 지나치게 비대칭적 상호주의는 경계해야 한다. 남한의 자유민주주의 체제가 생산해 내는 정책은 국민의 지지가 필수적인데 비대칭적 접근에 대해서는 견해를 달리하는 세력의 큰 비판과 반발이 예상되기 때문이다. 이러한 보수파의 반대차원을 떠나 무엇보다도 안보능력의 강화가 포용정책의 추진과 더불어 꾸준히 추진되어야 할 것이다. 장거리 미사일 개발과 한 · 미 · 일 안보공조체제 강화를 통한 대(對)북한 군사적 저지력의 증강도 북한의 변화를 유도할 수 있는 적극적인 방안이다. 무엇보다도 한반도 돌발사태에 대한 한미방위체제가 실제로 어떻게 효과적으로 가동할 것인지에 대한 구체적인 청사진이 마련돼야 한다. 한반도에서 유사상황이 발생할 때 미국본토에서 전폭기가 즉각 출동할 수 있는 체제, 태평양함대가 다른 분쟁지역으로 이동할 경우 이를 즉각 보완할 수 있는 체제 등 안보체제를 확실히 가동해야 할 것이다.

이렇게 되면 김정일은 한반도 안보정세를 북한에게 유리한 방향으로 이끌어 가기는 어렵다고 판단할 것이다. 북한은 군사대국화 프로그램이나 군사적 도발을 통해 경제적으로는 물론 국내 정치적으로도 얻을 것이 없다고 판단할 것이다. 최근의 남북관계에서 가장 주목되는 대목은 남한의 포용정책에 대한 북한의 시각이다. 북한은 국제사회의 이목에 비추어 명분 측면에서도 거부할 수 없는 입장이다. 또한 이 기회에 실리를 극대화하려 하고 있다.

남한의 입장에서는 포용정책이 북한의 개혁과 개방을 유도하기 위한 접근이라면 북한의 입장에서는 북한체제의 와해가능성을 봉쇄하기 위해 가장 경계해야 하는 정책일 수도 있다. 새로운 세계질서의 현실적 및 이념적 압력들에 대한 북한의 반응은 외견상 드러나고 있는 것보다 훨씬 더 복합적인 구조를 갖고 있다. 김정일 체제는 경제난과 남북교류확대, 북미 미사일 협상이 가져올 결과, 북 · 중 및 북 · 러 관계의 본질적 변화 등에 기인한 국제적 압력, 해외자본과 시장에 대한 의존도 증가 등이 불가피하게 가져올 북한사회의 어느 정도의 개방과 개혁문제 등에 기인하여 장기적으로 체제 불안정요인들이 증대할 것으로 보인다. 미국 및 일본과의 외교관계의 개선도 단기적 체제유지의 측면에서 보면 안정요인 못지 않게 불안정 요인을 더 많이 가져올 수 있다. 경제적 지원과 협력 등의 면에서 북한사회의 경제난의 문제가 어느 정도 완화될 수 있다면 이것은 체제유지에 긍정적 영향을 가져오겠지만 그러나 오히려 이런 과정이 북한사회의 계속적인 폐쇄성 유지의 측면에서는 오히려 불리하게 작용할 소지도 많기 때문이다.

공산주의의 몰락 이후 형성중인 새로운 세계질서에서도 북한은 많은 면에서 적어도 단기적으로는 예외에 속한다. 따라서 남북관계가 독일식의 급격한 통일이나 민주화를 기대하기는 어렵다. 한반도 평화의 본격적인 시작은 통일보다는 두 개의 한국간의 관계정상화에 뒤이은 진정한 화해에서 출발할 수 있을 것이다. 이러한 화해의 신호는 지난 10여 년 동안의 남북 관계 발전의 맥락에서 우선 찾을 수 있다. 1991년 8월 남북한 유엔 동시 가입 이후 남북정상회담에 이르기까지 일련의 관계 발전은 이것을 밑받침하는 좋은 증거들이다. 무엇보다도 포용정책에 따라 남한이 북한과의 관계개선에 적극성을 보인 것은 양측관계에 긍정적인 요소로 작용했다. 따라서 실제로 전개될 한반도의 통일과정은 두 가지의 외견상 상호 모순되는 경로를 밟을 것으로 전망된다. 그것은 예측하기 어려운 급진적 사태발전이 일어나지 않는 한 북한은 현재의 정치체제를 유지하면서도 가능한 범위 안에서 남한과의 교류와 협력을 증대시켜 나가려는 노선을 택할 것이며 한국으로서도 이러한 접근이 보다 현실적으로 타당하다는 판단을 내릴 가능성이 높다. 흡수통일을 포함한 급진적 방식의 통일은 남한의 경제적 부담과 독일의 경우와는 달리 오랜 세월동안에 걸쳐 교류가 단절된 가운데 형성된 이질성 등에 비추어 보더라도 바람직한 접근법은 못 된다. 그러나 어쨌든 북 · 미간의 미사일문제 타결과 수교전망에 이어 북한의 김정일 체제의 정통성 확보에 중요한 요건인 경제발전의 필요성 등에 비추어 남북한 관계는 대결보다는 협력으로 특징을 규정할 수 있는 시대로 나아가고 있다고 말할 수 있다.

이상에서 언급한 여러 가지 요인들을 종합적으로 고려하면 북한에서의 현상유지는 당분간 계속될 것이지만 지정학적 요인들과 내적인 요인들에 의해 변화가 일어나리라는 관측은 가능하다. 문제는 시간이며 궁극적으로 북한은 변화하지 않을 수 없는 국내외적인 요인들에 직면하고 있다. 따라서 한반도의 정세는 북한의 군사적 모험주의라는 변수를 제외할 수만 있다면 비관론에서보다는 낙관론에서 보는 것이 더 타당할 것으로 보인다.

한마디로 요약하면 향후 남북관계는 전적으로 북한 김정일 체제가 얼마나 변화하느냐에 달려 있다고 말할 수 있다. 무엇보다도 개혁 개방이 몰고 올 북한 사회에 대한 충격을 누구보다도 잘 인식하고 있는 북한 정권의 속성과 더 이상의 폐쇄와 고립은 머지않아 정권뿐만 아니라, 북한사회 자체의 붕괴를 가져올 것이라는 또 하나의 압력 사이에서 김정일 정권은 딜레마에 처해 있으며 이것은 한반도에 계속적인 불확실성의 시대를 예고하고 있다.

**더 알아보기**

1. 해방 공간에서의 좌우합작을 통한 통일정부 수립 노력이 실패한 이유를 살펴보자.
2. 분단 이후 남북 정부 당국이 최초로 합의한 '기본합의서'가 실제로 이행되지 못한 이유는 무엇인가?
3. 탈냉전시대 동북아의 정세 변화가 남북관계에 미친 긍정적인 요인과 부정적인 요인을 검토해 보자.
4. 21세기에 북한체제가 변화하지 않을 수 없는 국내외적 요인을 찾아보자.

| 제3장 |

# 통일 방안의 새로운 모색

류길재(경남대 북한대학원)

목　　표: 세기적 전환의 시대에 한반도의 국내외 환경은 급속하고도 거대한 변화를 겪고 있으며, 따라서 통일방안에 관한 논의도 새롭게 전개될 필요성이 제기되고 있다. 이러한 맥락에서 이 장에서는 통일문제에 대해 근본적인 성찰을 할 수 있도록 다양한 쟁점을 제시하여 새로운 방안을 도출할 수 있는 토대를 마련하고자 한다.

주 안 점: 남북한의 통일방안 논의를 검토하고, 달라진 세계환경 속에서 민족의 복리를 극대화하기 위해 통일방안이 어떻게 전개되는 것이 바람직한가에 초점을 맞추고 있다.

핵심개념: 통합 및 통일, 연합, 연방, 공동체, 국가우선, 민족우선.

## 1. 우리에게 통일은 무엇인가?

우리에게 '통일'은 무엇을 의미하는가? 지난 세월 통일은 시지프스의 고난처럼 분단 이후 우리 민족에게 부과된 무거운 질곡이었다. 1989년을 기점으로 폭발한 사회주의권의 몰락은 우리에게 통일의 가능성을 앞당겨 주었다.

그러나 그것은 다양한 가능성보다는 오직 한 가지 가능성, 즉 북한체제의 붕괴에 이은 남한의 '흡수통일'이 실현될 수 있다는 확신을 가져다주었을 뿐이다. 남북한 두 당사자의 합의에 의한 '평화통일'의 가능성에 대한 바람이나 북한의 (무력)적화통일의 가능성에 대한 우려도 끊이지 않았던 것도 사실이지만, 실제로 드러난 북한체제의 위기와 취약성, 그리고 그에 대비되는 남한의 압도적인 국력우위는 남한 주도의 '흡수통일'이 가장 유력하고, 또한 세계사의 보편적 발전방향에도 부합하는 동시에 남한의 정통성 주장을 만족시키는 대안으로 부각되었던 것이다. 이것은 그 이전 냉전시대에 풍미했던 남북한 쌍방의 무력에 의한 통일이나 합의에 의한 통일이라는 낡은 전망을 탈냉전 시대에 새로이 부상한 통일전망이 대체하는 듯한 느낌을 준다.[1]

그러나 어떤 방식의 통일이든 간에 우리 사회에서는 단일국가로의 통일은 공리적(公理的) 명제이다. 그 근거는 수천 년 동안 민족적 · 역사적 · 문화적 동질성을 강하게 갖는 우리 민족의 독특성으로 볼 때 지난 반세기 역사는 매우 비정상적이고 왜곡된 상태라는 인식이다. 아니 보다 정확하게 말하면 "도대체 우리 민족이 왜 분단된 상태여야 하는가"라는 반문이 우리 민족 구성원들의 일반적 정서라고 할 수 있다. 1991년 12월 13일에 체결된 '남북사이의 화해와 불가침 및 교류 · 협력에 관한 합의서'라는 긴 이름의 역사적인 남북기본합의서 전문에도 "남과 북은…… **나라와 나라 사이의 관계가 아닌 통일을 지향하는** 과정에서 잠정적으로 형성되는 특수관계라는 것을 인정"(고딕은 인용자)한다고 명시하였다. 이는 분명히 남북한이 함께 하나의 민족에 토대한 국가사회를 지향한다는 것을 공언하는 것이다.

그렇지만 현실은 이러한 공언과는 동떨어져 있다. 2000년 6월 15일 남북한의 두 정상이 만나서 악수하고 포옹했지만, 그리고 공동선언 제2항에서 남의

---

1) 여기서 '대체'라는 말은 물론 과장된 표현이다. 여전히 남북 당국자들은 평화통일을 부르짖고 있으며, 다른 한편 전쟁의 가능성에 대한 암중모색도 치열하게 전개하고 있기 때문이다.

'연합제'와 북의 '낮은 단계의 연방제'를 수렴하여 통일을 이룩하자고 합의했지만 이러한 구상이 현실화되기에는 많은 장벽이 남아 있다. 무엇보다도 오늘날 한반도의 현실은 바로 지금 벌어지고 있는 사건들만으로 평가될 수 있는 것이 아니라, 지난 반 세기 적대의 역사 속에 켜켜이 쌓여 있는 육중한 악몽의 기억에 의해 철저하게 규정되고 있다. 남과 북은 300만 명 이상의 인명이 살육된 한 차례의 대전란을 자발적으로 치렀고, 그 외에도 크고 작은 충돌을 수도 없이 많이 경험했으며, 국제무대에서 같은 민족이라는 사실이 무색할 만큼 적대적인 대립관계를 가졌으면서도 자신들을 "통일을 지향"하는 "특수관계"라고 천명했던 것이다. 요컨대 남북한은 분단 반세기 동안 통일을 지향하는 특수관계이며, 남북한의 주민들은 자나깨나, 심지어 "꿈에도 소원은 통일"이라고 노래하면서도 동시에 적대적인 관계를 굳건하게 유지해 왔던 것이다. 역사적인 기본합의서조차도 서명의 잉크가 채 마르기도 전에 상호비방과 "불바다" 발언이 나왔다는 사실이 남북관계의 특수성을 말해 준다고 하겠다.

사회주의권의 몰락은 바로 이 같은 남북관계의 특수성, 즉 통일지상주의와 적대적 관계의 공고화라는 어색한 병존이 북한붕괴와 남한 주도의 흡수통일에서 그 출구를 찾게된 계기로 작용했던 것이다. 그러나 탈냉전 시대에 접어든지 이미 10여 년이 흘렀지만, 이 시대에 각광을 받게 된 '흡수통일' 방안이 실현될 가능성은 여전히 불확실하다. 이 방안의 전제는 북한이라는 국가가 스스로 소멸해야 하는 것인데 과연 그것이 가능하냐의 지극히 현실적인 문제가 제기되고 있다. 지금까지로 볼 때 북한은 분명히 동유럽의 사회주의국가들과는 상당히 다른 것처럼 보인다. '조선민주주의인민공화국'은 자생적인 사회혁명을 경험하지 않은 채 소련에 의해 외삽(外揷)된 국가라는 인식과 역사적으로 실패였음이 입증된 사회주의 당-국가체제를 견지하고 있다는 인식에 따른다면 이 나라는 망해도 오래 전에 망했어야 함에도 불구하고, 망하지 않고 있을 뿐만 아니라 도무지 당분간은 망할 것 같지도 않다는 것이다. 따라서 우리가 어떠한 방식의 통일을 추구하고 희망하든지 간에 중요한 것은 북한이 걸어갈 향후 경로에 대한 충분한 고려가 없으면 그것은 한낱 몽상에 불과하게 된다.

그럼에도 불구하고 사회주의권의 몰락이 우리 사회에서 조기통일론에 불을 지핀 것은 사실이다. 더 이상 분단체제가 지속되면 통일은 더더욱 멀어져 갈 것이라는 조바심도 덧붙여졌다. 그리고 남한은 서독이 동독을 '흡수통일'했듯이 북한을 흡수하는 데 필요한 능력을 비록 충분하지는 않더라도 보유하고 있다는 자신감 또한 조기통일론의 근거가 되었다. 조기통일론의 이 같은 근거들은 그러나 상호배타적인 것이다. 만일 이 중 어느 한 가지 근거라도 충족되지 않는다면 조기통일은 불가능하게 된다. 예컨대 사회주의권의 몰락이 북한체제의 위기를 가중시키는 국제환경적 조건을 부과한 요인이 될지는 모르지만, 북한의 붕괴를 알려주는 근거가 아니라면 이에 따른 흡수통일의 근거도 동시에 사라진다. 또한 남북한의 분단체제가 분단비용과 같은 모순이 첨예화된다고 하더라도 통일에 따르는 통일비용—단순히 경제적인 통일비용뿐만이 아니다—과 같은 모순이 더욱 크다면 역시 조기통일의 근거는 사라진다. 그리고 남한이 북한을 떠안을 수 있는 능력이 없다면, 마찬가지의 결과가 도출된다.

따라서 현시점에서 한반도의 통일은, 민족정체성을 찾고, 미완의 민족국가(nation-state) 건설을 완성시키며, 한민족 공동체의 번영을 추구함과 동시에 국제평화를 추구하는 길임을 역설하기보다, 그것이 안고 있는 퇴영적이고 음울한 측면을 밝히려는 시도가 선행해서 이뤄져야 한다. 왜 그렇게 해야 하는가?

앞서 지적했듯이 우리 사회에서 그려지는 통일의 이미지는 최종결과물로서의 단일민족국가 성립을 공리로서 간주한다. 단일민족국가는 민족적 정체성에 기반한다. 그러면 민족적 정체성이란 무엇인가? 무엇이 남북한에 거주하는 주민들을 동일한 민족적 정체성을 느끼도록 해 주는가? 바로 과거 5,000년의 역사이고, 그 역사적 공간과 시간 속에 공유해 온 언어와 문화와 관습이다. 그렇다면 지난 반세기 동안의 역사는 무엇인가? 반세기 동안의 역사는 5,000년의 역사 속에서 지극히 작은 일부분에 불과하다. 그러면 반세기 동안 남북한이 각각 발전시켜 온 분단국가의 건설과정은 민족적 정체성의 유지에 어떠한 영향도 미치지 않았을까? 과연 현재의 남북한이 각각 고도의 민족주의적 언어와 징표를 구사하지만, 같은 민족으로서의 정체성을 갖고 있다고 할 수 있을까? 반세기 동안 민족적 정통성을 놓고 한 차례의 대전란을 경험했던 남북한이, 더욱이 그 이후 한 번도 허심탄회한 대화조차 해 보지 못한 남북한이 과연 같은 민족일 수 있을까?(물론 정상회담을 개최하여 반세기가 지나서야 같은 민족구성원일 수 있음을 대내외에 보여주었지만, 이제 채 1년도 지나지 않았다.) 아니 적어도 우리가 알고 있는 민족에 대한 정의에 따라서 남북한이 민족적 정체성을 갖고 있음을 인정한다고 하더라도, 현실적으로 동질적인 민족임을 서로간에 확인하지 못한다면 그러한 정의는 결국 학문 세계에서 흔히 발견하는 언어의 유희에 불과한 것은 아닌가?

분명히 한반도의 민족과 민족주의는 유럽에서의 그것과는 다르다. 민족주의의 고향인 유럽에서는 국가를 중심으로 하여 민족주의 운동이 발생했고, 이에 따라서 민족이 형성되었다. 역사적으로 공통의 뿌리를 갖는 것으로 인정되는 동질적인 민족들은 자신들의 '같음'과 다른 민족과의 '다름'을 확인하게 되었고 이는 고도의 정치적인 상징조작에 의해서 추진되었다. 그러나 우리 민족은 그럴 필요가 없었다. 보다 정확하게 말해서 우리 민족은 같은 민족임을 확인할 인위적 조작이 필요 없었던 것이다. 바로 여기서 한국 현대사의 비극이 존재하는 것이다. 한반도 민족주의는 그것이 농경사회와 왕조국가하에서는 확인의 작업이 필요 없었지만, 강력한 국가에 의해 무장된 외세의 침달에 직면해서는 순식간에 위기에 빠지게 되었다. 순혈의 단일 혈통은 다른 민족과의 다름을 확인하는 그 순간부터 내부의 분열이라는 깊은 수렁에 빠져 버렸다. 곧 정통성의 문제인 것이다. 인위적 상징조작보다는 자연스러운 상태인 민족적 정체성이 외세에 대한 저항을 위해서 민족주의운동으로 발현되면서 누가 더 민족을 위한 집단이고, 더 효과적인 민족주의운동을 추진하는가에 대한 경쟁을 낳게 되었다.

남북한의 분단은 미국과 소련이라는 외세에 의한 분할점령으로 비롯되었지만, 그것은 원인제공이었을 뿐이다. 그 이후의 과정은 남북한의 분단국가 건설과정, 즉 정통성의 경쟁구조가 구축되는 과정이었고, 민족의 분열과정이었다. 지난 반세기는 이러한 과정의 확대재생산이 이루어졌던 시기였다. 단순히 자본주의적 자유민주주의와 사회주의적 전체주의가 공고화되는 시기로 환원해서 볼 필요는 없다. 자유민주주의나 사회주의는 그것이 냉전이라는 진영간 대립을 표상하는 이데올로기적 수식어에 불과했을 뿐 각각의 우월성 때문에 채택되었던 것이 아니다. 해방 당시 한반도에 살던 사람들 중 자본주의나 자유민주주의, 또는 공산주의가 무엇인지 제대로 이해했던 사람들이 얼마나 되었을 것인가를 생각해 보면 이는 자명해진다. 체제나 이념의 이질성이 중요한 것이 아니라 분단과 더불어 진행된 국가건설 경험의 이질성이 중요하다는 말이다. 이러한 국가건설 경험의 이질성은 상대방에 대한 역사적 정통성 주장을 외피로 하고, 분리된 권력구조의 형성을 본질로 해서 발생했고 공고화되었다. 일단 형성된 권력구조는 자신의 주권을 대내외적으로 주장하며, 이를 바탕으로 하여 민족에 대한 규정까지 바꾸게 된다.

민족은 장기간의 역사 속에서 보면 "주어진" 것이 아니다. 우리 민족이 유럽과는 다른 맥락의 민족 개념을 보유하고 있는 것은 틀림없지만, 그렇다고 해서 앤더슨(Benedict Anderson)이 말하는 "상상화된 공동체(imagined community)"로서의 민족의 개념을 벗어나 있지는 않다.[2] 이런 논리로 보면 반 세기 동안 한반도에는 두 개의 이질적인 유사(類似)민족(pseudo-nation)이 형성되었다고까지 할 수 있지 않겠느냐는 주장도 가능하다. 비록 언어와 역사, 상징의 동질성을 견지하면서도 세계관을 포함한 문화적 측면에 대해서는 상이한 해석과 정서를 갖는 두 개의 민족이 형성되었다고 본다면 이는 지나친 상상일까? 물론 한반도에서의 민족과 민족주의에 대한 분석은 매우 복잡한 논의를 필요로 한다.[3] 분명히 한반도 통일에 있어서 남북한이 공통의 역사적인 경험을 통해서 축적된 같은 민족으로서의 관념이 제1의 조건이라는 사실을 부정할 수는 없다. 다만 다른 여러 가지 통일의 조건이 충족되어 있지 않은 상태에서 같은 민족이라는 동질성만을 강조할 때 통일은 현실을 도외시한 '상상 속'의 과제에 머물 수밖에 없다는 점은 강조되어야 한다.

이러한 문제의식이 어느 정도 타당성을 획득한다면 바로 그 다른 여러 가지 통일의 조건이 무엇인가에 대한 심중한 점검이 있어야 한다. 이하에서는 남북한의 통일방안에 대해 고찰하고, 이른바 '세계화 시대'가 도래하고 있는 상황에서 새로운 통일논의는 어떻게 전개되어야 바람직한가에 대해서 검토하고자 한다.

## 2. 남북한의 통일방안

지난 반세기 동안 남북한은 다양한 통일 방안을 제시했다. 여기에는 남북한의 정부뿐만 아니라 남한내 민간 차원의 통일 방안도 포함되어 있다. 그러나 이러한 통일 방안들은 통일을 진정으로 달성하기보다는 각각 국내적인 정

2) Anderson, Imagined Communities: Reflections on the Origin and Spread of Nationalism(London: verso, 1983) 최석영 역, 〈民族意識의 歷史人類學〉(서울: 서경문화사, 1995).

3) 박호성, 〈남북한 민족주의 비교연구 '한반도 민족주의'를 위하여〉(서울: 당대, 1997).

치적 담론 경쟁에서 우위를 확보하려는 의도와 관련이 깊다. 통일 방안을 제시한 남북한 정부나 남한내의 여러 정치 세력들은 이러한 경쟁 속에서 각각 자신의 체제와 이념, 그리고 정책을 정당화하는 데 노력을 기울였다. 때로는 통일의 논리를 내세워 반대세력을 억압하기도 했으며, 또한 국민적 일체감을 조성하는 데 활용하였다. 특히 북한에서는 오직 조선로동당의 통일 방안만이 정당성을 갖고 있었으며, '통일'을 명분으로 주민들의 경제적 궁핍까지도 감내하도록 강요해 왔다.

따라서 통일 논의는 정권의 안보와 정파의 이익에 봉사하는 강력한 정치적 도구 역할을 해 왔으며 수사(修辭)적 차원에서는 끊임없이 통일을 추구했지만 실제적 차원에서는 분단체제를 더 선호하는 이율배반적 태도를 보였다. 이처럼 남북한의 지배세력은 분단하에서 서로 대립과 갈등을 벌였을 뿐만 아니라 때로는 공통의 이해관계를 공유하기도 하였다.[4] 바로 이러한 과정에서 표면적 수사와는 달리 통일은 남북한의 최우선적 국가 목표에서 제외되었고, 남북한이 내놓은 여러 통일 방안은 통일보다는 상대방의 제안에 대한 대응 혹은 대외적으로 자신의 입장을 정당화하기 위한 것이었다.

### 가. 남한의 통일방안

남한은 정부수립 이후 박정희 정권 시기인 1970년대까지 통일의 논리와 명확한 통일정책의 목표가 없었고, 구체적인 통일방안도 제시하지 못했다. 또한 정부와 재야간에는 통일론의 양극화 현상이 존재하고 있었다. 이러한 현상이 초래하게 된 이유는 통일문제 자체가 원초적으로 민족에 바탕을 두면

4) 백낙청, "분단체제의 인식을 위하여", 〈창작과 비평〉 제78호(1992년 겨울호), pp. 288~309: Paik Nak-chung, "South Korea: Unification and Domestic Challenge", *New Left Review*, No. 197(Jan-Feb 1993) pp. 67~83.

서 동시에 국가권력의 정통성과 관련될 수밖에 없는 운명을 갖고 있었기 때문이다. 즉 '통일' 이란 단일민족인 우리 민족이 염원하는 지상과제이면서 동시에 남북한 체제 모두가 자신의 존재적 정당화를 위해 상호 경쟁적으로 설정한 국가목표가 되어 왔던 것이다. 이러한 분단현실의 특징인 '민족성' 과 '국가성' 이 상호경쟁적 상태에 놓이게 됨을 의미한다. 그 결과 통일논의에 있어서도 '국가우선주의적 패러다임' 과 '민족우선주의적 패러다임' 으로 나누어지게 되었다."[5]

대체적으로 지금까지 남한 정부의 통일론은 전자의 패러다임에 기반을 두고 있고 재야 진영은 후자의 패러다임에 더 큰 비중을 두고 있다. 특히 냉전시대 정부의 통일론은 전적으로 '국가우선주의' 에 의존하고 있었다. 그 결과 정부와 재야 진영은 통일논리, 통일방법론, 통일시기, 통일 후의 체제성격에 대하여 서로 상반되는 견해를 갖게 되었다. 그리고 정치적으로 대의명분화된 통일 이슈는 통일 그 자체보다는 정치 게임의 수단으로 활용되는 경우가 더 많았다.

제1공화국의 이승만 정부는 맹목적 반공주의와 한국 정부만이 유일하고도 합법적인 정부라는 두 가지 원칙에 기초하여 통일정책을 추진하였다. 따라서 이승만 정부에게 있어서 북한은 공산세력이 불법으로 점령하고 있는 실지(失地)에 불과하였다. 이승만 정부는 북한지역에서 유엔 감시하의 민주 선거를 실시하여 제헌국회에 공석으로 남겨둔 100석의 의석을 채움으로써 통일을 달성하는 방안을 제안하였다. 이는 일종의 흡수통일 방안으로서 북한이 이 방안을 수용할 까닭이 없었다. 그 이후 이승만 정부는 공공연하게 '무력북진통일' 을 주장하였다. 그러나 무력통일 역시 당시의 냉전구도와 남북한 군사 및 경제력을 고려해 볼 때 실현 가능성은 전혀 없는 것이었다. 그럼에도 불구

5) 김동성, "바람직한 통일 논의의 방향 모색", 한국국제정치학회 1997년도 통일학술회의 발표문 (1997년 10월 17일).

국가우선주의 패러다임

하나의 민족국가의 틀을 통해서만이 민족집단이 '민족'으로서의 존재가치를 유지 · 실현할 수 있다는 전제를 기초로 하고, 따라서 통일은 국가안보와 근대화의 실현, 즉 근대국가의 달성이라는 맥락에서 의미를 갖는 것으로 보려는 입장이다. 이 패러다임에서 통일의 염원은 체제경쟁에서 승리한 어느 한쪽이 다른 한쪽을 흡수하는 것으로 간주한다. 그런 과정에 있어 통일정책은 내부발전과 국민통합을 위한 민족주의적 동원기제로 사용된다. 통일이 체제선택의 문제가 되는 이상 통일정책은 어쩔 수 없이 북한과의 제로 섬 게임의 틀 속에서 수립될 수밖에 없다는 입장을 취한다.

민족우선주의 패러다임

종족적 · 역사적 · 문화적 단일성과 정체성을 유지해 온 한민족의 존속과 번영을 국가체제보다 우위의 가치로 삼는 입장이다. 이 패러다임에 기초할 때, 분단 그 자체가 남북국가의 체제모순에 의한 것이므로 분단해소를 통해 진정한 민족발전이 가능하며 민족국가의 성립과 발전은 민족통일을 통해서만 의의를 갖는다.

하고 이승만 대통령이 무력통일을 계속해서 강조한 것은 북한과의 준전시 상황임을 내세워 국민을 동원하고 정치적 반대세력을 억압함으로써 자신의 권력을 강화하려는 목적이 있었기 때문이다.

이승만 정권이 추구했던 통일론은 '국가우선주의적 패러다임'에 기초한 통일론에 속한다. 이에 비해 비(非)정부 진영, 특히 김구와 김규식 중심의 순수민족주의 세력과 여운형 중심의 사회민주주의 세력, 그리고 1950년대의 조봉암을 중심으로 한 진보 세력은 '민족우선주의적 패러다임'을 토대로 우파(이승만과 한민당 세력)와 정부의 통일론을 비판하면서 외군 철수와 남북협상과 교류를 통한 '민족민주 자주통일론'을 제기하였다. 특히 한국전쟁 이후 사회민주주의 세력의 중심에 있었던 조봉암은 무력통일의 실현성이 희박하다고 전제하고 정치적 민주주의의 완전 실현, 혁신적 정치와 진보적 정책의 과감한 실천을 통한 평화통일을 강조하였다.[6)]

'국가우선주의적 패러다임' 에 기초한 이승만 정부의 대북정책 경향은 사실 최근에 이르기까지 큰 변화 없이 지속되었다고 할 수 있다. 4·19혁명을 통해 집권하게 된 장면 정부의 통일론 역시 이승만 정부의 북진통일정책을 제외하면 근본적으로 이승만 정부와 다르지 않았다. 장면 정권은 표면상 유엔 감시하의 남북한 총선거를 통일방안으로 내세웠으나 실제로는 통일에 큰 관심을 기울이지 않았다. 제2공화국하에서는 정부의 통일방안보다는 학생 및 진보적인 재야세력의 통일논의가 활기를 띠었다. 적어도 이 짧은 시기 동안만큼은 통일논의의 주도권을 정부가 아니라 민간이 갖고 있었던 것이다. 그러나 재야 세력의 활발한 통일 논의는 '7·29 총선' 에서 이들이 참패한 이후 더욱 더 전향적인 통일론으로 발전되었다. 이들은 "남북협상과 교류, 외세배격, 중립화 통일" 등을 주장하였고 학생들은 남북학생회담과 학술토론회 등을 요구하였다. 이러한 상황에서 장면 정부는 재야나 학생들의 다양한 통일론을 효과적으로 수렴하고 통제하지 못함으로써 통일문제는 이념논쟁 또는 체제논쟁으로 비화되었고, 통일문제를 둘러싼 정부와 민간 부문간의 논쟁은 제2공화국 정부의 취약성을 드러내는 결정적인 계기가 되었다.

쿠데타를 통해 집권한 박정희 정부는 18년 집권기간 동안 일관되게 '국가우선주의적 패러다임' 에 기초한 통일론을 고수하였다. 박 정권은 일체의 비(非)정부적 차원의 통일 논의를 금지시키고 '선(先)건설, 후(後)통일' 의 논리를 내세웠다. 장면 정부 역시 같은 논리를 내세웠으나 정권의 성격상 민간 부문의 통일 논의를 통제할 수 없었다는 차이가 있다. 박정희는 그의 좌익 전력

---

6) 조봉암은 1956년 대통령 선거에서 이승만과 겨뤄 총 유효 투표의 27.9%의 놀라운 득표율을 보여 주었다.

때문에 집권 초기 미국을 비롯하여 야당 세력에 의해 '공산주의자'가 아닌가 하는 의심을 받았다. 따라서 박정희 정부는 좌익 전력을 극복하기 위해 오히려 더욱 더 강경한 반공정책을 구사하였다.[7] 그러나 박정희 정부는 이승만 정부와는 달리 현실성이 없는 무력 북진통일 노선을 따르지는 않았다. 대신에 박정희 정부는 대내적으로는 민간의 통일론을 억제하는 한편 경제 및 국방 건설을 통해 북한과의 본격적인 국력 경쟁의 시대를 열었다. 1950년대 중반 이후부터 1960년대 중반까지 북한은 비약적인 경제성장을 이룩하여 남한을 압도하고 있었다. 그러나 박정희 정부가 추진한 경제개발 5개년 계획의 성공으로 남한의 경제력이 점차 그 격차를 좁히고 있었다.

박정희 정권은 경제건설 우선정책을 통하여 북한을 압도하는 경제발전을 이룩한 1970년대에 들어오면서부터 비정치적인 분야의 교류 · 협력을 강조하는 기능주의 통합론에 기초한 점진적 통일방안을 선호했다. 그리고 그 이후 남한 정부는 지금까지 이러한 방안을 통일정책의 기본원칙으로 삼고 있다.

1972년 유신체제 출범 이후 박정희 정부하의 통일론은 정부의 그것과 야당을 포함한 민간 세력의 그것으로 양극화되기 시작했다. 특히 학생과 일부 재야세력은 박정희 정권이 분단을 명분으로 장기집권과 민주세력 탄압을 자행하고 있으며, 정부의 통일정책은 통일보다는 분단을 고착시키고 기득권 세력의 이익을 보호하기 위한 수단으로 이용하고 있다고 비판하였다. 따라서 1970년대부터 남한 사회 일각에서는 통일을 위해서 오히려 남한의 민주화를 더 절박한 문제로 제기하였다.

이와 같이 통일문제가 민주화 및 체제 문제와 연계되어 논의되는 양상은

---

7) 박정희는 해방 직후 남로당에 가입하여 당원이 되었고, 그 죄로 1948년 군사재판에 회부되어 군복을 벗었다. 북한은 박정희의 쿠데타 이후 이러한 사실을 알고 박정희의 친형인 박상희와 절친한 사이였던 황태성을 1961년 하반기에 남파하였다. 황태성은 1950년대에 북한의 무역성 부상을 지내던 고위 인사였다. 그러나 그는 체포되어 결국 처형되었다.

1980년대 이후 더욱 심화되었다. 특히 학생운동을 비롯한 재야 진영에서는 '통일이 먼저냐, 민주화가 먼저냐' 하는 논쟁이 제기되기도 하였다. 전두환 대통령의 5공화국 정부는 1979년 12·12 쿠데타와 5·18 광주민주화운동에 대한 무자비한 탄압을 통해 집권하였기 때문에 끊임없이 정통성 논쟁에 시달렸다. 아마도 전두환 정권이 정부의 공식적인 통일방안인 '민족화합 민주통일방안' 을 창안한 것도 이러한 정통성 논란을 상쇄하기 위한 것이었는지 모른다. 그러나 이 방안은 통일헌법의 제정과 총선거를 통한 '통일민주공화국' 의 완성에 이르기까지 남한 주도의 통일을 상정한 것이었기 때문에 북한과 협상의 여지는 없었다. 어떤 측면에서는 '방안을 위한 방안' 으로서의 성격이 매우 강한 통일방안이라고 할 수 있다.

전두환 정권을 계승했으면서도 직접선거를 통해 등장한 노태우 정부의 6공화국은 1989년 '한민족공동체 통일방안' 을 제시했다. 이 방안은 우리 역사상 정부가 내놓은 가장 체계적이면서도 북한의 연방제 통일방안을 고려하여 남북한의 통일방안을 수렴하려는 노력이 담겨져 있었다. 이 방안에 따르면 남북의 이질성을 고려하여 우선 남북대화를 추진하여 신뢰를 회복하는 가운데 남북정상회담을 통해 '민족공동체헌장' 을 채택하고, 이어 과도적 통일체제로서 '남북연합' 을 수립한 후에 통일헌법을 제정하여 총선거를 실시하여 완전한 통일을 이룬다는 것이다. 여기서 주목할 점은 남북연합 단계를 처음으로 제안한 것이다. 이는 이 방안이 제안된 지 11년 만에 성사된 김대중 대통령과 김정일 국방위원장간의 남북정상회담에서 남의 연합제와 북의 연방제가 공통점이 있음을 인정함으로써 최초로 남북이 서로의 통일방안을 수렴할 수 있는 계기를 제공하였다.

김영삼 정부는 한민족공동체 통일방안을 수정 · 보완하여 민주적 국민합의, 공존공영, 민족복리 등 3기조에 기초한 화해협력 단계, 남북연합 단계, 통일국가 단계의 3단계 통일론을 주요 내용으로 하는 '민족공동체 통일방안' 을 내놓았다. '민족공동체 통일방안'은 한반도 분단상태를 인정하고 점진적이고, 단계적인 접근을 통해서 남북관계를 개선하고 나아가서 통일을 이룩할 수 있다는 가정을 하고 있다는 점에서 현실주의적이다. 또한 남북이 다른 부문보다 비교적 쉽게 합의할 가능성이 있는 사상, 이념, 제도를 초월하는 민족공동체를 건설하는 것을 상정하고 있다. 이것은 정부의 통일론이 더 이상 무조건적인 반공주의에 기초한 '국가우선주의적 패러다임'만을 고집하지 않고 있다는 점을 보여주는 것이기도 하다. 이런 점에서 이 방안은 그 동안 '국가우선주의적 패러다임'에 철저하게 경도되어 온 정부의 통일론과는 달리 민간부문이 지향해 온 '민족우선주의적 패러다임'을 상당 부분 수용하고 있다.

1998년 2월에 출범한 김대중 정부는 구체적인 통일방안을 제시하는 대신에 무력도발을 용인하지 않고, 흡수통일을 배제하며, 남북간의 화해협력을 적극적으로 추진한다는 것 등을 대북 정책의 3원칙으로 천명하고, 대북 포용정책을 추진해 왔다. 포용정책(engagement policy)은 교류 · 협력을 통한 남북관계의 개선과 북한의 변화로 요약할 수 있다. 물론 "북한을 변화시킨다"는 언명은 대외적으로 공표되지는 않았지만 engagement라는 표현에 이러한 내용이 함축되고 있는 것이다. 요컨대 김대중 정부는 통일방안을 제시하지 않으면서 대북 정책의 추진을 통해 통일의 조건을 조성해 나간다는 목표를 설정한 것이다. 따라서 통일보다는 평화와 공존을 구축하는 것이 현실적이라는 전제하에 대북 포용정책을 일관되게 추구했다. 그 결과 2000년 6월에 역사적인 남북정상회담을 개최할 수 있었던 것이다. 김대중 정부는 공식적인 통일방안은 제시하지 않았지만, 김대중 대통령 자신이 사인(私人)으로서 이른바 3단계 통일방안(1단계: 1연합 2독립정부, 2단계: 1연방 2지역 자치정부, 3단계: 1국가 1정부)을 제시하였다. 그러나 이 방안은 기존의 한국 정부의 통일방안에서 최종단계인 통일단계보다는 평화공존과 평화교류를 통한 국가연합을 실현하는 데 더 큰 비중을 두고 있다.

김대중 대통령은 기존의 (한)민족 공동체 통일방안이 흡수통일을 목표로 하고 있는 데 반해서 자신의 3단계 통일방안은 평화공존에 역점을 두고 있다고 주장한 바 있다. 최종단계인 통일은 일단 평화공존을 확고히 한 기초 위에서 후대 사람들의 판단에 의해 결정되는 것이라는 신념을 피력한 바 있다. 김대중 정부는 1998년 출범한 이후 3년 동안 북한의 대남 행태와 정책에 동요하지 않고 일관되게 대북 포용정책을 추진했다. 심지어 1999년 6월 서해에서 북한의 경비정들이 북방한계선을 침범하여 남북간에 무력충돌이 벌어졌을 때에도 금강산 관광사업을 계속 추진하는 인내심을 보였다. 이러한 정책이 가능했던 것은 김대중 정부가 과거 정부와는 달리 북한체제가 비록 실패한 체제이긴 하지만 조기 붕괴 가능성은 희박하며, 북한의 변화는 불가피하지만 대남 혁명전략과 군사제일주의노선은 유지할 것으로 예상하는 등 북한체제의 내구성을 인정하고 있기 때문이다. 따라서 김대중 정부는 이 같은 대북 인식을 바탕으로 한반도에서 냉전구조를 해체하고 남북한이 서로를 인정하는 가운데 자유로운 인적 · 물적 교류를 통해 현실적으로 불가능한 물리적인 통일을 추구하기보다는 사실상의(de facto) 통일상태를 추구하자는 것이다.

### 나. 북한 통일론의 허실

북한 정권은 1948년 정부 수립 이후 지금까지 지속적으로 남한보다 통일의 당위성을 더 강조해 왔다. 북한에게 있어서 통일은 남한과의 통합에 중점을 두고 있기보다 '민족해방운동' 으로서의 의미를 갖고 있는 것이다. 1950년 한국전쟁은 남한의 '인민대중' 들을 식민지적 압제로부터 벗어나게 한다는 명분하에 감행된 것이었고, 이 시도가 실패한 후에도 그러한 인식을 견지해 왔다. 따라서 통일은 북한 정권의 존재근거였다고 할 수 있다. 즉 북한에서 통일은 체제의 정당성 확보와 인민대중의 동원 및 일체감 조성, 그리고 경제적 궁

펩을 감내하도록 하는 가장 중요한 상징기제로 작용하고 있다. 북한에서 줄기차게 구사되고 있는 '미제(美帝)' 나 '남조선 괴뢰' 라는 표현은 실제로 북한 사회가 미국과 남한에 대한 적개심을 드러낸 것이기도 하지만 미국과 남한이 그러한 존재여야만 북한이 민족적 정통성을 가질 뿐만 아니라 내부적으로도 북한 사회의 단결을 도모할 수 있는 중요한 자원인 것이다.

1960년대 이래 북한의 대표적인 통일방안은 연방제이다. 몇 차례의 수정을 거쳐 1980년 조선로동당 제6차 당대회에서 지금의 '고려민주연방공화국 창립방안' 이 수립되었다. 그러나 연방제 역시 실현 가능성보다는 위에서 언급한 통일 당위론을 고려한 방안인 것이다. 북한은 1950년대와 1960년대 냉전질서가 전세계를 지배할 당시 '민주기지' 노선과 지역혁명 전략을 기조로 공세적인 통일정책을 추진했다. 그러나 북한을 후원하던 소련과 중국간에 분쟁이 벌어지면서 북한의 안보환경이 급격히 악화되었다. 또한 이들로부터의 경제적 지원이 급감함으로 해서 경제적으로도 심각한 타격을 입었다. 이러한 국제적 · 국내적 환경을 고려하여 1970년대부터 북한은 기존의 '대남인민민주주의 혁명전략' 으로부터 대화를 통한 현상유지 또는 일종의 '시간벌기' 전략으로 전환하였다. 그리고 이즈음부터 연방제 통일방안을 보다 세련화하는 작업에 착수한 것으로 보인다.

1980년 10월 10일 조선로동당 제6차 당대회에서 제시된 고려민주연방공화국 창립방안은 연방제 방식이 통일의 최종단계라는 점에서 이를 과도기로 설정한 기존의 연방제와는 다르다. 이 안은 3대 선결조건과 연방국가의 창설방안 및 10대 시정방침으로 구성되어 있다. 먼저 연방제 실시의 세 가지 선결조건으로서 남한사회의 민주화, 긴장상태 완화와 전쟁위험 제거, 미국의 남한에 대한 내정간섭 배제 등을 제시하고 있다. 김일성이 말하는 연방국가의 창설방안은 다음과 같다.

### 민주기지 노선이란?

1946년 북한 정권이 토지개혁 및 민주개혁 조치를 실행하면서 제시한 노선이다. 당시 미국과 소련간에는 한반도의 임시정부 수립을 위한 협의가 진행되고 있었기 때문에 북한은 북한 지역에서 실행되고 있는 개혁적 조치에 의해 구축된 북한 정권의 모습을 임시정부의 골격으로 삼기 위해 노력하였다. 민주기지 노선은 이미 확보된 북한 지역을 혁명의 기지로 삼아 다른 지역(남한)을 포섭하려는 전략이다. 나중에 북한이 한국전쟁을 일으키면서 민주기지 노선이 전쟁을 수행하려는 의도를 담고 있는 것이라는 비판이 제기되기도 했었지만, 당시에는 전쟁을 고려할 수 없는 국제적 · 국내적 상황이었다. 따라서 민주기지 노선이란 북한이 대내적인 정권 구축과정을 대외적인 통일의 기초로 삼겠다는 의지를 담고 있는 표현이라고 할 수 있다. 이 노선은 1961년 제4차 당대회에서도 언급된 바 있다.

"우리 당은 북과 남이 서로 상대방에 존재하는 사상과 제도를 그대로 인정하고 용납하는 기초 위에서 북과 남이 동등하게 참가하는 민족통일정부를 내오고 그 밑에서 북과 남이 같은 권한과 의무를 지니고 각각 지역 자치제를 실시하는 련방공화국을 확립하여 조국을 통일할 것을 주장합니다.

련방형식의 통일국가에서는 북과 남의 같은 수의 대표들과 적당한 수의 해외 동포 대표들로 최고민족련방회의를 구성하고 거기에서 련방상설위원회를 조직하여 북과 남의 지역정부를 지도하며 련방국가의 전반적인 사업을 관할하도록 하는 것이 합리적인 것입니다.

련방상설위원회는 련방국가의 통일정부로서 전민족의 단결, 합작, 통일의 염원에 맞게 공정한 원칙에서 정치적 문제와 조국방위문제, 대외관계문제를 비롯하여 나라와 민족의 전반적 리익과 관계되는 문제들을 토의, 결정하며 나라와 민족의 통일적 발전을 위한 사업을 추진하고 모든 분야에서 북과 남 사이의 합작을 실현해야 할 것입니다.

고려민주련방공화국은 어떠한 정치군사적 동맹이나 쁠럭에 가담하지 않는 중립국가로 되어야 합니다."[8)]

북한이 연방제를 통일의 최종 단계로 설정하게 된 이유로 제시한 것은 남북한의 체제와 이념의 현격한 차이였다. 북한에 의하면 분단 초기만 해도 쌍방간의 체제의 차이가 비교적 적어서 쉽게 극복할 수 있었기 때문에 남북 총선거 방식의 통일을 주장했고 1960년대에 와서는 체제의 차이가 심화되어 선거를 통한 즉각적인 통일이 불가능해서 우선 잠정적인 조치로 연방제를 제안했다는 것이다. 그러나 1980년대에 들어와서도 체제의 차이가 감소되기는커녕 더욱 심화되어 가기 때문에 두 개의 제도와 정부를 인정하는 연방제를 최종통일형태로 제시하게 되었다는 것이다. 요컨대 체제와 제도의 통일이 불가능해졌기 때문에 민족의 통일만이라도 실현하기 위해서 제시된 방안이 연방제라는 것이다.

그러나 북한은 이 방안을 지속적으로 주장하면서 통일의 당위성을 강조해 왔지만 다른 한편으로는 대남 인민민주주의 혁명전략을 추진함으로써 연방제는 단순히 인민민주주의 혁명을 위장하기 위한 선전 도구 또는 우회적인 단계로 비쳐졌다. 위에서 지적한 대로 북한은 남한이 도저히 수용할 수 없는 선결 조건을 내걸었고, 1983년에는 아웅산 폭발 사건을 일으켰으며, 남한 내의 반미운동을 고무하는 반면에 남북 고위급 회담 개최, 단계별 무력감축 협상 제의와 같은 평화공세를 취하는 등 이른바 '남조선혁명력량' 강화를 포기하지 않았다.

그러나 1980년대 후반 이후 사회주의권의 동요와 남한의 서울올림픽 성공적 개최, 노태우 정부의 북방정책, 북한의 경제위기 심화 등 북한을 둘러싼 안

---

8) 김동성, "바람직한 통일 논의의 방향 모색", 한국국제정치학회 1997년도 통일학술회의 발표문 (1997년 10월 17일) pp. 347~348.

보환경이 급격히 악화되면서 북한은 체제생존을 위해서 연방제를 혁명전략보다는 남북공존의 수단으로 활용하는 듯한 인상을 주고 있다. 즉 선 남북공존 후 연방제 통일로 전환하는 모습을 보여주고 있다. 김일성은 1988년 신년사에서 "조국통일문제는 누가 누구를 먹거나 누구에게 먹히우는 문제가 아니고 일방이 타방을 압도하고 우세를 차지하는 문제도" 아니라고 주장하는 한편 "북과 남이 서로 상대방의 존재를 인정하는 기초 위에서" 통일할 것을 강조함으로써 남북공존의 필요성을 강조하였다. 또한 1991년 신년사에서 김일성은 제도적 통일의 위험성을 강조하면서 통일의 최종형태로서의 연방제를 잠정적 · 단계적 연방제론으로 수정할 의사가 있음을 천명하였다. 즉 남북한의 지역정부가 외교권과 국방권을 보유하는 국가연합적 성격의 통일을 고려하는 듯한 언급을 하였다.

이와 같은 북한의 현실주의적 입장은 이후 더욱 적극화되었다. 1993년 신년사에서 김일성은 통일문제가 민족문제인 동시에 국제적인 문제임을 인정하였고 그 해 4월에는 조국통일을 위한 '전민족 대단결 10대 강령'을 발표하였다. 통일문제를 민족우선주의 원칙을 토대로 해결하겠다는 의지를 강조한 이 강령은 북한이 패권적 혁명통일전략보다는 체제수호적 공존에 더 큰 비중을 두고 있음을 시사하는 것이다. 물론 북한은 이 과정에서도 정치협상회의 등 통일전선전술 차원의 대남제의를 계속하고 있다. 그러나 이러한 제의를 남한이 수용하지 않고 있음에도 불구하고 북한이 민족우선주의적 입장을 고수하고 있다는 점에서 북한의 통일전략 목표는 여전히 체제수호적 공존에 있다고 볼 수 있다. 1997년 8월 4일 발표된 "위대한 수령 김일성동지의 조국통일유훈을 철저히 관철하자"라는 제하의 담화에서 김정일은 조국통일의 3대 헌장, 즉 자주, 평화통일, 민족대단결(통일의 3대 원칙), 전민족 대단결 10대 강령, 고려민주연방공화국 창립방안 등은 "북과 남의 화해와 전민족의 대단결을 이룩하여 조국을 평화적으로 통일하려는 숭고한 조국애와 민족애를 구현하고 있다"[9]고 강조하고 있다.

고려민주연방공화국 창립방안은 부분적인 수정과 보완을 거쳤을 뿐 약 40년 동안 일관되게 제기되는 북한의 통일방안이다. 이는 남북간에 가로 놓여 있는 상이한 체제와 이념을 현실로 인정하고, 다방면에 걸친 교류 협력과 군축을 통해 단계적으로 통일에 접근한다는 점에서 현실에 부합하는 측면이 있다. 그러나 다음과 같은 몇 가지 문제점도 있음을 지적하지 않을 수 없다.

첫째, 북한이 주장하는 연방제는 연방정부라는 용어를 사용하고 있지만 남북동수의 대표들로 연방정부를 구성한다고 함으로써 사실상 비례성의 원칙을 무시한 국가연합적 발상을 담고 있다. 북한이 공식적으로 표기하는 고려민주연방공화국의 영문 이름은 Democratic Confederal Republic of Koryo인데, 여기서 confederal이라는 표현은 우리말로 연합이라는 말에 더 가깝다. 따라서 북한의 연방제는 국제법상 연방보다는 연합제에 가까운 발상인 것이다.

둘째, 연방제의 기본요건 중의 하나인 권력의 분산장치가 결여되어 있다. 연방제가 제대로 실시되기 위해서는 남북을 다수의 지방정부로 나누어 중앙정부의 권력을 분산시키고 이 지방정부들을 연방정부의 기본단위로 삼아야 할 것이다. 북한이 이러한 문제점이 있는데도 불구하고 계속 연방제를 고수하고 있는 이유는 북한체제의 존재근거 중 하나인 통일 당위론을 훼손하지 않으면서 현상유지를 통한 체제생존을 도모하기 위한 것이라고 볼 수 있다.

셋째, 남한이 수용할 수 없는 연방제 실시의 선결조건을 제시함으로써 이 방안의 실현가능성을 약화시키고 있다. 북한은 한편으로는 남과 북의 상이한 사상과 제도를 그대로 인정하는 기초 위에서 연방제를 실시하자고 하면서도 다른 한편으로는 남한정권의 교체와 체제 변화를 최근까지도 계속해서 요구

9) 〈로동신문〉, 1997년 8월 13일

〈표 1〉 남한의 연합제와 북한의 낮은 단계 연방제의 비교

| | 연합제안(남한) | 낮은 단계의 연방제안(북한) |
|---|---|---|
| 내용 | • 3단계통일론의 첫단계 (남북연합→연방→완전통일)<br>• 연합단계는 연합정상회의 등을 구성해 분단상황을 평화적으로 관리<br>• 1민족 · 1국가 · 1체제 · 1정부의 완전통일 지향 | • 연방제 통일론의 낮은 단계<br>• 낮은 단계는 민족통일기구를 구성해 통일과정의 과도기를 관리<br>• 1민족 · 1국가 · 2체제 · 2정부의 연방제 통일 지향 |
| 공통점 | 현존하는 남북한 정치 · 군사 · 외교권 등을 그대로 보유 | |
| 차이점 | 남북한 현정부 상위에 권력기구의 창설을 고려하지 않고 연합정상회의 등 협의체 구성 | 현정부보다 상위에 중앙연방정부의 과도적 역할을 담당할 민족통일기구 구성 |

하였다. 물론 북한이 심각한 경제위기에 봉착하고, 남한 사회가 민주화되면서 이러한 요구는 급격히 감소하였다. 그러나 북한이 남한의 국가보안법 철폐, 주한미군 철수 등 남한의 내부문제에 개입하는 내용의 선결조건을 제시한 것은 연방제 통일이 결국에는 남한을 공산화하려는 의도가 아니냐는 의혹을 사기에 충분하다.

2000년 6월의 남북정상회담에서 채택된 '6·15 공동선언' 제2항은 남의 연합제와 북의 '낮은 단계의' 연방제가 공통점이 있음을 인정하고 이 방향으로 통일을 이루기로 합의하였다. 이 조항은 정상회담 직후 많은 논란을 불러 일으켰다. 북한이 말하는 '낮은 단계의' 연방이란 두 지역정부의 자율성을 최대한 인정하는 것을 말한다. 그렇지만 통일방안을 논의할 만큼 분단 현실에 변화가 없는 상태에서 북한의 연방제 통일방안을 수용하는 것이 아니냐는 반론은 어느 정도 설득력이 있었다. 결국 말만 그럴 듯할 뿐 현실성이 없는 논의에

남북대화가 소모된다면 정작 노력해야 할 교류 · 협력은 뒷전으로 밀리게 되는 것이 아니냐는 우려가 제기되었던 것이다. 한반도 통일 논의에서 가장 중요한 것은 현실적으로 고착되어 있는 분단구조를 어떻게 하면 청산하고 통일의 조건을 만들어 나갈 것이냐 하는 점이라는 데 이론의 여지가 없다. 통일은 현재의 과정이 모여 이뤄지는 것이지 어느 날 갑자기 떨어지는 것이 아니다. 물론 급변사태가 벌어진다면 급격한 통일의 가능성이 없는 것은 아니지만 그러한 방식이 바람직할 리 없다. 따라서 통일은 바로 지금의 평화와 공존, 번영이 가능하도록 만들어 나가는 과정이 아닌가 보인다.

## 3. 세계화 시대의 새로운 통일 접근법

세계화의 시대라고 한다. 또는 정보시대로 진입했다고 한다. 세계화가 무엇이냐 하는 개념 정의의 문제는 매우 복잡하기도 하고 추상적이기도 하다. 그러나 세계화는 객관적 현실이다. 이것은 부정할 수 없는 현실이다. 세계화의 가장 중요한 특징은 첫째, 각 국가들의 국경이 과거보다 그 중요성이 사라졌다는 점이다. 재화나 정보, 사람들은 국경을 넘어 또는 초월하여 이동한다. 이런 환경에서 각 국가들이 갖고 있는 정치체제나 이념, 민족성 등은 그러한 흐름을 제어하지 못한다. 그래서 세계화 시대에 국민국가는 과거와는 다른 운명에 처할 것이라는 예견도 나오고 있다. 둘째, 재화나 정보, 사람들이 자유롭게 이동한다는 말은 이들이 시장과 경쟁에서의 비교우위에 의해 가치가 결정된다는 것이다. 이런 의미에서 세계화는 '신자유주의적' 세계질서의 도래로 보는 견해도 강력하게 대두하고 있다. 셋째, 따라서 신자유주의적 세계질서 속에서 경쟁력을 갖추지 못한 작은 국가들은 세계화를 주도하는 국가들에 의해 제시되는 보편적인 담론과 논리에 자신들의 가치를 부합시킬 것을 강요당하게 된다. 전지구적 차원에서 정체성의 확립과 상실이 동시에 진행된다고 볼 수 있다.

경쟁은 동화를 요구하며, 동화는 결국 위계질서를 초래한다. 다시 말해서 새로운 시대 역시 근본적으로는 강대국의 헤게모니 관철이라는 양상이 전개될 가능성이 매우 높다. 다만 강대국이란 존재가 미국이든지 아니면 다른 어떤 나라든지 특정한 국가로 규정될 수도 있고, 그렇지 않을 수도 있다는 점에서 과거와 다르다. 그것은 자본의 논리일 수도 있고, 이데올로기일 수도 있고, 정보일 수도 있다. 아직 우리는 무엇이 새로운 시대 사람들에게 정체성(identity)을 부여하는 기준일지 불확실하다.

그렇다면 이 새로운 국제정치경제 질서 속에서 실천 가능한 통일논의의 중심은 과연 무엇인가? 현실적인 관점에서 남과 북의 적대적 관계가 심화된다면, 우리 민족은 영영 분단구조로부터 탈출할 수 없다. 걸프전을 비롯해서 코소보 전쟁, 체첸사태 등에서 보듯 세계화 시대에도 국지적인 분쟁은 여전히 발생하고 있다. 한반도는 그 어느 지역보다 군사력이 밀집해 있는 지역이므로 객관적으로 분쟁의 가능성이 매우 높은 지역임에 틀림없다. 다른 한편으로는 사회주의권의 붕괴 이후 북한의 경제난이 최악의 상황으로 전개되면서 분쟁의 가능성이 낮아진 것도 사실이다. 남한 역시 IMF 사태 이후 경제침체의 가능성이 높아졌다. 즉 세계화 시대에도 국지전의 발생 가능성은 상존하지만 반면에 전쟁이 발생할 수 있는 객관적인 조건은 상대적으로 낮아졌다는 것이다. 이러한 일련의 변화는 새로운 통일논의를 본격화할 수 있는 계기가 되었다.

우선 한반도에서의 분쟁 가능성을 최소화할 수 있는 방향으로 통일논의가 모아져야 한다. 이를 위해서는 평화체제를 구축함으로써 정치군사적인 측면에서의 긴장완화와 신뢰구축이 선행되어야 한다. 물론 이러한 조치들은 조치만으로 가능한 것이 아니라 남과 북이 분쟁하는 것보다는 평화를 유지하는 것이 자신들의 국가이익에 유리하다는 인식을 갖춰야 가능하게 된다. 그러기 위해서는 남북이 장기적이고 지속적인 교류협력을 통해 상대방을 이해할 수 있는 공동 인식의 장을 형성해 나가야 한다.

둘째, 남과 북의 교류협력이 공동번영의 조건이라는 사실을 인식할 수 있는 계기를 확보해야 한다. 세계화 시대는 북한이 지금과 같이 고립화된 상태에서 생존하는 것을 허용하지 않는다. 북한 역시 냉혹한 경쟁의 원리가 통용되는 국제사회에 나와서 그 규범과 관행을 지키지 않으면 '나홀로' 살아갈 수 없다. 남한 역시 북한이 고립된 상태에서는 경제를 회복시키고 번영을 이룩할 수 없다. 분단구조는 끊임없이 남북을 괴롭히는 장애물로 더욱 더 부각될 것이다. 따라서 남과 북의 협력은 남과 북 모두에게 국제사회로 진출하는 데 도움이 되지만 남과 북의 상호보완을 통해 공동으로 번영을 이뤄 나가는 기본적인 조건이 되어야 한다.

셋째, 통일은 남과 북의 문제이기도 하지만 남과 북 내부 사회의 변화와 개혁을 요구하는 문제이다. 통일은 통일이 되는 순간 남과 북의 내부 모순과 문제점을 제거하는 만병통치약이 아니다. 어쩌면 통일은 남과 북이 분단 반세기 동안 고착되어 온 모든 문제점을 각자 스스로 치유하는 과정에서 이룩될 수 있는 과정일지도 모른다. 우리는 항상 통일을 결과적인 시각으로 보는 경향이 있다. 남한이든 북한이든, 어떤 특정한 행위자 또는 행위자들이 주도하여 결과적으로 달성되는 최종적인, 정태적인 상태가 아니라 끊임없이 역동적으로 추구되는 상태가 바로 통일인 것이다. 따라서 남과 북이 내부 모순을 치유해 나가는 과정 역시 통일의 한 부분인 것이다. 이것이 바로 세계화 시대에의 논리에도 부합되는 것이다.

세계화 현상의 심화와 더불어 시작된 탈(脫)국민국가적 통일논의는 지방의 활성화를 통한 연방제 및 국가연합 방식의 통일, 그리고 동아시아경제권 틀 속에서의 남북한 경제 통합 내지 경제공동체 형성을 통한 민족공동체 수립을 중심으로 이루어지고 있다. 여기서 말하는 연방제는 북한이 통일방안으로서 오랫동안 주장해 온 고려민주연방공화국 창설방안과는 다르다. 국민국가의 위상 약화를 전제로 한 이 연방제안은 중앙정부의 위상과 역할을 축소하고 남북 전역을 다수의 지방정부로 분산하여 이들로 하여금 연방정부의 기본단위가 되게 하는 것이다. 이 연방제논의는 지방정부의 자율성과 개성, 그리고 활력이라는 관점에서 볼 때, 북한식 연방제 논의보다는 진일보한 것이다. 세계화의 심화로 남한에서는 부분적으로 지방의 활성화 현상이 나타나고 있다. 그러나 북한은 물론이고 남한에서조차도 당분간 지방의 활성화가 연방을 형성할 수 있을 정도로 중앙정부 위상의 현저한 약화는 기대할 수 없다.

연방제보다는 현실성 있는 대안은 국가연합(confederation)의 형성이다. 국가연합은 연합을 구성원이 각기 국가주권을 대표하기 때문에 연방(federation)보다는 통합의 정도가 약한 것이다. 그러나 이 역시 상당한 정도의 경제 및 사회통합과 주권의 부분적인 포기 또는 제한이 필요하기 때문에 현시점에서는 실현이 어렵다. 과거 노태우 정부의 한민족 공동체 통일방안에서 통일의 중간단계로 제시한 남북연합(Korean Commonwealth)이나 김대중 대통령의 3단계 통일방안의 중간단계도 실은 국가연합의 일부 변형된 형태였다. 또한 북한의 수정 연방제안도 국가연합과 유사한 점이 있다. 그럼에도 불구하고 이 방식의 통일논의가 구체화되지 못하고 있는 것은 남북한간의 불신과 갈등이 해소되지 않고 있으며, 특히 북한이 아직 경제통합이나 주권의 일부 제한과 같은 연합구성의 전제조건을 마련할 준비가 되어 있지 않기 때문이다.

그렇다면 현시점에서 가장 실천 가능한 통일논의는 어디서부터 출발해야 하는가? 무엇보다도 통일논의의 중심을 남북한이 공동이익가능 영역을 창출하는 데 두어야 한다. 지금 남북한은 다같이, 본질은 다르지만 세계화의 압력을 받고 있다. 남한은 세계자본주의체제에 너무 깊숙이 의존된 관계로 경제적 어려움을 겪고 있다. 북한은 사회주의경제체제의 해체 이후 자본주의경제체제로부터 소외됨으로써 경제파탄에 직면했다. 이와 같은 어려움은 남북한간의 경제교류와 협력, 나아가 경제공동시장 내지 공동체 형성을 통해 어느 정도 해소가 가능할 것이다. 즉 경제부문에서는 최소한 남북한이 공동이익가능 영역을 만들어낼 수 있는 여지가 있다는 것이다.

그러나 이와 같은 필요성이 존재함에도 불구하고 남북한은 경제시장 내지 공동체 형성은 고사하고 경제교류와 협력도 제대로 하지 못하고 있다. 남한 정부의 남북경제공동체 건설 제안도 북한이 거부하여 논의조차 못하고 있다. 물론 남북관계가 진전되면 자연스럽게 이러한 방향의 논의가 이루어질 가능성은 커졌다.

따라서 남북간의 본격적인 경제교류와 협력, 나아가서 공동시장과 경제공동체는 남북 당사자간 수준보다는 공동안보를 담보할 수 있는 동북아지역의 국지적 지역협력의 틀 속에서 추진할 필요가 있다. 북한이 KEDO방식의 경제협력을 선호하는 이유도 이 사업이 비록 남한자본을 주축으로 추진되고 있지만, 그 형식은 국제기구 및 미 · 일이 참여하는 다자간 협력사업으로서 그들의 체제생존에 덜 위협적이기 때문이다.

물론 동북아지역의 경우, 그 경제적 필요성에도 불구하고 아직 EU나 ASEAN과 같은 지역공동체가 형성되지 않고 있다. 지역국가들간의 정치, 군사적 경쟁과 갈등이 해소되지 않았기 때문이다. 특히 이 지역 협력의 중심추 역할을 해야 할 중국과 일본간의 패권 경쟁과 반목, 그리고 남한과 북한의 불신과 대립이 지역경제권 형성과 경제공동체 구성을 더욱 어렵게 만들고 있다. 따라서 남북한 경제협력과 공동시장 및 공동체를 동북아지역협력의 틀 속에서 추진하기 위해서는 우선 한반도 평화에 이해를 같이하는 국가들간에 비교적 정치 · 군사적 이해 충돌 가능성이 적은 국지적 지역협력부터 활성화시킬 필요가 있다.

일반적으로 국지적 지역협력은 중앙정부 차원의 공식적인 협정 없이 인접국의 국경을 연한 지역에서 민간부분이 주도하는 자발적인 모습을 나타내고 있다. 따라서 이 협력과정은 정치적 장벽과 정치적 · 경제적 체제를 초월하면서, 정부의 주도적 역할과는 무관하게 그리고 공식적인 제도와 구조의 존재 유무와 무관하게 발생하고 있다. 경제적인 상호보완성을 그 근간의 동인으로 하면서, 추진세력은 민간부분이고 촉진자의 역할은 정부가 담당하고 있다. 주지하듯이 세계화 현상이 심화되면서 점차 지방정부의 역할이 증대되고 있기 때문에 인접 국가의 특정 지역간의 경제교류 및 협력가능성이 높다. 따라서 아직도 냉전의 흔적이 남아 있는 동북아지역의 경제협력은 국지적 지역협력 수준에서 시작하는 것이 바람직하다.

## 4. 결론: 현실을 고려한 통일방안

이 장은 새로운 시대, 새로운 세계 환경하에서의 통일 전망을 살펴보았다. 향후 중기적 또는 단기적인 기간 내로 한정해서 볼 때 북한체제는 체제 특성상 현상유지 또는 점진적 적응/개혁으로 나아갈 가능성이 있다. 체제내부로부터의 대폭발(Big Bang) 시나리오도 상정할 수는 있으나 그 가능성은 매우 낮다고 평가된다. 따라서 북한체제의 변동 경로는 현상유지와 점진적 적응의 두 가지 경로로 제한되어 있으며, 그럴 경우 단일국가로의 통일 전망은 두 경우 모두 가능성이 거의 없는 것으로 보인다. 단일국가를 전제할 때 두 가지 경로에 조응하는 통일 전망은 전쟁과 흡수통일을 상정할 수 있으나, 앞에서 검토해 본 대로 그 가능성도 매우 낮으며, 바람직하지도 않다는 사실을 알 수 있다.

그렇다면 문제는 우리가 생각하는 통일이 한반도의 현실에 부적합하다는 얘기이거나 아니면 한반도의 현실이 통일과는 거리가 먼 상태이거나 둘 중 하나라고 할 수 있다. 이 두 가지 언명은 같은 의미를 갖는 것처럼 보이지만, 실은 그렇지 않다. 첫번째 언명은 우리가 지금까지 절대명제로 추구해 왔던 단일국가로의 통일은 적어도 단기적 · 중기적 기간 내에는 한반도에 실현될 수 없는 전망이라는 의미를 내포한다. 두번째 언명은 한반도의 현실이 통일의 개념을 보다 유연화시킬 것을 요구한다는 의미를 내포한다. 전자는 우리의 개념과 한반도의 현실간의 불일치를 의미하는 소극적인 의미이지만, 후자는 이 같은 불일치를 극복해야 한다는 적극적인 의미를 갖는다. 소극적인 의미에서의 통일은 근대적 의미의 민족국가적 프로젝트로서의 성격을 갖지만, 적극적인 의미에서의 통일은 세계화 시대의 탈민족국가적 프로젝트로서의 성격을 갖는다. 또한 전자는 그 지향점이 1945년 이전이지만, 후자는 21세기에 있다.

이제 이러한 적극적이고도 유연하며, 미래지향적인 탈민족국가적 프로젝트로서의 통일 개념을 어떻게 설정할 것인가의 과제가 남아 있다. 그리고 그 요건 또는 원칙이 무엇인가 하는 과제가 남아 있다. 이 연구에서는 남북한의 민족공동체라는 보다 느슨하면서도 광범위한 단위를 상정하여 '공동시장 공동체' 를 추구하는 통합방식을 제언한다. 이것은 국가 중심적인 접근이 아니라 시민사회 중심적인 신기능주의적 통합양식이라고 할 수 있다. 장기적인 관점에서 점진적으로 '경제협력→공동시장→다원적 안보공동체→국가연합→통일' 의 도식을 따라 진전될 수도 있겠지만, 굳이 통일을 종국의 목표로 삼지는 않는다. 요컨대 범지구적 자본의 지배가 관철되는 세계화 시대에 남북한이 선택할 수 있는 대안은 '시장의 논리' 와 '민족공동체의 논리' 를 변증법적으로 종합하는 길이다. 이러한 과업을 계승하여 보다 바람직하고 민주적인 미래사회의 한민족공동체를 건설하는 일은 후손들의 몫으로 남게 될 것이다.[10)]

'경제협력을 통한 공동시장 공동체' 수립전략은 기본적으로 남북한의 협력, 즉 남한의 대북 온건책(경제지원 및 군비통제)과 북한의 개혁 · 개방을 요구한다. 그러나 남한이 북한의 개방이나 민주화를 강요해서는 안 된다. 개혁 · 개방이나 민주화는 북한 정권과 인민이 자발적으로 선택해야 하는 것이지, 남한이 이러한 요구를 하게 되면 공동시장 공동체는 성립하기 어렵다. 이런 의미에서 남한이 '선(先)신뢰구축, 후(後)경제협력'의 조건을 고집하는 정책도 버려야 할 것이다. 선신뢰구축을 요구하게 되면 이미 그 자체로서 상대방의 체제와 심지어 국가 존재 자체에 대한 개변을 요구하게 되고 그것은 공동체를 성립하는 것을 불가능하게 하기 때문이다.

공동시장 공동체가 기존의 남북한 통일방안과 같은 점은 국가연합을 지향한다는 점이다. 그러나 국가연합으로 반드시 나아가야 하는 것은 아니다. 이러한 의미에서 이 전략은 (신)기능주의적 접근이라고 할 수 있다. 기능주의 및 신기능주의의 점진적 통합과정은 명시적 주제에 대한 성공적 협상의 결과에 의해서가 아니라 지속적인 기능적 과정의 산물이다. 따라서 이 접근방법은 통일된 국가의 제도적 구조를 다루는 데 필요한 정교하고 공식적인 제안을 전혀 요구하지 않는 특징을 갖고 있다는 점에서 한반도에 가장 적실성이 있다. 지금까지는 기능주의나 신기능주의가 경제우선이냐, 정치우선이냐의 비본질적인 측면에서만 접근되었기 때문에 이 같은 본질적인 특징이 인정되지도 않았고 무시되었다. 물론 이러한 통합이론들이 성공하기 위해서는 당사국간의 고도의 상호의존적 거래관계라는 최소한의 필요조건이 충족되어야 한다. 그리고 당사국의 국내적 안정과 단결이 선결될 때 더욱 효율적일 것이다. 반면에 한반도의 두 당사국은 이 같은 거래관계가 거의 전무한 상태에 있다고 해도 과언이 아니며, 남북한은 다같이 상호간의 대립을 오랫동안 국내

10) 함택영, "세계화시대의 남북한통합의 구상", 〈국가전략〉 4권 1호(1998).

정치의 권위주의적이고 강압적 정책을 위한 정당화의 구실로 이용했으며, 상대방의 국내적 불안을 조성하는 방향으로 행동해 왔다. 그러나 한반도의 적대관계는 외면할 수 없는 냉엄한 현실이며, 문제는 통일의 개념이 이러한 적대관계를 완화시키는 방향으로 제시되지 않았다는 데 더 큰 문제가 있는 것이다.

이러한 까닭에 통일의 개념은 이제 통합의 개념으로 바뀌어야 한다. 민족(nation)을 단위로 하는 통일보다는 국가(state)를 기본적인 단위로 하는 통합으로 바뀌어야 한다. 또한 민족적인 편안함(comfort)을 추구하는 통일보다는 경제적인 생산성의 향상과 안보의 확보라는 가시적인 이익(interest)의 확보를 추구하는 통합으로 바뀌어야 한다. 마지막으로 어떠한 상태가 되었는가에 관심을 기울이게 되는 특정한 목표지향의 완료상황으로 인식되는 통일보다는 조건의 형성과 진행 과정에 중요성을 두어 완결상태로서가 아니라 일단의 과정적 움직임의 총합으로 인식되는 통합으로 바뀌어야 한다.

최근 김대중 정부는 남북관계에 있어서 정경분리 원칙에 기초하여 교류·협력을 최우선적인 목표로 내걸고 추진하고 있다. 정부 당국간의 교류에 있어서는 이른바 상호주의를 내세워 북한의 상응하는 조처를 촉구하지만, 민간차원의 교류에 있어서는 가급적 자율적인 활동을 보장하려고 하고 있다. 그 첫번째 성과로 현대그룹의 금강산 관광사업 등 일련의 경협사업이 합의되었다. 이것은 아직 그 귀추가 주목되는 바이지만 과거의 경협과는 구별되는 특징, 예컨대 남북한의 정부들이 이러한 사업에 대해 정치적인 사안들과 별개로 추진하려는 의욕을 보이고 있으며, 사업의 규모가 매우 크다는 특징을 갖고 있다. 만일 이 사업들이 잘 추진된다면 본 논의에서 주장하고자 하는 경제교류와 협력을 통한 경제통합을 평화적으로 이룰 수 있는 초석이 될 것이다.

## 더 알아보기

1. 제2차 세계 대전 이후 분단되었던 독일, 베트남, 예멘의 통일 경험을 통해 우리가 얻을 수 있는 교훈을 찾아보자.
2. 국가연합과 연방제 통일방안의 차이점은 무엇인가?
3. 중국의 일국양제(一國兩制) 통일방안과 북한의 낮은 단계의 연방제의 공통점과 차이점을 살펴보자.
4. 국가연합과 낮은 단계의 연방제의 공통점과 차이점은 무엇인지 비교해 보자.

| 제4장 |

# 남북한 경제분야 교류 · 협력

박순성(동국대 북한학과)

목　표: 이 장에서는 남북한 경제교류 · 협력과 관련한 몇 가지 질문을 검토할 것이다.
남북한은 경제분야에서 어떠한 관계를 발전시켜 왔는가. 남북한 경제교류 · 협력의 현황은 어떠하며, 과제는 무엇인가. 남북한 경제교류 · 협력은 남북관계 발전과 민족경제공동체 형성에 어떻게 기여할 것인가. 남북한 경제교류 · 협력은 동북아지역 경제교류 · 협력과 어떠한 관계를 갖는가.

주 안 점: 남북한 경제교류 · 협력의 역사 · 현황 · 과제, 남북한 경제 교류 · 협력을 통한 남북관계 발전과 민족경제공동체 형성, 한반도 통일경제와 동북아지역 경제교류 · 협력.

핵심개념: 반입 · 반출, 위탁가공교역, 협력사업, 기능주의와 신기능주의, 경제공동체, 지역협력.

## 1. 남북한 경제분야 교류 · 협력의 의미

### 가. 남북관계와 경제분야 교류 · 협력

남북한 경제교류 · 협력은 전반적인 남북관계 발전의 결과이다. 군사적 적대관계가 지배하던 1970년대 초까지 남북한은 경제분야에서 교류 · 협력의 가능성을 찾지 못하였다. 하지만, 1980년대 후반 남북한이 정치적으로 접촉을 심화시켜 나감에 따라, 경제분야에서 교류 · 협력의 물꼬가 열리기 시작하였다.

경제분야 교류 · 협력은 남북관계 개선의 결과로 시작되었음에도 불구하고, 일정한 수준 이상으로 발전하게 되자 남북한 사이의 정치 · 군사적 긴장을 완화시켜 주는 역할을 하기 시작하였다. 북한 핵문제로 인해 남북한 사이에 긴장이 고조되었던 1993~1994년 우리 사회에서는 남북한 경제교류 · 협력을 정치 · 군사적 협상과 연계시켜서는 안 된다는 주장이 대두되기도 하였다. 경제분야 교류 · 협력은 자체의 발전논리를 정착시키기 시작한 것이다.

최근 남북관계에서 경제분야 교류 · 협력은 다른 관계들을 안정시키고 발전시키는 역할을 하기도 한다. 경제교류 · 협력이 정치 · 군사적 화해와 협력을 선도하는 기능을 갖게 된 것이다.[1)] 남북한 경제력의 격차가 심화된 상태에서, 그리고 한반도 안정에서 북한의 경제회복이 우선적 과제로 등장한 상태에서, 경제교류 · 협력이 이러한 역할을 하는 것은 당연한 일이라고 하겠다.

---

1) 남북한 경제교류 · 협력이 남북관계에서 차지하는 비중은 남북한간 인적 교류에서도 그대로 나타난다. 1989년부터 2000년 9월까지 북한을 방문한 남한 주민은 총 1만 6,499명이며, 그 중 경제사업과 관련된 인원은 1만 2,602명(순수 경제교류협력 1,142명, 관광사업 7,376명, 경수로지원사업 4,084명; 단순 관광객 제외)이다. 이는 총인원의 76.4%에 달한다.

### 경제교류 · 협력과 정치 · 군사관계

과연 남북한 경제교류 · 협력과 정치 · 군사관계 사이에는 어떠한 상관관계가 있을까? 남북한 경제교류 · 협력이 확대되기 시작한 후 남북관계에서 주요한 계기가 되었던 ① '서울 불바다' 발언(1994.3), ② 북 · 미제네바합의(1994.10; 정부의 남북경협활성화조치, 1994.11), ③ 동해안 잠수정 침투 사건(1996.10) 등이 물자교역과 투자협력(대북 투자협력에 대한 남한 기업의 의지)에 끼친 영향을 분석한 결과에 따르면, ① 정치적 사건들은 교역에 거의 영향을 미치지 않았으며, ② 투자협력에 대해서는 부정적 사건의 영향보다는 긍정적 사건의 효과가 두드러지게 나타났다. 특히, 긍정적인 정치적 사건은 통상 우리 정부의 경협 정책 변화를 수반한다는 점에서 상대적으로 많은 영향을 미쳤다. 아울러, 부정적인 경제적 요인(예, 남한 경제위기)의 물자교역에 대한 부정적 영향은 매우 크게 나타났다. 이러한 분석으로부터 추론할 수 있는 것은 남북한 경제교류 · 협력(특히 물자교역)이 상당 정도 경제논리에 따라 움직이고 있다는 점이다. 이 점을 남한 경제위기 이후 거래성 단순물자교역의 감소와 결합시켜 본다면, 단순물자교역은 남북한(앞으로는 특히 북한) 경제의 상황이 좋아질 때에만 실질적으로 확대될 수 있을 것이라고 예측된다. 다른 한 가지 사실은, 대북 투자협력에 대한 의지와 기대감이 상당 정도 존재하는 현재의 상황에서 정부의 긍정적 대북정책과 남북관계 개선은 투자협력에 적극적으로 작용할 것이라는 점이다. 2년여 동안 진행된 투자협력사업을 위한 남북한의 접촉과 최근 가시화되고 있는 투자실현의 가능성은 이를 확인해 준다. 좀더 추론해 본다면, 남한 정부의 긍정적 대북정책이라고 할 대북경제지원정책은 북한 경제를 회생시키고 남한 경제인에게 투자협력에 대한 유인을 제공함으로써, 남북경제교류협력 전체를 확대시킬 것이다. 이런 점에서 단순한 정경분리원칙(기능주의)보다는 단계적 정경조화원칙(신기능주의)이, 남북한 경제관계의 발전에 더 효과적일 것이다. 다만 강조해 둘 점은, 정경조화원칙이 남북경제교류협력에서 작용하고 있는 경제논리를 적절히 보완하고 발전의 제도적 · 체제적 장애를 제거하는 방향으로 추진되어야 한다는 사실이다. 김욱(1998), "정치적 요인이 남북 경협에 미치는 영향에 대한 시계열 분석: 정경 분리 원칙에 대한 시사점을 중심으로," 〈통일경제〉, 48호(1998.12).

### 나. 한반도 통일과 남북한 경제교류 · 협력

민족의 화해와 협력에서 경제분야의 교류 · 협력이 차지하는 비중은 원리론적 차원에서 보면 근대 사회생활에서 경제생활이 차지하는 비중으로도 이미 확인된다. 무엇보다도 남북한 경제력의 격차와 북한 주민의 생활고는 경제교류 · 협력을 통해 북한 사회를 안정시키는 동시에 북한 주민들의 생활수준을 향상시키는 것이 남북한 사회통합에 기본적인 조건이 될 것임을 확인시켜 준다. 또한 남북한 주민들간의 사회의식의 차이를 야기하는 주요한 사회적 조건 중의 하나가 남북한의 서로 다른 경제체제임을 고려할 때, 경제교류 · 협력을 통한 사회경제체제의 수렴은 통일국가 수립에 필수적인 요소이다.

이미 독일통일의 경험에서 확인하였듯이, 통일은 경제가 발달한 지역에서 경제가 낙후된 지역으로 부(富)의 이전과 자본의 투자를 야기한다. 급격하게 이루어져야 할 부와 자본의 대규모 이동은 양 지역 모두에, 특히 자원을 동원해야 할 지역의 경제에 큰 타격을 준다. 이런 차원에서 지나친 경제력의 격차를 서서히 줄여나가는 것이 통일과정을 순조롭게 하는 방법이다. 더구나 점진적인 자원의 이동에 기초한 경제력의 발전은 경제적으로도 효율성이 높다. 소위 통일비용이라고 불리는, 통일 이후 두 지역의 경제력 격차를 줄이기 위해 소요되어야 할 자원의 규모와 기회비용은 경제교류 · 협력을 통해 점진적으로 이루어질 투자자원보다 클 것이다.

끝으로 남북한 경제교류 · 협력의 발달은 통일 후 형성되어야 할 민족경제공동체를 현단계에서부터 준비할 수 있는 기회를 갖도록 해 준다. 그런데 민족경제공동체가 폐쇄적 경제권이 되어서는 21세기 세계경제에서 활력을 가질 수 없다고 할 때, 한민족의 경제공동체는 한반도를 벗어나 중국 동북부와 러시아의 극동지역, 나아가 동북아시아 전체의 지역경제협력과 연계되어 추진되어야 할 것이다.

**민족경제의 균형적 발전에 관하여**

민족경제의 균형적 발전에 대한 관심이 '6·15 공동선언' 이후 증대하고 있다. 이미 남북한은 1991년 말 '남북기본합의서' 15조에서 "민족경제의 통일적이며 균형적인 발전과 민족전체의 복리향상을 도모하기 위하여 자원의 공동개발, 민족내부교류로서의 물자교류, 합작투자 등 경제교류와 협력을 실시한다"고 합의하였다. 통일되고 균형된 민족경제의 발전은 남북한 경제교류 · 협력의 최고 목표인 것이다.

## 2. 남북한 경제관계의 역사적 개관

### 가. 1970년대: 7·4 남북공동성명과 남북조절위원회

한국전쟁 이후 남북한의 관계는 전 분야에서 거의 완전히 단절되었으며, 남북한은 대외선전의 차원에서만 관계개선과 민족통일을 위한 제안을 내놓았다. 최초의 의미있는 남북관계의 변화는 1972년 '7·4 남북공동성명' 으로부터 나타났다. 1970년 대 초반 국제정치에서는 동서진영간의 데탕트가 이루어지고, 남북한간의 역학관계에서는 1960년대 말까지 북한에게 유리하던 힘의 불균형이 남북한간에 균형을 잡아가기 시작하였다. 이런 상황에서 남북한은 직접 접촉을 통하여 한반도의 새로운 질서를 모색하는 시도를 하지 않을 수 없었을 것이다. 남북한은 '7·4 남북공동성명' 에 기초하여 '남북조절위원회' 를 구성하고, 처음으로 남북한간의 경제교류에 대한 구체적 제안들을 논의하기 시작하였다. '남북조절위원회' 3차 회의(서울, 1973. 6. 12~14)에서 남한 정부는 경제분과위원회의 조속한 발족과 함께 경제적 공동이익을 추구하기 위하여 경제인 교류, 물자 교류, 과학기술 교류, 자원 공동개발, 상품전시회 교환 개최, 상사의 교환 상주 등을 실행할 것을 제안하였다. 그러나 남한 정부의 제안은 5개 분과위원회(정치, 군사, 경제, 문화, 외교)의 일괄 설치를 주장하는 북한측의 주장과 엇갈려 실현되지 못하였다.

'남북조절위원회'를 통해 이루어진 남북한간의 경제분야 직접 접촉은 북한의 경제성장전략의 변화와 관련하여 중요한 의미를 지닌다. 1970년대 초반 당시 북한은 대내적으로는 중공업중심 불균형성장전략이 부딪친 한계를 극복하기 위하여 기술혁신을 실현해야만 했으며, 대외적으로는 중 · 소 갈등과 중 · 미, 중 · 일 관계의 진전에 따라 대외경제관계를 개선해야만 하였다. 특히 남북한 경제력의 수준을 비교하면 1인당 GNP 기준으로 1973년부터 남한이 북한을 능가하기 시작하였다. 이에 따라 북한은 경제성장의 새로운 계기를 마련하기 위하여 서방으로부터 자본과 설비를 차관과 원조의 형식으로 들여오고, 수출을 통하여 경제성장의 근거를 마련하려고 하였다. 경제폐쇄정책이라고 할 만한 자립적 민족경제건설노선에 변화를 가져온 개방전략은 충분하지는 않았지만 분명 북한으로 하여금 남북대화에 들어와 개방전략의 실현에 유리한 한반도 정세를 만들도록 영향을 미쳤을 것이다.

### 나. 1980년대: '남북경제회담'과 경제교류 · 협력의 가능성 모색

최초의 남북간 직접 접촉이 성과없이 끝난 지 10여 년이 지난 후, 남북한은 1984년 11월에 이르러 '남북경제회담'을 개최하였다. 남한측의 남북한 교역 · 경제협력 제의와 물자 · 기술 무상제공용의 표명(1984. 8. 20), 그리고 북한이 제공한 수재물자의 인수(1984. 9. 29~30), 북한측의 해외투자 유치를 위한 '합영법' 발표(1984. 9. 8) 등의 상황적 조건하에서, 남한이 '남북경제회담'을 제의(1984. 10. 12)하고 북한이 이를 수락(1984. 10. 26)함으로써

'남북경제회담' 은 개최될 수 있었다. 1984년 11월부터 1985년 11월에 이르기까지 다섯 차례에 걸쳐 개최된 회담에서 남북한은 경제교류와 경제협력에 관한 광범위한 문제들을 논의하였다. 남북한이 경제교류 · 협력에 대하여 가지고 있던 기본적인 접근방식은 남북한이 경제교류 · 협력방안 및 경제협력기구(공동위원회) 구성 · 운영에 관하여 4차 회의에서 제시한 포괄적 합의서를 통해 살펴볼 수 있다.

경제교류 · 협력의 기본원칙과 관련하여, 남북한은 기본적으로 물자교류 경제협력이 민족번영과 평화통일에 기여할 수 있는 방향으로 추진되어야 한다는 점에 있어서는 동일한 견해를 표명하였다. 그러나 교류 · 협력의 선후문제에 있어서 남한은 시장경제체제의 우위성과 파급성에 대한 신념에 기초하여 순수 경제적 차원에서의 교류를 우선 추진할 것을 제시하였다. 반면, 북한은 분단과 통일의 문제가 근본적으로 이념적 · 정치적 · 군사적 적대관계의 문제라고 파악함으로써, 선협력 후교류 혹은 협력과 교류의 동시 추진을 주장하였다. 남한의 기능적 · 점진적 · 단계적 접근과 북한의 일괄적 · 포괄적 접근 사이의 차이는 남한이 경제교류 · 협력사업에 관한 구체적 협의를 중시하고, 북한이 경제공동위원회의 구성을 우선시하는 데에서도 나타난다. 하지만 물자교역 방안과 관련하여 남북한은 많은 점에서 의견의 일치와 접근을 이룰 수 있었다. 당시 남북한은 교류물자 가격 결정(국제시장가격기준의 당사자간 합의), 결제통화(스위스 프랑), 거래방식(청산결제), 결제업무(남과 북의 은행), 관세(면제), 통관검사 및 사고처리(대외거래 규정 준용), 수송수단(남북한 직통거래) 등의 문제에 있어서 의견일치 내지 의견접근을 보았다. 한편 경제협력 방안과 관련하여 남북한은 협력사업 대상으로 자연자원의 공동개발 · 이용을 공통적으로 제안하였으나, 경제협력의 방법 규모 조건에 있어서는 의견차이를 드러내었다.

'남북경제회담' 은 1986년 1월 22일 예정된 6차 회의를 북한이 취소함에 따라 더 이상 진전을 보지 못하였다. 그러나 5차 회의까지 나타난 결과를 보면, 남북한간의 물자교류는 성사될 가능성이 매우 높았다. 경제협력과 관련하여 남북한 사이에 상당한 의견차이가 있었지만, 당시 '합영법' 을 제정하여 적극적으로 해외자본을 유치하려고 시도한 북한의 정책방향에 비추어볼 때 남북한 경제협력의 가능성이 전혀 없지는 않았다. 하지만 정치 · 군사적 상호 불신과 적대관계를 지속해 온 남북관계에서 바라보면, 경제회담을 통하여 남북한의 물자교류와 경제협력의 돌파구가 마련되기는 쉬운 일이 아니었다.

### 다. 1990년대: 남북한 경제교류 · 협력의 시작과 발전

남북한 경제교류 · 협력이 실질적으로 이루어질 수 있는 계기는 1988년 남한 정부가 남북물자교역을 허용하는 '7·7 특별선언' 을 발표하고 후속조치를 취함에 따라 마련되었다. 남북간의 교역은 1989년부터 조금씩 이루어지기 시작하다가, 1991년에 들어 급속히 확대되었다. 아울러 남북경제협력을 활성화하기 위한 경제인과 정치인의 접촉도 남북한간에 활발하게 이루어졌다.

이 시기 남북한간의 경제교류가 활발해질 수 있었던 주요 원인으로 두 가지를 들 수 있다. 먼저 북한 대외정책의 변화이다. 북한은 유엔개발계획(UNDP)이 1980년대 말부터 동북아지역경제개발을 위하여 최우선사업으로 추진하고 있던 두만강지역개발계획에서 주도권을 잡기 위하여 1991년 말 함경북도의 나진 · 선봉지역을 자유경제무역지대로 설정하고 대외개방에 대해 적극적 태도를 보이기 시작하였다. 다음으로 남북관계의 전반적 발전이다. 남북한은 1990년 9월부터 1992년 9월까지 남북고위급회담을 순조롭게 진행하여, 남북관계를 "나라와 나라사이의 관계가 아닌 통일을 지향하는 과정에서 잠정적으로 형성되는 특수관계라는 것을 인정하고 평화통일을 성취하기 위한 공동의 노력을 경주할 것을 다짐" 한 '남북사이의 화해와 불가침 및 교류 · 협력에 관한 합의서'(1991. 12. 13)를 비롯하여 총 10건의 합의서를 채택하였으며, 남북교류 · 협력분과위원회를 비롯한 세 개의 분과위원회 회의를 수 차례에 걸쳐 개최하였다.

북한 핵문제가 발생한 1993년에 들어 남북한 물자교류의 성장세가 일시적으로 주춤거렸으나, 1994년 이후 남북교역은 다시 활발해졌다. 더욱이 북한과 미국간에 북한핵문제 해결을 위한 포괄적 타결이 1994년 10월 이루어지면서 대북한 경수로 지원사업이 결정되고, 남한 정부는 남북경제교류 · 협력을 활성화하기 위한 조치를 1994년 11월 발표하였다. 이후 남북한간에는 위탁가공교역을 포함한 물자교류, 합영사업, 경수로지원사업, 금강산 관광사업 등과 같은 다양한 형태의 경제관계가 발전하고 있다. 남한이 경제위기를 겪은 1997년 말부터 약 1년여 동안 물자교류가 축소되기도 하였지만, 김대중 정부의 적극적인 대북포용정책과 남북정상회담에 힘입어 최근 다시 남북경제교류 · 협력은 확대되어 가고 있다. 특히 최근 남북한이 경제교류 · 협력에 필요한 제도적 장치를 마련하기 위해 적극 노력하고 있으므로, 남북한 경제교류 · 협력은 더욱 활성화될 것으로 기대된다.

## 3. 물자교역의 현황과 전망

### 가. 물자교역의 일반적 현황과 특징

1) 남북한 물자교역의 증대 과정을 살펴보면 몇 번의 굴곡이 눈에 띈다. 1991년, 1992년, 1995년, 1999년의 급속한 증대와 1998년의 급속한 감소, 그리고 1996년의 침체가 바로 그것이다. 1991년은 남북고위급회담의 진척에 따라 남북한이 물자교역을 본격화하기 시작한 해이며, 1992년은 '남북기본

〈표 2〉 남북한 물자교역 연도별 현황(2000년 9월 말 현재)

(단위: 천 달러)

| 연도 | 반입(Import) | | | 반출(Export) | | | 합계(Total) | | |
|---|---|---|---|---|---|---|---|---|---|
| | 건수 | 품목수 | 금액 | 건수 | 품목수 | 금액 | 건수 | 품목수 | 금액 |
| 1989 | 66 | 25 | 18,655 | 1 | 1 | 69 | 67 | 26 | 18,724 |
| 1990 | 79 | 23 | 12,278 | 4 | 3 | 1,188 | 83 | 26 | 13,466 |
| 1991 | 300 | 44 | 105,719 | 23 | 17 | 5,547 | 323 | 61 | 111,266 |
| 1992 | 510 | 76 | 162,863 | 62 | 24 | 10,563 | 572 | 100 | 173,426 |
| 1993 | 601 | 67 | 178,167 | 97 | 38 | 8,425 | 698 | 101 | 186,592 |
| 1994 | 827 | 73 | 176,298 | 495 | 92 | 18,249 | 1,322 | 159 | 194,547 |
| 1995 | 1,124 | 105 | 222,855 | 2,720 | 174 | 64,436 | 3,844 | 265 | 287,291 |
| 1996 | 1,648 | 122 | 182,400 | 2,980 | 171 | 69,639 | 4,628 | 280 | 252,039 |
| 1997 | 1,806 | 140 | 193,069 | 2,185 | 274 | 115,270 | 3,991 | 385 | 308,339 |
| 1998 | 1,963 | 136 | 92,264 | 2,847 | 380 | 129,679 | 4,810 | 486 | 221,943 |
| 1999 | 3,089 | 172 | 121,604 | 3,421 | 398 | 211,832 | 6,510 | 525 | 333,437 |
| 2000. 9 | 2,676 | 170 | 105,278 | 2,517 | 442 | 224,715 | 5,193 | 564 | 329,993 |
| | (2,049) | (156) | (79,983) | (2,590) | (352) | (177,977) | (4,639) | (467) | (257,960) |
| 총계 | 14,689 | | 1,571,451 | 17,352 | | 859,611 | 32,041 | | 2,431,062 |

주 1: ( ) 안은 1999년 동기 실적임.

2: 1995년 교역금액에는 대북 쌀지원 2억 3,721만 3,000달러 반출을 제외한 것임.

3: 반출 · 입이라는 표현은 남북한 물자교역이 '남북기본합의서'에 따라 국가간 교역이 아니라는 점을 보여주기 위한 것이다.

출처: 통일부 교류협력국, 〈월간 남북교류협력 및 인도적사업 동향〉 111호(2000. 9).

합의서' 채택 이후 개선된 남북관계에 따라 남한 주민이 북한 물자에 대해 관심을 가지기 시작한 해이다. 1995년(북 · 미 '제네바합의'에 따른 남한 정부의 경협활성화조치, 1994년 11월)은 남한 정부의 적극적인 대북정책이 일정한 결실을 가져온 해라고 판단된다. 1999년에는 남한 경제의 회복과 남한 정부의 적극적 대북정책에 따라 물자교류가 확대되었다. 한편, 1998년에는

1997년 말 남한 경제위기에 따라 교역의 축소가 나타났다. 1996년에는 북한으로부터 반입의 축소가 교역의 축소를 가져왔으며, 이는 북한의 상품수출 능력이 제한되어 있음을 보여준다. 이에 따라, 남북한 물자교역에서 위탁가공교역이 차지하는 중요성이 더욱 증대되기 시작하였다(나항 참조).

2) 남북한 교역에서 남한의 교역적자가 1997년까지 계속되었다. 이 기간 동안 남북한 물자교역은 주로 남한의 북한 물자 수입(반입)으로 이루어졌다. 1998년 이후부터는 남한의 대북한 물자 수출(반출)이 남북한 물자교역에서 차지하는 비중이 높아졌다. 이러한 중대한 변화는 한편으로는 위탁가공교역의 증대에 따라, 다른 한편으로는 비거래성 물자교역에 따른 대북 반출의 증대에 따라 나타나기 시작하였다.

3) 비거래성 물자교역을 제외한 남북교역을 살펴보면(아래 〈표 3〉 참조), 1995년 이후 남북한 물자교역은 실질적으로 감소한 상태에 놓여 있다. 이는 북한의 상품수출 능력이 제한되어 있기 때문인 것으로 판단된다. 이 점에서

〈표 3〉 연도별 남북한간 교역규모 및 교역수지

(단위: 천 달러)

| 연도 | 명목 교역액 | 비거래성 물자 | | | | | | | 실질 교역액 | 교역수지 | |
|---|---|---|---|---|---|---|---|---|---|---|---|
| | | 반출 | | | | | | 반입 | | | |
| | | 경수로 | 대북지원 | 중유 | 금강산 | 협력사업 | 소계 | | | 명목수지 | 실질수지 |
| '94 | 194,547 | | | | | | | | 194,547 | △158,049 | |
| '95 | 287,291 | | 217 | 10,778 | | | 10,995 | | 276,296 | △158,419 | △169,414 |
| '96 | 252,039 | | 1,473 | 12,782 | | | 14,255 | | 237,784 | △112,761 | △127,016 |
| '97 | 308,339 | 17,842 | 8,389 | 29,019 | | | 55,250, | | 253,089 | △77,799 | △130,261 |
| '98 | 221,943 | 3,954 | 15,628 | 19,819 | 37,551 | 1,197 | 78,149 | 105 | 143,689 | 37,415 | △40,627 |
| '99 | 333,437 | 14,434 | 43,426 | 39,512 | 40,575 | 6,332 | 144,279 | 122 | 189,036 | 90,228 | △53,929 |

출처: 통일부(2000. 1. 26), 〈'99년도 남북교역 현황〉 http://www.unikorea.go.kr/cgikr/body.cgi?14A14/A14310.htm

남북한 물자교역 확대를 위한 노력은 북한의 경제력 회복에 초점이 맞추어져야 한다. 한편, 남북한 경제관계를 단순히 거래성 물자교역만으로 평가할 수 없다는 점을 고려할 때, 남북한 경제관계 전반에 대한 평가는 비거래성 교역까지도 포함시켜 판단할 필요가 있다.

4) 2000년 9월 현재 물자교역은 전년동기에 비해 총액 27.9%, 반입 3.6%, 반출 26.3% 증대하였다. 이는 앞으로 남북한 물자교역이 지속적으로 증대할 가능성이 높다는 점을 시사하고 있다.

## 나. 위탁가공교역의 현황

위탁가공교역은 남북한 물자교역을 확대시켜 줄 수 있는 물자교역의 한 형태이자, 남북한 경제협력사업을 발전시킬 수 있는 협력사업의 맹아적 형태라고 할 수 있다. 위탁가공교역은 남한이 북한에 생산을 위한 원 · 부자재를 보내고, 북한이 이를 가공한 후 남한이나 제3국으로 완제품을 보내는 형태를 취한다. 북한은 위탁가공교역을 통해 가공비를 획득한다.[2] 위탁가공교역의 현황을 살펴보면, 〈표 4〉와 같다.

1992년부터 시작된 위탁가공교역은 1996년부터 확대되기 시작하였다. 반입의 경우, 위탁가공교역이 차지하는 비중은 1998년부터 45%에 육박하기 시작하였으며, 2000년도 교역에서는 더 증대할 것으로 추정된다. 한편, 반출의 경우에는 1993년부터 증대하기 시작하였으며, 대북지원이 증가한 1995년 비중이 하락했다가 1996년에는 다시 증대하였다. 이후 대북지원을 포함한 비거래성 물자교역이 증대하면서, 1999년 이후 절대액이 상승함에도 불구하고

---

2) 위탁가공교역, 혹은 임가공교역은 경제적 후진국이 흔히 자신의 풍부한 노동력을 이용하기 위하여 취하는 교역형태이다. 남한도 1960년대에 임가공교역을 통해 외화를 획득하였다. 남한의 입장에서 위탁가공교역은 북한의 입장에서 수탁가공교역이 된다.

〈표 4〉 연도별 위탁가공교역

(단위: 천 달러)

| 연도 | 반입 | | | 반출 | | | 합계 | | |
|---|---|---|---|---|---|---|---|---|---|
| | 금액 | 위탁가공 | 비율 | 금액 | 위탁가공 | 비율 | 금액 | 위탁가공 | 비율 |
| 1989 | 18,655 | 0 | | 69 | 0 | | 18,724 | 0 | |
| 1990 | 12,278 | 0 | | 1,188 | 0 | | 13,466 | 0 | |
| 1991 | 105,719 | 0 | | 5,547 | 0 | | 111,266 | 0 | |
| 1992 | 162,863 | 638 | 0.4 | 10,563 | 200 | 1.9 | 173,426 | 839 | 0.5 |
| 1993 | 178,167 | 2,985 | 1.7 | 8,425 | 4,023 | 47.8 | 186,592 | 7,008 | 3.8 |
| 1994 | 176,298 | 14,321 | 8.1 | 18,249 | 11,343 | 62.2 | 194,547 | 25,663 | 13.2 |
| 1995 | 222,855 | 21,174 | 9.5 | 64,436 | 24,718 | 38.4 | 287,291 | 45,892 | 16.0 |
| 1996 | 182,400 | 36,238 | 19.9 | 69,639 | 38,164 | 54.8 | 252,039 | 74,402 | 29.5 |
| 1997 | 193,069 | 42,894 | 22.2 | 115,270 | 36,175 | 31.4 | 308,339 | 79,069 | 25.6 |
| 1998 | 92,264 | 41,371 | 44.8 | 129,679 | 29,617 | 22.8 | 221,943 | 70,988 | 32.0 |
| 1999 | 121,604 | 53,736 | 44.2 | 211,832 | 45,883 | 21.7 | 333,437 | 99,620 | 29.9 |
| 2000.9 | 105,278 | 48,965 | 46.5 | 224,715 | 44,857 | 20.0 | 329,993 | 93,822 | 28.4 |
| | (79,983) | (35,145) | (43.9) | (177,977) | (36,265) | (20.4) | (257,960) | (71,410) | (27.7) |
| 총계 | 1,571,451 | 262,322 | 16.7 | 859,611 | 234,980 | 27.3 | 2,431,062 | 497,302 | 20.5 |

주: ( ) 안은 1999년 동기 실적임.

출처: 통일부 교류협력국, 〈월간 남북교류협력 및 인도적사업 동향〉 111호(2000. 9).

비중은 하락하고 있다. 위탁가공교역이 시작된 1991년 이후 현재까지, 남한의 경제 사정이 나빴던 1998년을 제외하고는, 위탁가공교역의 절대액이 지속적으로 상승하고 있다는 사실은 북한의 상품수출의 한계를 보여주는 동시에 위탁가공교역을 포함하여 북한의 노동력을 이용한 경제교류 · 협력이 증대할 수 있음을 보여준다.

〈표 5〉 연도별 반입상품의 구성(1989. 1~2000. 9)

(단위: 천 달러, %)

| 연도 | 농림 수산품 | 광산물 | 화학공업 생산품 | 섬유류 | 철강금속 제품 | 기계류 및 운반용기계 | 전자 및 전기 | 기타제품 | 합계 |
|---|---|---|---|---|---|---|---|---|---|
| 1989 | 2,352<br>(12.6) | 1,094<br>(5.9) | 104<br>(0.6) | 5<br>(0.0) | 15,072<br>(80.0) | 24<br>(0.1) | 0<br>(0.0) | 4<br>(0.0) | 18,656<br>(100.0) |
| 1990 | 5,572<br>(45.4) | 58<br>(0.5) | 1,730<br>(14.1) | 0<br>(0.0) | 4,529<br>(36.9) | 14<br>(0.1) | 0<br>(0.0) | 376<br>(3.1) | 12,278<br>(100.0) |
| 1991 | 10,818<br>(10.2) | 21,520<br>(20.4) | 5,732<br>(5.4) | 0<br>(0.0) | 67,303<br>(63.7) | 17<br>(0.0) | 0<br>(0.0) | 329<br>(0.3) | 105,719<br>(100.0) |
| 1992 | 16,906<br>(10.4) | 43,866<br>(26.9) | 13,064<br>(8.0) | 3,385<br>(2.1) | 83,514<br>(51.3) | 797<br>(0.5) | 4<br>(0.0) | 1,329<br>(0.8) | 162,864<br>(100.0) |
| 1993 | 12,015<br>(6.7) | 87,277<br>(49.0) | 1,528<br>(0.9) | 8,477<br>(4.8) | 64,647<br>(36.3) | 0<br>(0.0) | 80<br>(0.0) | 4,144<br>(2.3) | 178,167<br>(100.0) |
| 1994 | 15,250<br>(8.7) | 75,468<br>(42.8) | 1,246<br>(0.7) | 18,515<br>(10.5) | 63,069<br>(35.8) | 0<br>(0.0) | 0<br>(0.0) | 2,750<br>(1.6) | 176,298<br>(100.0) |
| 1995 | 22,319<br>(10.0) | 86,562<br>(38.8) | 347<br>(0.2) | 28,833<br>(12.9) | 81,629<br>(36.6) | 9<br>(0.0) | 6<br>(0.0) | 3,150<br>(1.4) | 222,855<br>(100.0) |
| 1996 | 23,455<br>(12.9) | 64,807<br>(35.5) | 555<br>(0.3) | 44,460<br>(24.4) | 44,260<br>(24.3) | 91<br>(0.0) | 1,697<br>(0.9) | 3,076<br>(1.7) | 182,400<br>(100.0) |
| 1997 | 27,326<br>(14.2) | 48,313<br>(25.0) | 15,677<br>(8.1) | 47,091<br>(24.4) | 47,946<br>(24.8) | 999<br>(0.5) | 3,140<br>(1.6) | 2,578<br>(1.3) | 193,069<br>(100.0) |
| 1998 | 21,798<br>(23.6) | 765<br>(0.8) | 2,427<br>(2.6) | 38,794<br>(42.0) | 20,254<br>(22.0) | 698<br>(0.8) | 3,518<br>(3.8) | 4,010<br>(4.3) | 92,264<br>(100.0) |
| 1999 | 4,786<br>(39.4) | 2,462<br>(2.0) | 2,494<br>(2.1) | 45,513<br>(37.4) | 16,120<br>(13.3) | 1,557<br>(1.3) | 2,838<br>(2.3) | 2,707<br>(2.2) | 121,604<br>(100.0) |
| 2000.9 | 50,851<br>(48.3) | 246<br>(0.2) | 1,335<br>(1.3) | 34,537<br>(32.8) | 9,307<br>(8.8) | 1,466<br>(1.4) | 5,176<br>(4.9) | 2,358<br>(2.2) | 105,278<br>(100.0) |

출처: 통일부, 〈2000 통일백서〉; 통일부 교류협력국, 〈월간 남북교류협력 및 인도적사업 동향〉 111호(2000. 9).

〈표 6〉 연도별 반출상품의 구성(1989. 1~2000. 9)

(단위: 천 달러, %)

| 연도 | 일차산품 | 화학 공업 제품 | 플라스틱 고무 | 비금속 광물제품 | 섬유류 | 생활 용품 | 철강금 속제품 | 전자 및 전기 | 기계류 및 운반용기계 | 잡제품 | 합계 |
|---|---|---|---|---|---|---|---|---|---|---|---|
| 1989 | 0 | 0 | 0 | 0 | 69 | 0 | 0 | 0 | 0 | 0 | 69 |
| | (0.0) | (0.0) | (0.0) | (0.0) | (100.0) | (0.0) | (0.0) | (0.0) | (0.0) | (0.0) | (100.0) |
| 1990 | 10 | 0 | 0 | 0 | 83 | 0 | 0 | 0 | 1,095 | 0 | 1,118 |
| | (0.8) | (0.0) | (0.0) | (0.0) | (7.0) | (0.0) | (0.0) | (0.0) | (92.2) | (0.0) | (100.0) |
| 1991 | 1,607 | 1,819 | 216 | 1,392 | 66 | 0 | 0 | 447 | 0 | 0 | 5,547 |
| | (29.0) | (32.8) | (3.9) | (25.1) | (1.2) | (0.0) | (0.0) | (8.1) | (0.0) | (0.0) | (100.0) |
| 1992 | 64 | 5,214 | 2,369 | 135 | 717 | 85 | 1,957 | 0 | 22 | 0 | 10,563 |
| | (0.6) | (49.4) | (22.4) | (1.3) | (6.8) | (0.8) | (18.5) | (0.0) | (0.2) | (0.0) | (100.0) |
| 1993 | 69 | 920 | 732 | 1 | 5,581 | 20 | 260 | 463 | 121 | 260 | 8,425 |
| | (0.8) | (10.9) | (8.7) | (0.0) | (66.2) | (0.2) | (3.1) | (5.5) | (1.4) | (3.1) | (100.0) |
| 1994 | 3,317 | 1,499 | 152 | 79 | 12,077 | 255 | 274 | 160 | 56 | 379 | 18,249 |
| | (18.2) | (8.2) | (0.8) | (0.4) | (66.2) | (1.4) | (1.5) | (0.9) | (0.3) | (2.1) | (100.0) |
| 1995 | 10,754 | 906 | 1,961 | 11,363 | 34,986 | 1,465 | 199 | 262 | 1,548 | 991 | 64,436 |
| | (16.7) | (1.4) | (3.0) | (17.6) | (54.3) | (2.3) | (0.3) | (0.4) | (2.4) | (1.5) | (100.0) |
| 1996 | 6,715 | 2,506 | 3,069 | 13,666 | 36,340 | 1,907 | 290 | 2,172 | 960 | 2,013 | 69,639 |
| | (9.6) | (3.6) | (4.4) | (19.6) | (52.2) | (2.7) | (0.4) | (3.1) | (1.4) | (2.9) | (100.0) |
| 1997 | 17,048 | 2,877 | 5,888 | 30,399 | 33,970 | 3,565 | 3,948 | 3,319 | 13,098 | 1,160 | 115,270 |
| | (14.8) | (2.5) | (5.1) | (26.4) | (29.5) | (3.1) | (3.4) | (2.9) | (11.4) | (1.0) | (100.0) |
| 1998 | 19,944 | 5,054 | 4,717 | 21,467 | 28,543 | 3,707 | 9,475 | 5,495 | 28,923 | 2,355 | 129,679 |
| | (15.4) | (3.9) | (3.6) | (16.6) | (22.0) | (2.9) | (7.3) | (4.2) | (22.3) | (1.8) | (100.0) |
| 1999 | 17,834 | 42,691 | 4,962 | 50,542 | 36,286 | 3,832 | 16,953 | 7,307 | 26,985 | 3,484 | 211,832 |
| | (8.4) | (20.2) | (2.3) | (23.9) | (17.1) | (1.8) | (8.0) | (3.4) | (12.7) | (1.6) | (100.0) |
| 2000.9 | 21,500 | 89,356 | 3,078 | 13,344 | 32,375 | 3,502 | 9,842 | 23,381 | 25,442 | 2,897 | 224,715 |
| | (9.6) | (39.8) | (1.4) | (5.9) | (14.4) | (1.6) | (4.4) | (10.4) | (11.3) | (1.3) | (100.0) |

출처: 통일부, 〈2000 통일백서〉; 통일부 교류협력국, 〈월간 남북교류협력 및 인도적사업 동향〉 111호(2000.9).

## 다. 남북한 물자교역의 상품구성

남북한 물자교역의 성격을 살펴보기 위해서는 상품구성을 분석해야 한다. 〈표 5〉와 〈표 6〉은 남북한 교역물자의 상품구성을 보여주고 있다.

연도별 반입상품의 구성을 보면, 초기에는 주로 철강금속제품이, 후기로 올수록 섬유제품이 주요한 반입상품이 되고 있다. 이는 초기에는 금의 반입이, 후기에는 위탁가공교역의 완제품인 섬유제품의 반입이 북한의 주요 외화가득원이었음을 보여준다.

반출상품의 구성을 보면, 위탁가공교역이 확대되기 시작한 1993년부터 섬유류가 주된 반출상품이었다. 이후 비거래성 물자교역이 증대하면서, 비금속광물제품, 기계류 및 운반용기계, 일차산품, 화학공업제품 등이 주요한 상품구성으로 등장하였다.

남북한 물자교역에서 나타나고 있는 상품구성은 남북한 경제관계가 점차 전형적인 선 · 후진국간 교역형태를 띠게 됨을 보여준다. 앞으로 남북한 물자교역에서 과제는 이러한 남북한 교류 · 협력에서 나타나는 불균형을 어떻게 극복해 나가는가 하는 것이다.

## 라. 남북한 물자교역의 과제

남북한 물자교역에서 일차적 과제는 교역의 상품구성을 풍부하게 하는 것이다. 그러나 이는 북한의 상품수출 역량의 증대를 의미하므로, 북한의 경제회복이 우선되어야 함을 보여준다. 아울러 물자교역과 관련해서는 이미 오래 전부터 지속적으로 제기되어 오던, 과다한 거래비용과 물류비용, 거래의 불확실성 등의 문제들을 해결해야 할 것이다.

## 4. 경제협력사업의 현황과 전망

남한 기업의 대북 경제협력사업은 세 단계로 추진된다. 첫 단계는 '협력사업자' 승인을 받는 단계, 두번째는 '협력사업' 승인을 받는 단계, 세번째는 실질적인 투자를 하는 단계이다. 협력사업[3]은 (주)대우가 1992년 북한의 삼천리총회사와 남포에 합영사업의 형태로, 셔츠 · 가방 · 재킷 등 9개 사업을 추진하기 위한 '협력사업자' 승인을 받는 것으로부터 시작되었다.

현재(2000. 9)까지 '협력사업자' 승인을 받은 사업은 모두 39개이다. 사업 내용은 섬유산업, 농수산물가공산업, 경공업제품생산, 합영농장, 관광사업 등 다양하다. 주요 지역은 남포, 평양, 나진 · 선봉, 금강산 등이다. 사업의 규모는 대부분 500만 달러 전후이거나 그보다 더 작지만, 한국전력이 추진하는 경수로건설지원사업과 현대그룹이 추진하는 금강산관광 및 개발사업 등은 규모가 크다.

2000년 9월 현재 '협력사업' 승인을 받아 추진되고 있는 사업은 모두 18개이다(〈표 7〉 참조). (주)대우가 1995년 민족산업총회사를 설립하여 협력사업을 시작하였고, 현재는 한국전력공사가 추진하고 있는 대북 경수로 건설사업 본공사가 가장 규모가 큰 사업이다. 남북한 경제협력사업은 남한의 경우, 민간기업이 추진주체가 되지만, 북한의 경우에는 조선로동당이나 군부가 관할하는 회사가 주체가 되는 경우가 대부분이다. 예외적으로 내각 산하 부처나 협동농장이 사업의 주체가 되기도 한다.

경제협력사업은 특히 법과 제도의 영향을 많이 받는다. 이런 점에서 남북

---

3) 협력사업은 주로 합영기업의 형태로 이루어진다. 합영기업은 남북한이 공동투자, 공동경영을 하는 기업형태이다. 합작기업은 남북한이 공동투자를 하지만, 경영은 북한이 담당한다. 외국인기업은 투자와 경영을 외국인이 독자적으로 하는 기업이다.

〈표 7〉 '협력사업' 승인 현황(2000. 9)

| 기업 | 사업 상대자 | 사업 내용(지역) | 금액 | 승인일 |
|---|---|---|---|---|
| 대우(합영) | 삼천리총회사 | 남포공단 셔츠, 가방, 재킷 등 3개사업(남포공단)<br>※'96.1.26 민족산업총회사 설립<br>※'96. 6월 투자자금 송금 | 512만 달러 | '95. 5. 17 |
| 태창(합영) | 릉라888<br>무역총회사 | 금강산 샘물 개발(강원도고성군온정리) | 580만 달러 | '97. 5. 22 |
| 한국통신 | 체신부 | 북한 경수로 건설을 위한 통신지원사업(신포·금호지구) | · | '97. 8. 1 |
| 한국전력 | 원자력총국 | 경수로 건설 지원사업(PWC) | 4,500만 달러<br>→11,430.8만 달러 | '97. 8. 16→<br>'99. 8. 10<br>(변경승인) |
| 한국외환은행 | 경수로사업대상국 | 경수로 사업부지내 은행점포 개설 | | '97. 11. 6 |
| 녹십자(합작) | 광명성총회사 | 혈전증 치료제(유로키나제) 제조사업(평양) | · | '97.11. 14 |
| (주)아자커뮤티케이션(합영) | 금강산국제관광총회사 | 북한풍경 인쇄·TV광고 및 기업 홍보용 영상물 제작 | 311만 달러<br>편당 25만 달러 | '98. 2. 18 |
| 미홍식품산업사(합영) | 조선철산<br>무역총회사 | 북한수산물 채취·가공·양식 및 판매(평양, 원산, 남포, 해주, 청진) | 47만 달러 | '98. 3. 13 |
| 국제옥수수재단(조사·연구) | 농업과학연구원<br>→농업과학원 | 새품종 생산력 검정시험 및 재배적지 확정, 신품종 슈퍼옥수수개발을 위한 공동연구(평양, 각도별 10개지역) | 30.9억 원<br>→110억 원 | '98. 6. 18<br>'99. 3. 25<br>(변경승인) |
| 두레마을영농조합법인(합작) | 라선경제<br>협조회사 | 합작농장 운영 및 계약재배사업<br>(나진·선봉) | 200만 달러 | '98. 7. 27 |
| 태영수산/LG상사(합영) | 광명성총회사 | 가리비 양식·생산(나진·원산) | 65만 달러 | '98. 8. 28 |
| (주)코리아랜드(합영) | 묘향경제<br>연합체 | 북한부동산 개발(임대·분양) 및 컨설팅업(평양) | 60만 달러 | '98. 8. 28 |
| (주)현대상선, 현대건설, 금강개발산업, 현대아산('99. 2. 25)<br>(단독 및 BOT) | 조선아시아태평양평화위원회 | • 금강산 관광사업('98. 9. 7))<br>• 금강산 관광개발사업으로 확대 ('99. 1. 15)<br>- 제1단계('98~'99. 6)<br>- 부두, 휴게소, 공연장, 식당, 매점, 온천장 등 설치<br>• 관광선 1척 추가(풍악호), 운항횟수 조정(매일운행)('99. 4. 16) | 9,583만 달러→<br>1억33만 달러<br>('99.1.15)<br>1억4,867만 달러<br>('99. 4.16)<br>*북측투자분<br>450만 달러 인수<br>(합영→단독투자) | 98. 9. 7<br>'99. 1. 15<br>(변경승인)<br>'99. 4. 16<br>(변경승인) |

| 기업 | 사업 상대자 | 사업 내용(지역) | 금액 | 승인일 |
|---|---|---|---|---|
| 백산실업(합영) | 선봉군 온실농장 | 버섯배지 생산 및 국내농가 보급, 표고 · 느타리 · 진주 등 버섯류 생산 · 수출(선봉군) | 20.8만 달러 (남북한총투자액: 81만 달러) | '98. 10. 28 |
| 현대전자산업, 한국통신, 온세통신 | 금강산국제관광총회사 | 금강산 관광을 위한 통신협력사업 (1단계: 온정리~장전간 통신선로 매설, 제3국 경유 남북간 통신망 구축 및 운영) | 13만 달러 (1단계) | '98. 11. 11 |
| 한국전력공사 | | 대북경수로 건설사업 본공사(TKC) | 40.8억 달러(PWC 금액 포함) | '99. 12. 15 |
| 평화자동차(합영) | 조선련봉총회사 | 자동차 수리 · 개조 및 조립공장 건설 | 666만 달러 | 2000. 1. 7 |
| 삼성전자 | 조선컴퓨터센터 | 남북 S/W 공동개발 | 72.7만 달러 | 2000. 3. 13 |

출처: 통일부 교류협력국, 〈월간 남북교류협력 및 인도적사업 동향〉 111호(2000. 9).

정상회담 이후 남북한간에 추진되고 있는 경제협력의 제도적 장치를 마련하려는 노력은 남북한 경제협력사업을 확대하는 데에 큰 기여를 할 것으로 판단된다. 2000년 11월초에 합의된 4대 합의서 중 '투자보장에 관한 합의서', '이중과세방지에 관한 합의서', '상사분쟁에 관한 합의서'는 대북투자사업은 경제협력사업을 위한 최소한의 제도적 장치라고 하겠다.[4]

남북한 경제협력사업은 몇 가지 점에서 의미가 있다. 첫째, 무엇보다도 상품수출 역량이 부족한 북한에게 경제협력사업은 외화를 벌어들이는 동시에 경제발전을 위한 핵심적인 전략의 하나이다. 둘째, 경제협력사업을 통해 북한 경제인들은 자본주의 기업의 경영원리에 대한 지식을 습득하게 된다. 셋째, 합영사업을 통해 남한 기업의 기술이 북한에 전파될 것이다. 넷째, 남한의 경제인들은 북한 경제인들과 노동자들의 경제적 의식에 대해 지식을 습득하게 될 것이다. 다섯째, 장기적으로 북한의 노동자들은 자본주의 기업에서 이루어지는 노사관계에 대한 지식을 갖게 될 것이다. 여섯째, 오히려 이 점이 더

4) 4대 합의서 중 나머지 하나는 '청산결제에 관한 합의서'이다. 이는 남북한 물자교역의 증대에 직접적 영향을 미칠 것으로 판단된다.

**분단국 경제교류 · 협력사업이 주는 교훈**

분단국의 경제교류 · 협력사업의 경험은 남북한 경제교류 · 협력사업에 대해 중요한 교훈을 준다. 독일의 경험은 ① 거래량을 결정하는 청산결제방식의 양면성(촉진기능과 제한기능을 동시에 가짐), ② 경제적 의존성의 증대가 갖는 양면성(의존국가의 관점에서 볼 때, 경제적 안보 차원의 부정적 측면과 안정요인이라는 긍정적 측면), ③ 동 · 서독의 통합대상 지역경제권의 분리에 따른 문제점 등을 보여준다. 중국과 대만의 경제교류협력 경험에서는 ① 중국의 개방 · 개혁의 범위와 속도, ② 중개지역(예를 들면 홍콩)의 역할 등이 주요한 결정요인이었다. 독일과 중국의 경험으로부터 남북한 경제교류협력과 관련한 시사점을 도출한다면, 거래량을 증대할 수 있는 결제방식의 필요성, 지나친 의존성 확대가 야기할 수 있는 부작용 예방, 남북경제관계와 동북아경제협력과의 적절한 연계, 북한 개방 · 개혁 속도에 대한 적절한 대응, 해외 한민족 경제권의 형성 활용 등이다. 이러한 시사점들은 경제교류협력의 확대를 위해서는 정부의 역할이 제도적 차원에서 요구된다는 사실을 다시 확인해 준다. 고상두(1999), "동서독 교역의 촉진요인과 장애요인," 통일연구원, 〈통일정책연구〉, 8: 1; 고정식(1999), "대만 · 중국간 경제교류와 남북 경협," 〈통일경제〉, 56호(1999.8) 참조.

중요한 것이라고 판단될 수도 있는데, 남북한 경제인, 기술자, 노동자의 접촉은 남북한간에 신뢰감을 쌓도록 해 줄 것이다. 마지막으로, 남북한간의 경제협력사업의 확대는 남북한 관계 진전의 중요한 지표가 됨으로써, 다른 자본주의국가들의 북한에 대한 투자를 촉진시키는 역할을 할 것이다.

## 5. 남북한 경제교류 · 협력과 동북아 경제협력

남북한 경제교류 · 협력이 한반도에 민족경제공동체를 형성하기 위한 한과정이라고 한다면, 한반도에 하나의 경제공동체를 형성하는 것은 동북아시아 지역에 경제교류 · 협력을 확대해 나가는 한 단계라고 할 수 있다. 역으로 동북아시아에 지역경제협력을 확대해 나가는 과정은 남북한간에 경제공동체를 형성해 나가는 데에 긍정적으로 작용할 것이다.

현재 동북아시아 지역의 경제협력과 관련하여 이중적 평가가 가능하다. 하나는 지역경제로서 지닌 잠재력과 협력가능성을 높이 평가하는 것이며(〈표 8〉, 〈표 9〉 참조), 다른 하나는 세계경제(특히 미국)에 대한 의존성과 불안정성을 강조하는 것이다. 현재 세 국가간의 무역과 해외투자는 세 국가의 수출입과 국내총생산이 세계경제에서 차지하는 비중보다 높은 것으로 나타나며,[5] 역내 경제(특히 중국)의 성장가능성과 무역의 국내총생산 대비 확대 가능성을 고려할 때 더욱 확대될 것이라고 판단된다. 하지만, 경제규모 · 경제발전 · 경제체제의 차이, 경제예속에 대한 우려, 식량 · 에너지원의 지역내 부족, 역사적 상호불신과 정치 · 군사적 갈등요인 등은 협력의 확대가 무조건적이지만은 않을 것임을 보여준다. 따라서 세 국가가 지역경제협력을 확대하려는 정책의지를 갖는 것이 무엇보다 중요하다.

동북아시아 국가들간의 경제관계를 분업구조라는 측면에서 〈그림 1〉과 같이 도식화해 볼 수 있다. 분업구조와 협력관계를 고려할 때, 현재 동북아시아 경제관계의 주요 고리는 한 · 중 · 일의 무역 · 투자분야 협력고리, 북한을 대상으로 한 경제관계와 대외원조의 고리, 미국-일본-한국의 위계적 경제질서이다. 세 개의 고리 가운데에서 지역협력의 중심고리가 첫번째이어야 하지

---

5) 물론 지역경제협력의 가능성과 정도를 정확히 측정할 수 있는 기준에 따른 평가는 불가능할 것이다. 수치를 열거해 보면, 일본의 경우(1996년 기준), 한 · 중 양국에 대한 수출의존도는 총 12.6%, 수입의존도는 총 30.2%이며, 한국의 경우(1996년 기준), 중 · 일에 대한 수출의존도 21.0%, 수입의존도 26.6%이다. 해외투자는 한국의 경우(1997년 투자잔존기준) 중 · 일에 대한 투자가 총해외투자의 15.0%, 일본의 경우(1995년 누적투자분기준) 한 · 중에 대한 투자가 10.1%이다.

〈표 8〉 한 · 중 · 일 삼국의 기본 지표

| 구분 | 중국 | 일본 | 한국 | 비고 |
|---|---|---|---|---|
| 인구(1996년; 백만 명) | 1,234.3<br>(한국 27.1배) | 125.4<br>(한국 2.75배) | 45.5 | • 세계인구(1995년): 5,716<br>• 삼국인구: 1,405.2(약 24%)<br>출처: 한국통계연감(1997) |
| GNP(경상가격)<br>(1995; milliard US $) | 685.8 | 5,134.3 | 452.6 | 출처: 한국통계연감(1997) |
| 세계경제 대비 GDP 비중<br>(1995; %) | 2.17<br>(한국 1.5배) | 14.47<br>(한국 11.3배) | 1.27 | 출처: L'Etat du Monde(1998) |
| GDP 성장률(1995; %) | 5.0 | 1.4 | 8.9 | 출처: 한국통계연감(1997) |
| 1인당 GDP(구매력평가)<br>(1995; US $, 세계순위) | 2,920<br>102 | 22,110<br>8 | 11,450<br>36 | 출처: L'Etat du Monde(1998) |
| 병력 해군<br>(1996년) 공군<br>(천 명) 육군 | 265<br>470<br>2,200 | 43<br>44.5<br>148 | 60<br>52<br>548 | • 병력 합계: 390만<br>출처: L'Etat du Monde(1998) |
| GDP 대비 국방비 비중<br>(1995, 1996; %) | 5.7(1995) | 1.0(1996) | 3.1(1996) | 출처: L'Etat du Monde(1998) |
| GDP 구성비(1995; %)<br>농업<br>공업<br>서비스업 | <br>20.5<br>48.0<br>31.5 | <br>2.1<br>38.2<br>59.6 | <br>7.0<br>42.8<br>50.1 | 출처: L'Etat du Monde(1998) |
| GDP 대비 대외무역(상품, 서비스) 비중(1996; %) | 20.2 | 9.6 | 33.7 | 출처: L'Etat du Monde(1998) |

만, 두번째와 세번째 고리는 협력기반의 안정성과 지역경제의 자율성을 확보하기 위해 적절하게 변형 활용해 나가야 할 대상이다.

여기에서는 협력기반의 안정성과 관련된 북한 경제의 회생문제만을 간단히 언급해 두자. 북한의 경제회생은 일차적으로 물자난(곡물, 경공업제품, 에너지원)의 극복으로부터 시작되어야 하며, 따라서 외부로부터의 원조는 필수적이다. 원조는 점차 단순구호에서 개발원조로 바뀔 것이다. 경제체제 유지

〈표 9〉 중국, 일본, 한국의 세계경제 대비 비중(1995)

| | 국내총생산 | 수출 | 수입 | 무역총액 |
|---|---|---|---|---|
| 중국 | 2.17 | 2.9 | 2.5 | 2.7 |
| 일본 | 14.47 | 8.7 | 6.6 | 7.6 |
| 한국 | 1.27 | 2.5 | 2.6 | 2.6 |
| 합계 | 17.91 | 14.1 | 11.7 | 12.9 |

출처: L'Editions La Découverte, *L'Etat du Monde—Edition 1998: Annuaire économique et géopolitique mondial*, Paris; 통계청(한국), 〈한국통계연감 1997〉(CD-ROM)

〈그림 1〉 동북아시아 분업구조

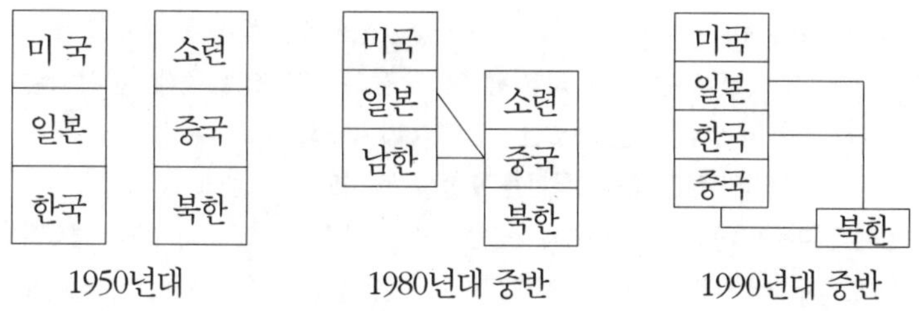


의 최소조건이 확보된 이후, 북한 체제는 계획경제의 재건과 체제의 개혁·개방이라는 두 방향 중 하나를 선택해야 할 가능성이 높다. 현재 북한 지도부는 계획경제의 재건을 최고목표로 설정하고, 자원·기술조달을 위한 최소한의 수준에서 대외경제관계를 유지하려고 한다. 그러나 이러한 '쉬운 선택'은 축적구조의 붕괴상황과 이중구조의 확대가능성을 고려할 때 적극적 의미를 지니지 못한다. 개발원조는 북한의 경제정책 변화를 유도하는 하나의 방법이 될 수 있다. 더욱이 한·중·일은 북한의 대외관계에서 가장 비중이 높은 세 국가이다. 한·중·일의 대북한 경제관계, 남북한의 경제공동체 건설계획, 두만강지역개발계획, 국제기구의 대북한 개발원조 등은 북한 경제의 개방·개혁을 고려하여 추진되어야 할 것이다.

## 민족경제공동체 논의에 대하여

남한은 2000년 1월 '남북경제공동체' 건설을 위한 협력을 제안하였다. 남측의 제안은 '6·15 공동선언' 4항의 민족경제의 균형적 발전과 직결될 수 있는 내용이므로, 앞으로 실현될 가능성이 높다. 사실 남한 정부는 이미 1994년 '민족발전공동계획'을 제안한 바 있다. "민족경제의 통일적이며 균형적인 발전과 민족전체의 복리향상을 도모하고 공동의 경제생활권을 형성하는 것"을 목표로 삼는 경제공동체 건설계획은 상품교역 확대, 경제협력 활성화, 기반시설(교통, 통신, 에너지) 연결 확충, 제도적 기반(청산결제방식, 투자보장, 이중과세방지, 분쟁조정절차, 무체재산권 보호) 구축을 과제로 삼고 있다. 당면과제로 제시된 것은 경수로 본공사 착공, 서해안 공단조성사업 추진, 금강산 관광사업 기반시설 확충, 위탁가공교역 확대, 수송체계 개선, 남북 국책연구소간 협의 추진 등이다.

경제공동체 건설과 관련하여, 몇 가지 주의할 점이 있다. 첫째, 경제공동체 개념을 둘러싼 논의에서 발생할 수 있는 혼란이 미리 제거되어야 한다. 경제공동체 건설계획은 장기적 전망에 경제통합을 포함시키더라도, 출발점에서부터 '느슨한' 형태의 경제공동체 형성만을 추구한다는 사실을 분명히 해야 한다. 아니, 경제공동체는 차라리 1국가 2체제를 전제로 하고 있음을 분명히 밝혀두는 편이 더 나을 것이다. 둘째, 구체화된 경제공동체 형성방안을 제안할 때에는 무엇보다도 북한경제의 회복과 체제안정을 일차목표로 명시해야 한다. 경제의 상호의존성을 지나치게 강조하는 것은 북한에게 안보차원의 우려를 일으켜, 소극적 대응만을 불러올 것이다. 남북한의 협상에서 제일 먼저 논의되어야 할 사안은 북한 경제회복을 위해 최우선적으로 필요한 지원의 구체적 실현방안이어야 한다. 셋째, 남북경제공동체 건설계획의 논의는 중장기적 측면에서 동북아경제협력과 연계되어야 한다. 동북아지역에서 유일한 정부간 협의체를 구성하고 있는 두만강지역개발계획이 갖는 의미를 결코 경시해서는 안 된다. 더욱이 다자간 협력체제를 통해 남북한 간의 쌍무적 관계가 갖는 불안정성을 감소시킬 수도 있다. 나아가 나진 · 선봉지대 개발계획과 대북 투자컨소시엄 형성에 대해서도 지속적으로 관심이 표명되어야 한다. 넷째, 경제공동체 건설계획은 사회문화적 차원의 공동체 건설과 동시에 추진되어야 한다. 지나치게 경제중심적으로 남북관계가 진전될 때, 부정적 결과를 가져올 수도 있다는 점에 주의해야 한다.

## 6. 통일의 전망과 남북한 경제교류 · 협력

동북아시아에서 냉전질서가 해체되었지만 이를 대체할 안정적인 질서가 아직 완전하게 형성되지 않은 상황에서, 1992년 말 이후 북한핵문제로 인해 발생한 한반도의 긴장은 동북아시아 전체를 불안정하게 만들었다. 특히 한민족의 입장에서는 동북아시아 신냉전의 위협과 탈패권의 딜레마가 존재하는 상황에서, 민족통일의 문제가 미국을 축으로 한 남북한과 미국의 삼각관계 속에서 실종되는 위기에 처하였다. 사실 미국의 단일패권과 군비확장정책에 기초한 동북아시아질서는 외형상의 안정성에도 불구하고, 북한 대 미국의 갈등과 중국 대 미국 · 일본의 대립구도로 인하여 더욱 불안정해질 가능성이 높았다.

이런 상황에서 남북정상회담의 성공은 한반도의 평화와 한민족의 통일의 비전을 열었을 뿐만 아니라, 한반도의 긴장완화를 출발점으로 하여 동북아시아 전체의 평화질서를 구상할 수 있게 하는 역사적 계기가 되었다. 통일을 지향하는 한민족의 화해 · 협력이 동북아시아와 세계의 평화에 기여할 수 있다는 점에서, 근대국민국가 형성을 추구하는 한민족의 민족주의는 세계화라는 세계사적 흐름에도 불구하고 여전히 적극적인 의미를 지니게 된 것이다.

남북정상회담에서 발표된 '6·15 남북공동선언' 으로부터 유추되는 남북관계에서의 패러다임변화('혁명과 전쟁의 패러다임' 에서 '평화의 패러다임' 으로)는 한반도를 포함한 동북아시아 전체의 냉전체제가 실질적으로 종식될 가능성을 보여준다. 평화의 패러다임에 기초하여 남북한간에 화해와 협력이 정착된다면, 동북아시아 전체의 협력의 가능성도 높아질 것이다. 남북한간에 실질적인 통일과정이 시작된다는 가정하에, 한민족에게 이상적인 동북아시아의 안보 경제협력체제를 구상해 보면, 〈그림 2〉와 같다.

〈그림 2〉 통일한국과 동북아시아 안보 경제협력질서

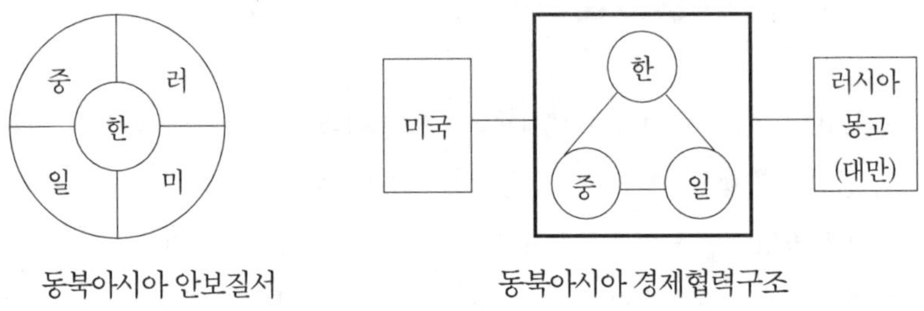


동북아시아 안보질서 동북아시아 경제협력구조

중국과 일본의 내셔널리즘이 대립하고 있으며 또한 중국을 대상으로 하는 미국과 일본의 신안보정책이 존재하는 상황에서, 동아시아협력체제는 남북한의 노력만으로는 형성되지 않는다. 하지만, 남북한의 화해와 평화정착은 이 지역의 군비경쟁을 완화시키는 중요한 계기가 될 것이며, 남북한의 경제협력 확대와 민족경제의 발전은 동아시아 지역경제를 형성할 수 있는 최소한의 기반을 형성하는 출발점이 될 것이다. 이제 동아시아 협력체제의 형성가능성은 분단된 한반도의 평화와 통일에 달려 있다고 해도 과언이 아니다.

동아시아 협력체제의 구축과 한반도의 평화정착 · 통일이 맞물려 돌아가는 현재의 정세는 한민족이 19세기 말에 처했던 상황과 비슷하다고 하겠다. 남북정상회담 이후 열린 민족화해 협력의 가능성은 21세기 남북한의 공존공영, 나아가 통일을 기대하게 하지만, 분단 55년 동안 지속되어 왔던 분열과 대결의 관성이 완전히 사라졌다고 할 수 없다. 이런 점에서 남북한 양 지역에서 냉전의식과 냉전문화를 제거하는 작업은 무엇보다도 중요하다. 특히 현재의 남북한 세력균형을 고려할 때 남북관계의 발전을 주도해야 할 남한 사회에서, 냉전의 잔재를 해소하고 민족의 화해 협력을 위한 사회적 합의를 도출하는 일은 시급한 과제라고 하겠다. 아울러 모든 사회생활의 기반에 경제생활이 놓여 있다고 할 때, 경제분야에서 남북한간 교류 · 협력의 확대와 발전은 통일과정의 물적 기반을 형성하는 주요한 과제가 될 것이다.

**더 알아보기**

1. 남북한 경제교류 · 협력을 촉진하기 위하여 남한에서 만든 법률과 제도는 어떠한 것들이 있는가?
2. 북한의 대외무역정책과 경제개방정책은 장차 어떻게 변화해 갈 것이며, 이는 남북한 경제교류 · 협력에 어떠한 영향을 미칠 것인가?
3. 최근 남북한간에 합의되고 논의된 남북한 경제교류 · 협력을 위한 법적 · 제도적 장치는 어떤 것들이 있는가?
4. 남북한이 동북아시아 지역경제교류 · 협력에서 주도적인 역할을 하기 위한 방안은 어떠한 것들이 있는가?

| 제5장 |

# 남북한 사회문화 교류

최대석(동국대 북한학과)

목　　표: 분단 반세기 동안 형성된 남북간 이질화를 극복하고 민족의 동질성을 회복하기 위하여 무엇이 가장 시급한 과제인가를 살펴보고 그 동안 정치논리에 묶여 정체상태를 보였던 남북간 사회문화교류의 활성화를 위해 필요한 조치들을 살펴보고자 한다.

주 안 점: 남북간 이질화를 극복하기 위해 북한 사회문화의 역사적 전개과정과 구조 및 정책을 객관적으로 파악, 남북 사회문화교류의 각 분야별 전개과정 및 문제점, 향후 남북간 교류협력의 활성화를 위한 방안.

핵심개념: 김정일의 문예관, 조선민족제일주의, 7·7 선언, 남북교류협력에 관한 법률, 반복학습, 통일문화.

## 1. 서론

분단 이후 남북한은 각기 상이한 자본주의 · 자유민주주의와 사회주의 · 인민민주주의 체제와 이념을 수용 · 발전시켜 왔으며, 이 과정에서 남북한은 주민들의 가치관과 의식, 언어, 문학예술, 종교, 생활문화 등 사회문화 전반에 걸쳐서 광범한 이질화를 경험하게 되었다. 더욱이 남북한이 교류 및 대화를 거의 단절한 상태로 지난 50여 년을 보내오면서 사회문화의 이질화 현상은 더욱 심화되었으며, 오늘날 민족문화의 정체성마저 위협하는 정도에 이르게 되었다.

남북한 사회문화 교류는 이러한 남북한 사회의 이질화 및 문화적 정체성의 위기를 극복하고 민족문화를 새롭게 창조하기 위한 실질적인 대안으로서 중요성을 지닌다. 또한 사회문화 교류는 민족의식의 동질적 기반에 대한 이해를 전제로 하기 때문에 분단의 장벽을 극복할 수 있는 좋은 방편이 된다. 즉 폭 넓은 사회문화 교류는 민족동질성의 회복이라는 통일의 실질적 기반을 조성함으로써 통일을 실현하는 과정에서 큰 역할을 할 뿐 아니라 궁극적으로 통일 이후 민족의 내적 통합을 이루어내는 수단으로 작용한다는 것이다.

그러나 이러한 당위성과 필요성에도 불구하고 지난날 사회문화 교류는 남북한 당국의 정치적 필요에 따라 극히 제한적인 형태로 전개되어 온 것이 사실이다. 더욱이 1990년대 중반에는 북한의 핵 문제, 조문파동, 잠수함 침투사건 등 주변환경의 악화와 남북한 사이의 첨예한 대립으로 인하여 사회문화 남북교류는 사실상 거의 중단되다시피 했다. 그러나 지난 1998년 정부가 남북한간의 평화, 화해, 협력을 목표로 하는 대북 포용정책을 채택한 이후 지속적인 노력과 지원으로 남북관계는 점차 개선되었으며, 이에 따라 남북교류도 1998년 11월의 금강산 관광사업을 시발로 구체적인 성과를 보게 되었다.

이제 남북교류는 2000년 6월의 역사적인 남북정상회담을 기점으로 남북한 관계의 기본 구도가 과거의 대립과 반목의 관계에서 화해와 상생의 관계로 바뀌어 가면서 새로운 전기를 맞이하고 있다. 당시 정상회담에서 채택된 '6·15 공동선언문'의 제4항은 "남과 북이 사회, 문화, 체육, 보건, 환경 등 사회문화 제반 분야에 있어서 협력과 교류를 활성화할" 것을 명문화하고 있다. 이미 남북한은 '공동선언문'의 이행 차원에서 2000년 8월 15일부터 18일, 그리고 11월 30일부터 12월 2일까지 두 차례에 걸쳐 각기 100명씩 이산가족 상봉을 실시한 바 있으며, 정상회담을 전후하여 북한이 자랑하는 학생청소년예술단, 교예단, 교향악단의 서울 초청공연도 마련되었다. 또한 2000년 시드니 올림픽 동시입장, 경의선 공동 복구사업, 언론인 사장단 방북 등도 이루어졌다. 또한 개성공단 개발, 임진강 수해방지 공동대책과 경평축구대회(또는 통일축구대회)의 부활 등이 구체적으로 논의되고 있으며, 강원도를 비롯한 지방자치단체, 주요 언론기관, 대표적인 학술 및 공연예술단체들에 의해서 경쟁적으로 남북교류가 시도되고 있다.

그러나 지나치게 경쟁적이며 일회성 행사 위주의 교류는 오히려 교류의 제도화 및 저변확대에 부정적으로 작용할 수 있다. 이는 오랜 기간 답보상태를 면치 못했던 교류의 경험에서 얻은 값진 교훈이기도 하다. 따라서 합리적이고 성숙된 교류 자세와 함께 장기적인 차원에서 교류를 시행해야만 비로소 우리가 바라는 교류를 통한 민족 화해와 동질성의 회복이 가능할 것이다. 이 장은 먼저 정상회담 이후 새로운 차원에 접어들고 있는 사회문화 교류의 전개과정을 살핌으로써 교류의 현황과 함께 문제점을 파악하고자 한다. 그리고 이를 바탕으로 남북한 이질화를 극복하고, 궁극적으로 민족의 내적 통합을 지향하는 교류의 제도화를 위한 바람직한 발전방향을 모색하려고 한다.

## 2. 북한의 사회문화 구조와 정책

### 가. 북한 사회문화의 구조적 특징

남북한 사회문화 교류의 활성화를 위해서는 교류의 상대인 북한의 사회문화 구조와 이를 지배하는 작동 원리에 대한 이해가 선행되어야 한다. 북한의 사회의 문화를 이해하기 위해서는 먼저 북한사회가 남한의 자유로운 개방사회와는 달리 획일적인 전체주의적 요소에 의해서 구조화되어 있음을 알아야 한다. 즉 북한에서의 사회변동은 폐쇄적인 사회주의체제하에서 '위로부터' 그리고 '의도적'으로 진행된다는 것이다. 이러한 관점에서 북한 사회의 구조적인 특징을 살펴보면, 첫째, 북한사회는 김일성 주체사상[1]과 당의 '유일사상체계'[2]가 모든 가치를 지배하는 획일적인 사회이며, 둘째, 북한사회는 집단주의 원칙에 준거한 통제적 조직사회라는 점이다. 따라서 북한사회는 남한사회에 비해 상대적으로 이질적인 것에 대한 허용범위가 적고 타문화에 대한 적응력도 약한 것으로 분석된다.

이러한 사회구조적 특징을 토대로 북한의 문화는 집단주의적 이념에 근거하여 가치론적 차원에서 그 의미를 줄곧 강조해 왔다. 즉 북한의 문화예술은 주체사상에 입각하여 체제유지, 김일성 · 김정일의 우상화, 공산주의적 인간개조를 위한 도구적 기능을 강하게 지닌다. 따라서 북한의 문화는 자본주의 사회의 그것과는 달리 정치적 예속물로서 통치이념인 주체사상이 표방하고 있는 '우리식 사회주의'[3]를 계승 발전시키기 위한 주요 수단으로 활용되고 있다고 볼 수 있다.

이와 같이 문화의 사회적 기능을 강조하는 북한의 문화개념은 사람들을 자주성과 창조성을 지닌 힘있는 사회적 존재로 키우는 것과 함께 민족을 문명

---

1) 북한은 주체사상을 사람중심의 세계관이며 인민대중의 자주성을 실현하기 위한 혁명사상으로 규정하고 있다. 주체사상은 북한체제의 지도이념일 뿐만 아니라 북한의 모든 정책과 사회전체를 움직이는 운동력이다. 주체사상에 관해서는 최대석, "주체사상과 북한체제," 오일환 외, 〈현대북한체제론〉(서울: 을유문화사, 2000), pp.145~193 참조.

2) '유일사상체계'란 김일성의 혁명사상을 당과 전체사회의 유일사상으로 확립한 체계를 말한다. 북한에서 유일사상체계 확립에 대한 시도는 1967년 무렵부터 시작되었다.

3) '우리식 사회주의'는 사회주의권의 붕괴에 대응하기 위해 북한이 새로운 통치 이념을 정립해 가는 과정에서 등장한 1990년대 북한식 사회주의를 총칭하는 개념이다. 따라서 우리식 사회주의의 핵심은 유일체제의 옹호 · 고수라고 할 수 있다.

화하는 것을 문화의 주요 목표로 한다. 여기서 민족을 문명화한다는 것은 낡은 사회가 남겨 놓은 문화적 낙후성을 없애고 새로운 문화, 즉 사회주의 문화를 창조하여 민족을 더욱 더 문화적인 사회적 집단으로 발전시켜 나가는 것을 의미한다.

북한의 문화는 민족적 특성과 함께 계급적 성격을 강조한다. 북한의 문화론에 따르면 근로인민대중의 지향과 요구를 담고 그 요구를 실현하는 수단으로 복무하는 문화는 진보적인 문화이며, 착취계급의 지향과 요구를 담고 그 실현을 위한 수단으로 복무하는 문화는 반동적인 문화이다. 따라서 근로자들의 자주적이며 창조적인 생활을 보장하는 노동 계급적인 문화를 건설하는 것만이 사람들을 낡고 반동적인 문화의 구속으로부터 완전히 해방하고 사회의 모든 성원들을 참다운 공산주의적 인간으로 개조할 수 있게 된다는 것이다.

민족적 · 계급적 특성과 함께 북한의 문화는 혁명성에 바탕을 두고 있다. 문화혁명은 사상 · 기술혁명과 함께 3대혁명의 주요 구성부문이다. 3대혁명이란 사회주의 혁명을 통하여 근로인민대중들이 사회정치적 자주성을 실현한 다음에도 사상, 기술, 문화분야에서의 혁명을 계속해야 자연의 구속과 낡은 사상과 문화의 구속에서 해방될 수 있다는 것이다. 곧, 3대혁명은 사회주의의 완전 승리를 이룩할 때까지의 과도기 단계에서 수행해야 할 당면 전략적 과업으로 강조되고 있다.

북한은 이러한 문화혁명을 성공적으로 수행하기 위해서는 사회주의적 민족문화 건설노선이 철저히 관철되어야 한다고 주장한다. 사회주의적 민족문화의 발전은 인민대중들의 민족 자주정신과 창조적 능력을 고양하여 민족국가의 정치적 독립과 경제적 자립을 강화하며, 또한 인민들의 민족적 긍지와 자부심을 높여 나라와 민족의 통일적 발전을 촉진하는 중요한 요인이 된다는 것이다.

## Ⅵ. 김정일과 북한의 문화

위에서 살핀 바와 같이 북한의 문화는 그 존재가치가 오로지 정치적 목적과 혁명투쟁의 사상적 무기에 있다는 결정론을 전제로 하여 성립된다. 이러한 결정론은 다양성이라는 문화의 본질적 특성을 무시하는 결과를 가져오고 자신들의 이념적 관점에 따라 선택한 것 이외에는 모두 무의미한 것으로 판단해 버린다.

북한문화를 결정론적인 것으로 만들어 가는 가장 중요한 이념적 관점은 바로 김일성의 '교시'이다. 북한은 '당의 유일적 지도'라는 말에서도 나타나는 바와 같이 정책수립에 있어서 당의 지위를 인정하고 있다. 그러나 "위대한 수령 김일성 동지의 혁명사상과 그의 구현인 당의 로선과 정책"이라는 구호에서 보듯이 당의 노선과 정책이 김일성의 혁명사상의 구현임을 분명히 함으로써 교시가 정책의 우위에 있음을 보여준다.

북한의 문화정책에서 특기할 사실은 1960년대부터 김정일이 관여하기 시작했다는 것이다. 김정일은 1966년 당 선전선동부 지도원으로 근무를 시작하여 1968년 선전선동부 영화예술과장, 1969년 선전선동부 부부장, 1970년 선전선동부 문화예술담당 부부장을 거쳐 1972년 문화정책을 총괄하는 선전선동부 부장을 지낸 바 있다. 이러한 과정에서 김정일은 김일성이 항일무장투쟁을 전개하던 시절에 직접 창작하였다는 '피바다' 등 혁명문학 작품들을 재창작하여 무대에 올리는 등 문화정책을 통한 유일사상체계의 확립을 시도하였다. 이후 김정일은 〈영화예술론〉 등의 저작을 통하여, 또는 작가들에 대한 현지지도를 통하여, 그리고 '4·15 창작단'의 지도를 통하여 문화분야에 커다란 영향력을 행사하여 왔다.

김정일은 1980년대 중반 이후부터 북한의 문화정책을 실질적으로 주도하고 있다. 이는 북한의 문화정책 분야의 각종 문건에서 김일성의 교시가 김정일의 '지적'으로 대체됨으로써 알 수 있다. 예를 들어 1989년 발간된 '주체의 문예이론연구'는 종래 금과옥조처럼 내세웠던 김일성의 교시는 거의 언급하지 않은 채 시종일관 김정일의 지적을 인용하여 논리를 전개하고 있다. 정치, 경제, 군사 등 여타의 분야에서 김일성의 교시가 아직 유효하던 시기에 문화예술 분야에서만 유독 김일성의 교시가 김정일의 지적에 그 자리를 물려준 것이다. 이는 1980년대 중반 이후 북한문화의 흐름을 이끌어 가는 주체가 김일성에서 김정일로 대체되었음을 의미한다. 즉 김정일이 '사상교양의 무기'인 문화예술 분야에서 먼저 권력을 계승함으로써 권력승계의 정당성에 대한 효과를 최대한 거두고자 하는 의도라고 할 수 있다.

교시와 지적에 기초한 북한의 문화정책은 구체적으로 당에 의해 수립되고 행정기관을 통해서 집행된다. 로동당 비서국 산하의 선전선동부는 북한사회의 조직적 특성으로 보아 구체적인 문화정책의 수립에 참여하고 있는 것으로 보인다. 한편 사회과학연구소 산하의 문화연구소 등 문화관련 연구소에서 이론서가 집필되고 있어 북한 문화정책의 수립에 이들의 참여가 어느 정도 이루어지고 있음을 알 수 있다. 그러나 행정기관인 정무원 산하의 문화예술부와 문화예술단체인 문예총, 작가동맹 등은 산하의 '4·15 창작단', '백두산 창작단' 등의 창작단체, 〈조선예술〉, 〈조선문학〉 등의 기관지 등을 통해 수립된 정책을 집행하는 하급기관에 지나지 않는 것으로 보여진다.

### 다. 조선민족제일주의

'민족적 형식에 사회주의적 내용'이라는 구호가 함축하고 있듯이 북한은 해방 이후 줄곧 문화정책의 목표를 민족주의와 사회주의의 실현에 두어 왔다. 그러나 1960년대 중반 이후 주체사상이 자리잡기 시작하면서 북한은 주체와 자주라는 차원에서 사회주의보다 민족주의를 정책의 구현과정에서 상대적으로 강조하여 왔다. 이러한 민족주의를 강조하는 문화정책은 1980년대 후반 사회주의권이 몰락한 이후 '조선민족제일주의정신' 및 '민족문화예술의 계승발전' 이라는 구체적인 정책목표를 통해서 더욱 강화되고 있다.

북한은 조선민족제일주의정신의 구현을 위한 구체적인 문화정책으로 왕릉 복원, 민족악기의 개량사업, 조선왕조실록의 번역사업, 팔만대장경 완역사업 등 '민족문화유산 계승정책' 을 추진하고 있다. 김일성은 1992년 5월 황해도 개풍군에 소재하고 있는 고려 태조 왕건의 무덤을 방문하고 "왕건이 우리나라의 통일국가를 세운 첫 사람"이라고 말하고 왕건릉의 증축을 지시한 바 있다. 한편 왕건릉 재건에 앞서 북한은 1993년 5월 고구려 시조 동명왕릉의 증축공사도 완료하였으며, 1992년 5월에는 발해유적 발굴조사사업을 연해주에서 대대적으로 벌인 바 있다.

조선민족제일주의정신과 민족문화유산 계승정책을 단편적으로 이해할 경우에는 그것이 마치 민족 역량에 대한 자부심이나 민족문화에 대한 긍지에서 나온 것으로 오해할 수 있다. 그러나 북한의 문화정책은 주체사상이 그러하듯이 김정일 정권의 정당성과 합법성을 주장하기 위한 방법에 지나지 않는다. 즉 민족문화유산 계승의 정책적 목표는 민족문화 그 자체의 발전에 있기보다는 근본적으로 사회주의 혁명을 완수하기 위한 수단으로서 그 가치를 지니고 있다. 또한 민족문화유산 계승정책이란 어디까지나 '당성' 과 '노동계급적 원칙' 에 의해 선택된 제한적인 것이지 과거의 모든 문화유산을 포괄하는 개념이 아닌 것이다. 여기에서 민족문화를 바라보는 남북한의 관점에 대한 중대한 차이를 발견할 수 있다.

## 3. 남북 사회문화 교류의 전개과정

주지하다시피 남북한은 한국전쟁으로 인한 분단의 고착화와 동서냉전에 의한 적대적 대결구도 속에서 상당기간 진정한 의미의 교류와 협력을 이루지 못했다. 다만 북한은 일방적으로 1957년 제2차 전국기자대회시 언론인교류를 제의한 것을 비롯하여, 1958년 12월에는 제17차 올림픽 대회에 남북단일팀 구성을 제기한 바 있다. 또한 북한은 1965년에 인민배우 박영신의 이름으로 남북공동 영화제작 및 연극경연대회를 제의하였으며, 1966년에는 언어학자 홍기문을 통해서 남북기자 교류를, 조류학자 원홍구의 이름으로 남북과학자 교류를 제의한 바 있다. 그러나 이러한 북한측의 제의들은 구체적인 실천방안을 포함하지 않은 상태로, 당시 남한의 혼란한 상황을 이용하여 통일전선전략 차원에서 시도한 것으로 평가된다.

본격적인 남북한간의 교류 · 협력의 시도는 1970년대 들어 국제적인 긴장완화와 더불어 시작되었다. 1970년 당시 박정희 대통령은 광복 25주년에 즈음한 8·15 경축사를 통해 북한에 대해 무모한 대남 적화노선을 버리고 "개발과 건설과 창조를 위한 선의의 경쟁"에 나설 것을 촉구하였다. 이러한 정부의 '평화통일구상' 선언과 함께 이듬해인 1971년에 대한적십자사는 인도적인 차원에서 이산가족재회를 위한 남북적십자회담을 제의하고 북한측이 이를 수락하면서 분단 26년 만에 처음 남북대화가 시작되었다.

이후 남북한은 1970년대 중반까지 서울과 평양을 번갈아 오가며 인도적 차원의 남북적십자회담과 정치적 차원의 남북조절위원회 회담을 개최하여 남북교류의 초석을 다졌다. 그러나 남북적십자회담은 1977년 12월에 제25차 실무회담을 마지막으로 북한측에 의해 일방적으로 중단되었으며, 남북조절위원회 회담도 자주 · 평화 · 민족대단결의 통일 3원칙을 담은 '7·4 공동성명' 을 이끌어 내는 데 성공하였음에도 불구하고 1975년 3월에 중단되었다. 당시 1970년대의 남북교류가 별 진전이 없이 실패로 끝났다고 해도 회담기간 동안의 인적교류와 그것을 통한 상호이해의 증진, 직통전화의 개설을 통한 고위당국자간의 연락채널 설정, '7·4 공동성명' 의 채택 · 발효 등 그 성과는 크게 보아 긍정적이라고 할 수 있다.

오랫동안 중단되었던 남북대화는 1984년 9월 북한이 서울과 중부 지역의 수해와 관련하여 구호물자의 제공을 제의하면서 다시 재개되었다. 한편 이를 계기로 중단되었던 적십자회담이 다시 재개되어 광복 40주년을 맞는 1985년 9월에 사회문화 교류의 시발점이라고 할 수 있는 제1차 이산가족 고향방문단 교환방문이 성사되어 서울과 평양에서 이산가족 교환방문과 민족 전통가무를 중심으로 한 예술단 공연이 동시에 이루어졌다. 그 동안 인적교류와 문화교류가 이처럼 한꺼번에 대규모로 이루어진 예가 없었던 만큼 이 행사는 역사적인 의미를 갖는다. 또한 같은 시기에 남북경제회담과 국회회담을 위한 예비접촉 등이 개최되어 남북한간의 대화창구가 다양화되는 양상을 보였다.

잠시 공백기를 가진 남북교류는 1988년에 "모든 부문에서 남북교류를 추진한다"는 정부의 '7·7 선언' 으로 새롭게 방향이 모색되기 시작했다. 정부는 '7·7 선언' 의 후속조치로 해방 이후 금서로 여겨져 왔던 많은 북한 및 공산권 자료와 도서를 특정기관을 통해 일반에게 개방하기 시작했으며(1988. 10), 월 · 납북 문학인 작품에 대한 선별적인 해금조치를 취하여 북한의 문학작품이 서점에 선 보이기 시작했다. 그러나 1989년에 문익환 목사와 임수경의 방북과 이들의 실정법 위반에 대한 정부의 실형선고, 이에 따른 북한당국의 비난 등 일련의 과정은 남북한간의 사회문화 교류가 정치적으로 민감할 수밖에 없는 사안임을 다시금 확인시켜 주었다.

1990년대 들어 정부는 제도화를 통한 교류의 활성화를 보다 적극적으로 추진하기 시작했다. 정부는 남북교류를 제도적으로 뒷받침하고 효율적으로 추진하기 위해 1989년 3월 '남북교류협력추진협의회' 를 발족시켰으며, 1990년 8월에는 '남북교류협력에 관한 법률' 을 제정했다. '남북교류협력에 관한 법률' 은 남북간의 접촉 · 왕래 · 교역 · 협력을 전면적으로 개방한다는 정신에 기초하여 그 절차를 규정하고, 다른 법률에 우선하여 이 법을 적용함으로써 남북교류를 법적으로 보장하고 있다. 또한 정부는 남북교류협력을 공공재정으로 뒷받침하기 위하여 '남북협력기금' (1990. 8)을 설치했다.

1991년 12월에 채택된 '남북기본합의서' 는 남북한이 지속적인 협의과정을 거쳐서 상이점을 제거하고 공통분모를 찾아 이룬 최초의 제도적 장치라는 점에서 중요하다. 이후 1992년 5월에는 '기본합의서' 의 이행차원에서 '남북교류 · 협력공동위원회' 가 발족하고, 같은해 9월에는 '교류 · 협력부속합의서' 가 채택되면서 그 어느 때보다 긴장완화와 교류 활성화에 대한 기대가 고조되었다. 1993년 3월에는 인도적 견지에서 미전향 장기수인 이인모 노인의 송환도 실시되었다. 그러나 1993년 3월 북한이 핵 문제로 인한 국제사회와의 갈등으로 핵확산금지조약(NPT) 탈퇴를 선언하면서 모처럼 활성화 조짐을 보이던 남북교류에 대한 기대도 급격히 냉각되었다.

중단되었던 남북교류는 북한이 경제난과 식량난에 직면하여 국제사회의 지원을 요청하면서 우리민족서로돕기운동본부, 한민족복지재단 등 민간단체의 인도적 대북 지원사업을 중심으로 조심스럽게 재개되기 시작했다. 아울러 사회문화 교류도 중국 등 제3국을 중심으로 학술, 이산가족 분야를 중심으로 과거에 비해서 폭넓고 다양한 분야에 걸쳐서 확대되기 시작했다.

현재 남북한 사회문화 교류는 1998년 김대중 정부의 출범과 더불어 대북포용정책이 시행됨에 따라 과거에 비해 크게 진전된 모습을 보이고 있다. 남북한 교류의 활성화는 포용정책을 실천하는 구체적인 방법론으로서의 의미를 지닌다. 특히 교류와 협력을 통한 남북관계의 실질적인 개선과 북한 스스로 변화할 수 있는 여건과 환경의 조성에 기여한다는 점에서 중요하다.

〈그림 3〉 연도별 방북인원 변화 추이

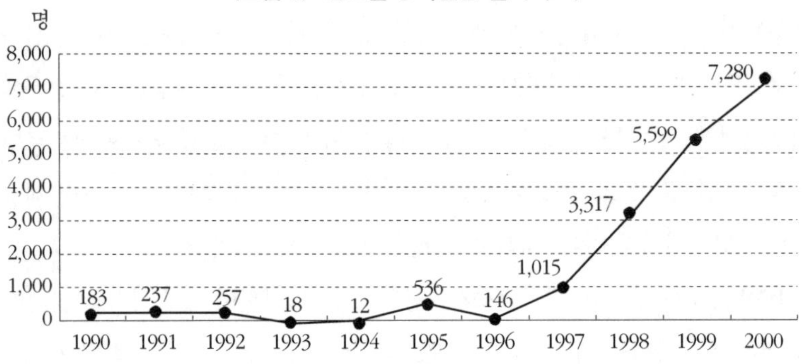


출처: 통일부

〈그림 4〉 연도별 남한방문 추이

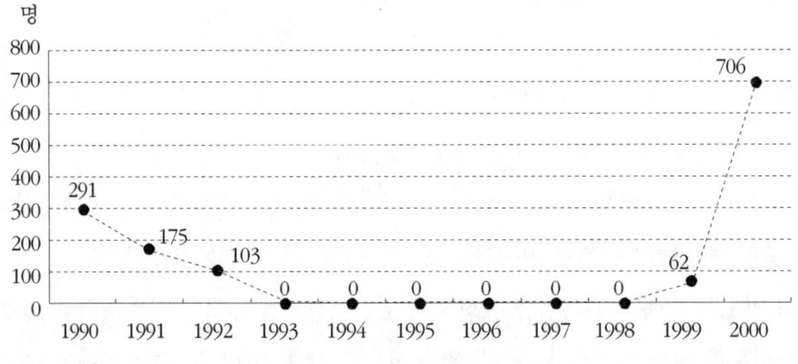


출처: 통일부

금강산 관광사업은 포용정책의 결실이라는 의미를 지닌다. 1998년 11월에 시작된 금강산 관광은 2000년 12월 31일 현재 총 37만 1,637명의 남한주민이 참가하여 그야말로 남북교류의 전기를 마련한 것으로 평가되고 있다. 포용정책이 시작된 1998년부터 2000년 말까지 지난 3년간 방북인원(금강산 관광제외)은 모두 1만 6,196명으로 이는 1989년 이후 총 방북인원인 1만 8,601명의 87%에 달한다. 한편, 같은 기간 북한주민 768명이 남한을 방문했는데 이는 1989년 이후 총 방문인원인 1,343명의 57%를 차지할 정도이다. 이와 함께 2000년에 북한을 방문한 남한주민은 총 7,280명으로 지난 1999년의 5,599명에 비해 30%나 증가한 숫자이며, 북한주민의 남한방문은 2000년에 706명이 성사되어 1999년의 62명에 비해 10.4배나 증가한 것으로 나타나 앞으로 인적 교류는 더욱 활성화될 것으로 예상된다.[4]

## 4. 분야별 교류의 전개

### 가. 문예분야

1985년 9월 이산가족 고향방문과 더불어 실시된 예술단의 공연을 계기로 물꼬를 튼 남북한간의 예술교류는 1990년 8월 1일 '남북교류협력에 관한 법률' 이 제정됨에 따라 1990년과 1991년에 걸쳐 비교적 활발하게 전개되었다. '남북교류협력에 관한 법률' 이 제정된 이후 문예분야 남북교류의 첫번째 사례는 황병기 등 14명의 남측 국악인들이 북한의 조선음악가동맹의 초청으로 평양에서 개최된 '범민족통일음악회' (1990. 10)에 참가한 것을 들 수 있다. 정부는 이 행사가 정치성이 완전히 배제된 순수한 예술행사로 보기가 어려웠음에도 불구하고, 민족화합 및 남북교류 증진에 기여할 수 있다는 견지에서 이들의 방북을 허용하였다. '범민족통일음악회' 에서 남한측 국악인들은 시조, 사물놀이, 민요, 대금 독주 등의 전통음악 연주를 선보였다.

4) http://unikorea.go.kr/kr/load/A14/A14435.htm. 2001년 1월 20일 검색.

〈표 10〉 분야별 북한주민 접촉(1989. 6. 12~2000. 11. 30)

건(명)

| 분야 | 신청 | 승인 | 불허 | 철회 | 처리중 | 성사 |
|---|---|---|---|---|---|---|
| 이산가족 | 15,799 (16,908) | 15,798 (16,907) | 1 (1) | – | – | 3,098 (3,379) |
| 경제 | 3,839 (9,258) | 3,745 (9,011) | 77 (211) | 11 (27) | 6 (9) | 1,968 (3,254) |
| 교육학술 | 554 (3,912) | 504 (3,254) | 42 (338) | 4 (307) | 4 (13) | 170 (2,002) |
| 문화예술 | 398 (1,687) | 341 (1,547) | 50 (97) | – | 7 (43) | 129 (865) |
| 체육 | 223 (1,059) | 211 (1,008) | 7 (29) | 3 (11) | 2 (11) | 74 (585) |
| 종교 | 368 (1,780) | 310 (1,628) | 55 (143) | 1 (7) | 2 (2) | 129 (976) |
| 언론출판 | 335 (968) | 296 (871) | 38 (90) | 1 (7) | – | 106 (389) |
| 관광사업 | 173 (552) | 165 (524) | 8 (28) | – | – | 49 (152) |
| 교통통신 | 82 (252) | 81 (250) | – | 1 (2) | – | 34 (122) |
| 과학환경 | 231 (874) | 220 (856) | 10 (14) | 1 (4) | – | 57 (310) |
| 대북지원 | 69 (316) | 68 (312) | –(2) | –(1) | 1 (1) | 55 (234) |
| 기타 | 366 (1,672) | 277 (1,440) | 84 (219) | 2 (4) | 3 (9) | 92 (975) |
| 계 | 22,437 (39,238) | 22,016 (37,608) | 372 (1,172) | 24 (370) | 25 (88) | 5,961 (13,243) |

출처: http://unikorea.go.kr/kr/load/A13/A1338.htm

〈표 11〉 북한주민의 분야별 남한 방문(1989. 6. 12~2000. 11. 30)

건(명)

| 분야 | 신청 | 승인 | 불허 | 처리중 | 성사 |
|---|---|---|---|---|---|
| 경제 | 5(34) | 5(34) | - | - | 5(34) |
| 문화예술 | 4(369) | 4(369) | - | - | 4(369) |
| 체육 | 3(210) | 3(210) | - | - | 3(210) |
| 종교 | 1(10) | - | 1(10) | - | - |
| 이산가족 | 2(287) | 2(287) | - | - | 2(287) |
| 기타 | 11(465) | 11(465) | - | - | 9(443) |
| 계 | 26(1,375) | 25(1,365) | 1(10) | - | 23(1,343) |

자료: http://unikorea.go.kr/kr/load/A13/A1338.htm

''90송년통일전통음악회' (1990. 12)는 '범민족통일음악회' 에 참가한 황병기의 답례형식의 초청에 북한측이 응함으로써 이루어졌으며, 이에 따라 평양민족음악단이 서울을 방문하였다. 북한측의 공연내용은 서도명창, 옥류금[5] 독주, 가야금 독주 등으로 구성되었다. 한편 이 공연을 통해서 민요조의 노래들은 순수 전통음악에서 많이 변질된 것을 확인할 수 있었으나, 옥류금 등의 개량악기와 그 연주기법은 상당히 높은 수준을 유지한 것으로 평가되었다. 한편 이와 거의 같은 시기에 뉴욕에서는 '남북영화제' (1990. 10)가 개최되어 남북한 영화 각 7편에 대한 시사회가 열렸다.

이러한 국악인들의 상호방문 및 제3국에서의 영화교류를 계기로 본격적인 예술분야 교류의 확대가 예상되었으나 이후 오랫동안 일본, 중국 등 제3국의 해외교포 밀집지역에서 교포 문화예술단체의 주선하에서 간헐적으로 시행되는 데 그치고 말았다. 이렇게 당시 남북 문예교류의 실적이 저조했던 것은 기

5) 소리가 맑아 금강산 옥류동의 물소리 같아서 옥류금이라고 이름을 붙였다는 이 악기는 공후를 발전시켜 개량한 악기이다.

본적으로 북한측의 소극적인 태도에 기인한다 하겠다. 여기에 문화예술에 대한 남북한의 기본인식이 상충되고, 공연물의 특성상 대규모의 인원 · 비용 · 시간 등이 소요되는 어려움 때문이기도 하다.

오랜 공백기를 거쳐 문예분야 남북교류는 1998년 리틀엔젤스의 평양 공연 이후 점차 활성화되고 있다. 같은해 한겨레통일문화재단의 '윤이상 통일음악회' 참가 등이 이루어졌으며, 1999년에는 다수의 대중가수들이 참가한 '평화친선음악회' 도 열렸다. 리틀엔젤스의 평양공연은 1990년의 전통음악 왕래공연 이후 8년 만에 성사된 방문공연이라는 점에서 의미를 지닌다.

한편 2000년 5월 정상회담을 축하하는 의미에서 평양학생소년예술단과 평양교예단이 서울을 방문하였으며, 이들은 높은 예술성과 뛰어난 연기력으로 남한 주민들의 관심을 집중시켰다. 이와 함께 포용정책의 영향으로 주요 방송사들은 경쟁적으로 북한영화를 방영하기 시작했다. 1998년 9월 SBS는 방송사상 처음으로 북한영화인 '안중근 이등박문을 쏘다' 를 수입하여 방영했으며, 곧이어 KBS는 10부작 영화 '임꺽정' 을 상영했다.

1991년 베이징에서 개최된 '남북 코리아서화전', 1993년 오사카에서의 '코리아통일미술전' 등 제3국에서 비교적 접촉이 많았던 미술분야는 1998년 이후 교역차원에서 북한미술품의 반입을 자유롭게 시행하고 있으며, 1999년 8월에는 미술계 중진들이 분단 이후 처음 북한을 방문하여 묘향산을 비롯한 북한의 산하를 찾았다. 한편 1997년 이후 유적 및 자연경관과 관련한 답사를 목적으로 하는 문화교류도 본격화되고 있다.

그러나 엄밀히 평가할 때 문예교류는 아직 제도화 단계에 접어들지 못하고 있으며, 교류의 폭도 제한적인 것이 사실이다. 그러나 점차 문화예술인들의 대북 접촉이 그 내용에 있어 종래의 국악 등 공연문화 위주에서 출판, 미술, 무용, 대중가요, 영화, 방송, 유적답사 등으로 다양화되는 경향을 보이고 있어 고무적이다.

### 나. 교육 · 학술분야

분단 이후 남북한은 상호 적대적인 교육과 학습을 통해서 상대방 체제에 대한 부정적인 인식을 주민들에게 심어 왔다. 그리고 이러한 과정에서 남북한의 교육체계와 교육내용은 여타 분야에 비해서 더욱 광범한 이질화가 진행될 수밖에 없었다. 교육 · 학술분야 남북교류는 남북한 주민들간의 상호 이해구조와 신뢰의 폭을 넓히는 기반이 된다는 점에서 중요하다. 나아가 상대방 체제에 대한 이해를 증진시키고 궁극적으로 하나된 교육체계를 구축하기 위한 토대를 마련하는 데 의미가 있다. 그리고 정상회담 이후 제기되고 있는 통일방안에 대한 공동의 학술적인 연구가 시급하다는 점에서도 학술분야 교류는 활성화되어야 한다.

그러나 앞서 살핀 문예분야 남북교류의 경우와 마찬가지로 최근까지 학술분야의 교류와 접촉도 활성화되지 않았던 것이 사실이다. 지난날 학술교류가 저조한 이유는 기본적으로 북한이 외래사조의 침투를 우려, 지식인들의 외부세계와의 교류를 통제하고 그들의 체제선전에 필요하거나 친북 성향의 학술회의 등의 경우에만 선별적으로 응해 왔기 때문으로 보인다. 아울러 북한의 입장 등 성사가능성을 고려하지 않은 성급한 교류추진에도 그 이유가 있으며, 북한의 가중된 경제난으로 인하여 제3국 개최 국제학술회의 등에 북한측이 전반적으로 참가를 억제하는 데에도 그 이유가 있다 하겠다.

그럼에도 불구하고 북한주민접촉 신청 건수에 있어서 학술교류 분야는 이산가족, 경제에 이어 세번째로 큰 비중을 차지하고 있다(〈표 10〉 참조). 한편 성사된 학술교류 사례들을 분석해 볼 때 무엇보다 중국이 주요 접촉장소로 이용되고 있어 주목된다. 이는 옌볜[延邊]지역 교포학자 · 단체들의 과거 북한과의 교류경험과 지리적 근접성 등을 활용하여 북한측을 남북학술교류의 장으로 쉽게 끌어내기 위해서인 것으로 보인다. 최근에는 옌볜지역의 교포학술단체와 자매결연 · 연구원 상호교환 등으로 유대를 강화하면서 보다 조직적이고 장기적인 안목에서 학술교류문제를 접근하고 있다.

학술교류의 세부 분야별 추진동향을 살펴보면 다음과 같다. 무엇보다 한국학관련 교류가 비교적 활발하게 진행되고 있다. 이 분야의 남북교류는 남·북한을 비롯한 세계 각국의 한국학 연구학자들이 모여 언어 · 역사 · 철학 등 한국학에 대한 다방면의 연구성과를 발표하는 대규모 종합학술대회 형식으로 이루어지고 있다.[6] 역사분야도 타분야에 비해 비교적 활발한 교류가 이루어지고 있는 분야로서 남북한 공동의 관심사인 고대사부분을 중심으로 만주 일원의 고구려유적 공동답사, 연해주 발해유적 발굴 등에 이르기까지 다양한 형태의 교류가 이루어지고 있다. 대표적인 교류사례로는 '아시아사학회 창립총회' (1990. 3, 일본), '동북아 조선민족문화의 계승과 발전 세미나' (1993. 4, 옌벤), '연해주발해유적발굴' (1993. 5, 우스리스크), '제3회 고구려학술회의' (1997. 7, 일본) 등을 들 수 있다.

경제분야는 동북아지역의 경제권 형성을 주제로 한 학술세미나가 그 대부분을 차지하고 있다. 특히 북한은 1992년 4월 평양에서 개최된 '동북아경제포럼' 에 남한측 관계전문가 18명의 방북을 허용하는 등 두만강유역 개발과 관련한 학술교류에 적극적인 자세를 보인 바 있다. 대표적인 교류사례로는 제3차 '동북아경제공동체 국제심포지엄' (1990. 10, 베이징), '환동해경제권 국제심포지엄' (1991. 11, 오사카), '동북아지역개발 비교연구 국제학술회의' (1992. 7, 옌벤), '발해만 경제협력의 전망 학술회의' (1996. 5, 선양〔瀋陽〕) 등을 들 수 있다.

통일안보분야 학술교류는 1995년부터 지금까지 거의 매년 베이징에서 열

6) 대표적인 한국학 분야 교류로는 1990년 일본 오사카에서 개최된 '제3차 조선학 국제학술토론회' 를 들 수 있다. 이 토론회에는 남한에서 145명, 북한에서 11명, 그리고 해외 각 지역의 교포학자들의 다수가 참가하여 성황을 이루었다.

리고 있는 '남북한 · 해외학자 통일문제학술회의'가 대표적인 사례이다. 이 회의는 한반도 평화유지 방안과 통일문제에 관해 남 · 북한 및 해외동포 전문가들이 의견을 교환하는 학술회의 성격으로 이루어지고 있다. 통일문제와 관련한 학술교류는 경제분야와 함께 북한이 비교적 활발하게 참가하고 있는 분야이나 체제선전이나 국가보안법 철폐와 같은 정치적 주장으로 일관하고 있어 교류의 성과를 얻기 위해서는 순수 학술차원의 분위기 조성이 시급하다. 한편 1997년 9월 베이징에서는 250여 명에 이르는 남북한 대학생(남한학생 167명, 북한학생 85명)들이 참가한 제4차 '세계청년학생평화세미나'가 개최되었으며, 1999년 7월에도 남북한 청년학생 203명이 제5차 세미나에 참가하여 '통일조국 창건을 위한 청년의 역할'을 주제로 토론을 벌인 바 있다. 이 행사는 남북한 청소년 교류의 새 장을 연 것으로 평가된다. 한편 1992년과 1993년에는 미국 버클리 소재 캘리포니아 주립대 한인학생회가 주최하는 '한반도 통일문제 심포지엄'이 남북한의 전문가들이 참가한 가운데 개최되었다.

학술교류에서 주목할 점은 북한이 과학기술 교류에 비교적 많은 전문가들을 참가시키고 있다는 것이다. 예를 들어 한글정보처리에 관한 학술발표 및 관련 기자재를 전시한 ''94 KOREAN 컴퓨터처리 국제학술회의'(1994. 8, 옌지[延吉])에 북한측은 25명의 전문가들을 파견한 바 있으며 ''91국제과학기술학술대회'(1991. 8, 옌지)에도 45명의 전문가들이 참가한 바 있다. 이는 북한측이 과학기술 분야의 남북교류에 깊은 관심을 갖고 있음을 간접적으로 말해 준다.

언어분야는 남북한 언어 이질화와 관련하여 학자들 사이에 관심이 높은 분야이다. 특히 서울대 이현복 교수는 폴란드 바르샤바대학에서 혜산사범대 로길용 교수와 함께 남북한 언어차이에 관한 공동연구를 진행하고 "남북한 언어 비교연구"라는 연구결과를 발표함으로써 주목을 받기도 하였다. 국제표준화기구가 주최한 '한글 로마자 표기에 관한 국제규격 제정회의'(1994. 5, 스투흐름)에서는 남한측의 공업진흥청 국장과 북한측의 조선규격위원회 위원장이 참가하여 정부당국간 학술접촉을 의미하는 자리가 되었으며, '우리말 언어학자 국제학술회의' (1996. 8, 창춘[長春])에서는 남한의 국립국어연구원과 북한의 조선국어사정위원회라는 남북의 국립어문정책 기관의 첫 만남이 이루어지기도 했다. '아시아의 평화와 여성의 역할 심포지엄' 은 일본부인회 등 4개 일본 여성단체 주최로 열렸는데, 제1차 심포지엄은 1991년 5월 도쿄에서, 제2차는 1991년 11월 서울에서, 제3차는 1992년 평양에서 개최되어 해외에서의 남북학술교류가 서울과 평양으로 이어지는 좋은 선례를 남기기도 했다.

이와 같은 교육 · 학술교류의 현황을 종합하면 남북한은 지난 1989년부터 2000년 말 현재까지 총 170여 건의 민간차원의 교류를 통해서 연인원 2,000여 명에 달하는 남한측 전문가들과 400여 명의 북한측 전문가들이 접촉하는 성과를 보았다. 여기에 중국, 일본, 미국 등의 해외동포학자들의 참석까지 포함하면 그 동안 나름대로 의미 있는 학술교류가 진행되어 왔음을 알 수 있으며 점차 한의학, 환경, 기상 등의 영역으로 교류가 확대되고 있어 향후 다양한 영역에서의 교류의 추진이 예상된다.

한편 정상회담 이후에는 대학 차원에서 북한의 대학들과 자매결연 사업이나 학술교류를 추진하고 북한 지역에 분교를 설립하는 방안이 논의되는가 하면, 학과, 총학생회, 그리고 동아리 차원의 교류 움직임도 활발하게 전개되고 있다. 특히 전국 192개 대학의 총장들은 2000년 6월에 남북대학 학술교류 추진을 결의함으로써 앞으로 대학간 학술교류의 활성화가 예상된다.

주요 학술단체들도 정상회담 이후 북한과의 학술교류에 관심을 집중하고 있다. 단군학회가 평양에서 단군 관련 학술회의를 준비하고 있으며, 한국과학기술원, 원자력안전기술원, 한국자원연구소 등 연구기관들도 조만간 정부 차원의 과학기술 협력사업이 활성화될 것으로 보고 구체적인 협력분야의 발굴에 나서고 있다. 특히 한국자원연구소는 연구소가 보유하고 있는 대륙붕 대양물리탐사선인 '탐해 II' 호를 활용하여 북한지역의 자원을 공동 개발하는 방안을 검토하고 있다. 아울러 표준과학연구원은 남북한 경제협력의 활성화에 따라 산업계의 상호표준안 마련이 시급하다는 점에서 남북한이 공동으로 참여하는 표준기관 설립을 정부에 건의하는 방안을 고려하고 있다.

그러나 이처럼 다양한 교육 및 학술관련 기관들이 각기 자체적인 교류 · 협력의 움직임을 보이고 있으나 현재까지는 접촉수준에 그칠 뿐 구체적인 협력으로 이어지는 사례는 거의 찾기가 어렵다. 이는 아직까지 교류에 대한 상호의지와 신뢰체계가 충분히 형성되지 못한 점에 기인하는 충분히 예견되는 결과라고 하겠다.

### 다. 종교분야

1989년 6월 이후 2000년 말 현재까지 종교분야의 주민접촉 성사건수와 인원은 모두 129건에 976명으로 그 빈도 수에 있어서 학술분야에 이어서 두번째를 차지하고 있다. 종교계는 북한 주민들에 대한 선교 차원의 관심과 함께 대북 지원 등 인도적 차원의 관심이 크기 때문에 북한과의 교류가 비교적 활발하다. 종교분야 교류의 상대적인 특징은 방북에 의한 직접 교류가 상당한 비중을 차지한다는 점이다. 이는 종교계의 경우 인도적 차원의 교류가 많고, 북한으로서도 경제적 실익과 함께 대외 이미지 개선효과가 크기 때문인 것으로 풀이된다.

남한의 기독교 단체들은 남북 종교교류의 중심적 역할을 수행하고 있다. 1986년 스위스 글리온에서 세계교회협의회(WCC)의 주선으로 한국기독교교회협의회(KNCC)와 북한의 조선기독교연맹 대표단간의 접촉이 최초로 이루어진 이후, 1989년 이대경(재일교포), 1991년 곽선희(소망교회), 1992년 권호경(KNCC 총무) 목사 등 기독교계 인사들의 북한방문이 비교적 활발하게 전개되었다. 그리고 비록 성사에는 이르지 못했으나 1995년에 KNCC는 남북 기독교간 희년행사의 일환으로 해외기독교인까지 참여하는 '판문점 희년 공동예배' 를 추진했다. 1997년에는 KNCC 총무인 김동완 목사가 북한을 방문하여 남북교회간 교류 및 협력방안을 논의한 바 있다.

현정부가 출범한 1998년 이후에는 종교교류는 더욱 활기를 보이고 있다. 기독교의 양대 연합기구인 한국기독교교회협의회(KNCC)와 한국기독교총연합회가 북한측과 접촉했으며, 1999년에도 김명기, 은희곤 목사 등 다수의 기독교계 인사들이 북한을 방문하여 평양에 제3의 교회를 설립하는 방안과 평양신학교의 지원방안에 대해서 논의했다. 또한 주봉택 목사 등은 재북 기독가족의 생사확인 사업과 평양산원을 지원하는 방안을 추진한 바 있다.

불교계의 남북교류도 비교적 활발하다. 불교계의 대표적인 종단인 조계종은 불교교류를 위해서 1988년 11월에 '남북불교도 교류추진위원회' 를 결성했으며, 1991년에는 LA에 소재한 관음사에서 북한의 불교인사가 참가한 가운데 '조국통일기원 불교도합동법회' 를 개최했다. 한편 1996년 4월에는 북한 불교도연맹의 초청으로 조계종의 신법타 스님이 북한을 방문하여 남북한 불교계의 현안과 북한 수재민에 대한 지원방안을 논의했다. 1998년 3월에는 베이징에서 남북한 불교계의 협력방안이 구체적으로 논의되었는데, 부처님 오신날 공동발원문의 채택, 북한지역 사찰 현황에 대한 파악과 복원 등을 합의하는 성과를 보았다. 한편 1999년 6월에는 범 불교계 차원에서 한국불교종단협의회 간부들이 조선불교도연맹 초청으로 방북했으며, 같은해 10월에는 진각종 관계자들이 북한의 불교사찰과 복지시설을 방문하고, 고려대장경 번역사업 등을 제의해 긍정적인 반응을 얻은 바 있다.

1990년대 초반까지 천주교계의 남북교류는 교황청을 통한 간접교류와 외국인 신분의 한국출신 신부들의 개인적인 방북사례가 주를 이룬다. 한국천주

교중앙위원회는 1989년 서울에서 개최된 '제44회 세계성체대회'에 북한 천주교신자를 초청하였으나 무산된 바 있으며, 김수환 추기경도 방북의사를 표명한 바 있으나 아직까지 실현되지 못하고 있다. 한편 1995년 5월에 성베네딕트 수도원의 김상진 신부는 사제 3명과 함께 방북하여 나진 · 선봉지역에 200병상 규모의 병원건립 문제를 협의한 바 있다. 김 신부는 1997년에도 북한을 방문하여 의료선교 문제를 협의하고 나진병원의 기공식에 참석했다. 1998년의 경우 종교분야의 교류가 크게 증가하는 가운데 최창무 주교 등이 평양 장충성당에서 북한 신자들이 참석한 가운데 미사를 집전하는 기회를 가졌다.

천도교계의 남북교류 사례로는 1993년 오익제 당시 천도교 교령이 북한의 조선천도교 유미영 위원장을 만나 천도교 교류를 논의한 바 있는 것이 대표적이며, 최근인 1999년에 베이징에서 조선천도교 측과 동학혁명전적지 공동조사에 합의했다. 대종교의 경우 1995년에 단군릉 참배를 위한 안호상 총전교와 김선적 총무원장의 실정법을 위반한 밀입북 사건이 거의 유일한 교류사례이다. 그러나 북한이 단군릉 건설에서 나타나듯이 단군에 대해 지속적인 관심을 보이고 있다는 점에서 앞으로 민족종교의 대북교류 활성화가 기대된다.

### 라. 체육 · 관광 분야

체육분야의 남북교류는 1991년의 세계탁구선수권대회와 세계청소년축구선수권대회에서 단일 팀을 구성하는 등 1990년대 초반에 비교적 활발하게 전개되었다. 이와 같은 초기의 활성화는 사실상 당시 당국차원의 적극적인 지원에 기인한 면이 있으며, 따라서 순수 민간 차원의 체육교류로 보기는 어려운 측면이 있다. 그러나 북한은 1991년 8월에 발생한 유도선수의 망명사건을 빌미로 이후 줄곧 교류에 소극적인 자세를 견지해 왔다. 또한 당시 북한은 경제난으로 인하여 국제적인 체육행사에 불참하는 경우가 많아 전반적으로 체육분야 교류가 활성화되기는 힘든 상황이었다.

그러나 1999년에 현대그룹이 평양에 실내체육관을 건설하기로 합의하면서 다시금 체육교류의 물꼬가 트게 되었다. 1999년 9월에는 현대그룹 산하 남녀 농구단이 평양에서 '통일농구대회'를 가졌으며, 곧 이어 상호방문의 형태로 북한의 남녀 농구팀이 서울을 찾았다. 남북한이 상호방문의 형태로 체육교류를 시행한 것은 지난 1990년 10월의 서울에서 개최된 통일축구대회 이후 처음 있는 일로서 이는 체육교류에 있어서 새로운 전환점을 마련한 것으로 평가된다. 또한 북한의 교예단원들이 선수단에 합류하여 경기의 막간에 공연을 가진 것도 체육교류가 다른 사회문화 교류와 연계하여 발전할 수 있는 가능성을 보여주었다는 점에서 의미가 있다.

한편 민주노총은 1999년 8월 평양에서 분단 이후 최초로 남북노동자간 축구대회에 참가하였으며, 같은해 9월에는 정몽준 대한축구협회장 겸 국제축구연맹(FIFA) 부회장이 2002년 월드컵 분산개최를 논의하기 위해 북한을 찾았다. 월드컵의 경우 한일공동 개최의 명분의 하나가 바로 한반도의 긴장완화와 평화정착이라는 점에서 북한에서도 일부 경기가 열릴 가능성은 아직 남아있다. 그리고 북한에서 일부 경기가 열리게 되면 이는 체육교류의 성과일 뿐 아니라 한반도의 평화정착과 민족동질성의 회복에도 크게 기여할 것으로 예상된다.

남북한 관광교류는 1998년 11월에 금강산 관광이 시작되기까지는 관광을 위한 실무접촉이 대부분이었다. 남북한 관광교류는 1982년 2월에 남한정부가 금강산과 설악산을 자유관광지역으로 조성할 것을 북한측에 제의하면서 시작되었다. 이후 1989년 현대그룹의 정주영 회장이 북한을 방문하여 북한의 대성은행과 금강산 공동개발에 대해 잠정합의를 도출했으나 구체적인 진전은 이루어지지 않았다. 한편 1991년 3월의 베를린 '국제관광박람회'에 남북한 대표가 함께 참가한 바 있으며, 1991년의 '고위급 회담' 시 외국관광객과 해외동포의 남북한 동시방문을 위한 관광상품 공동개발계획이 발표되었다.

한편 북한은 평양에 본사를 둔 재미교포가 운영하는 금강산국제그룹을 통해서 1992년 5월 1일을 기해서 남한주민에 대한 백두산과 금강산지역 관광을 개방할 것임을 발표했다. 이에 교통부는 1992년 4월에 금강산 및 백두산지역 답사를 위한 단체관광을 허용한다는 내용의 발표를 통해서 북한측 제의에 긍정적인 조치를 취한 바 있다. 그러나 이후 1997년 말까지 남북한 관광교류를 위한 구체적인 조치와 협상들은 이루어지지 않았다. 다만 1997년 이후 언론방송인들이 북한을 방문하여 관광자원의 성격을 지닌 북한의 문화유산 및 자연경관에 대한 프로그램을 제작하거나 답사하기 시작했다.

1998년 6월에는 정주영 현대그룹 명예회장이 북한을 방문하여 유람선을 통한 금강산 관광에 합의하고 같은해 11월 18일 첫 유람선이 출항하면서 일반 주민들의 북한지역에 대한 관광이 본격화되었다. 금강산 관광사업으로 일반 주민들의 방북이 사실상 무제한적으로 이루어지게 되었으며, 이는 남북 사회문화 교류의 새로운 전기를 마련한 것으로 평가된다. 금강산 관광은 개시 이후 2000년 12월 31일 현재까지 총 670회에 걸쳐 37만 1,637명에 달하는 일반인들이 다녀온 것으로 나타났다. 또한 금강산 관광은 관광객 억류사건으로 45일간 중단되기도 했으나, 1999년 5월에 발생한 서해상에서의 교전과 뒤이은 군사적 대치상황에도 불구하고 중단되지 않고 진행되어 남북한간의 교류협력 사업이 정치 · 군사적인 상황과 분리되어 추진되는 중요한 선례를 낳았다.

### 마. 사회문화 교류에 대한 평가

위에서 살핀 바와 같이 분단 이후 현재에 이르기까지 남북한은 어려운 여건 속에서나마 제한적으로 사회문화 교류를 시도해 왔다. 그러나 1998년 시작된 금강산 관광 이전까지는 뚜렷한 성과를 거두지 못한 것이 사실이다. 지난 기간 사회문화 교류의 부진 요인은 다음과 같이 분석된다.

첫째, 사회문화 교류가 체제경쟁이나 정치적 상황에 종속되어 왔다는 것이다. 남북관계가 긴장상태에 놓이거나 주요 정치적 사안이 발생할 경우 사회문화 교류는 이를 빌미로 연기되거나 취소되었다. 1990년대 중반에 교류가 침체 양상을 보인 것은 북한의 핵 문제를 둘러싼 남북한간의 대립과 갈등, 김일성의 돌연한 사망(1994. 7) 등과 직접적으로 관련되어 있다. 일례로 1994년 8월에 일본에서 열기로 합의한 바 있는 '코리아 통일미술전 및 예술축전'은 김일성의 돌연한 사망으로 인한 북한측의 연기결정에 따라 무산되었다.

둘째, 사회문화 교류가 기본적으로 남북한간의 체제유지와 긴장완화의 수단으로 제기되었음을 지적할 수 있다. 1990년대 초반 사회문화 교류가 비교적 활성화되었던 것은 당시의 국제정세와 밀접한 관련이 있다. 당시 북한은 1989년 독일통일, 1990년 소련연방의 해체 등 사회주의권의 몰락으로 체제존립의 위기에 몰린 바 있다. 따라서 북한은 체제 내부의 결속에 힘을 쏟기 위해 서울올림픽, 북방외교 등으로 긴장과 갈등상태를 지속해 오던 당시 남북한 관계를 정상화시킬 필요가 있었다. 1990년대 초반 사회문화 분야 남북교류는 이러한 북한의 체제유지 전략 차원에서 시도된 측면이 크다. 이는 주변정세가 안정되고 '우리식 사회주의' 등으로 체제내부의 결속을 다진 1993년 경부터 북한이 다시금 사회문화 교류에 소극적인 자세를 보이는 점에서 잘 나타난다.

셋째, 사회문화 교류의 부진현상은 북한측이 사회개방의 여파가 큰 인적교류에 대해서 소극적인 것에 기인한다. 이는 대부분의 교류에 있어서 북한이 상호방문에 의한 교류보다는 제3국에서의 접촉을 선호하는 이유이기도 하다. 일례로 남한주민의 북한 방문은 1991년 10건에 237명이, 1992년에는 8건에 257명이 성사되었으나, 1993년에는 4건에 18명만이, 1994년에는 1건에 12명만이 이루어졌다. 이는 같은 기간 북한이 사회개방의 여파가 비교적 적은 경제분야 남북교류를 꾸준히 시도한 것과는 매우 대조적이다.[7]

이러한 구조적인 문제들과 함께 그 동안 진행된 사회문화 교류는 다음과 같은 문제점들을 지니고 있다. 첫째, 어렵게 성사된 교류행사가 장기적인 안목 없이 추진되어 단지 '행사를 위한 행사'에 그치는 경우가 많았으며, 교류의 저변확대와 다양화를 위한 노력도 부족했던 것으로 분석된다. 예를 들어 그 동안 진행된 문예교류는 음악 · 무용 등 공연예술이 교류의 대부분을 차지하고 있다. 즉 일회성 행사위주인 공연예술 중심의 교류가 이미 한계를 드러내고 있음에도 불구하고 이를 탈피하려는 노력이 전반적으로 부족했다는 것이다.

둘째, 상당수의 교류행사가 교류에 부적합한 내용으로 구성되었다는 점이다. 남한사회의 발전상이나 자유로운 사회 분위기 등을 은근히 과시하는 영화, 북한이 계급적 의미를 부여하고 있어 기피하는 궁중음악의 연주, 대중의 이해가 어려운 실험적 미술작품의 전시 등은 북한측의 사정을 전혀 고려하지 않은 교류에 부적합한 내용이라 하겠다. 이는 경우에 따라서 북한측에게 교류단절의 빌미를 주었다.

넷째, 일부 언론사들의 도식적인 보도의 자세이다. 1985년 평양예술단의 서울공연과 1990년 평양민족음악단의 공연 등을 보도한 언론들은 당시 북한의 공연물들이 예술성을 결여하고, 대중성과 정치성을 강조하고 있다는 등의

7) 통관을 기준으로 당시 남북한의 교역규모는 1991년 1억 1,000만 달러, 1992년 1억 7,000만 달러, 그리고 1993과 1994년 1억 9,000만 달러로 계속 증가했다.

도식적인 분석을 시도하고 있다. 이는 북한이 사회주의 국가로서 문화예술에 있어서 사회주의적 집단주의 미학을 실천하고 있음을 간과한 보도자세이다. 이 또한 북한에게 교류단절의 빌미를 제공하였다고 볼 수 있다.

결론적으로 볼 때, 지난 20여 년간의 사회문화 교류는 정치적 상황에 종속되어 상대적인 독자성이 미흡하였다. 뿐만 아니라 대부분의 교류가 치밀한 준비 없이 졸속으로 이루어져 대부분 일회성의 만남에 불과하였다. 따라서 사회문화 교류 협력을 통한 남북한 동질성의 회복은 아직 요원한 실정이다. 그러나 최근 사회문화 교류는 새로운 전기를 맞고 있다. 지난날 교류의 문제점을 보완하고 합리적이고 성숙한 태도로 교류에 적극 임한다면 사회문화 교류를 통한 민족 동질성 회복의 실현 가능성은 분명히 존재한다.

## 5. 사회문화 교류의 활성화와 통일문화

1980년대와 1990년대 초반의 남북한 사회문화 교류는 교류의 물꼬를 텄다는 점에 의의가 있으나, 전반적으로 냉전구도하에서 단기적 · 전술적 차원에서 접근이 이루어져 동질성 회복 및 문화통합과 같은 교류의 실질적인 효과가 미흡했던 것이 사실이다. 따라서 정상회담 이후 현시점에서 앞으로 진행될 남북 사회문화 교류는 이러한 현실에 대한 객관적인 인식을 바탕으로 뚜렷한 성과를 창출해 내야 하며, 이를 위해서 교류의 기본원칙 및 방안을 새롭게 재정리할 필요가 있다.

### 가. 기본원칙

지금까지 살펴본 북한의 정책과 교류에 임하는 원칙, 교류의 현황 및 문제점, 그리고 교류 프로그램에 대한 반응 등을 바탕으로 남북한 사회문화 교류의 기본원칙을 제시하면 다음과 같다.

첫째, 사회문화 교류는 통일문화의 시각에서 접근해야 한다. 통일문화란 한마디로 "분단된 사회문화구조에서 파생되는 남북한간 이질화 및 갈등을 해소함으로써 통일을 앞당기고 민족통합을 이루게 하는 실천적 기능을 지닌 문화체계"를 의미한다. 우리가 지향하는 민족공동체 통일이 남북한이 각기 체제대립에서 오는 정치, 경제, 사회, 문화적 폐단을 지양하고 자유와 평등이 보장되는 가운데 민족구성원 모두의 복지가 고도로 보장되는 통일방안을 의미한다고 할 때, 통일문화는 결국 민족공동체 창출을 위한 실천정책이라고 할 수 있다.[8)]

둘째, 사회문화는 사회문화의 차원에서 접근해야 한다는 것이다. 지금까지 진행된 사회문화 교류에서 제기되는 가장 큰 문제는 교류가 체제경쟁과 정치적 목적을 위해 이용되어 왔다는 것이다. 물론 남북한간의 어떠한 교류도 정치적 상황을 고려하지 않고는 이루어질 수 없는 것이 현실이다. 그러나 주변정세와 남북한 쌍방의 정치적 입장에 지나치게 얽매임으로 인해서 교류가 당연히 성취해야 할 독자적인 성과를 이루어내지 못한 점도 많았다.

진정한 통일이 단순한 국토의 통일이 아니라 민족 동질성에 기초한 통일이라는 입장에서 본다면 문화통합과 민족동질성 회복을 위한 사회문화 교류의 중요성은 아무리 강조되어도 지나치지 않는다. 즉 남북한 사회문화 교류는 정치적 일정에 얽매이지 않고 독자적으로 이루어질 때 그 기능을 제대로 발휘할 수 있고 동질성 회복이라는 본래의 효과를 거둘 수 있을 것이다.

셋째, 민간 주도의 교류가 이루어져야 한다. 정부 주도의 사회문화 교류는 남북한간의 기본구도가 비정치화 · 탈군사화하지 않는 이상 정치적 상황에

8) 통일문화에 대한 보다 상세한 개념에 대해서는 윤덕희, "통일문화의 개념정립과 형성방안 연구," 민족통일연구원, 〈통일문화연구(상)〉(1994. 12), pp. 1~114 참조.

크게 의존할 수밖에 없음은 지난 20여 년간의 교류 현황을 통해서 잘 알 수 있다. 물론 북한체제의 특성상 북한에 순수한 의미에서 민간단체가 존재한다고 볼 수 없으며, 따라서 이로 인해서 야기되는 문제점이 적지 않을 것으로 예상된다. 그러나 민간 주도로 교류를 시행할 경우, 북한에게 정치적 상황을 이유로 교류거부 및 중단의 빌미를 더 이상 제공하지 않게 될 뿐만 아니라 교류에 대한 국민의 관심을 한층 높일 수 있다는 점도 간과되어서는 안 된다. 1999년 5월에 서해에서 남북한간에 교전이 진행되는 어려운 상황 속에서도 금강산관광 사업이 차질 없이 시행된 것은 민간 주도에 의한 교류의 중요성을 다시금 일깨워 준다.

넷째, 정부차원에서 북한의 사회문화 이론과 정책에 대한 전문적이고 지속적인 연구가 필요하다. 1985년의 이산가족 방문과 함께 이루어진 예술단의 교환공연시 북한의 언론이 남한측 공연을 관람하고 퇴폐적 부르주아 예술 또는 복고주의 또는 봉건의 잔재라고 혹평한 것은 사회주의적 미학의 관점에서는 어쩌면 당연한 것이라고 할 수 있다. 즉 당시 공연 프로그램의 선택이 북한의 문예이론과 미학적 관점에 대한 아무런 고려 없이 오로지 우리의 관점에서 선정되었다는 것이다.

이와 함께 정부는 장기적이고 종합적인 교류 방안을 마련하여 민간이 주도하는 교류에 대해서 바람직한 방향을 제시하는 역할을 담당해야 한다. 왜냐하면 민간 주도의 교류는 경쟁적이며, 일회성 행사위주의 교류로 흐를 가능성을 항시 내포하고 있기 때문이다. 그러므로 정부는 민간교류가 장기적 차원에서 합리적으로 추진될 수 있도록 교류항목별 시기 · 순서 등을 조정하는 역할을 맡는 것이 바람직하다.

다섯째, 교류행사의 국제화가 필요하다. 남북한 합동의 국제적 문화행사는 정치성과 이념의 굴레를 어느 정도 벗어날 수 있다는 장점을 지닌다. 지금까지 서울과 평양에서 개최된 여러 차례의 방문공연과 전시회 등에 있어서 남북한의 정부와 주민들은 자국 문화 중심의 시각에서 상대방의 문화를 일방적으로 해석하고 평가하는 경향에서 완전히 벗어날 수 없었다. 그리고 앞으로도 이러한 경향은 상당 기간 지속될 것으로 예상된다. 반면 해외에서의 합동공연은 보다 중립적인 상황에서 두 문화가 동시에 접해짐으로써 상대방 문화에 대한 평가에 있어서 보다 객관성을 유지할 수 있는 장점이 있다. 1990년대 초반 일본에서 시행된 모두 여덟 차례의 '한겨레의 울림' 시리즈 공연은 이러한 해외 합동공연의 장점을 최대한 살린 것으로 평가된다. 우선 동질성 회복과 민족화합이라는 목표의식을 분명히 했고, '문화우선주의'에 입각하여 이데올로기의 굴레를 어느 정도 탈피하는 데 성공하였다. 그리고 해외교포들에게는 단합의 장을 제공해 주었으며, 통일에 대한 염원을 내외에 과시하는 데 성공적이었다.[9)]

마지막으로 남북 사회문화 교류는 장기적인 안목에서 점진적으로 추진되어야 한다. 문화의 동질성이 회복되기 위해 절대적으로 필요한 것은 바로 '시간'이다. 통일 이전 독일의 경우 동질성 회복을 위한 문화적 접촉을 약 30년간 지속하였다. 조급한 교류확대는 상대방 문화에 대한 이질성 확인의 기회를 넓혀 주고, 이질성의 확인은 대화의 단절을 가져오기 쉽다. 현재 남북한이 서로 큰 거부감을 느끼는 사회문화의 이질적 요소는 상호간의 지속적인, 그리고 점진적인 교류를 통해서만 상호 공감하는 문화환경으로 변화될 수 있다. 그러므로 한꺼번에 많은 양의 교류보다는 점진적으로 교류의 양을 늘려가는 지혜로운 접근이 필요하다.

9) 보다 상세한 '한겨레의 울림' 공연이 갖는 의미에 대해서는 한국예술연구소, 〈남북교류공연분석 및 통일지향적 구성안 연구〉(1995. 8), pp. 75~76을 참조할 것.

## 나. 활성화를 위한 노력

남북 사회문화 교류의 현단계는 교류의 기반구축 단계로 규정할 수 있다. 이는 다년간에 걸쳐 교류가 시행되어 왔음에도 불구하고 아직까지 제도화 단계에 접어들지 못하고 교류외적 요인에 의해 많은 제약을 받고 있음을 의미한다. 2000년 6월의 정상회담 이후 북한이 교류에 나름의 적극성을 보이고 있으나 아직은 경제난과 교류 확대로 인한 체제개방의 여파를 우려하여 교류에 소극적일 수밖에 없다. 따라서 교류 활성화의 가장 근본적인 장애물은 교류에 임하는 북한의 태도이다. 그러므로 교류의 기반구축을 위해서는 무엇보다 교류에 소극적인 북한을 교류의 장으로 끌어내는 적절한 전략을 마련하는 것이 중요하다.

첫째, 북한이 교류에 적극적인 분야에서부터 교류를 시행하는 전략이 필요하다. 북한은 사회문화 교류에 전반적으로 소극적임에도 불구하고 1991년 '기본합의서'의 타결과정에서 예술작품과 문화유물의 교환전시, 국제무대에서의 협력과 대외로 공동 진출하는 문제 등에 대해서 적극적인 입장을 보인 바 있다. 또한 상호예술단 교환에 있어서도 비교적 적극적이다.

북한이 위에 언급된 몇몇 분야에서 교류에 자신을 보이는 이유는 무엇보다 이들의 교류가 여타분야의 교류에 비해 상대적으로 대규모 인적교류로 인한 부정적인 여파가 적다는 데 있다. 아울러 북한은 이미 제3국에서의 교류경험을 통해 국제무대에의 공동진출에도 비교적 자신감을 갖고 있다. 또한 지역적 특성상 고구려 및 발해의 문화유물을 많이 보유하고 있어 유물의 교환전시에도 자신감을 갖고 있는 것으로 보인다. 아울러 이는 북한이 추진하고 있는 '민족문화유산의 계승'이라는 정책 목표와도 부합된다. 사회문화 교류에 활력을 불어넣기 위해서는 문화재 교환전시와 같이 북한이 쉽게 응할 수 있는 교류 프로그램을 개발하여 이를 우선적으로 시행하는 것이 필요하다.

둘째, '차별화 논리' 에 의한 접근 자세가 필요하다. 지난 기간 우리는 북한을 경쟁적인 상대로 인식하여 소위 상호주의에 입각한 '대응논리' 와 남한측의 장점과 경제적인 우위성을 북한측에 과시하려는 '충격논리' 에 기초해서 북한에 대해서 교류를 제의해 온 것이 사실이다. 이러한 남한측의 교류 제의에 대하여 북한측은 혁명가극 '꽃파는 처녀' 의 공연과 같은 까다로운 전제조건들을 역으로 제시하여 애써 외면하곤 했다. 그러나 이제 남북한이 제반 사회문화 분야에서의 교류와 협력을 적극 추진한다는 내용을 담은 '공동합의문' 을 채택한 이상 북한측이 더 이상 전제 조건을 달아 교류를 거부하기 어려운 실정이다.

그러나 남한측이 이러한 북한측의 사정을 이용해서 계속해서 대응논리와 충격논리에 따른 접근을 시도한다면 이는 역으로 북한으로 하여금 교류중단의 빌미를 제공할 수 있다. 따라서 남한측은 대응논리와 충격논리가 아닌 차별화 논리에 기초한 대북 접근 자세가 필요하다. 차별화 논리란 북한을 충격적으로 자극하지 않으면서 남한사회가 북한사회와 다른 점을 분명히 북한주민들에게 부각시키는 것을 의미한다. 차별화 논리에 의한 대북 접근이 성공을 거두기 위해서는 무엇보다 엄격한 상호주의에서 벗어나 탄력적인 대북 설득 논리와 접근자세를 유지하는 것이 중요하다.

셋째, 비교적 합의가 손쉬운 분야에서부터 교류가 추진되어야 한다. 문예교류의 경우 예술공연 및 작품 중심의 교류보다는 생활문화 중심의 교류가 선행되어야 한다. 예술작품들의 경우에는 이념을 벗어나지 못하는 경우가 많고 또한 자연히 체제경쟁을 부추길 소지가 적지 않다. 그러므로 현단계에서는 이러한 갈등의 소지가 비교적 적은 생활문화 중심의 프로그램을 적극 개발하여 교류와 상호이해의 폭을 넓혀 가는 것이 중요하다.

이러한 전략에 기초하여 현단계에서 시행 가능한 대표적인 교류 프로그램들을 항목별로 모색하면 다음과 같다. 문화재 분야에 있어서는 고구려와 신라 문화재의 상호 교류 전시, 단군릉 등 새로 발견된 문화유적 공동답사, 고대 유적 공동 발굴 및 학술 세미나, 그리고 박물관 소장 자료의 교환 등이 우선적으로 시행될 수 있을 것으로 보인다.

문예분야의 경우 이미 여러 차례 실시되어 북한이 크게 거부감을 보이지 않는 제3국에서의 합동음악공연 및 미술 · 사진 등 공동작품 전시회, 교예를 비롯한 북한이 자랑하는 놀이문화의 공연, 북한 미술품의 전시 및 판매, 그리고 이념과 크게 상관없는 민족가극 '춘향전' 공연 등이 추진될 수 있다. 생활문화의 경우 각 지역 특산품의 전시 및 판매, 장 및 김치 담그기 전시회, 각 지방 음식의 전시 및 판매, 그리고 공예가구의 전시 및 판매(북한의 공예품 수준은 매우 높은 것으로 알려지고 있다) 등이 우선적으로 추진 가능하다.

교육 및 학술분야에 있어서는 북한이 적극성을 보이는 기초과학 분야 교류, 현재 남북한에서 사용되고 있는 사전, 국어 교과서 등 자료 교환, 판문점을 통한 각종 신문, 잡지 등 정기 발행물의 교환 등이 우선적으로 시행될 수 있다. 관광분야의 경우 이미 논의되고 있는 백두산과 한라산의 교차관광, 금강산의 추가 개방 및 개발, 개성을 비롯한 비교적 접근이 용이한 관광지 및 유적지 개방 등이 추진될 수 있다. 종교교류의 경우 현단계에서는 선교차원의 접근보다는 인도적 지원사업의 지속, 사찰 복원사업, 성경 등 종교활동에 필요한 용품 지원 등에 치중하는 것이 바람직하다.

### 다. 제도화의 길

어렵게 성사된 모든 사회문화 교류는 그것이 일회성의 행사로 끝나지 않고 제도화되는 것이 중요하다. 교류의 제도화를 위해서는 일차적으로 교류에 임하는 북한측의 성실성이 요구되지만, 남한측이 보다 전향적이고 양보하는 자세를 지속적으로 견지함으로써 북한측의 태도변화를 유도하는 전략이 필요하다. 즉 교류의 제도화를 이루기 위해서는 '반복학습'과 같은 전략적 차원의 접근이 필요하다.

사회문화 교류에 있어서 반복학습 전략이란 한마디로 남북한 쌍방간의 문화교류가 결국 남북한 두 행위자 모두에게 이익인 정합적(positive-sum) 행위임을 북한측에 행동을 통해 확신시켜 주는 것이다. 즉 남한이 교류 시행과정에서 다소간 손해를 보더라도 일년, 이년, 해를 거듭하여 일관된 원칙하에 교류를 추진해 간다면 교류 행위자들간에 점차 상호신뢰가 형성된다는 것이다.

그리고 이러한 상호신뢰를 통해 교류의 제도화가 일단 구축되면 정치적 상황의 악화 등 외적 요인에 의해 교류가 일방적으로 중단되는 현재와 같은 상황은 더 이상 발생하기 어렵다. 즉 주변환경의 변화 등 정치적 상황과 독립적으로 교류가 진행될 가능성이 상대적으로 크다는 것이다.

한편 제도화 단계에서는 상호신뢰를 바탕으로 남북합작에 의해 시행될 수 있는 교류 프로그램을 개발 · 시행할 필요가 있다. 특히 문화재 공동연구, 언어 공동연구 등의 작업은 오랜 시일이 지나야 구체적인 결과를 내놓을 수 있다는 점에서 제도화 단계에서 중점적으로 추진할 필요가 있다.

제도화 단계에 시행될 수 있는 세부추진방안들을 분야별로 살펴보면 다음과 같다. 문화재 교류에 있어서는 우선 해외에 소재한 우리 문화재 실태에 대한 공동조사, 문화유산에 대한 주제별 공동연구사업 시행, 민족사 박물관 공동건립, 비무장지대 유적 공동답사 등이 추진될 수 있다. 문예분야 교류에 있어서는 전통악기 개량에 관한 공동연구, 미술인들의 대형 걸개그림 공동제작, 남북합동 농악놀이 및 민속놀이, 민족가극의 공동창작과 공동연주, 남북시인 시화전 및 시비 공동건립, 그리고 항일투쟁을 소재로 한 영화 공동제작 등 다방면에서 공동행사가 추진될 수 있다.

생활문화의 경우 한복 디자인 공동개발, 전통음식 상호전수, 생활문화 자

묘김 발굴 등을 시행할 수 있으며, 교육 및 학술분야의 경우 우선적으로 통일 국어사전 공동편찬, 한글 컴퓨터 프로그램 개발 공동작업, 고대사 및 중세사 교과서 공동집필, 한반도 지도의 공동편찬 등이 추진 가능하다. 그리고 종교분야의 경우 성경을 비롯한 각종 경전 공동번역, 성탄절, 초파일 등 종교 기념일 판문점 공동행사 등이 시행될 수 있다.

사회문화 교류가 제도화 단계를 거치면서 남북한간에 신뢰체계가 형성되면 이를 바탕으로 보다 획기적인 교류의 활성화를 위한 '문화협정' 의 체결이 추진되어야 한다. '문화협정' 은 문화교류가 정치적 이유 등 다른 어떠한 이유로도 중단되지 않음을 법적으로 보장하는 제도적 장치이다. 동 · 서독은 1972년에 체결된 '기본조약' 을 바탕으로 연간 1,000만 명의 인적교류와 200억 마르크의 교역 그리고 약 600여 가지의 문화예술 프로그램을 교환한 것으로 알려졌다. 동 · 서독 양측의 교류는 1986년에 '문화협정' 으로 이어졌으며, 그 이듬해 11월에 실질적인 문화교환 프로젝트에 합의하면서 새로운 전기를 맞았다. 이때부터 양측은 공식적으로 제반 예술분야와 학술 및 출판교류의 통로를 열었고 대대적인 박물관 소장품들을 교환하기 시작하면서 교류의 폭을 대폭 넓히게 되었다. 특히 '문화협정' 을 계기로 개방된 텔레비전, 라디오, 신문 등은 폐쇄사회인 동독에 크나큰 파급효과를 미쳤다.

남북한간의 문화협정의 체결은 사회문화의 전 분야로의 교류확대 및 개방, 즉 언론 및 종교교류의 확대 및 개방을 의미한다. 따라서 문화협정의 목적이 북한내부의 변혁을 위한 것은 아니지만 결과적으로 통일의 중요한 관건이 됨을 인식할 필요가 있다. 따라서 우리는 인내심을 가지고 민족동질성 회복을 위한 접촉 및 교류를 지속하는 것이 중요하다.

# 6. 결론

2000년 6월의 정상회담 이후 사회문화 교류는 새로운 전기를 맞고 있다. 지난날에 비해 정치적 상황 등 외적 변화의 영향에서 점차 벗어나는 경향을 보이고 있으며, 제반분야에 있어서 교류에 대한 기대와 요구도 크게 증가하고 있다. 그러나 아직도 북한은 체제개방의 부정적 여파를 두려워하여 사회문화 교류를 비롯한 인적교류 전반에 소극적인 것이 사실이다. 이러한 현실을 감안할 때, 교류의 활성화를 위해서는 차별화 논리에 기초한 전략적인 접근이 요망된다. 즉 북한이 교류에 비교적 자신을 보이는 분야, 예를 들어 문화재 및 예술작품 교환전시, 그리고 체제개방의 여파가 적은 국제사회에의 문화적 공동진출 등에서부터 교류확대를 우선적으로 모색할 필요가 있다. 또한 북한 문화정책의 기본방향 및 교류에 임하는 입장을 충분히 고려하여 교류정책을 수립해야 하며, 이를 일관성 있게 추진함으로써 북한측의 태도변화를 유도함과 동시에 교류의 제도화를 위한 여건을 하나씩 만들어가야 한다.

그러나 남북한간의 문화적 동질성의 확보는 단지 교류행사의 제도화, 활성화만으로는 보장되지 않으며, 통일 지향적 민족문화를 형성하려는 국민들의 실천적 노력이 함께 병행되어야 한다. "접근하며, 변화시키자"는 과거 서독 사민당의 유명한 동방정책가인 에곤 바아(Egon Bahr)의 말을 우리는 새삼 유념할 필요가 있다.

## 더 알아보기

1. 분단기간 동안 형성된 남북한 사회문화적 이질화현상에 대해 구체적 사례를 들어 얘기해 보자.
2. 김정일 문예관의 정치사회적 의미를 살펴보자.
3. 서구화되고 개방화된 남한의 사회문화적 특성이 북한과의 교류 · 협력을 통해 발전될 수 있는 영역에 대해 토론해 보자.
4. 남북 사회문화 교류의 활성화를 위해 북한이 해야 할 일은 무엇인가?
5. 남북간 '문화협정'을 체결한다면 어떤 내용을 포함해야 할 것인지 생각해 보자.

| 제6장 |

# 남북한 평화체제 건설

김수민(선문대 북한학과)

목　　표: 한반도의 불안한 평화를 유지하고 있는 정전체제의 형성 과정과 주요 내용을 정확히 파악하고 한반도 문제에 대한 남북한 및 미 · 중의 입장과 역할을 비교 · 분석하여 한반도의 항구적인 평화체제를 구축하기 위한 방안을 구체적으로 모색해 본다.

주 안 점: 한국전쟁의 전개과정과 정전체제의 성립, 정전협정의 내용과 이행실태 및 문제점, 4자회담에 임하는 남북한과 미 · 중의 입장, 남북평화협정의 체결과 고려사항.

핵심개념: 정전협정, 제네바 정치회담, 군사정전위원회, 4자회담, 북미평화협정, 페리프로세스, 남북평화협정.

## 1. 서론

제2차 세계대전이 끝나면서 우리 민족은 해방을 맞았지만 기쁨은 잠시였다. 해방 후 곧바로 통일 독립국가를 세우려던 기대는 강대국의 영향으로 무너졌다. 미국과 소련의 분할 점령으로 남과 북에는 별개의 정부가 세워지고 두 정부는 한반도 전체의 배타적 관할권을 주장하며 상대방의 실체를 인정하지 않았다. 결국 자기 체제에 의한 통일의 모색이 민족상잔의 전쟁으로까지 이어졌다. 북한의 기습 남침으로 한국전쟁이 일어났고 유엔군과 중국군이 참전하면서 전쟁의 성격이 내전에서 국제전으로 변화됐다. 국제 역학관계에 의해 휴전이 논의되고 정전협정으로 열전의 포화는 멈췄다. 그렇지만 전쟁이 끝난 것은 아니었다. 남한과 북한은 냉전의 최일선이 되어 소속 진영의 대리전을 치르는 가운데 크고 작은 충돌로 불신과 적대의식은 커져만 갔다. 이 같은 적대관계를 청산하기 위해 양측은 평화통일 방안을 제의하기도 했지만 진정한 평화의지에 의한 제의이기보다는 국내정치나 국제관계에 이용되는 경우가 대부분이었다. 1990년대 들어 세계적 차원의 냉전이 종식되고 한반도를 둘러싼 주변환경이 크게 변했지만 한반도만은 냉전의 섬으로 남아 여전히 극단적인 불신과 대립이 지속됐다. 그러나 탈냉전 10여 년이 지나면서 남북관계에도 많은 변화가 찾아왔다. 남북의 정상이 손을 맞잡고 화해와 협력을 선언하고 북한과 미국간에도 공동성명이 발표되는 등 과거 냉전시대에는 상상할 수 없었던 일들이 벌어지고 있다. 남북관계의 변화 속도가 지나치게 빨라 속도를 조절해야 한다는 소리까지 나오고 있다. 이러한 시대적 변화를 바탕으로 한반도에 안정적인 평화를 구축하기 위해서는 현재의 정전체제를 평화체제로 전환하지 않으면 안 된다. 평화체제는 남북이 평화적으로 공존하는 제도적 장치를 뜻한다. 이 글에서는 정전체제가 등장하기까지의 과정과 정전체제의 주요 내용, 운영실태와 문제점, 평화체제에 대한 남북한의 구상, 그리고 평화체제 건설 방안 등을 살펴보기로 한다.

## 2. 정전체제의 등장

### 가. 해방과 분단국가의 수립

우리가 살고 있는 한반도는 북쪽으로는 중국, 러시아와 인접해 있고 남쪽으로는 바다 건너에 일본이 위치해 있다. 한반도는 대륙세력이 해양으로 나가기 위해서나 해양세력이 대륙으로 진출하기 위해서 반드시 거쳐야 하는 길목이다. 바로 이런 지정학적 위치 때문에 한반도는 늘 대륙세력과 해양세력의 각축장이 되어 왔으며 그 때마다 우리 민족은 생존 자체를 위협받는 역사적 위기를 여러 차례 겪어야 했다. 그래도 우리 민족은 이러한 외세의 도전을 슬기롭게 극복하고 반만 년 가까이 민족의 독립을 지켜왔다.

그러나 우리 민족에게 20세기는 참으로 시련의 시기였다. 20세기 초 국제사회의 흐름을 파악하지 못한 조선왕조가 일본 제국주의의 침략 앞에 힘없이 무너지면서 500년 왕업의 문을 닫아야 했다. 1910년 일제에 강제 병합된 우리 민족은 40년 가까운 세월을 견디면서 국내외에서 독립운동을 전개했다. 3·1 독립운동을 통해 민족의 의지를 내외에 천명하고 민족해방을 위한 실천적 운동으로 중국 상하이에서 대한민국 임시정부를 세우기도 했다. 조선왕조가 무너진 지 불과 9년 만에 형성된 임시정부는 왕정복고를 시도하지 않았으며 민주 공화제를 채택해 민주주의 훈련장으로서의 역할도 담당했다. 그렇지만 항일 독립투쟁의 무대가 국내는 물론 미국, 소련, 중국 등으로 분산된 데다 투쟁노선을 둘러싸고 지도자간에 갈등이 일면서 독립운동 전체의 구심점을 형성하지 못했다. 임시정부는 세계 피압박 민족 독립운동사에서 유래가 없을 정도로 26년간에 걸친 긴 기간 동안 활동을 벌였지만 국제사회로부터 독립운동의 대표성을 인정받지 못했다. 국제사회가 공인하는 망명정부를 갖지 못한 우리 민족은 해방 후 강대국의 손에 의해 민족의 운명이 결정되는 상황을 지켜볼 수밖에 없었다.

연합국간에 우리 민족의 독립문제가 거론된 것은 제2차 세계 대전 중에 열린 전시회담에서였다. 미국, 영국, 중국, 소련은 몇 차례 회담을 통해 일본 점령 지역의 독립문제를 논의하는 과정에서 우리 민족의 장래 문제도 거론했다. 그러나 연합국측은 일본이 항복하면 "적당한 시기"에 한반도에 독립을 부여한다는 원칙만 세웠을 뿐 명시적인 합의 없이 종전을 맞았다. 미국은 제2차 세계 대전 중 일본 관동군의 전력을 과대 평가하고 전쟁이 상당 기간 지속될 것으로 판단해 얄타회담에서 소련군의 대일 참전을 적극 권장했다. 이에 따라 소련군은 1945년 8월 8일 대일 선전포고를 한 후 전격적으로 만주의 관동군을 공격하고 같은 달 12일 한반도로 진입했다. 소련군의 전격적인 한반도 진군을 본 미국은 전후 한반도 전체가 소련의 세력권에 들어가는 것을 우려해 가능한 한 북쪽에서 일본군의 항복을 받을 것을 고려했다. 미국은 즉시 이용할 미군이 오키나와에 있는 점을 감안해 한반도를 38도선에서 분할하기로 결정했다. 38도선 이남의 일본군 무장해제는 미군이, 38도선 이북의 일본군 무장해제는 소련이 맡기로 한 것이다. 이처럼 미국과 소련에 의한 한반도 분할 점령은 우리 민족의 의사와는 아무런 관련이 없는 강대국의 일방적인 조치였다. 해방 후 곧바로 독립국가를 세울 것이라는 우리의 기대는 미군과 소련군의 점령으로 무산됐다. 우리로서는 하나의 주인이 물러가니 또 다시 두 주인을 섬겨야 하는 상황이 됐다.

남쪽과 북쪽에 주둔한 미국과 소련은 우리 민족에 대해 아는 것이 거의 없었고 군사적 점령을 위해서도 준비되지 않은 상태였다. 이것은 미국과 소련의 눈으로 볼 때 한반도는 그리 중요한 지역이 아니었기 때문일 것이다. 제2차 세계 대전 후 미국은 한반도보다는 일본 점령에 더 힘을 쏟고 있었고 소련의 주요 관심은 동유럽국가의 공산화였다. 제2차 대전 중에는 미국과 소련이 연합국의 일원으로 협조했지만 두 나라는 이념이나 정치 · 경제 · 사회제도 등에서 큰 차이를 보이고 있었다. 그렇기 때문에 한반도에서의 미국과 소련의 점령정책은 자연스럽게 그들의 제도를 반영할 수밖에 없었다. 그들은 우리 민족을 도와 독립국가를 세워주려고 나름대로 노력했지만 많은 잘못을 저질렀으며 그들의 점령정책이 우리 민족의 이익과 크게 상충하는 경우도 나타났다. 미국과 소련은 전후 처리문제를 둘러싸고 갈등이 깊어졌고 이 과정에서 한반도가 냉전의 희생물이 됐다. 점차 시간이 지나면서 점령군을 중심으로 한 새로운 정치질서가 형성되고 결국 한반도에 두 개의 별도의 정권이 들어섰다.

연합국은 당초 미국과 소련에 의한 한반도의 군사적 점령을 미국, 영국, 중국, 소련의 4대국에 의한 신탁통치로 대치하고 일정 기간이 지나면 독립국가를 세운다는 계획을 갖고 있었다. 그러나 우리 민족 내부에서 신탁통치를 둘러싼 좌우 대립이 심화되고 냉전의 영향으로 미국과 소련의 협조가 어려워지면서 미소공동위원회마저 결렬됐다. 미국은 모스크바 3상회의 결정에 의한 한반도 문제 해결이라는 원래의 계획을 포기하고 소련의 반대에도 불구하고 한반도 문제를 유엔으로 가져갔다. 당시 유엔 회원국 중에는 미국을 지지하는 국가가 많았기 때문에 유엔은 미국의 제안에 따라 유엔한국임시위원단(United Nations Temporary Commission On Korea, UNTCOK)을 설치해서 이 위원단의 감시 아래 한반도 전역에서 인구비례에 의한 총선거를 실시하도록 결의했다. 그러나 유엔한국임시위원단은 소련군의 거부로 38선 이북지역에 들어갈 수 없었고 유엔 총회의 결의에 따라 38선 이남 지역에서만이라도 선거를 실시하기로 결정했다. 1948년 5월 10일 남쪽에서 총선거가 실시된 것은 유엔 총회의 결의에 따른 것이다.

5·10 총선거를 두고 남쪽에서는 단독정부 수립을 주장하는 이승만측과 통일정부 수립을 주장하는 김구와 김규식측간의 대립이 일어났다. 이승만은 남

쪽만이라도 빨리 정부를 세워 북쪽의 적화위협에 대처해야 한다고 주장한 반면 김구와 김규식은 남쪽만의 단독정부 수립에 반대했다. 김구와 김규식은 남쪽만의 단독선거는 한반도의 분단을 영구화할 수 있다고 주장하면서 북쪽의 정치 지도자들에게 통일정부 수립을 위한 남북 정치지도자 회의를 제의했고 북쪽에서 이 제의를 받아들여 1948년 4월 19일 남북대표자연석회의가 평양에서 개최됐다. 그러나 북쪽의 일방적인 회의 진행으로 남북대표자연석회의는 아무런 성과를 거두지 못했으며 통일정부 수립은 꿈으로 남게 됐다. 이처럼 국내정치와 국제정치가 맞물리고 여기에 이념적 대결까지 깊어지면서 한반도는 각각의 단독정부 수립이라는 분단의 길을 걷게 된다.

미국의 도움을 받은 남쪽은 총선거를 거쳐 제헌의회에서 이승만을 초대 대통령으로 뽑았고 1948년 8월 15일 미국식 자유민주주의와 자본주의 제도를 채택한 대한민국을 세웠다. 소련의 지원을 받은 북쪽은 1948년 8월 25일 최고인민회의 대의원 선거를 실시했으며 9월 9일 김일성 수상이 이끄는 소련식 정치체제와 경제제도에 의한 조선민주주의인민공화국을 수립했다.

### 나. 한국전쟁

한반도에 두 개의 정부가 들어서면서 분단을 해소하고 통일정부를 세우는 것이 긴급하고 중요한 일이 됐다. 남북의 두 정부는 한반도 전체를 관할지역으로 선포하고 자신의 정부만이 한반도 유일의 정통 합법정부임을 주장했다. 이처럼 남북 모두 분단의 현실을 인정하지 않았으며 상대방을 무너뜨려 자기의 체제를 상대방에 강요하는 방식을 통해 분단을 해결하려는 자세를 보였다. 대한민국은 조선민주주의인민공화국을 반국가 단체로 규정하고 무력에 의한 북진통일로 실지를 회복한다는 방침을 천명했고 조선민주주의인민공화국 역시 수도를 서울로 정하고 남조선 해방을 주장했다. 이것이 1950년 한국전쟁의 한 원인으로 작용했다.

한국전쟁의 기원에 대해서는 학자들간에 의견이 엇갈리고 있다. 그러나 한국전쟁은 국제 관계와 북한 내부 요인이 함께 작용한 가운데 북한의 치밀한 사전준비에 의한 전면 남침에 의해 시작됐다는 것은 대다수가 인정하고 있다. 북한군은 1950년 6월 25일 새벽 전면 남침을 감행해 공격개시 사흘 만인 6월 28일 서울을 점령했다. 북한군의 기습 남침 소식을 들은 미국의 트루먼 대통령은 미군의 즉각 개입을 명령했고 이어 7월 7일에는 유엔이 유엔군을 파견해 북한군의 남침을 저지하기로 결의했다. 이 결의에 따라 총 16개국이 병력을 파견했고 미 극동군사령관 맥아더 대장이 유엔군 총사령관으로 임명됐다. 남한정부는 7월 14일 남한군과 국제연합군의 원활한 작전 수행을 위해 남한군의 작전지휘권을 맥아더 유엔군 총사령관에게 위임했다. 남한정부가 취한 이 같은 조치는 "현재 상태의 적대행위가 지속되는 동안"의 잠정적인 것이었으나 현재 평시 작전지휘권만을 환수했고 전시 작전지휘권은 여전히 유엔군 사령관이 갖고 있다. 미 지상군 선발대가 부산항에 상륙한 것은 7월 1일이었다. 일본에 주둔중인 미군 1개 대대 병력 규모였다. 미군과 북한군 사이의 첫 전투는 7월 5일 경기도 오산부근에서 있었으나 소련제 탱크를 앞세운 북한군의 공세에 밀려 미군이 패퇴했다. 북한군의 남하에 속수무책인 유엔군은 대전방어에 실패함으로써 전라도 일대를 내주게 되고 8월에는 낙동강 방어선까지 밀려났다. 여기서 밀릴 경우 대구와 부산이 함락되고 대한민국이 붕괴되는 절박한 상황이었다. 8월에서 9월 중순에 이르는 기간 동안 양측은 낙동강 전선에서 밀고 밀리는 치열한 접전을 벌였다. 전열을 가다듬은 유엔군이 이 전투에서 반격에 성공했고 9월 15일에는 인천 상륙작전을 감행했다. 유엔군은 인천을 장악한 후 9월 28일에는 서울을 탈환했다. 북한군의 퇴로를 차단한 유엔군은 여세를 몰아 북으로 진격한 끝에 10월 1일에는 남한군이 처음으로 38선을 돌파했다. 남한은 이 날을 국군의 날로 기념하고 있다. 유엔군은 북진을 계속해 10월 19일에는 평양을 점령하고 10월 26일에는 압록강 초산에 도달했다. 이제는 북한이 절대절명의 순간에 처했다. 그러나 유엔군이 평양을 점령하던 10월 19일 중국군이 압록강을 넘어 한국전에 개입했다. 중국군은 북한군과 함께 대대적인 반격에 나섰고 유엔군은 후퇴하지 않을 수 없었다. 12월 26일 38선을 돌파한 중국군과 북한군이 계속 남하하는 바람에 유엔군은 1951년 1월 4일 서울을 다시 내주어야 했다. 평택-안성-장호원-제천-영월-삼척선까지 밀린 유엔군은 다시 반격을 개시해 3월 15일에는 서울을 재탈환하고 4월 3일에는 38선까지 밀고 올라갔다. 5월 중순부터는 어느 한쪽이 상대방을 압도할 수 없는 상황이 되면서 38선 일대에서 전선이 교착됐다. 이 때부터 유엔에서 휴전논의가 활발해지고 미국의 휴전제의에 소련이 동의했다. 남북통일을 바라는 남한 정부의 반대에도 불구하고 미국과 소련은 전쟁 이전의 상태를 회복하는 선에서 휴전하기를 희망했다. 휴전회담은 7월 10일 개성에서 시작돼 나중에는 판문점으로 옮겨 진행됐다. 휴전회담이 시작된 지 2년여 만인 1953년 7월 27일에 정전협정이 조인된다.

### 다. 정전협정의 조인

휴전회담 과정에서 군사분계선의 설정, 외국군 철수, 휴전감시, 포로교환 문제 등을 놓고 양측의 의견이 팽팽히 맞섰다. 군사분계선에 대해서는 유엔군측이 현재의 접촉선을 제의한 반면 공산군측은 전쟁 이전의 경계선인 북위 38도선을 주장했다. 양측은 논란 끝에 정전협정 조인시의 접촉선으로 하되 이 분계선으로부터 남북 2km씩 비무장지대를 설치하기로 합의했다. 군사분계선이 해결되자 양측은 '외국군대의 철수와 한반도 문제의 평화적 해결에 관해 쌍방에 관련된 나라들의 정부에 권고하는 문제' 를 다루었다. 공산군측은 정전회담 발효 3개월 안에 관련 당사국의 고위 정치회담을 개최해서 '외국 군대의 철수와 한반도 문제의 평화적 해결 및 기타' 를 다루자고 제안했다. 다시 말해 정치회담에서 한반도문제와 아시아문제를 함께 다루자는 것이다. 유엔군측은 정치회담에 남한이 참여하고 한반도문제만을 다룬다는 조건 아래 이 제의를 받아들였다.

다음은 정전감시의 문제였다. 중립국감시위원회의 구성을 두고 유엔군측은 스위스, 스웨덴, 노르웨이를 추천했고 공산군측은 소련, 체코슬로바키아, 폴란드를 추천했다. 소련을 중립국감시위원국으로 추천한 공산군측 제안을 놓고 논란을 벌이다 유엔군측에서 노르웨이를 빼고 공산군측에서 소련을 제외한 스위스, 스웨덴, 폴란드, 체코슬로바키아의 4개국으로 구성하기로 합의했다. 또 중립국의 감시소조가 남쪽의 인천, 대구, 부산, 강릉, 군산의 5개 출입항과, 북쪽의 신의주, 청진, 흥남, 만포, 신안주의 5개 출입항에 주재하면서 정전협정 위반사건에 대해 조사하기로 결정했다.

휴전회담 과정에서 가장 의견 접근이 어려웠던 것은 포로교환 문제였다. 유엔군에 붙잡힌 공산군 포로들 중에는 원래 남한군이었다가 북한군에 붙잡혀 북한군으로 전투에 참가했다 유엔군에 붙잡힌 경우, 한국 민간인이 전쟁 중 북한군에 징집됐다 붙잡힌 경우, 장제스 군대 출신으로 중국군에 복무하다 유엔군에 붙잡힌 경우도 있었다. 이들 대부분은 남한에 남거나 대만으로 돌아가기를 원하면서 송환을 거부했다. 1952년 2월 현재 13만 2,000명의 포로 중 2만 8,000명이, 그리고 민간인 억류자 3만 8,000명 가운데 약 3만 명이 송환을 거부하는 것으로 조사됐다. 전쟁포로에 관한 제네바협약에 의하면 전쟁이 끝나면 포로는 즉각 송환하도록 되어 있다. 그러나 제네바협약에 따라 이들 포로가 송환될 경우 죽음에 직면할 수도 있다는 우려가 제기됐다. 미국은 자발적 송환과 강제송환 사이에서 고심하다 마침내 자발적 송환 원칙을 세웠고 공산군측은 양측 포로 전체를 맞교환하는 강제송환을 주장했다. 우여곡절 끝에 송환을 거부하는 포로는 중립국송환위원회를 통해 정치회담 후 석방한다는 데 합의했다.

이로써 1951년 7월 10일에 시작된 휴전회담이 2년이 지난 1953년 7월 27일에야 끝났다. 정전협정은 유엔군측 수석대표 해리슨 미 육군 중장과 공산군측 수석대표 남일 북한군 대장에 의해 7월 27일 오전 10시 판문점에서 조인됐으며 조인된 지 12시간 후부터 효력을 발생한다는 규정에 따라 이 날 오후 10시부터 효력을 발생했다. 이 정전협정은 문산에서 클라크 유엔군 총사령관에 의해, 그리고 평양에서 조선인민군 최고사령관 김일성과 중국 인민지원군 사령관 펑더화이[彭德懷]에 의해 확인됐다. 남한의 정부대표는 정전협정에 직접 서명하지 않았다. 정전협정이 조인되고 효력을 발생함으로써 적대행위가 일시적으로 정지되어 있는 상태가 됐으며 아직까지 평화조약이 체결되지 않았기 때문에 한반도는 기술적으로 전쟁상태에 있는 셈이다. 이처럼 완전한 전쟁상태도 평화상태도 아닌 상황에서 한반도의 분단질서를 규정하고 관리하는 정전체제가 성립된 것이다.

### 라. 정전협정의 주요 내용

정전협정은 전문과 5개조 63개항으로 구성되어 있다. 전문에서는 최후적인 평화적 해결이 달성될 때까지 한반도에서의 적대행위와 일체 무장행위의 완전한 정지를 보장하는 것을 목적으로 한다는 사실을 밝히고 있다.

제1조는 군사분계선 및 비무장지대의 설치와 출입제한에 관한 것이다. 적대 쌍방은 하나의 군사분계선을 확정하고 이 선에서 각기 2km씩 후퇴해 비무장지대를 설정할 것을 명시하고 있다. 이것은 양측 사이에 완충지대를 두어 적대행위의 재발을 막자는 것이다. 또 비무장지대에서는 어떠한 적대행위도 하지 못하도록 규정하고 있으며 군인이나 민간인의 출입을 원칙적으로 제한하되 군사정전위원회의 허가를 받은 인원에 대해서만 출입을 허용하고 있

다. 비무장지대에서의 무기휴대도 군사정전위원회가 규정하도록 하고 있다.

제2조는 정화 및 정전의 구체적 조치에 관해 규정하고 있다. 즉 비무장지대에서의 군대철수, 한반도 외부로부터의 군대와 무기 반입 금지, 군사정전위원회와 중립국감시위원회의 구성 · 직책 · 권한 등을 명시하고 있다. 이 규정에 의하면 군사정전위원회는 정전협정의 실시를 감독하고 위반사건은 협의 처리하도록 되어 있다. 군사정전위원회는 10명의 고급장교로 구성하되 이 중 5명은 유엔군 총사령관이, 나머지 5명은 조선인민군 최고사령관과 중국인민지원군 사령관이 임명한다. 군사정전위원회는 매일 회의를 열되 양측의 수석위원이 합의하면 7일을 넘지 않는 휴회를 할 수 있다. 중립국감시위원회는 한반도 밖에서 군사인원이나 전투물자의 반입에 대한 시찰을 실시하고 비무장지대 이외의 지역에서의 휴전협정 위반사항을 조사한다. 중립국 감시위원회는 4명의 고급장교로 구성하며 그 중 2명은 유엔군 총사령관이 지명한 중립국인 스위스와 스웨덴이 임명하고 나머지 2명은 조선인민군 최고사령관과 중국 인민지원군 사령관이 지명한 중립국인 폴란드와 체코슬로바키아가 임명한다. 중립국감시위원회는 남북 각측의 5개 지정 출입항에 감시소조를 상주시키도록 되어 있다.

제3조 전쟁포로에 관한 조치에서는 정전협정이 효력을 발생한 후 60일 이내에 송환을 원하는 전체 전쟁포로를 포로가 되었을 당시에 속한 쪽으로 직접 송환하도록 규정하고 판문점을 양측의 전쟁포로 인수지점으로 정했다. 직접 송환하지 않은 나머지 전쟁포로는 모두 석방해 중립국송환위원회로 넘겨 별도의 규정에 따라 처리케 했다. 또 1950년 6월 24일에 정전협정에 확정된 군사분계선 이남과 이북에 거주한 모든 민간인이 귀향을 원할 경우 양측은 그것을 허용하고 협조해야 한다고 명시했다. 양측은 영관급 장교 4명으로 구성되는 실향민 귀향협조위원회를 만들어 민간인의 귀향에 관계되는 업무를 보도록 규정했다.

제4조 쌍방 관계정부들에의 건의에서는 한국문제의 평화적 해결을 보장하기 위해 정전협정 발효 후 3개월 내에 쌍방 관계정부들이 정치회담을 소집해 외국군대의 철수와 한국문제의 평화적 해결 방안을 협의할 것을 건의했다.

제5조는 부칙으로 정전협정의 수정과 증보는 반드시 적대 쌍방 사령관들의 상호합의를 거쳐야 한다고 규정하고 있다. 이는 어느 일방의 독단적 조치에 의해 정전협정이 변경되는 것을 금지하고 있다. 또 정전협정이 새로운 협정에 의해 대체될 때까지는 계속 효력을 가진다고 명시하고 있다.

### 마. 제네바 회의

정전협정 제4조 60항은 "한국문제의 평화적 해결을 보장하기 위하여 쌍방 군사령관은 쌍방의 관계 각국 정부에 정전협정이 조인되고 효력을 발생한 후 3개월 내에 각기 대표를 파견하여 쌍방의 한층 더 고위의 정치회의를 소집하고 한국으로부터의 모든 외국군대의 철거 및 한국문제의 평화적 해결 등 문제들을 협의할 것을 이에 건의한다"고 규정하고 있다. 이에 따라 유엔 총회는 1953년 8월 28일 결의안을 채택하고 10월 28일 이전에 정치회의를 개최하도록 권고했다. 정치회의를 위한 예비회담이 남 · 북한과 미국, 중국의 4개 국가가 참가한 가운데 1953년 10월 26일부터 12월 말까지 판문점에서 개최됐으나 의견이 엇갈려 아무런 결론 없이 끝났다. 그 후 양측이 제네바에서 회의를 열기로 합의해 1954년 4월 26일부터 6월 15일까지 회의가 열렸다. 제네바 회의에는 유엔군측에서 참전 16개국 중 남아프리카공화국을 제외한 15개국과 남한이, 공산군측에서 소련, 중국, 북한 등 총 19개 국가가 참가했다. 양측은 이 회의에서 자유선거에 의한 통일정부 수립, 공정한 선거를 위한 국제감시, 외국군대의 철수 등을 논의했으나 구체적인 방법에서 커다란 의견차이를 보이면서 50여 일간의 설전으로 일관했다. 한반도 문제의 평화적 해결을 목표로 했던 제네바회의는 양측의 냉전이 격화하면서 아무런 성과 없이 결렬되고 말았다.

### 바. 정전협정의 이행실태와 한계

정전협정 초기에 비교적 협조적인 자세를 보이던 공산군측은 1950년대 후반에 들어 정전협정을 위반하기 시작했다. 정전협정에 설치된 군사정전위원회는 군사문제를 협의하는 창구로서 사건 확대방지와 문제 해결에 큰 기여를 했으나 1990년대 들어와 기능이 마비되기 시작했다. 1991년 3월 15일 군사정전위원회 유엔군측 수석대표가 미군 장성에서 한국군 황원탁 소장으로 교체되자 북한은 군사정전위원회 본회의 불참을 선언하고 그 후에는 미국에 대해 새로운 평화보장체계 수립을 주장하면서 정전체제 무력화에 주력해 왔다. 북한은 1994년 4월 28일 군사정전위원회 대표를 판문점에서 철수한 데 이어 5월 24일에는 군사정전위원회 대신에 조선인민군 판문점 대표부를 설치한다고 일방적으로 발표했다. 또 북한이 군사정전위원회 중국 대표단을 철수시켜 버려 군사정전위원회는 제 기능을 수행하지 못하게 됐다.

북한은 중립국감시위원회도 무력화시키는 데 힘써 왔다. 중립국 감시소조가 주재하지 않는 출입항을 통해 최신무기를 들여오기 시작했으며 공산군측 중립국인 체코슬로바키아와 폴란드 중립국감시위원회 대표들을 사주해 남한의 군사시설에 대한 간첩행위를 하게 하고 북한지역에서는 유엔군측 중립국 스위스와 스웨덴 대표들의 활동을 방해했다. 이로 인해 유엔군측은 1956년 5월 감시기능의 잠정중지를 선언했으며 북한이 전투물자 반입중지 조항을 계속해서 위반하자 1957년 6월에 군사역량이 균형을 이룰 때까지 이 조항의 폐지를 선언했다. 이로써 중립국감시소조의 활동이 정지되면서 중립국감시위원회도 유명무실화했으나 정전체제 유지를 위한 상징적 기구로 계속 존속하고 있다. 북한은 공산군측 중립국이었던 체코슬로바키아공화국이 해체되면서 체코와 슬로바키아로 분리되자 체코공화국의 중립국감시위원회 승계를 거부했고 그 결과 체코공화국 대표단이 1993년 판문점에서 철수했다. 북한은 폴란드 정부에 서한을 보내 중립국감시위원회 폴란드 대표단의 철수를 요청했다. 폴란드 정부가 이를 거부하자 북한은 1995년 2월 28일까지 판문점에서 철수할 것을 최후 통첩했고 폴란드 대표단은 할 수 없이 일시소환 형식으로 철수했다. 북한은 1995년 5월 3일 조선인민군판문점대표부 명의의 성명을 통해 중립국감시위원회 사무실을 폐쇄하고 북측지역 출입을 제한했다. 현재는 스위스와 스웨덴만 중립국감시위원회 활동에 참여하고 있다.

정전협정에 의하면 양측은 군사분계선을 기준으로 남북 각각 2km씩의 비무장지대를 두기로 합의했으나 시간이 지나면서 이 규정이 지켜지지 않았다. 군사정전위원회의 특별한 허가 없이는 어떠한 군인이나 민간인도 군사분계선을 통과할 수 없도록 되어 있지만 북한은 정전협정을 무시하면서 무장병력을 남파해 왔고 1970년대 초부터는 북방한계선보다 남쪽 지점에 철책선을 구축했다. 남한도 일부 지역에서는 남방한계선보다 북쪽에 철책선을 세웠다. 현재는 군사분계선을 중심으로 남북 각각 2km의 비무장지대를 유지하고 있는 지역은 거의 없다. 이렇듯 비무장지대가 총 4km의 완충지역을 유지하지 못한 것은 물론 현실적으로 비무장의 지역이 되어야 함에도 불구하고 사실은 중무장지대로 변했다. 남북한 모두 각기 비무장지대에 중화기와 전투병력을 배치하고 감시소(Guard Post: GP), 관측소(Observation Post: OP) 등을 운영하고 있다. 더구나 정전협정은 일체 적대행위를 금지하고 한반도 경외로부터의 군사인원을 들여오거나 작전 비행기, 장갑차량, 탄약과 무기 등의 반입을 금지하고 있지만 이 규정 역시 남북한 모두에 의해 철저히 무시됐다. 북한은 수많은 무력도발을 해왔고 남침용 땅굴을 파기도 했다. 남북한 모두 전투기나 무기를 사들여 군비를 증강해 왔으며 한때는 미국의 핵무기가 남한에

배치되기도 했다.

이처럼 정전협정은 일부 조항을 제외하고는 대부분 기능이 정지되거나 합의가 이행되지 않고 있다. 현재의 정전체제로는 한반도의 평화를 확고히 할 수 없는 한계가 드러나고 있는 것이다. 정전협정 준수를 강제할 수 있는 장치가 없는 데다 정전협정의 위반 여부를 판정할 수 있는 제도적 장치도 없다. 그동안 한반도에는 정전협정을 근간으로 한 정전체제가 유지되어 왔으나 남북간 상호불신과 대결, 군비경쟁 등으로 늘 불안한 평화를 유지해 왔다. 크고 작은 무력충돌이 계속됐고 1999년 6월에는 남북 해군 사이에 서해교전까지 일어났다. 정전체제가 한반도에서 대규모 전쟁을 방지해 온 것은 사실이지만 공고한 평화를 보장하는 데는 한계를 드러내고 있다.

## 3. 정전체제에서 평화체제로

### 가. 평화체제의 의미

평화의 사전적 의미는 "전쟁이나 무력충돌 없이 국제적 · 국내적으로 사회가 평온한 상태"를 말한다. 즉 전쟁이 없는 상태와 작은 규모의 무력충돌도 없는 상태를 의미한다. 그러나 이러한 상태는 다시 전쟁이나 무력충돌로 돌아갈 수 있는 상태여서 진정한 의미의 평화상태는 아니다. 이것을 소극적 의미의 평화라고 한다면 적극적 의미의 평화는 전쟁이나 무력충돌이 없는 상태뿐만 아니라 정치적 억압이나 빈곤 같은 구조적 폭력이 없는 상태를 의미한다. 평화체제는 평화에 관한 체제를 말한다. 여기서 체제란 행위의 규범, 규칙, 절차 등을 포괄하는 장치 또는 사회적 구조라고 정의할 수 있다. 따라서 평화체제는 평화가 회복되고 유지될 수 있는 제도적 장치이다. 한반도에서 평화체세를 구축한다는 의미는 무력충돌이나 전쟁이 없는 상태는 물론 평화를 위협하는 모든 요소들이 제거되어 평화가 회복되고 그 평화가 유지되는 사회적 구조를 만드는 것이다. 다시 말하면 남북한이 상호적대와 불신을 해소하고 민족의 공영을 위해 서로 협력하는 적극적 의미의 평화를 실현하는 것이다. 이를 위해서는 양측이 평화의지를 확고히 하고 남북의 군비를 적정선으로 축소하는 동시에 상호 교류 협력하는 조치들이 취해져야 한다.

## 나. 평화체제로의 전환에 대한 남북의 태도

정전체제를 평화체제로 바꾸어야 한다는 점에서는 남북한이 모두 동의하고 있지만 평화협정 체결을 위한 구체적 방법에 대해서는 큰 차이를 보이고 있다. 평화협정 체결의 당사자 문제에 대해서 남한은 한반도 문제는 본질적으로 남북한 문제라는 태도를 취하고 있다. 남북한이 한국전쟁의 교전 당사자이고 정전체제의 실질적인 이행 당사자이기 때문에 정전체제를 평화체제로 전환하는 문제는 반드시 남북한간에 논의돼야 한다는 것이다. 남한은 '남북 사이의 화해와 불가침 및 교류 협력에 관한 합의서(기본합의서)' 제5조에 "남과 북은 현정전상태를 남북 사이의 공고한 평화상태로 전환시키기 위하여 공동으로 노력하며 이러한 평화상태가 이룩될 때까지 현군사 정전협정을 준수한다"고 규정된 점을 들어 남북 당사자 해결을 주장한다. 이에 대해 북한은 실질적 당사자론을 주장하면서 남한을 배제한 채 북한과 미국간의 평화협정 체결을 주장하고 있다. 즉 미국이 정전협정의 실질적 서명자이고 남한에서 군사통수권을 갖고 있으며 남한은 정전협정 체결에 반대했고 완전한 군사통수권을 갖고 있지 못하다는 점을 들어 미국과 북한간에 정전협정을 대체할 평화협정을 체결해야 한다는 것이다. 또 남북한간에는 이미 1992년 남북기본합의서와 부속합의서가 체결됐기 때문에 별도의 평화협정이 불필요하다는 태도다. 북한의 이러한 주장은 조약당사자(party)와 조약서명자(signatory)를 혼동한 데서 비롯된 것으로 국제법상 아무런 근거가 없다. 남한군과 참전 16개국은 유엔사령관의 단일 지휘권 아래 있었기 때문에 클라크 유엔군 총사령관이 한국과 참전 16개국을 대표하여 정전협정에 서명했고 공산군측은 중국인민지원군 사령관 펑더화이와 조선인민군 최고사령관 김일성이 각각 서명한 것이다. 따라서 남한과 참전 16개국 모두 조약당사자 자격을 갖고 있으며 클라크 유엔군 총사령관은 미군사령관이 아닌 유엔군 총사령관 자격으로 서명했기 때문에 미군이 남한군과 나머지 유엔측 참전국 군을 대표한 것이 아니다. 또 정전협정을 체결한 후 남북한이 실질적 당사자가 되어 이행해 왔고 정전협정에 의해 개최된 제네바 정치회의에 남한이 참가한 것도 정전협정의 당사자임을 보여주는 것이다.

정전협정에 대한 남북한의 시각도 대조적이다. 북한은 정전협정이 한반도 평화를 보장할 수 없는 빈 종잇장이 되었다면서 미국과의 평화협정을 통해 새로운 평화보장체계를 수립해 나가자고 주장했다. 남한은 정전협정이 한반도의 평화를 완전히 보장해 주는 것은 아니지만 그 동안 위기관리 체제로서 나름대로 기능을 해왔다는 점을 평가해 공고한 평화상태가 이룩될 때까지는 정전협정을 준수하자는 태도이며 이 같은 취지를 남북기본합의서에도 반영하고 있다.

### 다. 평화체제에 대한 남한의 구상: 4자회담

한반도 주변 정세가 변화하면서 북한은 중립국감시위원회 체코슬로바키아와 폴란드 대표단의 강제 축출, 북한측 대표와 중국군 대표 철수, 조선인민군 판문점대표부 설치 등 현재의 정전체제를 무력화시키는 조치를 취하면서 한국을 배제한 채 미국과 직접협상을 통한 평화보장체계의 수립을 요구하고 나섰다. 북한은 1996년 2월에는 당장 북미간의 평화협정 체결이 어렵다면 중간 조치로 잠정협정을 체결하자고 제의했으며, 4월에는 군사분계선 및 비무장지대유지관리 의무 포기와 판문점 공동경비구역에 진입하는 북측 차량 및 인원의 식별표지 부착 중지를 선언하고 200명 내외의 무장인원을 판문점 공동경비구역에 투입해 무력시위를 벌이기도 했다. 북한의 이러한 조치는 1953년 조인이래 한반도에서 불완전하게나마 전쟁 재발 방지 기능을 수행해 온 정전체제를 근본적으로 뒤흔든 것이었다. 이 같은 상황에서 김영삼 대통령과 클린턴 미대통령은 1996년 4월 16일 제주도에서 회담을 갖고 한반도 평화구축을 위해 당사자인 남북한과 정전협정 서명 관련국인 미국과 중국이 참여하는 4자회담을 제의하게 됐다.

그 동안 남한은 남북기본합의서를 근간으로 "선화해협력 · 후평화체제 전환"이라는 태도를 가져왔으나 북한은 남북기본합의서가 발효된 뒤에도 실질적인 조치는 취하지 않고 미국과의 평화협정 체결이라는 기본틀을 바꾸지 않았다. 따라서 남한은 남북간 화해협력 문제와 평화체제 전환 문제를 분리해서 평화체제 전환 문제는 4자회담을 통해 추진한다는 전략을 택한 것이다. 남한은 4자회담을 통해 공고한 한반도 평화체제를 구축하고 긴장완화 및 실질적인 남북관계 개선을 위한 여건을 마련하는 데 목표를 두고 있다. 이를 위해서는 남북한이 자주적으로 합의해서 정전체제를 평화체제로 바꾸고 미국과 중국이 이를 보장하는 방안을 추진하고 있다.

4자회담에 임하는 남한의 기본원칙은 첫째, 남북한 당사자 주도이다. 남북한이 회의운영과 실질 문제 협의를 주도하고 미국과 중국은 4자회담 과정에서 지원 및 촉진 역할을 하는 것이다. 둘째, 한반도 내 기존 합의를 존중하는 것이다. 남북기본합의서를 성실히 실천하고 한반도 비핵화 공동선언을 이행하며 평화체제 구축 때까지 정전협정체제를 준수하는 것이다.

이러한 4자회담에 대해 북한은 제의 검토에 시간이 필요하다면서 미국에 대해 4자회담 제의에 대한 상세한 설명을 요구했다. 이에 따라 1997년 3월 5일 미국 뉴욕에서 남북한과 미국이 참여한 가운데 공동설명회가 열렸고 이어 남북한과 미국의 차관보급 3자협의에서 예비회담 일정이 결정됐다. 1997년 8월 5일부터 7일까지 미국 뉴욕의 컬럼비아대학에서 남·북한과 미국, 중국이 참석한 제1차 4자 예비회담이 열려 본회담의 시기, 장소, 대표수준, 진행방식, 의제 등에 논의했다. 여기서 본회담은 예비회담 과정 종료 후 6주 이내에 개최하며, 회담대표는 외무장관을 수석대표로 하되 외무장관이 불참할 때는 적절한 고위대표를 지명하기로 하고, 미국이 제1차 본회담 의장국을 맡고 제1차 본회담에서 차기 회담 의장국을 추첨해 순번제로 의장국을 맡기로 합의했다. 그러나 북한이 주한미군 철수 문제와 북미평화협정 체결을 4자회담 의제로 할 것을 주장하는 바람에 의제문제에 대한 합의가 이루어지지 않았다. 결국 3차 예비회담까지 거치면서 회담의 의제는 "한반도 평화체제 구축과 긴장완화를 위한 제반문제"로 하기로 하고, 4자회담 본회담을 1997년 12월 9일 제네바에서 열기로 합의했다.

제1차 4자회담 본회담에서는 제2차 회담을 1998년 3월 16일 제네바에서 개최하고, 차기 회의 의장국은 중국, 남한, 북한, 미국순으로 하며, 제2차 회담 이전 2월 중순경 베이징에서 특별소위원회를 개최해서 본회담에서 논의할 사안들을 검토하기로 결정했다. 제2차 본회담(1998. 3. 16~20), 제3차 본회담(1998. 10. 21~24), 제4차 본회담(1999. 1. 18~22)을 통해 분과위원회 구성과 운영절차를 합의하고, 제5차 본회담(1999. 4. 4~27)에서는 긴장완화분과위원회와 평화체제분과위원회를 개최했다. 제6차 본회담(1999. 8. 5~9)에서는 회담의 개최에는 인식을 같이했으나 이후에는 회담이 열리지 않고 있다.

### 라. 평화체제에 대한 북한의 구상: 북미 평화협정

북한은 1955년 8월 14일 8·15 해방 10주년 기념대회에서 남북한 당국이 상대방을 향해 어떠한 무력도 행사하지 않고 평화적 방법으로 통일문제를 해결할 것을 제의한 이래 1974년 이전까지는 남북간의 평화협정 체결을 주장했다. 그 동안 "선미군철수 후남북평화협정 체결" 주장이 "선남북평화협정 체결 후미군철수"로 변하기는 했지만 기본적으로 남한과 평화협정을 맺자는 것이었다. 북한은 1972년 남북공동성명에서 자주, 평화통일, 민족대단결의 3대 원칙에 합의하여 자주의 원칙에 따라 주한미군이 남한에서 철수하기를 기대했으나 1974년에도 철수가 이루어지지 않자 정전협정의 실제적 당사자론을 제기하면서 북미 평화협정을 제의하고 나섰다. 북한의 이 같은 제의는 1973년에 있었던 미국과 북베트남간의 파리협정 체결에 따라 주베트남 미군이 철수한 데 고무된 것으로 보인다. 그 후 북한은 1984년 남북한과 미국이 참여하는 3자회담을 제의하면서 북한과 미국 사이에 평화협정을 체결하고 그 결과 주한미군이 철수한 후에 남북간에 불가침선언 및 군비축소 문제를 논의할 수 있다는 태도를 보였다. 1990년대 들어 사회주의권의 붕괴로 체제위협을 느낀 북한은 과거 분단의 영구화라는 이유로 반대해 오던 남북 유엔동시가입을 받아들이고 남북 기본합의서를 채택했다. 북한은 1993년 이후부터는 정전협정을 본격적으로 무력화시키면서 미국에 새로운 평화보장체계 수립을 요구했다. 미국이 이에 응하지 않자 평화협정의 전 단계로 북미간 잠정협정 체결을 제안하고 나섰다. 북한의 이 같은 주장에 남한과 미국은 평화협정 체결 문제는 남북 당사자가 해결할 문제이며 평화협정 체결 전까지는 정전협정을 준수해야 한다는 반응을 보였다. 1998년 들어 미국정부는 북한의 핵과 미사일 개발, 북한의 지도자 교체, 북한 경제의 어려움, 남한 정부의 포용정책 추진과 성과, 북한 미사일에 대한 일본의 우려 등 상황이 크게 변한 점을 중시하고 기존의 봉쇄위주의 대북정책을 근본적으로 검토하기 시작했다. 이를 위해 클린턴 대통령은 윌리엄 페리 전 국방장관을 대북정책조정관에 임명하고 대북정책을 조정한 결과 1999년 9월에 페리보고서가 공개됐다. 이 페리보고서는 북한을 일단 포용하고 그래도 북한이 긍정적인 호응을 해오지 않을 경우 봉쇄정책을 취할 것을 권고하고 있다. 이 페리보고서를 배경으로 북한과 미국간에 일련의 회담이 열렸으며 조명록 북한 국방위원회 제1부위원장이 김정일 위원장의 특사로 워싱턴을 방문해 클린턴 대통령과 회담했다. 그 결과 2000년 10월 13일 역사적인 북미공동성명이 발표됐다. 북미공동성명은 북한과 미국간의 50여 년에 걸친 적대관계를 청산하고 한반도에서의 전쟁상태를 종식시키는 전기를 마련했다는 점에서 중요한 의미를 지닌다고 할 수 있다.

## 4. 남북한 평화체제 건설

### 가. 남북 평화를 위한 조건

한반도는 우리 민족의 의사와 관계없이 강대국의 결정에 의해 남북으로 분단됐다. 남북한은 미국과 소련이라는 점령세력의 영향아래 정치 · 경제 · 이념적으로 서로 다른 길을 걷게 됐고 한국전쟁을 거치면서 상호 불신과 증오심은 더욱 깊어졌다. 남북은 상대방의 정통성을 인정하지 않는 것은 물론 실체자체를 인정하지 않고 적대의식을 키워 왔으며 냉전시대에는 미국과 소련을 중심으로 한 이념대결에 의해 남북한 관계가 큰 영향을 받아왔다. 탈냉전 이후 남북한이 긴장완화를 위한 대화를 진행해 왔으나 뿌리깊은 불신과 적대의식은 쉽게 해소되지 않고 있다. 남북정상회담을 통해 불신과 대결을 청산하고 화해 · 협력하기로 내외에 천명했지만 아직도 적대와 불신의 관성은 지속되고 있는 실정이다.

한반도 문제는 타의에 의한 분단과 전쟁이라는 요인 때문에 관련 주변국의 개입이 불가피한 측면이 있다. 따라서 남북한이 항구적인 평화체제를 구축하기 위해서는 과거 50여 년간의 적대의식을 청산하고 신뢰를 구축해야 함은 물론 관련 주변국의 협조를 얻어 지역안정을 유지하는 것이 중요하다. 그러기 위해서는 첫째, 남북한이 서로의 실체를 인정하고 공존을 추구해야 한다. 남북한은 그 동안 서로의 실체를 인정하지 않고 자기의 체제를 상대방 지역에 일방적으로 이식하려는 정책을 추구해 왔다. 북한은 조선로동당 규약에 "조선로동당의 당면목적은 공화국 북반부에서 사회주의의 완전한 승리를 이룩하여 전국적 범위에서 민족해방과 인민민주주의의 혁명과업을 완수하는 데 있으며 최종목적은 온 사회의 주체사상화와 공산주의사회를 건설하는 데 있다"고 명시하고 있다. 여기서 말하는 전국적 범위란 남한을 포함한 한반도 전체를 의미하는 것으로 북한은 아직까지 남한에 대한 혁명전략을 공식적으로 포기하지 않고 있다. 남한 역시 국가보안법에서 사실상 북한을 지목해 "정부를 참칭하거나 국가를 변란할 것을 목적으로 하는 국내외 결사 또는 집단으로 지휘 통솔체계를 갖춘 단체" 즉 "반국가단체"로 규정하고 있다. 이처럼 상대방의 실체를 부정하고 상대방의 전복을 전제로 한 방안이 추구될 때 남북한의 진정한 평화는 이룩될 수 없다. 어느 한쪽이 다른 한쪽에 의해 흡수되는 데 대한 두려움을 갖지 않도록 남북은 서로의 실체를 인정하는 터 위에서 공존을 모색해야 한다.

둘째, 이 같은 공존을 토대로 남북한은 적대관계를 신뢰관계로 전환시키는 조치를 취해야 한다. 신뢰를 구축하기 위해서는 남북한간에 이미 합의된 사항을 성실히 준수 이행해야 한다. 남북한은 1992년 남북기본합의서 및 부속합의서에서 상대방의 실체를 인정하고 존중하는 터 위에서 화해와 불가침 교류에 협력하기로 합의했다. 그러나 이 같은 합의는 지켜지지 않았고 그로 인해 불신만 증폭돼 왔다. 남북 정상회담 이후에야 약간의 변화의 조짐을 보이고 있지만 여전히 상대방에 대한 불신을 완전히 씻지는 못하고 있다. 남북한이 군사적인 신뢰를 구축하는 일도 중요하다. 현재 휴전선 남북에는 고도의 화력이 집중되어 있어 비무장지대가 사실상 중무장 지대가 되어 있다. 남북간에 우발적인 무력충돌이 발생할 경우 전쟁으로 확산되는 경우도 배제할 수 없는 상황이다. 이러한 우려 때문에 남북한은 기본합의서에서 대규모 부대 이동과 군사연습의 통보, 비무장지대의 평화적 이용, 군 인사 교류 및 정보교환, 대량살상무기와 공격능력의 제거를 비롯한 단계적 군축실현 등에 대해 합의하고 군사적 신뢰조성을 위해 노력하기로 합의했다. 그러나 이 합의가 성실히 이행되지 않고 있다. 군사적 신뢰 외에도 남북한의 사회 · 경제적 차이를 줄여서 남북이 공존 공영하는 방안이 모색될 때 진정한 평화가 찾아올 것이다.

셋째, 한반도의 안정과 평화를 위해서는 주변 관련국의 협조와 지원이 필수적이다. 한반도는 미국, 일본, 중국, 러시아의 4강대국에 둘러싸여 있으며 이들 4대국은 한반도에서의 영향력을 극대화시키는 방향으로 노력하고 있다. 또 한반도의 분단과 한국전쟁은 주변 강대국들이 한반도 문제의 실질적 당사자로 등장하는 계기를 만들어 이들 국가의 개입이 불가피한 상황이다. 그 동안 남과 북은 각각의 동맹관계를 이용해 상대방을 약화시키는 전략을 사용했으나 탈냉전과 더불어 동북아 지역에도 커다란 변화가 찾아왔다. 과거 적대 진영에 속했던 중국과 러시아가 남한과 국교를 수립했다. 이에 북한은 기존의 한미동맹 관계에 틈새를 만들고 미국과의 직접적인 협상을 통해 북한 주도하에 한반도 문제를 해결한다는 생각을 갖고 있다. 남한은 한 · 미 · 일 공조체제를 튼튼히 하는 가운데 중국과 러시아를 통해 북한에 영향력을 행사하는 정책을 추진하고 있다. 이제는 남북한이 한반도 문제를 자주적으로 해결해야 한다는 원칙에 동의하고 민족전체의 번영을 위하는 방향에서 주변국의 농의와 협조를 얻는 것이 중요하다.

그러나 무엇보다도 중요한 것은 평화를 달성하겠다는 남북한 당사자의 의지이다. 평화의지가 없다면 아무리 정교한 합의문을 만들고 협정에 조인하더라도 쓸모없는 종이 조각에 지나지 않을 것이다.

## 나. 평화협정에 담겨야 할 내용

현재 남한 정부는 4자회담에서 평화협정이 이루어져야 하며 협정당사자는 남북한이 되고 미국과 중국이 이를 지지하는 방식을 바라고 있다. 이른바 2+2 방식이다. 이 경우 남북한 관계의 정상화라는 점에 초점이 맞춰질 것이며 남북기본합의서를 수용하는 방향으로 합의가 이루어져야 할 것이다. 남북 평화협정에 담길 주요 내용은 다음과 같은 것을 생각할 수 있다. 1) 남북한의 평화의지 확인, 2) 한국전쟁의 종료 및 평화회복 선언, 3) 평화관리기구 설치, 4) 불가침 의무 확인 및 이행보장, 5) 불가침 경계선 설정, 6) 통행 및 통신 문제, 7) 군비축소를 비롯한 군사적 신뢰구축 조치, 8) 남북기본합의서의 이행, 9) 한반도의 평화적 통일 원칙 선언, 10) 유엔군 사령부 문제 등이다.

이러한 남북한의 합의사항을 미국과 중국이 보장할 경우 별도의 문건이나 선언으로 구체화될 수 있다. 그 주요 내용은 1) 남북한간의 평화협정으로 정전협정을 대체, 2) 남북한의 주권 및 영토존중, 3) 남북한에 대한 평화협정의 성실 이행 촉구, 4) 남북한에 대한 미국과 중국의 불가침 보장, 5) 평화협정 위반 감시와 위반시 제재 조치, 6) 남북한의 평화 통일 지지 등이 포함될 수 있을 것이다.

### 다. 평화체제 전환시 고려사항

한반도에 정전협정을 대체할 새로운 평화체제가 이루어질 경우 몇 가지 고려해야 할 사항이 있다. 무엇보다도 정전협정을 준수 집행하는 책임을 진 유엔군 사령부의 해체문제이다. 유엔군 사령부는 1950년 7월 7일 유엔 안전보장이사회 결의에 의해 설치됐으며 한국전에 참전한 16개국 군대를 지휘하고 나중에 남한이 작전지휘권을 이양함에 따라 남한군에 대한 작전지휘권까지 행사하게 됐다. 유엔군사령관은 참전 16개국과 남한을 대표해 정전협정에 서명했고 지금까지 정전협정의 준수와 집행의 책임을 지고 있다. 그러나 정전협정 체결 이후 유엔군 사령부 산하에는 전투병력은 거의 없고 사령부 간부, 연락장교단, 행정병 및 의장병 등 300여 명의 소수만이 소속돼 있다. 평화체제로 전환될 경우 정전체제와 밀접한 관계를 갖고 있는 유엔군 사령부의 해체는 불가피할 것이나 해체된다 하더라도 상징적 의미 외에 실질적인 변화는 없을 것으로 보인다. 유엔군사령부의 설립이 유엔의 결의에 의한 만큼 그 해체도 유엔의 결의가 있어야 한다.

다음으로 주한미군 철수 문제이다. 북한은 주한미군이 유엔군의 모자를 쓰고 남한에 주둔하고 있다고 주장하고 미군의 조기철수를 유도하기 위해 유엔군 사령부의 해체를 주장해 왔다. 한반도 평화체제가 성립될 경우 주한미군 철수 문제가 등장할 가능성이 크다. 유엔안전보장이사회의 결의에 따라 한국전쟁에 참전한 미군과 1953년에 서명된 한미안전보장조약에 따라 남한에 주둔하고 있는 미군은 전혀 별개의 존재이다. 따라서 평화협정에 의해 유엔군 사령부가 해체되더라도 주한미군이 철수해야 하는 것은 아니다. 다만 주한미군이 한반도 안정과 평화를 유지하는 데 결정적인 기여를 한 것은 사실이지만 앞으로도 한반도의 평화와 통일을 위해 지속적으로 주둔해야 하는 문제는 검토할 필요가 있다.

## 5. 결론

50여 년간 남북관계를 규정해 왔던 정전체제가 한반도의 안정적 평화를 보장하기에는 많은 문제가 있는 것이 드러났다. 하루 빨리 평화체제로 전환해서 소모적인 대결을 지양하고 남북의 공존 공영을 도모해야 할 때다. 이제 냉전의 최전방이었던 한반도에도 따뜻한 기운이 찾아오고 있다. 최근 남북간 정상회담이 개최되고 미국과 북한간에도 공동성명이 발표되는 등 한반도 상황에 근본적인 변화가 일고 있다. 남한과 북한은 정상회담 이후 화해와 협력의 조심스런 길을 걷고 있으며 북한과 미국은 적대관계의 종식을 선언하고 정전체제를 평화체제로 전환하기 위한 노력을 다짐했다. 그 동안 남북한 모두 한반도의 항구적인 평화를 위해 정전체제를 평화체제로 바꾸는 점에는 동의했지만 그 접근 방식은 큰 차이가 있었다. 남한은 4자회담의 틀 속에서 남북한간에 평화협정이 체결돼야 한다고 주장한 반면 북한은 북한과 미국 사이에 체결돼야 한다는 태도를 보였다. 평화협정 체결과 관련 주한미군 철수 문제에 대해서도 남북은 견해 차이가 컸다. 이러한 차이 때문에 평화체제 구축이 지연돼 왔고 민족의 희생은 더 커갔다.

최근 평화체제 구축의 실마리가 보이고 있다. 북미공동성명에서 북·미 양국이 평화체제로의 전환을 위해 4자회담 등 여러 가지 방도들이 있다는 데 견해를 같이한다고 발표했다. 이 성명에서 남한이 참여하고 있는 4자회담이 직접 언급돼 긍정적인 측면도 있지만 한편으로는 4자회담 외에 다른 방안도 검토하고 있는 듯하다. 북한은 한반도의 안정과 평화 문제는 미국과 협의하고 교류·협력 등은 남한과 협의하는 모양새를 취하고 있다. 이 점은 민족 내부 문제와 국제문제를 분리해 국제적인 성격을 갖는 평화체제 문제를 언급하지 않았던 남북공동선언의 의미와도 통하는 것이지만 남한의 적극적인 대응이 요구된다. 크게 보아 한반도 평화체제는 긍정적인 방향으로 가고 있는 상황이다.

**더 알아보기**

1. 모스크바 3상회의의 내용은 무엇인가?
2. 한국전쟁의 기원에 대한 다양한 견해를 비교 · 검토하고 쟁점사항들을 정리해 보자.
3. 한국전쟁이 제한전쟁이라고 하는 이유에 대해 알아보자.
4. 제네바 정치회담은 왜 성공하지 못하였는가?
5. 남북한의 정전협정 위반사례에 대해 살펴보자.
6. 페리보고서의 내용은 무엇이며 그 의의는 무엇인지 알아보자.
7. 한반도 평화체제에 대한 미국, 중국, 일본, 러시아의 태도와 역할에 대해 검토해 보자.

| 제7장 |

# 동북아 질서와 통일환경

강원식(관동대 북한학과)

목　　표: 동북아에서 형성되고 있는 국제질서의 모습을 분석하고, 한반도 평화와 통일에 대한 주변4국의 입장을 검토한 비탕위에 한반도 통일환경을 종합적으로 평가하고 바람직한 통일여건 조성방향을 생각해 본다.

주 안 점: 한반도 평화정착 및 통일문제의 국제적 성격, 동북아 국제질서의 모습과 변화방향, 한반도 통일에 대한 주변국의 입장, 동북아 다자협력에 대한 역내 국가들의 입장과 전망, 국제환경을 고려한 한반도 통일 실현 방안.

핵심개념: 동북아정세의 이중성과 유동성, 1+3 체제, 사실상의 통일, 국제적 통일기반, 남북당사자원칙, 동북아 다자간 안보협력 · 경제협력.

## 1. 서론

소련 · 동유럽 사회주의권이 해체되고 독일이 통일되는 등 동서 냉전체제가 와해된 지 10여 년이 흘렀다. 양극체제 와해 후 미국은 명실공히 유일 초강대국으로 부상하는 등 현재의 국제정세는 마치 양차 세계대전 후의 전후 처리과정에 비견될 수 있을 만큼 유동적인 대진환기라고 하지 않을 수 없으며, 이는 동북아 안보환경에도 반영되고 있다.

동북아 안보환경은 역내 국가간 역학관계가 변동될 가능성이 있다는 점에서의 유동성과 탈냉전적 요소와 냉전적 요소가 병존하고 있는 이중성으로 인해 '안정과 불안정' 측면을 동시에 드러내고 있다.

한반도 통일문제는 동북아정세 전반을 변동시킬 수 있는 변수로 작용할 뿐만 아니라, 동북아정세 자체가 한반도 통일문제에 직 · 간접적인 영향을 미친다. 한반도 통일문제는 국제적 성격을 지니고 있다. 해방후 한반도는 냉전체제라는 국제적 영향하에 분단되었으며, 오늘날 비록 냉전이 해체되었지만 남북한은 냉전적 대결관계를 완전히 청산하지 못하고 있으며, 더욱이 한반도 주변에는 미국, 중국, 일본, 러시아 등 강대국이 있어 한반도의 정세변동에 직접적인 이해관계를 갖고 있다. 따라서 제2차 세계 대전의 패전국 독일의 경우와 달리 한반도 통일과정에서 국제적 승인이 반드시 필요한 것은 아니지만, 한반도 통일에 대한 국제적 지지 여부는 매우 중요한 변수로 작용하게 된다.

즉 미 · 일 · 중 · 러 등 주변국들이 한반도 통일을 적극적으로 지원한다면 통일은 손쉽게 실현될 수 있는 데 반하여, 만일 주변국들이 이에 반대하거나 소극적인 태도를 보인다면, 남북한이 자주적으로만 통일을 실현해 나가는 데 그만큼 큰 어려움이 있을 수밖에 없을 것이다.

이 글에서는 현재 형성되고 있는 동북아 질서의 모습과 한반도 통일에 대한 동북아 역내 분위기를 살펴본 후, 이를 바탕으로 한반도 통일 실현을 위한 국제적 환경 조성방향을 생각해 본다.

## 2. 동북아 국제질서

냉전시대 동북아 질서를 유지해 온 미 · 소 양극체제가 와해된 이래 완전히 고착화되고 안정적인 새로운 국제질서는 아직 형성되지 않고 있다. 이런 상황에서 역내 각국은 각각 자국에 유리한 방향으로 신국제질서를 형성시키기 위한 노력과 활동을 경주하고 있다. 즉 동북아 지역에서의 강대국간 세력관계는 매우 유동적인 상황에 있다.

미국은 냉전 이후 1991년 초 부시 전 대통령이 민주주의와 자유경제의 보급을 전제로 한 세계신질서 건설을 제창한 이래, 이 방침에 입각하여 대외정책을 전개하고 있고, 클린턴 정권도 이를 계승하였으며, 조지 부시 공화당정권도 이에 입각하고 있다.

일본과 중국은 과거 미 · 소의 주도적 역할에 밀려 동북아의 지역열강으로서 상응한 역할을 수행해야 했음에도 불구하고 수동적 · 부차적인 역할을 수행하는 데 머물렀다고 인식하고 있기 때문에, 유동적인 새로운 동북아 국제질서 형성과정에서 자국의 정치 · 경제 · 군사적 영역을 확대하려는 의도를 갖고 있다. 이는 중국과 일본의 군사력 증강추세로 반영되고 있으며, 특히 일본은 유엔 상임이사국 진출을 추진하고 있다.

이러한 중 · 일의 움직임은 미 · 소 대립구조 와해에도 불구하고 동북아 지역에서의 기득권을 고수하려는 미국의 의도 및 구소련이 향유하고 있던 동북아 지역에서의 정치 · 군사적 영향력을 계승하려는 러시아의 의도와 상충될 수밖에 없다. 또한 일본과 중국이 단기적인 측면에서 지역열강으로서의 협력관계를 유지한다 하더라도 장기적인 측면에서 양국간의 정치 · 경제 · 군사적 대립 · 갈등이 불가피하다.

한편 러시아는 현재 국내문제로 대외개입에 소극적이나, 극동군사력을 바

방으로 대외개입을 모색하고 있으며, 중국과의 관계개선을 적극화하는 한편, 한반도에 대한 영향력 강화를 도모하고 있다. 특히 러시아는 2000년 3월 푸틴 정권수립 이래 '강한 러시아' 건설을 기치로 내걸고 적극적인 대내외정책을 추진하고 있다.

이와 같이 동북아 지역에서 새로이 형성되고 있는 신국제질서에는 강대국 간의 이해관계가 상호대립 · 교차하고 있으며 이는 역내의 정치 · 군사적 불안정 요인으로 작용하고 있다.

그러나 현재의 동북아 신국제질서는 앞으로 유동적이지만 적어도 미국이 우월적인 지위에서 중국 · 일본 · 러시아와 균형관계를 유지하고 있으며, 동북아정세는 이를 기본축으로 하여 운영되고 있다고 볼 수 있다. 미국이 유일 초강대국으로서 동북아 지역에서 균형자적 역할을 수행함으로써 영향력을 계속 견지하고, 정치 · 군사적 역할 증대를 모색하고 있는 일본과 중국의 역내 영향력이 확대되면서 러시아와 함께 역내 세력균형을 이루는 방향, 즉 미국이 균형자적 역할을 수행하고 중 · 일 · 러가 세력균형을 이루고 있으며, 이러한 체제는 편의상 '1+3 체제' 라고 말할 수 있을 것이다. 그러나 중요한 것은 이러한 '1+3 체제' 가 고정적인 것이 아니라, 새로운 변동의 가능성을 내포하고 있으며, '1+3 체제' 를 더욱 고정적인 형태로 유지하려는 미국의 입장과 자국의 입지를 확대하려는 중국 · 일본 · 러시아의 입장이 충돌되어 새로운 변화를 유발시킬 수 있는 상황이라는 점이다.

이와 같은 동북아의 '1+3 체제' 에서는 '1+3' 의 역학관계 변동을 유발시킬 수 있는 중요한 변수로 작용하는 것이 한반도문제이다. 즉 주변4국의 남북한과의 친소관계가 역내 역학관계를 규정하는 주요 변수로서 작용할 수 있다는 것이다.

이에 따라 남북한을 둘러싼 주변국들의 영향력 경쟁이 매우 첨예한 대립적 양상을 보이거나, 또는 사안에 따라서는 매우 협조적 양상을 보이게 된다. 보다 구체적으로 살펴보면 다음과 같다.

첫째, 남북한과의 관계가 동북아 역내 세력균형을 좌우하는 하나의 척도로 작용할 수 있기 때문에, 남북한을 둘러싼 주변국들의 관계는 기본적으로 대립적 양상을 보이게 된다.

둘째, '1+3 체제'는 본질적으로 미국을 중심으로 한 국제협조를 전제로 하고 있으므로 동북아 역내국가들간의 대립은 표면화될 수 없으며, 만일 어느 특정국이 패권 장악을 원한다고 해도 이를 위한 국력을 신장할 수 있을 때까지 대립을 원하지도 않기 때문에 대립을 노골화시킬 수도 있을 요인의 발생에 대해서는 공동 협조하에 저지하게 된다. 따라서 남북한간의 갈등과 전쟁재발 가능성 등에 대해서는 역내 국가들 모두가 반대하게 되고, 이를 저지하기 위해 협조하게 된다.

셋째, 이처럼 남북한을 둘러싼 역내 국제관계가 대립과 협조라는 이중적 성격을 띠기 때문에, 균형자인 미국은 남북한이 역내 국가들간의 균형을 손상시키는 요인으로 작용하지 못하도록 남북한을 직접 관리하는 양상을 보이게 된다.

이상과 같은 동북아 지역구조의 특수성은 북한 핵문제 전개과정에서 잘 나타나고 있다. 즉 역내 불안정요인으로 작용할 북한 핵문제가 평화적으로 해결되어야 한다는 점에 있어서는 모두 동조하면서도, 일본은 남한의 입장을 지지하고 그리고 중국은 북한의 입장을 중시하는 양상을 보이고 있으며, 한편 미국은 대북한 수교를 통해 북한을 직접 관리하겠다는 정책을 추진하고 있는 것이다.

한편 동북아 지역에서 '1+3 체제'가 효율적으로 기능하기 위해서는 제도적 장치로서의 다자간 협의기구가 필요하다. 그러나 동북아 지역에는 사실상 역내 국가들을 포괄하는 국제기구가 존재하지 않는다는 점에서 안보와 경제의 두 측면에서 다자간 협의기구 창설이 끊임없이 강조되고 모색되어 왔다.

다자간 협의기구 창설은 동북아 지역에서의 '1+3 체제'의 작동을 위해서뿐만 아니라, 여타 지역과 달리 동북아 지역이 안고 있는 영토 · 국경분쟁 및 군비경쟁 등 안보위협요인에 적극적으로 대처한다는 차원에서도 필요하다.

이에 따라 전통적으로 쌍무적 동맹관계와 전진배치전략을 강조해 온 미국도 동북아 다자간 안보협력기구의 창설 필요성에 대해 긍정적인 입장을 보이고 있으며, 일본도 이와 관련한 다양한 제안을 행하고 있고, 중국도 이 구상이 본격화될 경우 적극 참여할 것으로 보인다. 또한 러시아도 구소련 시대 이래로 역내 다자간 안보협력을 강조하여 왔다는 점에서 역내 다자간 안보협력에 적극적인 입장을 취하고 있다.

그러나 다자간 안보협의기구 창설에 대한 역내 국가들의 의도가 동일하다고 할 수는 없다. 이 기구를 통해 역내 불안정요인을 관리할 수 있다는 점에서는 비교적 일치하고 있는 것으로 보이나, 러시아는 이 기구를 역내 진출의 기반으로 인식하고 있으며, 정치 군사대국화를 도모하고 있는 일본과 중국은 각각 자국의 신장된 역할을 발휘할 수 있는 제도적 장으로서 또한 상대방의 과도한 정치 군사대국화를 견제할 수 있는 제도적 장치로서 인식하고 있는 것으로 보인다. 특히 미국의 경우, 균형자적 역할을 효율적으로 수행하기 위해서는 일본, 한국 등에 일정 규모의 군사력을 배치 운용해야 한다는 인식에 기초하여 쌍무적 동맹체제를 유지해야 한다는 입장과 함께, 미국의 역할이 상대적으로 축소되고 있는 상황에서 역내 위기를 관리하기 위해서는 일정한 다자간 안보협력이 필요하다는 인식을 갖고 있는 것으로 보인다. 즉 미국은 역내 다자간 안보협의기구를 역내 균형자적 역할 수행을 위한 보조장치로서 평가하고 있는 것이다. 따라서 미국은 쌍무적 동맹체제와 다자간 안보협력을 병행하는 방향으로 정책을 강구 추진함으로써 역내 영향력을 견지하고 역내 안전보장을 확보하려 할 것으로 전망된다.

따라서 동북아 지역에서의 다자간 안보협의기구가 구체적으로 어떤 형태로 창설될 것인지는 역내 국가들간의 의견 조정을 통해 명확해질 것이다. 이에 따라 유럽안보협력회의(CSCE)와 같은 역내 다자간 안보협의기구 창설 구상이 구체화될 가능성이 크며, 이와 함께 역내 경제문제를 공동으로 논의하는 다자간 경제협력문제도 활성화되어 아 · 태 경제협력각료회의(APEC)와 같은 역내 경제협력기구가 보다 확대 발전되는 형태로 역내 다자간 경제협력이 제도화될 가능성이 크다.

결론적으로 향후 동북아 신국제질서는 '1+3 체제' 를 바탕으로 균형자로서의 미국이 지역강국으로 부상하고 있는 중 · 일을 통제하면서 러시아를 소외시키지 않는 방향으로 조성되어질 것이며, 이와 함께 역내 정치 경제적 불안정요인을 관리하고 '1+3 체제' 의 효율적 기능을 담보하기 위해 다자간 협력기구가 구성 · 운영될 것으로 전망되며, 나아가서는 지금까지의 역내 균형이 깨어질 경우, '1+3 체제' 가 새로운 양극체제 또는 4각 균형체제 등등으로 변형 발전할 가능성도 배제할 수 없다.[1)]

## 3. 한반도의 국제적 통일환경 평가

### 가. 주변국의 한반도 평화관

한반도정세는 기본적으로 평화정착 방향으로 발전하고 있다고 할 수 있다. 주변4국은 한반도에서의 긴장완화와 평화정착이 각국의 국익에 유리하다고 인식하고 있기 때문에, 북한이 개방 · 개혁 등 실용주의적 정책을 채택 · 추진하도록 유도함으로써 한반도에서의 전쟁재발 가능성을 미연에 방지하고, 나

1) '1+3 체제' 에 대해 보다 구체적인 사항은 강원식, "패권이후체제의 동북아 신국제질서." 〈중소연구〉(한양대), 제19권 제3호(1995년 가을), pp. 15~45 참조.

아가 남북대화가 진전되어 남북관계가 화해와 협력에 입각한 평화공존관계로 발전할 수 있도록 희망하고 있다. 이에 따라 주변4국은 한반도 평화를 제도화하는 차원에서 남북한 교차승인을 추진하고 있다. 한반도 평화에 대한 역내국가들의 입장과 정책방향을 국가별로 살펴보면, 다음과 같다.

첫째, 냉전종식 및 소연방 해체 이후 마련된 유일 초강대국의 지위를 바탕으로 동북아 지역에서 균형자 역할을 수행함으로써 영향력 확대를 도모하고 있는 미국은 지역균형자의 입장에서 북한의 위협을 통제함으로써 한반도의 평화를 확보하는 것이 동북아의 안정과 나아가 미국의 국익에 부합된다고 인식하고 있다. 이러한 차원에서 미국은 북한의 개방 · 개혁을 촉구하는 동시에 북한과의 관계개선을 통하여 북한의 위협을 직접 통제할 수 있는 수단을 보유하고자 하고 있다.

둘째, 경제력에 상응하는 역내 정치 · 군사적 역할 증대를 모색하고 있는 일본은 한반도에서도 경제력을 바탕으로 한 영향력 행사뿐만 아니라, 한반도 문제에 대한 정치적 발언권을 증대시키기 위한 노력을 경주하고 있다. 이를 위해 일본은 북한과의 관계를 개선함으로써 일차적으로 일본의 경제력을 바탕으로 북한에 대한 영향력을 확보하는 한편, 한국과의 선린관계를 유지함으로써 궁극적으로 한반도문제에 대한 정치적 영향력 신장을 도모하고 있다.

셋째, 서세동점 이래 손상된 국가적 · 민족적 자존심을 회복하고 지역강국으로서의 역할 증대를 통하여 중화(中華)를 다시 실현하려는 중국은 한반도 정책에 있어서도 한 · 중 수교로 조성된 남북한 동시수교국으로서의 지위를 최대한 활용하면서 북한의 경제개혁 · 개방을 통한 경제발전과 북 · 미, 북 · 일 관계개선을 통한 북한의 국제적 지위 신장을 지원함으로써 남북한간의 세력균형 및 한반도 현상유지를 도모하고, 궁극적으로 한반도문제에 대한 영향력 확대를 모색하고 있다.

넷째, 소연방 해체 이후 세계초강대국으로서의 지위를 상실한 러시아는 국내정치 · 경제적 불안정 요인을 우선적으로 해결해야 하므로 적극적인 외교 정책을 추진하지 못하고 있으나, 최소비용으로 기존의 국제적 영향력을 유지 · 발전시키려는 노력은 계속 경주하고 있다. 이에 따라 러시아는 한반도문제에 있어서도 남북한 동시수교국으로서의 지위를 이용하여 북한과의 우호관계를 계속 유지하는 동시에, 한국과의 경제교류를 통한 실익을 도모하는 등 한반도 균형정책을 지속적으로 추구하고, 북한의 체제 변화가 불가피할 것이라는 관측에서 북한의 개방 · 개혁을 유도함으로써 한반도문제에 대한 발언권을 확보하려 하고 있다.

한편 북한은 한반도의 안전이 유지되려면 안정적인 새로운 동북아 질서가 수립되어야 하고, 북 · 미, 북 · 일 관계정상화는 동북아 정세의 안정에 기여할 것이라는 입장을 표명하고 있으며, 대미 · 일 관계 개선이 중 · 러의 대한수교 등 주변정세의 변화 속에서 북한의 국제적 고립을 타개하고 경제난 회복에 기여함으로써 결과적으로 체제유지 방안이 될 수 있다고 인식하고 있다. 이는 북한도 남북한과 주변4국의 외교관계 수립을 인정하고, 이에 따라 현실적으로 '두 개의 한국'을 수용할 수밖에 없게 되었다는 점을 의미한다. 특히 북한은 세계질서 재편의 주도권이 미국에 있음을 명백히 인식하고 있기 때문에, 동북아4국 가운데 대미 관계개선을 보다 중시하는 방향으로 정책전환을 추진하고 있다. 또한 북한은 경제난 해소를 위해 일본과의 관계개선을 추진하면서 중 · 러와 기존 관계를 유지시켜 나간다는 입장에 있다.

이상과 같이 주변4국과 북한이 모두 한반도의 안정과 남북한 평화공존 및 이를 제도화하기 위한 주변4국의 남북한 교차승인을 원하고 있다고 할 수 있다.

즉 주변4국은 한반도가 다른 세력의 영향력하에 들어가는 것을 견제하면서 한반도와의 관계에서 경제적 · 전략적 이익을 극대화하고 있다는 점에서 각국의 이해관계가 상충되고 있으나, 한반도에서의 새로운 전쟁 발발 등 지익불안정이 야기될 수 있는 위험성을 소멸한다는 점에 있어서는 공통의 이해관계를 갖고 있다고 할 수 있다.[2] 한반도의 군사적 대결상태의 완화, 긴장완화는 4국 모두의 이익에 부합하는 것이며, 따라서 주변4국은 북한이 개방 · 개혁 등 실용주의 정책을 채택 · 추진하도록 유도함으로써 한반도에서의 전쟁재발 가능성을 미연에 방지하고, 나아가 남북대화가 진전되어 남북관계가 화해와 협력에 입각한 평화공존관계로 발전할 수 있도록 희망하고 있다. 이것은 결국 주변4국의 한반도 현상유지 정책이라고 할 수 있다.

### 나. 주변국의 한반도 통일관

동북아 지역의 신국제질서 형성과정에서 한 · 소 수교와 한 · 중 수교가 이루어지고, 미 · 일의 대북한 접촉도 활성화하고 있어 한반도정세의 변동 가능성도 증대되고 있다. 남북한에 대한 주변4국의 이와 같은 양자관계 재조정은 한반도정세의 안정화와 평화정착에 기여하게 된다.

그러나 남북대화 및 한반도 평화정착에 대해서는 주변국들이 이처럼 긍정적인 입장을 취하고 있으나, 한반도의 궁극적인 통일에 대해서는 소극적인 입장을 취하고 있는 것으로 평가된다. 그 이유는 국가별로 약간의 입장 차이는 있겠으나, 대체적으로 다음과 같은 두 가지 요인에 기인하고 있는 것으로 보인다.

첫째, 통일된 한국의 미래에 대한 불확실성을 우려한다. 한반도가 통일될 경우 통일한국이 장래 각국에 적대적인 세력으로 발전하지 않을 것이라는 보장이 없으며, 적대적인 세력으로 발전하지 않는다고 해도 통일한국이 국력을 신장하여 동북아시아의 새로운 강국으로 부상할 가능성을 우려하는 것이다.

---

2) Donald S. Macdonald, "The Role of the Major Powers in the Reunification of Korea," *The Washington Quarterly*, Vol. 15, No. 3(Summer 1992), p. 140.

즉 남북한을 현재 수준에서 통합하더라도 통일한국은 상당한 국력을 보유하여 세계 188개국 중 면적은 78위, 인구는 12위, 국민총생산은 11위를 점하게 되며,[3] 군사력도 미국 · 중국 · 일본 · 러시아에 비견할 수 있을 만큼의 잠재적 군사대국이 된다.

둘째, 한반도에서의 현상 변화가 역내 불안정요인이 되어 각국의 국익에 대한 위해요인으로 작용할 수 있다는 인식이다. 즉 한반도가 통일되어 역내 강대국으로 등장할 경우, 역내 역학관계의 변동을 우려한 각국이 정치 · 군사대국화 노선을 강화할 가능성이 크다는 점에서 각국은 자국의 영향력 증대를 도모하면서 타국의 영향력 증대 구실로 작용할 수 있는 한반도 통일이라는 현상변경요인의 발생을 억제하려 한다는 점이다.

통일한국의 미래과 역내 정세 변동 결과의 불확실성에 대한 우려로 주변국들이 한반도의 통일에 대해 이처럼 소극적 · 부정적인 입장을 취한다고 할 수 있으나, 그러나 그것은 일반적인 관점에 입각할 때 그러하다는 것으로서 현실의 한반도 통일과정에서는 주변국 상호간의 역학관계와 당해 한반도 상황에 따라서는 상이한 정책행태를 보일 수 있음은 물론이다.

## 4. 국제적 통일환경 조성방향

### 가. 기본방향

한반도 통일에 대한 주변4국의 이러한 부정적 입장에도 불구하고, 한반도

3) Ibid., p. 136. 특히 북한의 자원과 한국의 기술 등이 결합하면 자체의 시장확보율이 증대되어 대외무역 의존도가 격감할 것이며, 군사력 감소 및 군수산업의 민수전환은 경제에 상당한 효과가 있을 것으로 예상된다.

통일환경과 관련하여 무엇보다도 중요한 점은 남북한간 교류·협력이 활성화되고 평화공존이 제도화될 수 있는 방향으로 주변정세가 조성되고 있다는 점이다. 앞서 살펴보았듯이 주변4국은 당장의 통일은 희망하지 않으나, 남북관계개선과 교류·협력 증진에는 적극 지원하는 입장이다. 따라서 한반도 평화와 통일을 이룩하기 위해서는 다음과 같은 기본방향에 입각하여 민족 내부적 통일기반을 정비하는 동시에, 국제적 통일기반을 조성해 나가야 한다.

첫째, 한반도 긴장완화와 평화정착에 긍정적인 주변4국의 입장을 활용하여, 남북대화를 적극 추진함으로써 민족공존의 기틀을 마련하는 한편, 내실 있는 교류와 협력을 활성화·제도화함으로써 민족공영을 도모한다.

둘째, 실질적인 남북 화해와 교류·협력을 통하여 '사실상의 통일상태'를 구현함으로써 주변4국으로 하여금 한반도 통일의 당위성과 불가피성을 인정하도록 하고, 남북한 당국과 주민의 적극적인 통일의지를 바탕으로 '사실상의 통일상태'를 궁극적인 민족통일로 발전시킨다.

'사실상의 통일상태'는 남북간 경제·사회·문화공동체를 완성하여 남북간 평화와 교류·협력이 제도화되고 민족공존·공영이 보장될 수 있는 상태이며, 정치적 형태는 단일국가 통일을 이룩하지는 못하였으나, 남북한이 국가연합 또는 연방을 구성하여 정치적 일체성을 강화하여 나가는 상태를 의미한다. 따라서 '사실상의 통일상태'는 남북한 당국과 주민의 통일의지 여하와 주변정세의 변화에 따라 남북한이 민족통일을 실현할 수 있는 상태인 것이며, 점진적·단계적 통일구도에 따라 분단사를 극복하고 통일후유증을 최소화하는 차원에서 점진적으로 민족화합을 달성해 나갈 때 조성될 것이므로 역내 정세의 급변을 야기시키지 않고서도 통일을 실현할 수 있는 상태이다. 따라서 '사실상의 통일상태'가 실현되면, 역내 국가들의 반발과 저항을 최소화하면서 완전한 통일로 이행할 수 있을 것이다.

한편 '사실상의 통일상태'가 구현되거나 또는 한반도 통일이 동서독의 통

'사실상의 통일상태'와 주변국의 입장

남북관계가 교류 · 협력을 통해 화해 · 협력단계에 접어들고 경제 · 사회 · 문화공동체를 형성함으로써 '사실상의 통일상태'를 구현할 경우, 또는 한반도통일이 독일통일처럼 급속도로 가시화될 경우, 주변4국은 통일한국에 대한 영향력 확보 차원에서 적극적으로 통일을 지원할 가능성이 크다.

일처럼 급속도로 가시화될 경우, 주변4국이 통일한국에 대한 영향력 확보 차원에서 소극적인 자세에서 탈피하여 적극적으로 통일을 지원할 가능성이 있다. 즉 주변4국은 한반도의 통일이 불가피한 것이라면 통일한국과 우호관계를 계속 유지하려는 의도에서 한반도의 통일을 지원할 수밖에 없을 것이다. 이를 위해 주변4국은 교차승인으로 조성될 남북한에 대한 영향력을 바탕으로 이것이 통일한국에 대한 영향력으로 발전할 수 있도록 하는 정책구상을 강구 · 추진할 가능성도 있다.[4]

국제적 통일기반을 조성하기 위한 주변국과의 관계재정립 방안은 결국 주변4국이 남북통일에 대해 부정적인 입장을 취하고 있으나, 한반도의 평화와 안정에는 긍정적이라는 측면을 감안하여, 평화정착 차원과 통일 차원으로 나누어 강구 · 추진할 필요가 있다. 즉 우선 평화정착 차원에서 주변국의 긍정적 입장을 십분 활용하여 남북대화를 활성화하고 한반도 평화와 안정을 구축

4) 주변4국의 한반도통일정책 및 우리의 주변4국에 대한 통일외교정책에 대한 자세한 내용은 필자가 집필한 다음의 책을 참조. 〈동북아 신국제질서하에서의 한반도통일기반 조성방안〉(민족통일연구원, 1992, 공저); 〈통일한국의 등장에 따른 동북아 안보구조 변화대응책〉(민족통일연구원, 1994); 〈한반도 평화체제 구축방안〉(민족통일연구원, 1995, 공저); 〈한반도 통일과정에서 러시아의 역할〉(민족통일연구원, 1997); "국제적 통일여건 조성을 위한 외교정책방향," 〈정책연구〉, 1997년 겨울(공저) 등.

하고, 통일 차원에서는 '사실상의 통일상태'를 구현함으로써 주변국의 반발을 최소화하고 대망의 통일을 실현해야 할 것이다.

보다 구체적으로 살펴보면, 우선 한반도 평화정착 차원에서의 국제적 지원 유도방안은 다음과 같다.

첫째, 한민족의 적극적인 자주통일의지를 천명함으로써 주변4국의 통일 문제 개입 여지를 최소화한다.

〈그림 5〉 남북관계 발전구도와 국제적 통일기반 조성방안

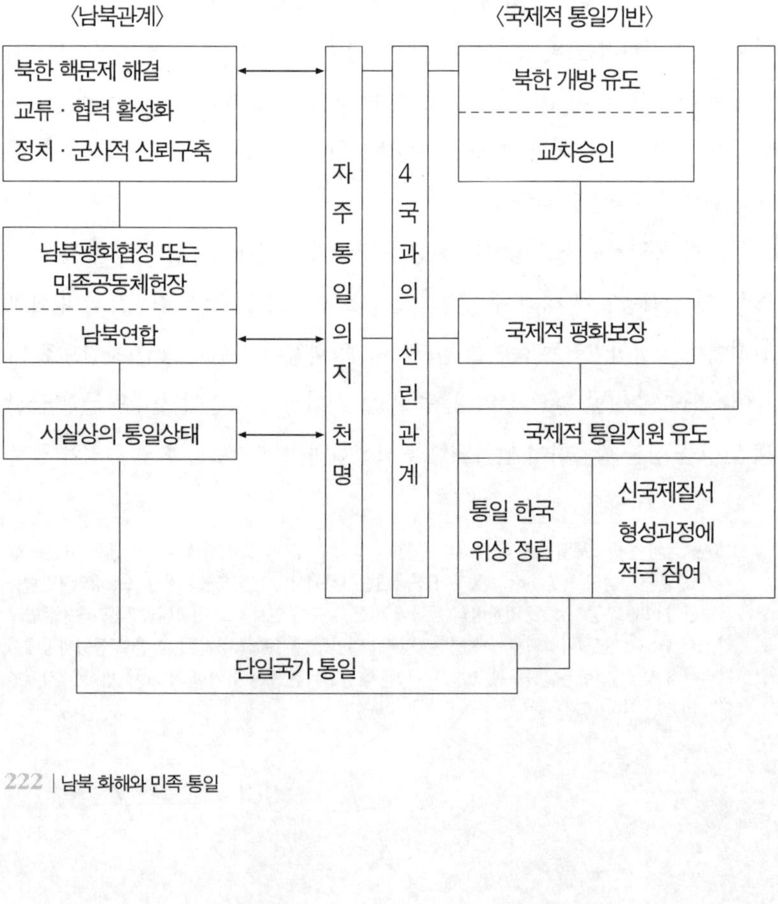

〈남북관계〉

북한 핵문제 해결
교류 · 협력 활성화
정치 · 군사적 신뢰구축

남북평화협정 또는
민족공동체헌장

남북연합

사실상의 통일상태

자주통일의지 천명

4국과의 선린관계

〈국제적 통일기반〉

북한 개방 유도

교차승인

국제적 평화보장

국제적 통일지원 유도

통일 한국
위상 정립

신국제질서
형성과정에
적극 참여

단일국가 통일

둘째, 주변4국과의 지속적인 선린 · 우호관계 발전을 도모한다.

셋째, 주변4국으로 하여금 북한의 개방 · 개혁을 적극 유도하도록 함으로써 실질적인 남북대화가 이루어질 수 있도록 한다.

넷째, 한반도 평화를 제도화하기 위하여 주변4국의 남북한 교차승인과 국제적 평화보장체제 구축을 실현한다.

한편 한반도 통일 차원에서의 국제적 지원 유도방안은 주변4국이 한반도 통일에 소극적인 이유를 제거하는 차원에서 강구 · 추진되어야 할 것이므로 다음과 같다.

첫째, 통일한국의 국제적 위상을 설정 · 제시함으로써 통일한국의 미래상에 대한 주변4국의 우려를 불식한다.

둘째, '사실상의 통일상태'를 구현하는 동시에 동북아 신국제질서 형성과정에 적극 참여함으로써 한반도 통일이 역내 불안정요인으로 작용하지 않도록 한다.

### 나. 세부추진방안

#### 1) 남북당사자원칙에 입각한 자주통일의지 천명

한반도 통일은 일차적으로 당사자인 남북한 당국과 주민의 의사에 따라 이루어져야 하는 문제이나, 외세에 의한 분단과정과 한반도 주변정세에 비추어 볼 때 통일문제를 주변국가들의 입장과 무관하게 독립적으로 추진할 수만은 없다. 따라서 주변4국이 한반도의 평화정착에는 긍정적이나 궁극적인 통일에 대해서는 소극적인 입장을 보이고 있는 현재의 상황에서 통일을 실현하기 위해서는 자주통일의지의 천명과 남북당사자원칙의 견지가 필요하다.

첫째, 민족통일을 자주적으로 성취하겠다는 남북한의 적극적인 노력이 선행되어야 하며, 이러한 적극적인 자주통일의지를 바탕으로 남북대화가 실질적으로 진전됨으로써 남북한이 자주적으로 통일을 이룩할 수 있는 여건이 조성되어야 한다. 남북한의 분단이 비록 외세에 의해 강제된 것이었으나, 전승4대국의 영향력이 제도화되어 있던 독일의 경우와는 달리 주변국가들이 한반도의 장래에 대한 결정권을 갖고 있지 않다는 점에서 한민족의 자주평화통일의지를 천명함으로써 통일과정에 대한 개입을 최소화해야 할 것이다. 특히 대북한 개방 유도 및 국제적 평화보장 등 한반도 평화정착과정에서는 이를 지지하는 주변4국의 입장을 활용하여 남북평화 공존 · 공영을 이룩하되 한반도 장래에 대한 어느 한 나라의 독점적인 영향력 행사를 배제하지 않으면 안 된다. 또한 한반도 통일과정에서는 북한의 정책변화에 따라 통일과정이 진전되어 통일분위기가 성숙될 경우, 비록 주변국가들이 한반도 통일에 소극적인 반응을 보인다고 하더라도 민족의 주체적 역량으로 자주통일을 이룩할 수 있는 여건을 조성해야 할 것이다.

둘째, 남북당사자원칙이 기본적으로 견지되어야 한다. 한반도의 통일문제를 남북당사자가 자주적으로 해결한다는 원칙에 입각하여 정전협정을 대체하는 한반도 평화체제 전환은 남북평화협정을 통해서만 가능하다는 입장이 반드시 관철되어야 한다. 이와 관련, 한반도 문제 해결을 위한 다자주의적 접근이 강조되고 있으나, 남북한 정부간 대화를 통한 쌍무접근을 원칙으로 하고, 이를 보완하는 차원에서 다자주의를 모색한다는 원칙을 세우고 이를 견지할 필요가 있다.

셋째, 남북평화체제를 공고히 하기 위해서는 국제적 보장장치를 구축할 필요가 있다. 일반적으로 지역분쟁 해결과 평화정착을 위한 국제적 보장유형은 미국에 의한 보장(2+1), 미 · 중에 의한 보장(2+2), 미 · 중 · 일 · 러에 의한 보장(2+4), 참전 16개국과 중 · 러에 의한 보장(2+16+2), 동북아 안보협의체에 의한 보장 등으로 대별될 수 있으나,[5] 각 유형별 장 · 단점을 남북평화협정 체결시점의 주변정세를 감안하여 종합적으로 검토함으로써 바람직한 국제적 보장방안을 강구 · 실천해야 할 것이다. 그러나 이와 관련하여 무엇보다도 중요한 것은 주변국가들의 개입을 제도화하는 형태로 국제적 보장이 이루어져서는 안 된다는 점이다.

넷째, 남북교류 · 협력의 활성화로 남북한이 화해 · 협력단계 또는 남북연합단계로 진입하거나, 북한에 개혁민주정권이 들어서는 등으로 인해 통일이 가시화될 경우, 남북한은 상호 합의에 의해 통일구도를 대내외에 천명하여 통일실현을 기정사실화할 필요가 있다. 또는 가능하다면 현재의 시점에서도 통일방안을 실현 가능한 방향으로 구체화하여, 일차적으로 북한의 동의를 확보하는 동시에, 통일방안에 대한 주변4국 및 국제사회의 동의와 협조를 요청해야 한다. 실현 가능한 통일방안을 남북한이 합의하여 확립한다는 것은 남북관계가 향후 합의된 통일방안에서 제시되고 있는 구도에 따라 발전할 것이며, 남북한이 궁극적인 통일을 이룩하기 위하여 통일방안에 따라 노력한다는 것을 의미한다. 즉 한반도 통일과정을 국내외적으로 분명히 하는 것이다. 이에 따라 주변국가들의 한반도 정책도 한반도 통일을 전제로 강구 · 추진될 것이며, 이는 결과적으로 주변국가들의 통일과정 간여를 최소화 · 배제하는 효과로 나타날 것이다.

---

5) 강원식 외, 〈한반도 평화체제 구축방안〉(서울: 민족통일연구원, 1995) 참조. 일반적으로 국제적 평화보장유형은 보장조약형, 유엔보장형, 다자간 지역안전보장형, 교차불가침협정형 등으로 대별될 수 있다. 첫째, 보장조약형은 분쟁 가능 당사국에 대하여 영향력을 가진 강대국 또는 관련 강대국이 평화를 보장하는 방식이다. 둘째, 유엔보장형은 분쟁지역에 대한 유엔평화유지군(PKF) 또는 평화감시단(PKO) 파견 및 평화문제 관련 유엔특별위원회 등을 통해 평화를 보장하는 방식이다. 셋째, 다자간 지역안전보장형은 다자간 안보협의기구를 통하여 역내 특정 분쟁가능 당사자간 분쟁 발생을 예방, 지역안전 및 평화를 보장하는 방식을 의미한다. 넷째, 교차불가침협정형은 분쟁 가능 당사국이 각각 상대방을 지원할 수 있는 제3국과 불가침협정을 체결하여 제3국의 상대방에 대한 지원가능성을 봉쇄함으로써 안전을 보장받는 방식이다. 전동진, 〈국제적 평화보장 사례연구〉(서울: 민족통일연구원, 1991) 참조.

2) 주변국과의 선린 · 우호관계 발전과 북한의 변화 유도

한반도 평화와 통일에 대한 국제적 지원과 협조를 유도하기 위해서는 주변4국과의 선린 · 우호관계를 유지 · 발전시키지 않으면 안 된다. 동북아 지역에는 미국의 균형자적 역할 수행의 비효율화 가능성, 중국과 북한의 대내적 정치혼란 가능성과 이에 따른 남북관계 및 중 · 대만관계의 급경직 가능성, 중 · 일간 또는 러 · 일간 영토분쟁 첨예화 가능성, 중 · 일간 군비경쟁 가능성 및 러시아의 보수우경화 가능성 등의 불안정요인이 상존하고 있어 한반도 통일환경이 악화될 수 있으며, 주변4국과의 선린 · 우호관계가 손상될 수도 있다.

따라서 한국은 국제적 통일환경 조성 차원에서도 주변4국과의 선린 · 우호관계를 지속적으로 발전시키면서 역내 불안정요인을 관리해 나가야 할 것이다. 특히 기존의 안보위주 외교를 총체적인 통일지향적 외교로 전환하여 통일외교역량을 제고하면서 경제 · 안보외교 등 실질적인 국가이익을 제고할 수 있는 부문의 정책을 한국의 국내외적 역량 · 위상 제고 측면에서 적극 추진해야 할 것이다.

한편 북한의 변화를 유도하기 위한 주변국과의 공조가 모색 · 추진되어야 한다. 북한은 '우리식 사회주의'를 강조하면서 통제된 개방정책을 추진하고 있으나, 남북교류 · 협력을 활성화 · 내실화 · 제도화하기 위해서는 먼저 북한의 정책 변화가 선행되어야 한다. 한국은 북한의 통제된 개방정책에 적극 참여하여 북한의 개방에 영향을 미칠 수 있는 방안을 강구하는 한편, 주변4국이 북한의 개방을 유도할 수 있도록 주변국과 협조하는 방안을 모색해야 할 것이다.

이를 위해 중국 및 러시아 등과의 협조하에 남북한과의 3국간 경제협력 등을 강구 · 추진함으로써 북한의 개방을 유도하고 미 · 일의 대북한 관계발전을 북한의 변화를 불가피하게 하는 계기로 활용해야 한다. 특히 북한이 대미

관계개선을 무엇보다도 중시하고 있는 이유가 오늘날 세계질서 재편의 주도권이 미국에 있음을 명백히 인식하고 있기 때문이라는 점에서 볼 때,[6] 따라서 북한도 북 · 미관계 개선과정을 통해 자연스럽게 세계질서 재편과정에 포함될 수 있을 것이다.

즉 한국은 북 · 미, 북 · 일 관계발전을 북한이 국제법, 국제관례를 준수하고 각종 국제기구에 책임있는 구성원으로 참여하는 계기로 활용할 수 있을 것이며, 북 · 미, 북 · 일 수교 후 미 · 일의 대북한 경제지원 및 협조수준을 북한의 개방과 연계시키도록 요구할 수 있을 것이다. 특히 북한의 각종 국제경제기구 가입을 관련국과 협조하여 적극 유도함으로써 북한의 개방을 촉진시키고 나아가 국제기구에서의 남북한간 협력을 활성화 · 제도화할 필요가 있다.

이와 함께 '우리식 사회주의'를 견지하기 위해 사상통제를 강화하고 있는 북한이 민주화 및 시장경제화를 수용함으로써 사회개방 · 체제개혁 등 본질적 변화를 이룰 수 있도록 북한의 정치적 민주화를 유도해야 할 것이다. 이를 위해서는 북 · 미, 북 · 일 수교협상과정에서 미 · 일이 북한의 정치적 민주화를 촉구하도록 하고, 수교 이후에도 이 문제가 경제지원 · 협력 확대의 조건으로 강조될 수 있도록 해야 한다.

### 3) 동북아 신국제질서 형성과정에의 적극 참여

냉전시대의 양극체제가 해체되고 새로이 형성되고 있는 국제질서는 미국이 균형자 · 조정자로서 관리하는 미국주도의 공동관리체제이며 앞서 언급하였듯이 '1+3 체제'로서 체제유지를 위한 국제협조와 새로운 패권창출을 위

---

6) 정규섭, 〈북한외교의 어제와 오늘〉(서울: 일신사, 1997), pp. 295~305 참조. 황장엽도 1997년 7월 10일 기자회견에서 북한이 대일 관계개선을 추구하다가 미국과의 관계개선이 무엇보다도 중요하다는 인식에서 대미 관계개선을 최우선시하게 되었다고 증언하였다.

한 국가간 대립 · 갈등이라는 이중성을 내재하고 있다.

현체제는 협조와 대립의 이중성을 지닌 유동적인 상황에 있으므로 앞으로의 전개과정에 따라서는 다양한 형태의 변화를 보일 수 있는 체제이다. 미국이 재차 패권을 완전히 장악하거나, 여타 다른 국가가 독점적 패권을 장악하거나, 또는 미국의 국력저하와 여타국의 국력신장으로 4각균형 등 몇 개 국가의 세력균형체제로 변화될 것이다.

그러나 '1+3 체제'가 유지되는 것이 한반도의 통일과 한국의 국익에 유리하며, 한국의 외교정책방향은 한반도 통일이 실현될 때까지 나아가서는 우리의 국력이 신장될 때까지 '1+3 체제'가 유지될 수 있도록 미국의 균형자적 역할 수행에 협조할 필요가 있다.[7)]

또한 민족통일을 목표하고 있는 한국의 입장에서는 남북한의 통일이 역내 정세변동요인으로 작용하여 역내 국가들의 반발과 저항을 야기시킬 수도 있을 것이므로 역내 국가들과 원만한 관계를 유지하면서 신국제질서 속에서 한국의 위상을 정립해 나갈 필요가 있다. 이는 특히 한반도가 동북아 역학관계에서 경쟁대상이 될 수 있음을 감안할 때, 새로운 국제질서 형성과정 속에서 가장 바람직한 정책방향을 설정 · 추진함으로써 안보를 확보하는 동시에, 통일을 향한 미래지향적 정책을 추진해야 할 것이다.

이를 위해서는 무엇보다도 미 · 중 · 일 · 러 등 동북아 4국 모두와 외교관계를 수립하고 있는 외교환경을 바탕으로 미국의 균형자적 역할 수행에 적극 협조하는 동시에 주변국간의 현안문제를 조정하는 외교역량을 발휘함으로써 동북아 역내에서 한국의 위상을 제고하는 한편, 한반도 통일이 주변국간 역

---

7) 한국은 민주화와 경제발전을 가속화하는 동시에 국제적 지위를 신장하여 신국제질서 속에서 중 · 일 · 러에 비견할 수 있는 국력을 신장 · 구비함으로써 '1+3 체제'를 미국과 한 · 중 · 일 · 러의 '1+4 체제'로 발전시켜 나가고, 나아가 한 · 미 · 중 · 일 · 러의 '5각 균형체제' 수립을 지향해야 한다. 즉 한국은 경제발전과 통일실현을 통하여 국력을 신장하고 강대국 반열에 진입하는 데 국가목표를 설정하고 이에 부응하는 국내외정책을 수립해야 할 것이다.

'1+3 체제'와 한반도 통일

한반도 통일은 유동적인 '1+3 체제'에서 이루어져야 한다. 왜냐하면 한반도의 통일의 관점에서 볼 때, 특정국의 패권체제나 세력균형체제는 첫째, 한반도에서의 현상변경 즉 통일을 허용하지 않을 가능성이 크고, 둘째, 한반도가 통일되었다고 하여도 통일한국이 국력을 신장하기에는 제약요인이 많을 수밖에 없기 때문이다.

학관계의 새로운 변수로 작용하지 않는 자연스러운 것으로 만들 필요가 있다. 즉 주변4국 중 어느 한 국가의 압도적 영향력을 견제하기 위하여 미국과의 협력관계를 강화하는 한편, 중 · 일 · 러 3국간의 일정한 견제와 균형 유지 노력을 기울여야 할 것이다. 이와 같은 노력을 통하여 한국은 한반도 통일문제가 지나치게 국제적 경쟁 대상이 되는 것을 막을 수 있을 것이고 한반도 통일문제 해결에 있어서 한민족의 이익을 실현시키기 위한 국제적 협력을 유도할 수 있을 것이다.

결국 한국은 미국과의 기존 유대관계를 확대 · 발전시킴으로써 대미관계에서 최대의 실리를 확보하는 동시에, 미국의 균형자적 역할 모색에 적극 협조함으로써 동북아 지역에서 힘의 공백에 따른 긴장발생 가능성을 미연에 방지해야 하며, 이를 통해 평화통일기반을 조성하고 궁극적으로 통일에 대한 미국의 지원과 협조를 확보해야 할 것이다.

#### 4) 국제적 통일홍보 강화

주변국들은 한반도 통일이 현재의 동북아 질서에 어떠한 영향을 미칠 것이며, 각국의 국익에 어떠한 영향을 미칠 것인지에 대하여 명확한 분석을 하지 못하고 있다. 따라서 주변국들은 한반도의 불확실한 미래보다는 현상유지를 선호하고 있다고 할 수 있다. 또한 통일한국의 국제적 위상에 대한 과대한 평가는 궁극적으로 통일장애요인이 될 수 있다. 특히 통일한국이 경제적 강국으로 부상하여 일본과 경제 · 외교적인 경쟁관계를 형성하게 될 것이며, 통일한국이 핵무장을 할 경우 동북아 국제정세가 불안정하게 될 것이라는 연구보고서들은[8] 주변국이 통일한국의 미래를 우려하고 있음을 보여주고 있다.

따라서 한국으로서는 통일한국의 위상을 설정 · 제시함으로써 통일한국의 미래에 대한 주변국가들의 의구심을 불식시켜 이들이 통일장애요인으로 작용하지 않도록 해야 할 것이다. 즉 한반도 통일에 대한 주변국의 부정적 · 소극적 인식을 개선하기 위한 국제적인 통일홍보가 강화되어야 한다.

이를 위해서는 일차적으로 한반도의 통일이 주변국의 이해관계를 침해하거나 위협하는 것이 아님을 강조하고, 통일한국의 국제적 위상에 대한 불필요한 자화자찬을 자제할 필요가 있다.

첫째, 경제적인 측면에서 북한의 경제난을 감안할 때, 통일이 실현될 경우 한국의 경제력을 상회하는 과도한 통일비용 지출이 요구될 것이며, 따라서 단기간내 한국이 역내 경제강국으로 등장하기 어려움을 강조할 필요가 있다.[9] 물론 남북한의 경제력을 현재 수준에서 통합하더라도 상당한 국력을 보

---

8) James A. Winnefeld and Jonathan D. Pollack et al., *A New Strategy and Fewer Forces: The Pacific Dimension* (Santa Monica: Rand, 1992); Aidan Foster-Carter, *Korea's Coming Reunification: Another East Asian Superpower?* (London: The Economist Intelligence Unit, 1992); 近藤重克, "冷戰後のアジア.太平洋地域の安全保障をいかに確保するか," 〈新防衛論集〉, 第20卷 第1號(1992年 6月) 참조.

9) 통일비용과 관련, 한국개발연구원은 2,632억~2,736억 달러, 신창민은 1조 7,700억 달러, 안두순은 241조 5,000억~360조 3,000억 원, 배진영은 4,480억 달러, 이영선은 3,880억~8,418억 달러 등을 제시하였다. 조동호, "통일의 경제적 비용과 편익," 민족통일연구원 학술회의 총서 97-02, 민족통일연구원 · 한국개발연구원 공동주최 학술회의(1997. 6. 5) 발표논문집, p. 65 참조. 한편 영국 경제정보단의 보고서는 조기통일 이후 10년간 매년 90~100억 달러의 투자 자금과 60~160억 달러의 보조금이 소요되는 동시에, 북한산업 재건을 위한 민간부문의 투자가 최

유하게 되며, 통일비용 지출 등에 따른 통일 후의 경제적 어려움도 장기적인 관점에서 풍부한 자원, 노동력 및 국내시장의 확대 등의 호재를 활용하여 통일한국이 초기의 경제적 어려움을 극복함으로써 경제성장을 이룩하고 나아가 중국 · 러시아 등 주변국과의 통상파트너, 투자 및 기술이전의 주요 공급원으로서의 역할을 하여 경제부국으로 발돋움할 가능성은 있다. 그러나 통일한국의 경제적 위상이 제고된다고 해도 그것이 동북아 지역의 전반적인 경제번영에 기여하는 것임을 강조해야 할 것이다.

한편 이와 관련하여 한국은 동북아 지역 내 다자간 경제협력기구 및 나아가 동북아경제권 형성과정에 적극 참여함으로써 역내 국가간 산업구조 조정을 도모하고 경제적 상호의존성을 심화 · 제고시킴으로써 통일한국의 경제발전이 역내의 여타국가의 경제적 이익을 침해하는 것이 아님을 인식시킬 필요가 있다.

둘째, 안보적 측면에서 한반도의 전략적 가치가 대단히 높으므로 통일한국이 어느 하나의 주변국가의 독점적 영향권하에 들어가는 것은 물론 통일한국이 막강한 군사력을 보유하는 것도 여타 동북아 지역 국가들에게 불리하다는 것으로 인식될 것이다. 또한 유럽과 달리 집단안보협력체제가 수립되어 있지 않고, 동북아 안보환경이 현재보다 불안정한 방향으로 전개될 가능성도 배제할 수 없는 상황에서 통일한국이 보유해야 할 적정 군사력 규모는 중요한 논란의 대상이 될 수 있다.[10]

따라서 통일한국은 동북아 지역 내의 국가들이 통일한국의 군사력 규모로 인해 안보위협을 느끼지 않도록 하면서도 자국의 안보를 보장할 수 있는 군

---

소한 매년 350억 달러 이상 투입되어야 한다는 점을 강조하고 있다. Foster-Carter, *Korea's Coming Reunification*, p. 99.

10) 유럽에서는 집단안보협력체제(CSCE)가 형성되어 있어 통일독일을 집단안보협력체제의 틀 안에서 견제할 수 있는 한편, 독일의 입장에서도 막강한 군사력 없이도 이와 같은 협력체제를 통하여 자국의 안보를 보장받을 수 있다.

사력을 유지해야 하는 문제에 직면하게 될 것이다. 따라서 남북한은 주변국의 안보위협을 야기시키지 않는 수준과 통일한국의 적정 군사력규모를 동시에 고려하면서 단계적 군축을 이루어 나가야 할 것이다. 이와 함께 통일한국의 핵무기 보유 가능성에 대해서는 주변국 모두가 우려할 것으로 예상된다. 남북한은 이미 '한반도의 비핵화에 관한 공동선언'을 통해 "핵무기의 시험, 제조, 생산, 접수, 보유, 저장, 배비, 사용을 하지 않는다"고 합의하였기 때문에 이를 근거로 한반도의 비핵화를 실현해 나가면서 주변국의 우려를 불식시켜야 할 것이다.

한편 한반도 통일이 주변국 모두에게 이익을 주는 것이라는 논지가 확산되고 있어, 한반도 통일을 위한 국제적 환경이 유리하게 조성되고 있다. 예컨대 미 하버드대학 에버스타트 교수는 남북통일을 점진적으로 추진하기보다는 서두르는 것이 좋으며, 주변국들도 한반도 통일로 큰 이익을 볼 수 있기 때문에 이를 적극 검토해야 한다고 지적하였다. 즉 "미국 · 중국 · 일본 · 러시아 등은 각각 안보 · 경제상의 이유 등으로 한반도가 조기 통일되는 것을 원치 않고 있으나 통일한국은 주변국들에게 더 큰 이익을 가져다 주기 때문에 기존의 시각을 바꿔야 한다"고 주장하면서, 특히 "주변국들은 통일한국이 어느 한 국가와 동맹을 구축할 경우 안보상에 큰 위협이 된다는 생각을 하고 있으나 남북한이 통일되면 군사력의 대규모 감축이 이뤄지고 국제질서를 존중할 것이므로 잠재적 위협이 오히려 줄어든다"고 지적하였다. 더욱이 "통일한국은 한국의 선진화된 경제와 북한의 노동력을 결합하여 동아시아 지역에 새로운 큰 시장을 창출하기 때문에 중국이나 러시아에게도 이롭다"고 강조했다.[11)]

---

11) Nicholas Everstadt, "Hastening Korean Reunification," *Foreign Affairs*, Vol. 76, No. 2 (March/April 1997) 참조. 에버스타트 교수는 독일 통일의 경험에 비추어 엄청난 통일비용을 줄이기 위해서는 북한의 개혁 · 개방을 통해 점진적 통일을 이뤄야 한다는 견해가 많지만, 북한이 이런 방향으로 나아갈 가능성은 많지 않으며, 남북한의 격차 심화로 통일이 늦어질수록 더 많은 비용이 들 것이라고 주장했다.

이와 같은 지적은 주변국의 한반도 통일에 대한 인식을 긍정적인 방향으로 유도하는 요인으로 작용할 것이며, 더욱이 한반도 통일이 주변국의 국익에 유리하게 작용할 것이라는 논리가 다양한 차원에서 개발되고 전파될수록 국제적 통일환경은 점차 개선될 수 있을 것이다.

#### 5) 다자간 안보협력기구 창설 주도

아 · 태지역에서의 다자간 안보협력 논의는 일찍이 구소련에 의해 강조되어 왔으나, 쌍무적 안보관계를 중시하여 온 역내 국가들의 미온적인 태도로 인해 냉대되어 왔다. 그러나 최근 탈냉전 이후 새로운 국제환경하에서 역내 다자간 안보협력의 필요성에 대한 인식이 점차 제고되고 있어, 그 실현 가능성이 주목되고 있다.

먼저 미국의 경우, 동북아 다자안보대화가 역내 국가와의 쌍무적 안보동맹관계를 저해하는 것이 아니라 이를 보완해 주는 역할을 수행할 수 있다고 인식하는 동시에, 동북아 지역에서의 '1+3 체제'를 효율적으로 운용하기 위해서는 역내 국가들을 포괄하는 다자간 협의기구 창설이 불가피하고, 그 기구는 미국에 의해 주도되어야 한다는 점을 인식하고 있기 때문에, 역내 다자안보대화가 활성화되는 것을 적극 지지할 것이다.

또한 중국도 동북아 다자안보대화가 미국 주도하에 진전될 경우 그것은 중국을 견제하기 위한 것이라고 판단하여 동북아에서는 양자간 신뢰구축 조치가 선행되어야 한다는 입장을 취해 왔다. 그러나 중국은 4강의 이익이 첨예하게 교차되고 있는 한반도의 안정을 유지하고, 장기적으로 중국의 안보에 최대 위협을 미칠 수 있는 일본의 군사력 증강을 견제하기 위해 동북아 다자안보대화 논의과정에 참여할 수밖에 없을 것이다.

일본도 경제력에 상응하는 정치 · 군사적 역할 증대 차원에서 자위대의 군사력 증강을 모색하는 동시에, 미 · 중 · 러가 참여하는 다국간 안전보장기구

설지를 주장함으로써 이 기구를 통한 정치 · 군사적 영향력 확대를 도모하고 있어 역내 다자간 안보협력문제가 가시화될 가능성이 커지고 있다.

따라서 동북아 지역에서 다자간 안보협의기구를 창설한다는 이와 같은 구상이 구체화될 경우, 한국은 이 기구에 적극 참여하여 이 기구 내에서의 역할 증대를 도모하는 동시에, 이 기구에의 북한 참여를 유도함으로써 북한의 군사적 위협을 제어하고 한반도 군비통제문제를 동북아의 전반적인 군비통제문제와 연계하여 해결할 필요가 있다. 나아가 역내 안보환경의 변화를 가져올 중대한 변수인 한반도 통일문제와 관련하여 자율성을 확보할 수 있을 것이다.

이를 위하여 한국은 동북아평화협의회의 구상을 포함하여 역내 국가들에 의해 제안되고 있는 기존의 다양한 역내 다자간 안보협력 구상을 종합하여 역내 국가들에 의해 광범위하게 수용될 수 있는 방안을 새로이 강구 · 천명할 필요가 있다.

즉 한국은 역내에서 패권을 추구할 의사와 능력을 가지고 있지 않다는 점에서 역내 다자안보협력체 형성을 주도할 수 있는 유리한 위치에 있다. 따라서 한국은 다자간 안보협력을 적극 주장하고 이를 주도함으로써 이 틀 속에서 한반도의 평화와 안보를 확보하는 동시에, 자주통일을 위한 여건 조성 차원에서, 통일 한국의 안보적 위상에 대한 역내 국가들의 우려를 불식함으로써 국제적 통일기반을 조성하고 통일 이후의 역할과 위상을 정립할 필요가 있다.

한국이 제시할 수 있는 동북아 다자안보대화 구상에는 다음과 같은 내용들이 포함될 수 있다. 영토문제와 인권문제 등 민감한 문제에 대한 논의는 당분간 제외시키고, 주권존중과 내정불간섭, 분쟁의 평화적 해결 등 역내 국가들이 쉽게 합의할 수 있는 사항들을 주요 의제로 삼아야 할 것이다. 또한 역내 국가들의 군사력에 대한 투명도를 제고시키기 위해 국방백서 상호 교환, 공동 군사훈련 실시 및 국방 당국자간 정기 회합 등을 모색할 필요가 있다.

또한 한국은 동북아 지역에서의 다자간 경제협력기구에 적극 참여할 필요가 있다. 현재 세계경제의 블록화 추세가 심화되는 과정에서 역내 국가들간의 다자간 경제협력의 중요성이 널리 인식되고 있어, 아 · 태 경제협력각료회의(APEC)와 같은 역내 경제협력기구의 역할이 증대되고 있다. 한국은 역내 다자간 경제협력기구에 적극 참여함으로써 이 기구 내에서의 역할 증대를 모색하는 동시에, 북한의 이 기구 참여를 유도 · 주선함으로써 남북간 쌍무적 경제협력 이외에도 다자간 경제협력의 틀을 구축하고, 역내 국가들간의 전반적인 경제정책 조정과정 속에서 남북한 경제통합에 필요한 제반조치를 모색 · 강구할 수 있을 것이다. 이와 함께 전술하였듯이 다자간 경제협력기구에의 참여를 통해 통일한국의 경제적 위상에 대한 주변국가들의 우려를 불식시킬 수 있을 것이다.

## 5. 결론

한국의 외교 · 안보정책은 국력신장과 통일실현을 목표로 구상되고 추진되어야 한다. 통일과정이 한반도 평화정착이라는 분단관리 차원에서부터 시작되어야 하고 따라서 현상유지 정책으로 비춰질 수 있으나, 지향하는 목표는 반드시 통일이어야 할 것이다. 이런 점에서 주변국에 대한 외교정책에 있어서 주변국의 분단관리적 한반도 현상유지정책을 활용하여 평화를 정착해 나가되, 궁극적으로 이를 통일로 연결시킬 수 있어야 한다.

이를 위해서는 주변국의 적극적인 협조하에 한반도 평화가 조성되면 이를 바탕으로 남북간의 활발한 교류 · 협력을 통하여 남북화해 · 협력시대에 진입하고 나아가 '사실상의 통일상태' 를 구현해야 한다. 이것이 남북 쌍방이 성취해야 할 일차적인 과제이며, 이것이 우선 실현되고서야 국제적 통일환경문제가 거론될 수 있을 것이다.

국제적 통일환경에 있어서는 무엇보다도 미국과의 유대관계가 중요하다. 우선 현재의 동북아 질서를 '1+3 체제'로 규정할 때, 한반도 통일은 '1+3 체제' 이후에 나타날 특정국에 의한 패권체제 또는 세력균형체제보다 현상변경이 허용될 현재의 '1+3 체제' 하에서 이루어질 수 있을 것이며, 이런 점에서 한국은 '1+3 체제'의 유지를 위해 협조할 필요가 있다. 결국 '1+3 체제' 유지의 핵심관건은 미국이 균형자 · 조정자적 역할을 원활하게 수행할 수 있도록 협조해야 한다.

역설적이지만, 냉전 이후의 급격한 유럽질서 재편과정에서 프랑스는 냉전종결 이후에도 미국이 신국제질서 속에서 전세계적인 지도자로서 보다 지배적인 역할을 수행해야 한다고 주장하고 있다. 이는 사실상 프랑스가 특히 독일의 국력 강화를 우려하고 있기 때문이며, 미국이 여전히 새로운 세계의 불안정을 지켜줄 헌병(gendarme)으로서의 역할을 수행해야 한다는 것이다.[12)]

이상과 같은 프랑스의 인식에서 미국이 반드시 '정의의 화신'으로서 세계질서의 평화와 안정을 위한 필요 불가결한 존재로 규정되어 있는 것은 아니다. 다만 지금까지 유럽대륙 밖에 있었으나 유럽대륙 속에서 유럽국가들의 이해관계를 조정 · 관리해 온 미국이 동서냉전의 종식과 함께 점차 멀어져 가고, 같은 유럽 내의 가까운 이웃 독일이 그 자리를 메우려는 상황 속에서, 경제력을 제외하고는 독일을 능가하는 국력을 구비하고 있음에도 독일의 성장

12) Pierre Lellouche, *Le Nouveau monde: De l'order de Yalta au desordre des nations* (Paris: Grasset, 1992); Dominique Mosi, Jacques Rupnik, *Le Nouveau continent: Plaidoyer pour une Europe renaissante* (Paris: Calmann-Lévy, 1991), p. 157; André Fontaine, *L'un sans l'autre* (Paris: Fayard, 1991), pp. 235, 271, cited in P. Terrence Hopmann, "French Perspectives on International Relations after the Cold War," *Mershon International Studies Review* (Supplement to the *International Studies Quarterly*), Vol. 38, Supplement 1 (April 1994), pp. 73~75.

을 우려하고 있는 프랑스의 위기의식을 바탕으로 하고 있는 것이며, 이러한 위기의식 속에서 프랑스가 선택할 수 있는 최선의 대안은 가능한 한 미국을 계속 붙잡아 두는 것일 뿐이라는 것이다.

프랑스와 한국이 대등한 국력을 갖고 유사한 국제상황에 처해 있다고 말할 수는 없다. 프랑스는 핵무기를 보유하고 있으며, 유럽 내에서 독일 못지 않은 영향력을 구비하고 있어 대미 관계에 있어서도 상당부분 독자성을 갖고 있다고 말할 수 있을 것이다. 그러나 급변하고 있는 국제질서 속에서 프랑스가 보이고 있는 이러한 인식은 적어도 동북아 안보환경 속에서 한국이 선택해 나가야 할 정책대안과 크게 다르지 않을 것이다.

따라서 급변하고 있는 주변정세 속에서 한국은 '1+3 체제'의 최상단에 위치한 미국과의 긴밀한 관계를 바탕으로 여타 주변강대국들의 영향력 경쟁으로부터 자유로워져야 하며 또한 비용분담에도 가능한 한 적게 참여해야 하고, 이를 활용하여 스스로의 국력을 제고시켜 나가지 않으면 안 될 것이다.

이처럼 한·미관계 발전을 근간으로 하되, 동시에 한국은 자주외교의 기틀을 다져나가야 한다. 그것은 한국의 국가발전과 통일실현과정에 있어서 한·미간의 입장과 이해가 완전히 일치할 수 없을 것이기 때문이며, 한민족에 의한 우리식 통일을 실현해 나가려는 민족자주의 요구에 따른 것이기도 한다. 미국과의 최량의 우호관계를 발전시켜 나가야 하면서도 동시에 대미 자주적 외교정책을 모색하고 추진하는 것은 매우 어려운 난제일 수밖에 없을 것이다.

주변국에 대해서는 다양한 분야에서의 쌍무적 관계 발전을 통해 양자관계를 발전시켜 나감으로써 통일 이후에도 한국이 변함없이 자국과의 관계를 중시할 것이라는 인식을 심어줄 필요가 있으며, 그것은 결과적으로 한반도 통일에 대한 주변국의 지지를 유도하는 최선의 방도가 될 것이다. 이와 동시에 안보와 경제 양면에서의 역내 다자간 협력을 진작시키고, 그와 같은 다자간 협력 속에서 한반도 통일에 접근해 나감으로써 한반도 통일이 역내의 전반적 정세 변화와 상합하여 자연스러운 것으로 만들 필요가 있다.

또한 주변국마다 각기 한반도 통일에 대해 부정적 입장을 취할 근거가 있을 것이나, 한반도 통일이 궁극적으로 모두에게 이익이 된다는 논리를 개발하고 이를 적극 납득시키는 노력도 필요할 것이다. 이 점에 대해서는 앞서 논술하였듯이 경제와 안보 양 측면에서 다양한 논리를 구상할 수 있을 것이며, 다음과 같은 역사적 경험도 강조할 수 있을 것이다.

예컨대 역사적으로 볼 때, 한반도에 강력한 통일국가가 형성되어 있었을 때에는 동북아시아의 한 · 중 · 일 3국관계가 안정적이었다. 그러나 한국의 국력이 취약한 상황이었을 때에는 몽고의 침입과 임진왜란, 조선 말기 이래의 수차례 전쟁 등으로 인해, 거시적으로 볼 때 동북아 전체가 피해를 입게 되었음을 논증할 필요도 있을 것이다. 즉 해양세력과 대륙세력간의 완충지로서 안정된 한반도의 역할이 중요하다는 점을 강조할 필요가 있을 것이다.

통일은 남북한의 통일이며 한민족의 통일이다. 무엇보다도 민족 당사자의 자주적 노력이 우선되어야 하고, 주변국의 역할은 부차적인 것이다. 자주통일을 실현하려는 적극적인 의지를 갖고 노력할 때, 주변국의 지지를 확보할 수 있을 것이며, 적어도 주변국이 반대하지 않는 여건을 조성할 수 있을 것이다.

### 더 알아보기

1. 동북아 국제질서와 세계질서의 유사점과 차이점을 동북아 안보환경의 특징과 연관지어 생각해 보자.
2. 한반도 통일에 대한 미국 · 중국 · 일본 · 러시아 등 개별국가들의 입장을 검토하고 서로 비교해 보자.
3. 한반도 통일유형 · 방식에 따라 다양하게 나타날 수 있는 주변국의 이해관계를 생각해 보자.
4. 동북아 다자협력체(안보 및 경제) 설립문제와 관련하여, 현황과 전망문제를 생각해 보자.

| 제8장 |

# 민족공동체 구성과 한민족의 미래

백영옥(명지대 북한학과)

목　　표: 세계화의 시대에 한민족공동체의 의의와 역할을 살펴보고 분단체제하의 남북한 해외교포정책의 현황을 검토하여 향후 민족공동체 형성을 위한 대안을 마련해 보고자 한다.

주 안 점: 세계화시대의 민족주의, 유대인과 화교의 민족공동체 현황, 한민족공동체의 필요성과 해외교포 현황, 남북한의 해외교포정책과 민족공동체 구성 방안.

핵심개념: 민족공동체, 세계화, 민족주의, 교포정책, 조총련, 재외교포특례법, 국적법, 교민청.

## 1. 민족공동체의 구성

20세기 후반에 들어서면서 동유럽공산권의 몰락과 구소련의 해체는 이데올로기의 종언을 가져왔으며, 세계 각국은 이념보다는 이해관계에 의해 새로운 관계를 맺어가고 있다. 유럽연합의 출현 등 급변하는 세계체제 안에서 세계화와 정보화로 인해 국경의 장벽은 허물어지고 사람들간의 교류는 활발해지고 있다.

이념적 대결이 사라지고 교류와 협력의 새로운 세계질서가 형성되고 있는 세계사의 흐름 속에서 이제 한민족은 21세기를 맞이하게 되었다. 세계경제가 '하나의 시장'으로 전환되고 무한경쟁의 시대에 들어선 이즈음 세계적인 경쟁에서 뒤지지 않고 선진국으로 도약하고, 통일국가건설이라는 민족적 과업을 완성해야 하는 우리로서는 민족의 범위를 한반도에 국한하지 않고 세계 140여 개국에 거주하는 560만 명의 해외교포들과 함께 민족의 저력을 확산하는 일이 그 어느 때보다도 시급히 요청되고 있다.

특히 세계가 급속히 하나의 지구촌을 향하여 정치, 경제, 문화적인 문호를 널리 개방하는 시대로 들어가면서, 한 민족이 한 영토 안에서 거주함을 원칙으로 하는 전통주의 · 민족주의적 국가의식은 수정되어야 하는 시대가 되었다. 우리 민족도 이제는 과거의 닫힌 생각에서 열린 생각으로 전환을 모색하여, 남북한과 해외의 교포들이 민족동질성의 회복, 유지와 열린 민족공동체의 형성, 강화를 통해 민족의 미래를 모색해 볼 때가 되었다.

### 가. 세계화 · 정보화 시대의 민족공동체

세계화와 정보화로 인해 국경의 장벽은 허물어지고 사람들간의 교류는 활발해지고 있다. 이러한 세계화와 정보화로 국경의 개념이 약화되면서 유럽공동체와 같은 생활권 중심의 공동체와 더불어 같은 문화를 가진 민족이 국경을 뛰어넘는 공동체를 결성하는 움직임이 최근 들어 해외에 교포를 많이 가지고 있는 이스라엘과 중국을 중심으로 활발해지고 있다.

### 1) 이스라엘

전세계에 살고 있는 유대인은 1,800여만 명으로 이스라엘(480만), 미국(580만), 러시아 · 중앙아시아(200만), 유럽(150만) 등에 거주하고 있다.[1]

특히 미국내 유대인들은 정계 · 재계 · 학계 · 언론계 등 각 분야에서 영향력을 발휘하고 있다. 클린턴 행정부의 경우 미국 정책결정에 핵심부서인 국무부장관 울브라이트, 국방부장관 코언, 재무부장관 루빈이 유대인출신이며, 상원의원의 10%가 유대계로 미국의 정책결정에 중요한 역할을 수행하고 있다. 미국 선거자금의 40~60%가 유대인에게서 나온다고 할 정도로 막대한 정치자금을 제공하고 있으며, 이러한 활동에 지원을 받아 이스라엘은 미국으로부터 최대의 원조(연간 50억 달러 추정)를 받고 있다. 재계에서도 액슨 · 모빌, 택사코 등 전세계 석유회사, 카길 등 곡물유통업계, 체이스맨해튼, 시티뱅크 등 금융계, 미국 포춘지 선정 100대 기업주의 3분의 1을 유대인들이 장악하고 있다. 〈뉴욕타임스〉, 〈월스트리트 저널〉 등 주요 신문, AP, AFP, UPI, REUTER 등 세계 4대 통신사, CNN 등 방송사, 미국 유명대학 교수의 60%에 달하는 유대계 교수들이 여론을 형성해 나가는 등 각 분야에서 눈부신 활약을 하고 있다. 최근에는 러시아의 금융 · 언론 · 예술 · 학계 등을 장악하고 있던 유대인들이 정 · 재계에서도 막대한 영향력을 발휘하고 있다. 베레조프스키 로고바그룹회장은 '킹 메이커'로 막강한 영향력을 행사하고 있으며, 넴초프 전 부총리, 추바이스 전 부총리도 유대계 출신으로 정계에 지대한 영향을 미치고 있다.

이러한 해외교포들과의 유대를 강화하고, 이들을 모국발전에 효과적으로 활용하기 위해 이스라엘 정부는 1968년 '이민성'을 설치해 유대인의 본국이주 관련 전반적 업무를 총괄하고 있다. 구소련이 해체된 이후 구소련에 거주

---

1) 이스라엘과 중국의 해외교포에 관한 자료는 국가정보원, 〈주요국의 민족네트워크 실태와 한민족네트워크 추진방향〉(서울: 국가정보원, 1999), pp. 2~25.

했던 70만 명의 유대인들이 이스라엘로 이주했는데 이들의 절반 가량은 과학자, 컴퓨터 프로그래머, 의사, 변호사, 예술가 등 고급인력으로 국가발전에 적극 활용하고 있다. 또한 해외에서 성공적으로 정착한 유대인들에 대해서는 외무성 '세계유대인국'을 통해 재외공관 협조하에 이들의 이익보호를 현지정부에 촉구하는 정책 등 권익보호 업무를 담당하고 있다. 최근에는 전세계 유대인을 하나로 묶는 '유대인 커뮤니케이션네트워크' 등 사이버상에 민족공동체 건설을 위한 네트워크를 운영하고 있다. 교회, 학교, 언론 등 거주지내 각종 조직을 통해 지역네트워크를 구축하여 정치 · 경제 · 문화적 결속력을 유지하면서 '유대 커뮤니티 센터' 등을 통해 기업간 정보와 지역간 투자정보 교류를 촉진하고 있다. 해외 유대경제권은 약 4조 8,000억 달러로 미국의 연간 GDP의 60%이상이며, 이스라엘 GDP의 50배에 달하고 있는 것으로 추산되고 있다. 미국에는 유대인들을 지원하는 모금단체가 약 200여 개가 있으며, 정기적으로 연간 약 10억 달러를 지원하고, 전쟁 등 이스라엘이 위기를 맞을 때마다 기금을 모집해 지원하고 있다.

2) 중국

전세계에 살고 있는 중국인은 중국 국적자 200여만 명과 거주국 국적을 취득한 중국계 3,000만 명으로 인도네시아, 태국, 말레이시아, 필리핀 등 동남아 지역에 집중적으로 거주하고 있다. 특히 동남아에서 재산이 5억 달러가 넘는 화교 기업인이 약 150명으로 동남아 경제를 장악하고 있다. 홍콩 〈아주주간(亞洲週刊)〉에 의하면 아시아 금융위기 이후 주식 · 부동산 가격급락으로 동남아화교의 자산은 약 7,000억 달러에서 50% 가량 감소되었으며, 타격이 가장 컸던 인도네시아의 경우 1997년 500대 화교기업에 34개가 포함되었으나 1998년에는 9개로 축소된 것으로 나타나고 있다.

인도네시아의 화교인구는 전인구의 3%인 600만 명에 불과하나 200대 기업 중 160개 이상을 차지하는 등 1998년 5월 대화교 폭동사건이 일어나기 전까지 민간자본의 70% 이상을 장악하였다.

태국에서는 전 인구의 10%에 불과한 화교들이 1988년 이후 5명의 총리를 배출하는 등 정계를 장악하고 있으며, 상장기업의 80%, 10대 재벌 중 9개, '방콕은행' 등 4대 은행을 점유해 재계에서도 막강한 영향력을 행사하고 있다.

싱가포르는 화교가 전체인구의 80%를 차지해 사실상 경제를 주도하고 있으며, 이광요 전 싱가포르총리의 제안으로 '세계화상(華商)대회' 가 1991년 창설되어 2년마다 개최되고 있다. '세계화상대회' 는 범세계적 화상 네트워크로 모든 화상들에게 문호를 개방하고 있다. 또한 인터넷으로 세계화교자본 관련정보를 제공하기 위해 '싱가포르 중화총상회' 를 중심으로 1995년 12월 '세계화상네트워크' (World Chinese Business Network)를 개설했으며, 약 10만 개 화교기업이 가입하여 다양한 사업정보를 제공하고 있다.

최근에는 동남아 화교기업을 중심으로 130만 명의 화교들이 살고 있는 미국에 부동산 매입을 하여 진출하고 있으며, 워싱턴 주지사에 화교가 당선되는 등 미국내 정계진출도 늘어나고 있다.

전세계의 화교들은 국경을 초월하여 혈연 · 지연 · 업연(業緣: 업종별 조합, 지역별 상공회의소) 등으로 연결되어 있으며, 자본과 정보를 나누면서 비공식적이고 상호보완적인 사업관계를 구축하고 있다. 화교계기업은 자국내 사업의 50% 이상과 국제사업의 40%를 화교기업간 네트워크를 이용하는 것으로 나타나고 있다. 현재 '대중화 경제권' 은 대만의 제조기술, 홍콩 · 싱가포르의 마케팅 · 서비스, 중국의 노동력, 북미의 전문인력 · 기술력이 전세계 화교자본과 결합하는 형태로 발전하고 있다. 전세계 화교관련 조직은 9,500개에 달하며 화교간의 국제적 네트워크를 공고히 해 줄 뿐만 아니라 중국정부와 국제사회와의 연결고리도 제공하고 있다. 특히 화교기업의 사업확장은 국내사업확장→홍콩 현지사무소 설치→중국투자→기타 화교거주국에 대한 투자로 확장되는 것이 일반적인 추세여서 1978년 덩샤오핑〔鄧小平〕의 개방정책 이후 10만 개 이상의 합작회사를 설립하여 중국 수출산업의 기반을 마련해 주었으며, 경영기술과 자본의 이전은 물론 해외 시장개척에도 크게 기여하고 있다. 특히 1989년 천안문 사건에 따른 서방경제봉쇄 돌파를 위해 전세계 화교네트워크를 적극 활용했던 중국정부는 1991년 화교에 대한 우대조치를 법으로 규정하고 각종 특혜를 제공하고 있다.

이와 같이 이스라엘과 중국은 이미 해외교포를 자국의 경제발전과 세계화 전략에 활용하려고 적극적인 노력을 펼치고 있다. 이들 국가들은 세계경쟁력 고양의 중요한 자원으로 활용하려고 모국과 해외 교포들을 연결하는 민족네트워크 구축에 심혈을 기울이고 있다.

### 나. 한민족공동체의 필요성

우리도 21세기 민족통일을 이루고 선진국으로 도약하기 위해서는 민족의 잠재력을 극대화할 수 있는 한민족공동체를 구축하고 효율적으로 관리해 나가야 할 것이다. 한민족공동체론은 전세계에 흩어져있는 한민족 성원들을 하나의 민족이라는 동질성과 교포의식에 기반해서 정서적으로 연대시키는 것이며, 나아가 그 같은 정서적 연대에 토대해서 세계화시대에 공동 대처하는 협조체제를 형성하는 것이다.

1999년 1월 현재 재외 한인교포 수는 세계 140여 개국에 560만 명에 달하고 있다. 이 규모는 남북한 총 인구의 8%에 해당하는 큰 규모이다. 지역적으로 이들은 미국(2,057,546명), 일본(660,214명), 중국(2,043,578명), 독립국가연합(486,857명)에 집중되어 있다.[2] 이렇게 세계 강국들에 우리 교포들이 거주하고 있는 것은 우리가 원래 의도한 바는 아니었지만 결과적으로 우리나라가 세계 무대에서 성장할 수 있는 귀중한 밑거름이라고 할 수 있다. 따라서 우리는 이들 교포들의 역량을 집결하여 활용할 수 있어야 하는데, 그러기 위해서는 우선 이들이 한민족으로서의 정체성을 갖고 모국과의 관계를 긴밀하게 유지할 수 있도록 하는 방안을 모색해야 한다.

해외교포란 조국을 떠나 다른 나라에서 거주국의 국적을 취득해 살고 있는 사람들이나 그 후손들을 뜻한다. 특히 한민족은 단일민족으로서 역사적 운명과 문화적 전통, 특히 언어 · 종교 · 역사 · 생활양식 등을 오랫동안 공유해 왔기에 전세계 어디에 살고 있어도 하나의 민족공동체란 의식을 강하게 가지고 있다. 이러한 공동체 의식이야말로 민족을 단결시켜 분단된 조국의 통일과 번영을 성취하는 데 크게 기여할 것이다. 특히 국내적으로 민족의 화해 · 협력의 대 전환점에 서 있는 오늘날 남북한의 교류 및 협력문제를 풀어 나가는 동시에 민족의 동질성을 회복하여 한민족공동체를 형성하기 위해서는 해외교포들의 역할에 주의를 기울일 필요가 있다.

가까운 예로 중국과 대만간의 관계 개선에 긍정적인 역할을 한 화교들의 사례는 우리에게 시사하는 바가 크다. 중 · 대만은 상호간에 정치적 접촉이 단절된 상황에서 각각의 입장과 정책을 전달하는 효과적인 매개자로서 해외교포들을 적극 활용하였다. 해외교포들은 정치적 적대감을 벗어난 일종의 접촉창구의 역할을 하였던 것이다. 이러한 사례로 보아 남북한관계를 개선하고 북한을 개방시켜야 하는 우리의 상황에 있어서도 해외교포들의 역할이 클 것으로 기대된다.

먼저 해외교포는 남북한간의 높은 불신의 벽과 적대감을 여과시킬 수 있는 장점을 가지고 있다. 실제 남한과의 직접적인 교류에 소극적인 북한도 해외교포들에게는 비교적 관대한 태도를 보이고 있고, 교포들의 내왕을 선별적이

2) 외교통상부, 〈해외동포현황〉(서울: 외무부, 1999).

나마 허용하고 있다. 따라서 해외교포들은 남한과 북한을 왕래하면서 남북교류에 기여할 수 있다. 아울러 해외교포들은 남북한 사회를 정치권력의 대결이 아닌 민족공동체적이고 중립적인 입장에서 바라봄으로써 통일을 정치적 차원이 아닌 민족적 차원에서 다룰 수 있다는 장점을 지니고 있다.

한편, 일부 해외교포들은 분단된 현실을 직접 체험하지 않았으므로 분단과 이데올로기의 대립으로 잃어버렸던 민족의 동질성과 전통을 오히려 남북한의 주민들보다 더욱 잘 간직하고 있는 경우도 있다. 보존된 민족의 동질성과 전통은 현재에는 남북교류를 위한 주요한 매개체가 될 수 있으며, 이후 상황이 긍정적으로 전개된다면 민족공동체의 형성에 참된 기초로 작용할 수도 있을 것이다. 예를 들면 해외교포들은 이산가족문제, 언어, 문화생활에서의 이질성 극복, 환경문제, 체육, 예술 및 학술교류 등 각 분야에서 통일을 위하여 크게 기여할 수 있다.

우리 민족은 1,300여 년간 통일국가를 이루고 살아왔으며, 남북한이 분단된 채 살게 된 것은 50여 년에 불과하다. 그러나 각기 다른 체제에서 자유로운 왕래는커녕 전화나 편지조차 나눌 수 없이 상이한 의식과 삶의 경험을 겪어 왔기에 남북한이 정치 · 경제적 통일을 이루고 사회 · 문화적 통합을 이루는 일이 쉽지는 않을 것이다. 독일의 경우 베를린 장벽이 무너지고 통일이 이루어진 순간 동 · 서독의 주민들은 서로 얼싸안고 '교포애'를 나눴으나, 시간이 흐름에 따라 점차 상대방에 대한 비하의식과 함께 '마음의 벽'이 높아지고 있다. 특히 통일이후 동독주민들은 과거 청산 과정에서 피해의식, 역사단절에서 오는 정체성의 위기를 경험한다고 한다. 따라서 진정한 통일이란 남과 북의 사람들이 하나의 동질성을 수용하는 것이 아니라 상대방의 무엇이 우리와 같고 무엇이 우리와 다른가를 아는 것이 중요하다. 또한 다름을 우열의 개념이 아니라 차이의 개념으로 이해하고, 서로의 차이를 인정하고 존중할 수 있어야 한다. 그러나 오랜 동안 단일 민족으로 단일국가를 형성하고 살아온 우리에겐 다양성을 인정하고 존중할 줄 아는 관용과 개방성이 부족하다. 이러한 '단일민족'의 배타성은 이미 타국의 다인종 · 다민족사회에서 살아가면서 개방성과 다양성을 경험한 해외교포들과 함께 극복해 나갈 수 있을 것이다.

또한 현실적으로 남북한간의 지나친 경제적 차이나 불균형은 통일독일이 현재 겪고 있는 어려움처럼 통일 이후 우리에게도 중요한 문제일 수 있는 바, 해외교포들의 경제적 지원과 기술이전은 이러한 문제점을 해결하고 남북으로 분단된 민족경제가 균형 있게 발전되도록 도움을 줄 수 있다. 더욱이 앞으로 전개될 환태평양시대의 중심고리로서 동북아 경제협력기구가 국제적으로 중요시될 것이라는 점을 참작하면, 우리의 해외교포가 밀집해 있는 만주와 연해주 지역에 민족적 경제공간을 미리 확보하는 것은 동북아지역에서의 통일환경조성에도 지대한 공헌을 할 것으로 예측된다. 이를 위해서는 이 지역 교포들의 노동력과 재미 · 일 교포들의 자본과 기술을 기초로 한인들의 민족적 경제시스템을 구축하고, 이를 기반으로 북한과의 교류를 확대해 나가는 일은 시급한 과제라고 하겠다. 이러한 상황에서 미국, 일본, 중국, 독립국가연합의 세계 4대 강국에 둘러싸이고 남북한이 분단된 우리나라의 생존전략으로서 해외 한민족의 활용은 바람직한 것을 넘어서 불가피한 과제라고 볼 수 있다.

## 2. 해외교포들의 현황과 재외국민정책—주변 4강을 중심으로

과거 남북분단에 직 · 간접적으로 영향을 미쳤고 앞으로 한반도 통일에 중요한 영향을 미칠 미국, 일본, 중국, 독립국가연합 등에 약 560만 명에 달하는 해외교포들이 살고 있다. 이들은 남북한 관계뿐만 아니라, 남북한과 주변 4개국과의 관계 및 국제적 통일환경 조성 등에 있어서 지대한 영향을 미칠 것으로 전망된다.

특히 우리의 통일역량의 제고 여부는 상당부분 우리 자신에게 달려 있다고 하더라도 남북한 관계나 주변상대국과의 관계는 상대성을 띠고 있기 때문에 통일여건의 조성은 우리만의 일방적 노력으로 이루어질 수 없다. 이러한 현실을 감안할 때 주변 4강에 거주하고 있는 해외교포들의 역량을 결집하는 것이 매우 중요하다. 이에 정부에서는 해외교포들에게 조국의 평화적 통일은 민족의 생존권 보장과 자긍심 고양의 관건임을 홍보하는 동시에 해외교포들이 세계사의 흐름을 직시해 한국의 발전과 북한의 개방화를 통한 남북한관계 개선 및 통일에 교량적 역할을 수행해 줄 것을 기대하고 있다. 이는 한반도의 통일을 위해서 남 · 북한간 신뢰를 회복하고 평화를 정착시키며 남북한의 교류 협력문제를 풀어 나가는 동시에 민족의 동질성을 회복하여 민족공동체를 형성하기 위해서는 해외교포들의 역할이 매우 중요하기 때문이다.

따라서 통일국가 건설에 지렛대 역할을 할 수 있을 것으로 기대되는 해외교포의 현황을 살펴보고, 남북한의 교민정책을 비교 · 분석해 한민족 발전방향을 제시해 보고자 한다.

### 가. 교포현황

현재 해외교포 수는 140개국에 약 560만 명이 살고 있다. 우리 교포의 해외이주는 세계 이민 역사상 그 유례를 찾아보기 어려운 예이다. 본국 인구와 대비하여 8%(남북한 인구를 6,000만 명으로 추정함)에 달하는 해외교포를 가지고 있는 나라는 한국밖에 없으며 유대인 · 중국인 · 일본인과 달리 전세계에 걸쳐 교포사회가 형성된 나라 또한 우리나라밖에 없다. 교포 수에서는

〈표 12〉 해외교포 분포 현황

| 거주국 및 거주지역 | 교민수 |
|---|---|
| 중국 | 204만 명 |
| 미국 | 205만 명 |
| 일본 | 66만 명 |
| 독립국가연합 | 48만 명 |
| 중남미지역 | 10만 명 |
| 캐나다 | 11만 명 |
| 유럽지역 | 6만 명 |
| 오스트레일리아 · 뉴질랜드 | 4만 명 |
| 기타 | 5만 명 |

자료: 외교통상부, 〈해외동포현황〉(서울: 외무부, 1999)

화교가 3,000만 명으로 세계 1위이나 중국인구 12억 명에 비하면 2.5%에 불과하고, 거주지역도 동남아와 북미지역에 한정되어 있다. 그 다음으로 유대인이 1,300만 명으로 동유럽과 미주에 국한되어 살고 있다. 한국은 교포 수로는 세번째이지만 세계 각국에 분포되어 있다는 점에서는 어느 나라보다 앞서고 있다.

또한 우리교포 총 560만 명 중 94%인 463만 명은 중 · 미 · 일 · 독립국가연합 등 한반도를 둘러싼 주변 4강에 집중 거주하고 있어 더욱 더 중요한 의미를 지닌다(〈표 12〉 참조).

우리 교포의 대다수가 살고 있는 4강을 중심으로 거주국별 교포들의 실태를 살펴보고자 한다.[3)]

3) 보다 구체적인 4강의 교포 현황은 백영옥, 〈한민족공동체 형성을 위한 교포정책〉(서울: 민족통일연구원)을 참조할 것.

### 1) 미국

우리민족이 해외에 공식적으로 집단이주를 시작한 것은 하와이 사탕수수 농장에서 일하기 위한 노동이민에서부터였다. 조선정부는 척식사업과 신문화도입을 장려하고 날로 노골화되어 가던 일본의 침투를 막기 위해 미국측의 도움을 얻으려는 기대로 이민사업을 추진하였다고 한다. 1903~1905년 하와이로 간 7,000여 명의 이민자는 대부분 선교사들의 주선으로 이민을 떠나 교회 중심의 이민사회를 형성하게 되었으며, 현재까지 미국의 한인사회는 일본인이나 중국인 교포사회와는 달리 한인교회가 구심적 역할을 하고 있다. 1910년 나라를 잃게 된 이민자들은 미국에 정착하게 되고, 뒤이어 정치지도자와 학생들이 미국에 오게 되었다. 그 당시 하와이 등 미국에 거주하는 한인들의 90%가 총각이었기 때문에 사진결혼이 성행하여 1,000여 명의 한인들이 결혼을 위해 미국으로 이주하여 한인사회에 합류하였다. 미국에 정착하게 된 대부분의 한인들은 근면과 인내로 어려운 환경에서도 돈을 모아 독립을 지원했으며, 높은 교육열과 강한 민족의식으로 민족교육과 조국 독립운동에 헌신하였다. 해방 당시 미국에 거주하던 한인은 1만 명으로 이 중 70%가 하와이에 거주하고 있었다. 해방 이후에는 미국인과의 국제결혼, 미국가정에 입양된 고아, 그리고 현지에 정착한 유학생들이 미국교포사회를 형성했다. 그러나 본격적인 미국이민은 1965년 미국 이민법이 바뀌면서 시작되었고, 한해 2,000 내지 3,000여 건에 달하는 미국인과의 결혼으로 도미한 사람들과 1950년대부터 입양된 입양아 등 현재 미국에는 200여만 명의 교포가 살고 있다. 미국 교포들은 짧은 이민 역사속에서 성실과 근면을 바탕으로 노동집약적 소기업을 운영하면서 생활의 안정을 누리고 있다. 그러나 미국 주류시장에 도전하기 위해서는 한인 경제의 주축을 이루어 온 세탁소 · 주류판매업 · 식품점 · 잡화점 같은 단순 업종에서 점차 탈피해 제조업 중심의 전문업종으로 전환해야 하는 과제를 안고 있다. 최근 자본의 규모나 수익성이 높은 업종으로 전업하고 실리콘밸리에 진출하는 벤처기업들도 등장하고 있어 경제적 지위를 확보해 나가고 있다. 한국이 외환위기에 처하자 미국교포들은 외화송금 · 모국은행 통장갖기 · 상품구매단 파견 등 모국의 경제난 극복을 위한 지원을 하였다. 특히 이민 일세대들은 언어문제 등으로 한국에서의 교육과 경력을 충분히 인정받지 못해 미국 주류사회 진출에 어려움을 겪었으나 높은 교육열로 미국 사회 각 분야에서 활동하는 교포 2·3세들이 늘고 있다. 미국에서 태어나 이민 일세대보다는 모국지향성이 떨어지는 2·3세대의 한국어 교육은 커다란 어려움이었으나 1997년부터 대입 학력시험(SAT-II)에 한국어가 채택된 이후 한국어 열기가 교포 청소년 사회에 확산되어 한민족으로서의 일체감 확립 및 자신감 향상에도 크게 기여하고 있다.

미국의 주요 의료기관이나 대학 연구소에서 근무하는 전문직에 종사하는 한인 교포 수는 의료계 약 2만 명, 변호사 3,000여 명, 교수 및 과학자 약 4,000여 명으로 추산되고 있다. 최근 들어 재미교포들은 미국내 선거시 정치헌금을 하는 등 정치권과의 관계형성에 열의를 보이고 있으며, 연방 · 주 · 시의회에 진출한 교포의원의 수는 11명에 달하고 있다. 아직 재미교포의 수는 미국인구(2억 5,800만 명)의 1%에도 미치지 못하나 학력 · 소득 면에서는 미국민의 평균보다 높은 수준이다. 특히 로스앤젤레스, 뉴욕, 시카고 등 대도시에 한인타운을 형성하고 있어 미국의 새로운 소비경향이나 유통시스템의 변화를 전달해 주는 등 한국기업의 눈과 귀의 역할과 바이어로서 수출확대에 첨병역할을 해 주고 있다.

한편 온 가족이 생업에 매달려 새벽부터 밤늦게까지 일하여 경제적 기반을 마련한 한인들의 모습은 이미 세계적으로 널리 알려져 있다. 이러한 한인들의 성공은 백인 주류사회뿐 아니라 흑인들 사이에서도 질투의 대상이 되어 1992년 4월 29일 LA 흑인폭동 때 커다란 피해를 입기도 하였다. 이를 계기로 역이민 현상도 일었으나 부모의 희생적인 교육열과 자녀들의 노력으로 명문대를 졸업한 2세들을 중심으로 미국 주류사회에 진출하여 모국에 기여하려는 교포들도 늘고 있다.

2) 일본

한민족이 일본으로 건너간 것은 이미 오래 전부터의 일이다. 일본에서는 그들을 귀화인이라 부르는데 귀화인 중 임진왜란 당시에 끌려간 일부 도예공의 후손들을 제외하고는 일본사회에 동화되어 조선인의 후예라는 의식이 남아 있지 않고 있다. 현재 일본에 거주하는 조선인은 1910년 한일병합 이후 일본에 건너간 사람들이다. 일본교포사회는 일제의 강점하에 토지를 빼앗긴 농민들이 일자리를 찾아 일본에 저임금 노동자로 유입되거나, 태평양전쟁 발발 후 일본에 강제적으로 징병이나 징용되어 현지에 정착하게 된 교민 1세와 후손이 주류를 형성하고 있다. 1945년 일본 패망시 일본거주 조선인의 수는 235만 명에 달했으며, 이들 중 귀환선 사정, 경제적 여건, 한반도의 분단, 한국전쟁 등으로 귀국하지 못하고 일본에 남게 된 조선인들의 수는 약 54만 명으로 추산된다. 이들은 주로 오사카 · 도쿄 · 나고야 · 고베 등에 밀집거주하고 있으며 일본사회의 극심한 차별로 상업 · 제조업 · 서비스업 · 유흥업 등에 한정되어 종사하고 있다. 대부분의 재일교포들은 다른 지역의 교포들과는 달리 한국국적을 고수하며 일본사회의 온갖 차별에도 불구하고 한국인으로서의 자존심을 지키는 것을 긍지로 삼고 외로운 투쟁을 벌여 왔다. 교육현장에서 재일교포 자녀들이 왕따를 당하고 고등학교 · 대학교 입학시 차별을 받으며, 공무원 · 공공기관 · 사기업 채용시 한국이름을 사용하면 응시를 제한하는 등 차별적 관행이 자행되고 있다. 이러한 현실 때문에 매년 대학을 졸업하는 1만 명의 교포 자녀 중 약 10%만이 일본기업에 취업하고 있으며 대다수는 차별을 피해 개인사업이나 교포기업에 취업하고 있는 실정이다. 최근에는 일본에서 태어나 성장한 교포들이 전체의 90%를 차지해 모국지향적인 교포 1세대와는 달리 일본의 차별정책을 피해 귀화를 택하는 교포의 수가 증가하고 있다.

그 동안 민단계 재일교포들은 민족차별이 심한 일본에서 우리 정부의 지원 없이 독자적인 노력으로 한국인으로서의 권익증진을 위한 노력을 펼쳐왔으며 최근에는 재일교포의 일본사회 내 법적지위가 어느 정도 향상되고 있는 과정에서 젊은층의 귀화가 늘어나고 있어 어렵게 이룩한 교민사회 존립에 심각한 문제로 대두되고 있다.

재일교포들은 한국 경제개발과 모국발전에 헌신적인 공헌을 했다. 1960년대 성행했던 보세가공 합작기업 등은 일본기업과의 협력으로 이루어진 경우가 주를 이루었으며, 이를 위해 재일교포 경제인들이 한 · 일 양국 기업의 중개자 역할 및 지원활동을 활발하게 전개했다.

그러나 재일교포들이 본국에 투자할 경우 이에 대한 법적 보호조치가 미비해 이중으로 어려움을 겪고 있다. 일본사회 내에서는 한국 국적인으로서 외국인으로 차별을 받으며 지내왔고 한국 내에서는 법적 · 제도적 보장이 없는 무권리 상태가 지속됨으로써 법적으로 자신의 권리를 행사할 기반을 상실하고 있기 때문이다.

한편, 해방 이후 북한이 조총련을 중심으로 재일교포에 대한 적극적인 지원활동을 펴면서 교포간 이념갈등이 발생해 남한지역 출신이 99%인 재일교포들이 민단과 조총련의 양대 세력으로 분열되어 왔다.

민족발전에 귀중한 자원인 재일교포사회가 교포사회의 분열과 급증하는 귀화교포 문제를 해결하고 재일교포의 민족발전 동참체제 구축작업이 시급한 실정이다.

### 3) 중국

중국의 경우 19세기 중엽부터 두만강과 압록강을 넘어가 농사를 짓던 농민들이 정착해 한인사회의 기반을 닦았으며, 일제강점하에서는 독립운동가들이 진출해 조국 광복을 위한 투쟁의 무대로 삼았다. 1930년대에는 일본이 만주 개척농장에 한인들을 강제로 이주시켜 이들을 중심으로 교포사회가 형성되었다. 민족의 암흑기에 조국을 떠난 이들은 지린〔吉林〕(120만여 명) · 헤이룽장〔黑龍江〕(45만여 명) · 랴오닝성〔遼寧省〕(23만여 명) 등 동북 3성에 밀집 거주하며 옌벤 조선족자치주를 형성하고 있다. 이주 100년을 맞이한 재중 250만 교포들은 아직도 모국의 문화와 전통을 지키면서 모국에서는 이미 사라져 버린 민족의 문화유산까지도 고스란히 보존하고 있다. 그러나 법적으로는 중국국적을 취득한 중국의 국민이며, 중국내란기에 공산당을 도와 중국혁명에 공로를 세운 것에 대한 자부심이 강하다. 중국교포들은 중국을 시댁으로 남 · 북한을 친정으로 비유하기도 한다. 따라서 일본이나 미국에 거주하고 있는 대다수 교포들이 한국국적을 보유하고 있는 점과 비교할 때 그 성격이나 법적 지위가 다르다.

중국교포들은 대다수가 농업(58%)에 종사하고 있으며 학력과 생활수준에서 중국인의 평균수준을 훨씬 능가하고 있다. 그러나 중국의 개혁 · 개방정책이 본격화되면서 동북 3성 농촌지역에서 조선족 마을을 이루고 살던 재중교포들이 베이징 등 대도시로 진출해 옌벤 조선족자치주를 중심으로 한 재중한인사회의 지역공동체 유지와 발전이 어려워지는 실정이다. 특히 대도시에 살게 되면서 조선족 교육기관이 아닌 한인학교에 다니게 되면서 민족 정체성 상실에 대한 우려와 함께 재중교포의 중국동화 현상의 심화가 교포사회의 현안이 되고 있다.

한편, 1992년 한국과 중국의 수교를 계기로 모국과의 유대 및 교류가 활발해지면서 중국과 한국의 임금차이가 커 단기간의 부를 축적하려는 중국교포들의 서울바람이 불기 시작했다. 그러나 중국교포들의 한국 나들이가 조선족에게 상당한 경제적 혜택을 주었으나, 정부의 입국규제로 입국사기와 취업사기가 빈발하고, 중국에 진출하거나 여행하는 일부 한국인들의 추태, 밀입국

시도문제, 위장결혼, 중국교포들의 불법취업을 악용해 착취하는 일부 악덕 고용인 등 여러 가지 문제로 최근에는 중국 조선족과 한국인들 사이의 불신이 깊어지고 있다.

### 4) 독립국가연합

독립국가연합의 교포사회는 제정러시아가 1860년 '베이징조약'으로 연해주를 차지한 이후 1863년 조선인 농민 14가구가 이주하면서 시작되었다. 그 후 경제적인 이유나 조국독립 등 정치적인 이유로 연해주로 이주해 오는 한인들의 수는 급증해 1910년 남부 우수리 지방에서만 104개 부락이 형성되었고 이 부락들에선 한국학교를 세우는 등 부분자치가 실시되었다. 1917년 러시아혁명으로 소연방정권이 수립되면서 소련국적을 취득하게 되었다. 1930대 후반 일본에 의해 극동지역의 긴장이 고조되자 이를 구실로 스탈린은 1937년 9월부터 12월까지 연해주 지방에 살고 있던 약 18만 명에 달하는 한인들을 중앙아시아 10여 개 지역으로 강제이주 · 정착케 하였다. 이들의 후손들은 현재 러시아에 10만 명, 우즈베키스탄 22만 명, 카자흐스탄 10만 명 등 3개 국가에 집중 거주하고 있다. 현지 교포들은 주로 농 · 수산업 · 교육계 · 기술직 · 노동분야에 종사하고 있으며 여타 소수민족에 비해 교육과 경제 수준이 높은 편이다. 그러나 과거 러시아의 동화정책으로 인하여 우리의 민족문화를 상실해 가고 있는 실정이다. 특히 소연방해체 이후 현지의 잦은 민족분규와 비공식 차별대우로 생활기반이 불안정해져 교포들 사이에서 연해주 지역으로 돌아와 자치주를 설치하려는 움직임이 일고 있다.

이러한 해외교포들이 조국의 발전에 공헌하는 바는 지대하다. 미국, 중국, 일본, 독립국가연합의 정부기관에 우리 교포들이 진출하고 있으며 특히 중국과 독립국가연합의 대 아시아 경제관계연구 및 주요 직책을 주로 우리 교포들이 차지하고 있다. 경제개발계획 추진시 재일 · 재미교포를 비롯한 해외교포들의 기술지원과 송금이 중요한 역할을 했으며, 1988년 서울올림픽을 위한 성금 중 93%가 해외교포들에 의한 것이었다. 특히 재일교포들은 서울올림픽을 위해 일화 112억 엔을 희사하고 전국 주요도시에 150개의 이동화장실을 기증하기도 했다. 해외교포가 송금과 모국방문을 통해 연간 모국에 기여하는 외화는 총 25억 달러에 달하고 있다.

또한 세계 각국의 연구소나 대학교에도 한국교포들이 자리잡아 최신 기술의 정보 교환, 한국문화 보급, 한국학연구소 설립에 기여하고 있다. 이민 2세 · 3세들은 부모들의 높은 교육열로 전문직 등 주류사회로의 진출이 활발해지고 있으며 점차 현지생활에 정착하여 영향력을 발휘하고 있다. 특히 기술장벽과 선진국의 수입제한, 과학기술정보의 한계, 민족통일 등 많은 난제를 해결하기 위해서는 전세계 560만 해외교포가 일궈 놓은 터전을 보다 조직적으로 활용하여 민족의 잠재력을 발휘해야 한다. 그러나 2세, 3세들은 1세대와는 달리 조국에 대한 연대의식과 소속감이 확고하지 않아 모국어를 잃게 되어 1세대가 이룩한 민족공동체가 와해될 우려가 있다. 1세대들의 입장에서 바람직한 2세의 상은 한국적인 정체성을 잃지 않으면서 현지사회에 원만하게 적응하는 모습이다. 이는 우리 정부의 정책과 일치되는 바이기도 하다. 그러나 학교에서뿐 아니라 집안생활에서조차 한인 2세의 일상 생활은 거의 현지사회의 문화적 환경에 의해 지배받고 있다. 이에 한인 부모들은 한국적인 문화와 접할 수 있는 한국학교와 한인교회, 한인단체 활동 등에 자녀를 참여시키지만 2세들끼리 만났을 때 이들이 자연스럽게 현지어를 사용하는 등 환경적 문제를 극복하지 못하고 있다. 따라서 2세이하 교포의 민족성 유지가 중요한 문제로 대두되고 있다.

이와는 달리 이민 1세대는 언어장애, 문화적 차이로 인한 다른 민족과의 갈등 등 아직도 거주국사회에 완전히 정착하지 못하고 있다. 특히 우리민족이 토착민과 동화하는 데는 다른 민족보다 시간이 걸려 미국의 LA 사태에서나 남미의 한인들이 최근 겪는 어려움에서도 나타나 있듯이 거주국 국민과의 동화가 잘 이루어지지 않고 있다. 이러한 현상은 우리민족이 단일민족이라 타민족과 어울려 사는 기회가 없었고, 귀소의식이 강한 데서 비롯된다고 할 수 있다. 특히, 우리민족은 뿌리 깊은 유교적 전통으로 조상의 분묘를 등지는 것을 죄악시하여 이민 온 지역에서 영구정착하기보다는 성공하여 고향으로 돌아가겠다는 의식이 강하기 때문에 쉽사리 동화하지 못하는 것이다. 이러한 귀소의식으로 인하여 교포 1세들은 강한 모국지향성을 지니며 거주국의 정치보다는 본국의 정치에 더 깊은 관심을 가지게 된다.

이들의 모국지향성으로 인하여 해외교포사회에는 분열의 위기가 상존해 왔다. 특히 재일교포의 경우 남북의 이데올로기 대립과 일본 내 좌파와 우파의 대립으로 민단과 조총련편으로 나뉘어 분열·대립해 왔다. 중국이나 독립국가연합 등 공산권에 살고 있던 교포들은 그들의 고향이 비록 남쪽에 있다 하더라도 북쪽을 조국이라 생각했고, 미국이나 자본주의 국가에 이민한 한인들은 남한을 조국으로 여겼다. 그러나 최근 사회주의국가의 몰락으로 친북성향의 중국, 독립국가연합의 교포들이 친한적 성향으로 기울고 있고, 미국 등 자본주의 국가에 거주하는 교포들 중 북한의 개방정책에 따라서 북한을 방북하거나, 북한과의 교류를 시작하면서 친북한 성향의 단체를 구성하는 등 과거 분열되지 않았던 교포사회가 분열될 수 있는 상황에 처하고 있다.

## 3. 남북한의 교포정책

### 가. 남한의 교포정책

재외교포에 관한 우리 정부의 정책을 역사적으로 살펴보면 우리나라의 국제직 위상이 높아짐에 점차 적극적이고 포용적인 방향으로 전개되어 왔다. 제1·2공화국 당시에는 건국초기의 혼란과 곧 이은 6·25전쟁으로 인하여 해외교포에 대해서 전혀 관심을 가질 수 없는 상황이었기에 정부의 해외교포정책은 전무하였다고 볼 수 있다. 제3공화국에 들어서서는 1962년에 제정된 '해외이주법' 을 통해서 해외이민을 적극적으로 추진하였다. 그러나 이 정책의 목적은 국내의 과잉인구와 실업문제를 해외이민을 통해 해결하고 부족한 외화를 벌어들이는 데 있었기 때문에 주로 이주자의 송출에만 관심을 두었다. 또한 북한과의 경쟁 때문에 해외교포의 친북한 · 반정부화를 저지하기 위해 해외교포활동의 감시 · 통제에 주안점을 두었다. 이러한 이유로 북한의 적극적이고 공세적인 교포정책에 비교해서 남한의 정책은 수세적이고 소극적이었다. 북한이 해외교포를 그들의 공민으로 보고 있는 데 반해 우리 정부의 교포정책은 교포를 '다른 나라 사람' 으로 바라보는 시각을 갖고 출발하였다. 따라서 해외교포의 거주국에서의 정치 · 경제 · 사회 · 문화적 적응과 해외교포와 모국과의 경제적 · 문화적 교류를 정부차원에서 지원했던 폭은 매우 적었다. 아울러 정부의 관심과 지원은 주로 미국과 일본의 교포들에 국한되었고 중국과 구소련(현재의 독립국가연합)에 거주하는 교포들은 아예 교포로서 인식하지도 않은 지극히 협소하고 소극적인 자세였다. 실례로 1980년에 외무부에서 추계한 해외교포 수는 불과 147만 명이었던 것이 1990년대 초에 사회주의권의 개방화와 우리 정부의 북방정책의 추진을 계기로 '잊혀진 교포' 들의 존재가 알려지면서 총 해외교포 수가 500만 명으로 갑자기 늘어났다.

1988년 서울 올림픽을 통해서 한국의 경제성장과 국력신장이 구소련과 중국을 비롯한 해외 지역의 교포들에게 알려지게 되었고 잊혀졌던 모국과의 관계가 부활하는 전환의 계기를 맞게 되었다. 1993년 문민정부의 출범을 맞이해서 김영삼 정부는 과거에 비해 보다 포용적이고 적극적인 교포정책을 추진한다는 목표아래 '신교포정책' 을 발표하였다. 이 정책은 해외교포의 거주국에서의 성공적인 경제적 · 사회적인 적응을 지원하고 해외교포와 모국과의 정신적 유대를 강화하는 것을 목표로 삼고 있다.

김영삼 정부는 교민청 신설, 이중국적허용, 해외교포의 국내 재산권 행사, 재외동포재단 설립 등의 현안들을 적극적으로 논의하고 부분적으로 실현시키는 등 과거 정부에 비교해서 보다 전향적인 교포정책을 추진하였다. 1996년 2월에는 전두환 정부시기에 구성되었던 재외국민정책심의위원회를 국무총리 산하의 재외동포정책위원회로 변경하였고, 1997년 10월에는 대통령 공약으로 내세웠던 교민청 신설이 정부의 여러 부처에서 반대를 하자 재외동포재단을 설립하여 재외교포 관련 교류행사 및 지원업무를 수행하도록 하였다.

1998년에 출범한 김대중 정부는 1998년 10월 입법예고한 '재외동포특례법'을 통해서 외국국적을 가진 재외교포들에게 내국인과 동등한 법적지위를 부여하여 출입국과 체류, 국내 정치 · 경제활동에서 차별이 없게 하는 보다 전향적인 교포정책을 추진하려고 하였다. 그러나 중국과 러시아 정부가 국내 여타 소수민족에게 미칠 영향을 우려하여 반대하자 중국과 독립국가연합 교포들을 법의 대상에서 배제한 채 1999년 8월 12에 '재외동포의 출입국과 법적지위에 관한 법률'을 제정하였다. 그러나 이 법률은 재외교포의 포용이라는 기본 원칙에 위배된다고 하여 교포사회와 시민단체로부터 격렬한 반대와 비판을 받게 되었다. 그러자 김대중 대통령은 중국교포 등의 불만 및 소외감을 해소하기 위해 보완대책을 강구하라고 지시하였고, 1999년 10월에 법무부는 중국교포 1세의 출입국 및 국적 취득기회를 확대하고 고국방문 대상자를 확대하는 보완대책을 내놓았다. 그러나 이 보완대책은 여전히 불필요하거나 지나친 전제조건들을 달아서 국내취업을 원하는 대부분의 중국교포들을 배제하고 국내에서 불법 체류 중인 중국교포들의 생활여건과 인권상황을 개선하는 데는 역부족이다.

해외교포의 대부분이 현지 국가의 국적을 취득하거나 시민권을 얻어 생활하고 있다는 점에서 정부가 직접 이들의 삶과 관련된 문제를 관장한다는 것은 현실적으로 어려운 일이다. 그러나 정치적으로는 단일민족국가임에도 수십년 동안 분단된 상황 속에서 살아 왔고, 경제적으로는 천연자원이 부족하여 수출증대와 자원확보라는 과제를 안고 있는 우리로서는 이러한 민족의 통일과 경제번영을 위해서도 현지교포들의 협력이 매우 중요하다.

그럼에도, 한국정부의 해외교포정책은 관리업무분산, 정책발굴부진, 예산부족 등으로 실질정책으로 정착되지 못하고 있는 실정이며 4강의 해외교포들간에는 우리정부의 교민정책을 '기민(棄民)정책'으로 평가하고 있다. 정부의 해외교포정책의 문제점을 살펴보면 다음과 같다

첫째, 현행 정부조직법상 교포행정의 업무와 기능이 12개 이상의 소관부처에 분산되어 있어서 종합적이며 일관성 있는 교민정책의 수립 기획 및 행정관리가 제대로 수행되지 못하고 있다. 특히 중국과 독립국가연합과의 수교이후 교포사회가 급격히 팽창하고 전세계로 진출한 교포의 수가 늘어 대교민업무가 방대해지고 복잡해졌다. 그러나 정부의 대책기구나 정책입안자들은 아직도 현상유지적 행정편의주의에서 탈피하지 못하고 있어 변화된 현실에 효율적으로 대처하지 못하고 있는 실정이다. 재외국민정책심의위원회가 있으나 연 2회 회합하고 있을 뿐이고, 관련부처간 유기적 협의체제는 이루어지기 어려운 실정이다. 또한 교포담당분야의 실무자들이 순환 근무를 함으로써 업무파악과 전문성 확보에 어려움이 있으며, 체계가 일원화되어 있지 않아 실무자들이 여러 가지 어려움을 겪고 있다. 따라서 급변하는 국제정세 속에서, 어려움을 겪고 있는 구소련지역 등의 교포난민들을 위한 정책들이 순발력 있게 추진되어야 함에도 불구하고 지역별 · 나라별 교포정책이 제대로 수립되지 못해 이들 어려움에 대한 대응이 적절히 이루어지지 못하고 있다. 독일의 경우는 지역별 교포지원 대책을 수립하여 소연방 해체시에 본국으로 귀환하려는 재소 독일교포들을 중심으로 볼가강유역에 자치주를 탄생시켰으

나, 우리의 경우 연해주자치주 설립 문제를 성급하게 거론부터 하여 타민족의 반발과 부동산가격 급등의 역효과만을 불러일으켰다.

둘째, 예산부족과 관리 소홀로 조국관 이탈현상이 심화되고 있다. 외무부의 해외교포관리예산은 연간 64억 원에 불과하다. 남한인구의 8분의 1에 달하는 해외 교포사업에 대한 예산으로는 너무 부족하여 효율적인 정책수행을 하지 못하고 있다. 이러한 예산부족은 민족교육과 민족문화의 동질성 유지를 위한 관리활동 부실화를 초래해 교포사회가 교민 2~3세로 점차 중심 축이 이전됨에 따라 모국어를 잃고 거주국에 급속히 동화되는 추세를 보이고 있다. 해외교포관리예산의 77%를 지원받고 있는 재일민단의 경우 민단계교포 수는 49만 명이나 교육기관은 11개교로 수용인원은 1,470명에 불과하다. 이 중 6개교만이 일본 정부로부터 정식학력을 인정받고 있어서 민단요원들도 자녀들을 한국학교에 보내는 것을 기피하고 있는 실정이다. 민단계 학교에 취학하고 있는 학생은 총취학생의 1.0%에 불과하고, 조총련계는 12.5%이며, 절대다수인 86.5%의 재일교포 자녀들이 일본계 학교에 다니고 있다. 또한 1990년대에 이르러서는 일본 국적을 취득하는 재일교포 수가 7,000여 명으로 증가해 현재의 추세라면 100년 이내에 재일교포는 소멸될 것이라는 우려가 일고 있다.

셋째, 그 동안 우리의 교포정책은 냉전체제하에서 남북한의 대립관계에만 초점을 맞추어 왔고, 때로는 권위주의 정권에 대한 반발세력의 무마에만 치중함으로써 효율적인 대교민정책이 되지 못했다.[4] 냉전적 사고의 한계로 말미암아, 우리의 교포정책은 주로 일본 · 미국에 치중되었고, 특히 거주국에서 본국의 권위주의 정권에 대해 반발하며 민주화를 요구하고 있는 반정부 교포 인사 관리에만 치중함으로써 종합적인 교포정책을 펴지 못하였다.

---

4) 〈수령님과 해외동포〉(동경: 조국사, 1992), pp. 91~93.

뿐만 아니라, 한국전쟁 이후의 경제적 어려움, 일부 교포들의 문제 있는 행동에서 얻은 고정관념들 때문에 우리사회의 교포들에 대한 관심과 인식이 부족하다고 하겠다. 이로 인해 통일과 미래 한국사회 건설이라는 국가 경영적 측면에서 종합적인 교포정책을 마련하지 못하고 있는 실정이다. 그 결과 대부분의 교포들이 고국에 대한 애국심과 향수는 짙으나, 국가발전에 기여하려는 적극적인 조국관을 갖고 있지 못하며, 교포 2·3세로 내려갈수록 거주국 문화에 동화되고 모국어를 잃어 가며, '국적있는 민족의식'이 희박해지고 있다. 그러나 오늘날 세계 각국은 민족 동질성 유지 · 교민 보호 · 투자유치 및 해외활동 지원을 위한 교민정책 개발에 주력하고 있으며 중국 · 대만 · 필리핀 · 이탈리아 등은 전담교민기구를 설립하고 있다. 우리 정부도 해외진출 전진기지화, 통일대비 민족역량 결집을 위한 해외교포 관리기구 설립 등 종합적인 관리방안이 시급한 실정이다.

### 나. 북한의 교민정책

북한은 1955년 조총련 결성을 시발점으로 해외교포를 북한정권 주위로 결집시키는 작업을 진행시켜 왔다. 북한은 조총련을 결성하고 조직강령 제1조에 "우리는 재일 전체동포를 조선민주주의 인민공화국 정부 주위에 총집결시킨다" 하여, 재일교포를 북한 정치권력하에 놓는 일을 교포정책의 기본 목표로 삼았던 것이다.[5)]

이는 대남적화통일이라는 목표아래 추진한 3대외교목표, 곧 남한혁명역량, 북한혁명역량, 국제혁명역량을 강화하는 데 해외교포 사회가 교량적 수단으로서 활용도가 높고 가치가 크다는 인식아래 진행된 것이라 하겠다. 다

5) 〈수령님과 해외동포〉, pp. 91~93.

시 말해, 북한의 교포정책은 분산되어 있는 해외교포들을 조직화하여 이들이 남한의 혁명역량 강화와 북한의 통일방안 등을 실현하기 위한 투쟁에 앞장서도록 함으로써 통일의 초석이 되게 하고, 해당 거주국들로 하여금 북한에 대한 적대정책을 완화하도록 하는 정치활동을 전개하여 외교상 북한에 유리하게 하려는 데 목적이 있다고 보여진다. 이러한 의도는 최근까지 북한의 대남담당 비서이자 통일정책위원회 위원장이었던 윤기복이 '조국통일범민족연합(범민련) 북측본부' 의장직과 '조선해외동포원호위원회' 위원장직을 겸직한 데에서도 잘 드러나고 있다.

북한은 '사회주의 헌법'과 '국적법'에 해외교포들을 그들의 공민으로 주장하고 있다. 해외교포 조항인 헌법 15조에는 "조선민주주의 인민공화국은 해외에 있는 조선동포들의 민주주의적 민족권리와 국제법하에서의 공인된 합법적권리를 옹호한다"고 되어 있다. 또한 65조에는 "해외의 모든 조선공민들은 조선민민주의 인민공화국의 법적 보호를 받는다"[6]라고 되어 있다. 이는 헌법상으로 교포를 보호한다는 정책을 세우고 이들을 친북세력으로 결집시키고자 하는 것이다.

북한은 해외교포를 정권주위로 결집해 대남 적화통일을 위한 지원역량을 확보하는 데 초점을 맞춰 적극적이고 조직적인 교포정책을 펴 왔다. 이와 같이 북한이 교포사회에 남한보다 먼저 눈을 돌린 것은 레닌의 전략개념에서 원용해 온 것이다. 레닌은 적진에 한 사람의 동조자를 심는 것은 전략상 일개 사단의 병력과 맞먹을 수 있는 효과가 있다고 보았는데 북한의 교포정책은 이런 레닌의 교리에 따른 것이라 볼 수 있다. 이는 북한이 일본, 유럽, 미국 등 자유민주주의 진영에 거주하고 있는 교포들을 대상으로 선전과 포섭에 노력을 기울이며 같은 공산권 국가였던 중국이나 구소련 교포들을 방치하다가 한

6) 〈북한법령집〉, 제1권, 대륙연구소, 서울, p. 174.

국의 북방정책으로 이들 교포사회가 남한과의 접촉이 빈번해지자 관심을 갖기 시작한 데에서도 잘 나타나고 있다.

북한은 '사회주의헌법' 과 '국적법' 에서 해외교포를 공민으로 인정해 법적으로 보호하고 확고한 지위와 신분을 부여하고 있다. 또한 정무원 산하에 해외동포위원회, 해외동포 영접총국 등을 설치해 해외교포들의 북한방문을 장려한다는 정책을 펴서 외형적으로는 민족을 표방하면서 교포조직을 친북세력으로 끌어들여, 결속시키고자 노력하고 있다. 그러므로 북한의 교포정책은 현지 교포를 위한 것이기보다는 대남전략적 차원에서 입안 · 수행되어 왔다.

이러한 북한의 교포정책을 남한정부의 교포정책과 비교해 볼 때, 남한에 앞서 교포사회를 포용하는 듯한 교민정책을 내세우고 해외 교포사회에 대한 높은 관심을 보여 왔다고 할 수 있다. 특히 북한은 조총련 결성 당시 한덕수를 지원해 실권을 장악케 한 뒤에 막대한 지원금을 교육원조비 명목으로 주고 조총련에 대해 7석의 최고인민회의 대표원석을 할당하고 있으며 북한의 각종 단체에 조총련을 가입시켜 일체감을 고취시켜 왔다.

또한 북한 1957년 남한 정부가 민단에 지원한 금액의 약 30배에 달하는 61만 달러를 교육비로 조총련에 송금하고 인재양성과 훈련을 통한 조직강화를 발판으로 1959년 북송사업을 성취시키는 등 일관성있는 정책을 펴왔다.

이러한 북송사업을 통해 북한은 전후 복구사업에 필요한 기술자 등 인적자원을 얻었을 뿐 아니라 재일교포사회와는 뗄레야 뗄 수 없는 교두보(인질)를 확보하게 되었다. 따라서 현재 조총련에 속해 있는 교포들은 북한에 친지를 둔 사람들이 대부분이며 이들 교포들은 대북 합작사업, 첨단기술정보제공, 공장 · 병원건설, 생필품 지원 등의 활동을 하고 있는 것으로 알려지고 있다.

또한 북한이 교육자금을 지원하기 시작한 이후 조총련계 교육사업은 급격히 진전되어 시설을 확충한 결과 일본정부로부터 인가를 받아 민족학교에 다니는 교포자녀들의 대다수가 조총련계 학교에 다니는 실정이다. 현재도 148

개교에서 1만 7,400명의 학생이 민족교육을 받고 있어 민족언어 교육면에서 민단보다 성과를 올리고 있다. 오늘날 북한체제에 대한 비판이 늘고 있는 일본사회 풍조에서도 북한에 대한 교포들의 지원이 지속되는 배경에는 과거 북한의 교육자금지원이 커다란 몫을 차지했다는 견해도 있다.

따라서 북한의 교포정책은 교포를 위한 정책이라기보다는 스스로의 목표를 위해 적극적으로 일관성있게 추진되었다고 볼 수 있다.

이와 같은 북한의 공세적인 교민정책에 맞서 우리 정부는 비교적 수세적인 교민정책을 추진해 왔다. 그러나, 교민정책을 통일정책의 한 부분으로 간주한 점은 북한과 마찬가지였다고 할 수 있다. 이는 과거 외무부의 교민정책이 국가안전기획부에 의해 검증과정을 거쳐 진행된 데에서도 잘 나타나는데, 이는 결과적으로 독자적이고 체계적인 교민정책추진에 역기능을 한 측면이 없지 않다고 생각된다. 따라서 앞으로의 남북한의 교민정책은 교포사회의 문제점 해소와 통일대비 민족역량을 결집시키기 위한 방향으로 추진되어야 할 것이다.

## 4. 민족공동체 형성과 민족의 미래를 위한 제안

이제 동 · 서간의 이념대립이 종식되어 동 · 서독이 통일을 이루었으며 국제사회는 국경없는 일일생활권이 이룩되고 있다. 이렇듯 세계사의 새로운 추세를 능동적으로 이용하여 한반도 통일을 성취하고 한민족의 생존을 효율적으로 도모하기 위하여 무엇보다도 중요한 것은 560만 해외교포의 화합과 한민족의 동질성을 회복하는 일이다. 해외교포는 우리가 가진 훌륭한 민족적 자산이기에 앞으로의 교포정책은 민족의 미래 발전을 위한 전략적 차원에서 결정되어야 한다.

우리의 교포정책은 민족공동체 형성이라는 궁극적 목표에 적합하고 현재의 국내외 상황에 부응하는 체계적이고 종합적인 방향으로 재정립되어야 한다.

이를 위해선 교민청과 같은 기구가 신설되어 이 기구가 중심이 되어 장기적이고 일관성있는 교포정책을 시의적절하게 실행해야 한다. 남한인구의 10%에 해당하는 해외교포들을 위한 종합적이고 체계적인 정책을 수립 · 집행하기 위해선 정부차원의 종합기구가 필요하다. 현행 정부 조직법상 교포행정의 업무와 기능이 12개 이상 부처에 분산되어 있어서 종합적이며 일관성 있는 교민정책의 수립 · 기획 및 행정관리가 제대로 수행되지 못하고 있다. 이러한 어려움을 해결하기 위해선 외무부의 재외국민 영사국과 국제교류재단 및 국제협력단의 기능을 흡수 · 통합해 국무총리 산하에 교민청을 설치하는 것이 바람직하다. 교민청을 통해 해외공관이 교포들의 법적 지위향상 등을 위한 외교적 노력을 강화하도록 하며 해외교포에 대한 민족교육 지원 및 모국 초청사업을 확대해야 한다.

또한 한민족 공동체 형성에 교포들이 적극적으로 기여하고 신명나게 참여할 수 있도록 거주국 국적을 가진 교포들에게 명예시민증제도를 적용시켜 소속감을 부여해 주어야 하겠다. 교포들의 권리를 존중하고, 모국과의 관계를 유지할 수 있는 방안으로 명예시민증 제도를 도입해야 할 것이다. 명예시민증 제도는 이중국적 허용제도를 보완한 것으로 한국 교포들이 한국에 돌아오면 비록 거주국의 국적을 가졌다고 해서 외국인 취급을 하는 것이 아니라 미국의 영주권 제도처럼 참정권 행사만 제한할 뿐, 국내의 모든 활동은 내국인과 같이할 수 있도록 증명서를 발급해 주는 제도이다. 이러한 명예시민증 제도를 실시할 경우 2~3세대로 넘어가면서 조국과의 연대가 희박해져 가는 교포들의 소속감을 강화하는 데 크게 기여할 것이다.

이처럼 교포사회와 유기적인 협조체제를 형성하기 위해서는 교포 사회에 대한 보다 정확한 분석과 함께 교포사회와 본국 사회가 유기적 관계를 가질 수 있도록 하는 네트워크 형성에 정부가 적극 지원해야 하겠다. 특히, 교포사회의 정치력과 경제력이 신장될 수 있도록, 교포사회에 대한 지원을 강화하고 관계되는 법과 제도를 정비해야 하겠다. 한민족공동체 형성을 위한 교포정책에는 우선 정부의 전향적인 정책지원이 뒤따라야 하는데 이는 머지않아 투자의 몇 배에 해당하는 힘으로 우리에게 돌아올 것이다.

모국과 교포사회와의 관계는 불가분의 상호보완적이라는 것은 주변 4개국의 교포사회 분석에서도 명백히 나타나고 있다. 물론 이들을 우리 국민으로 규정하기 어려운 측면도 있다. 많은 교포들이 이중 정체성을 지니고 있고, 현지 영주성이 강한 이들이기 때문이다. 이런 연유로 이들을 무조건 우리 중심으로 조직하고 관리할 수는 없다. 그러나 반대로 교민들을 거주국의 시민으로 간주하고 외면한다면, 이 또한 교민들로부터 많은 반발을 사게 되고 우리의 민족적 자산을 잃게 된다. 따라서 이러한 양 극단에서 균형점을 찾아야 한다는 것이 지금까지의 교포정책의 딜레마였다. 그러나 이제 UN을 중심으로 인권선언 등 소수민족을 보호하려는 노력들이 진행되고 있기 때문에 우리 교포들이 거주국에서 한민족의 언어와 문화를 유지하며 살 수 있는 권리를 갖게 되었다.

따라서 한국의 통치권이 미치지 못하는 외국에 거주하는 교민들을 보호할 수 있는 방법은 교민들이 형성하고 있는 공동체를 강화시켜 주는 것이다. 이를 위해서는 다음과 같은 교포정책의 혁신적인 전환이 필요하다.

첫째, 교포를 한민족공동체의 실질적 일원으로 인식하고 교포정책을 수립해야 한다. 정부는 교포정책의 설정에서 교포들을 거주국에서 존경받는 시민으로 육성한다는 점에 국한하지 말고, 한민족으로서 정체감을 갖고 민족공동체 형성에 주체가 될 수 있는 방향으로 정책을 수립해야 한다.

우리 교포들이 많이 거주하고 있는 주변 4개국들이 소수민족의 고유 문화를 수용하려는 자세를 보이고 있으며 비동화나 다중문화시책을 발전시켜 국제적 협력체제를 제고시키는 경향으로 나아가고 있다. 해외 교포들에게 용기와 의욕을 북돋아줄 수 있는 정책을 제시하여 본국 국민과의 일체감과 실질적인 조국애를 함양하는 길을 밝히는 것은 국력의 해외 신장은 물론 우리의 평화적 민족통일에도 적지 않은 도움이 될 것이다.

둘째, 수세적이고 현상유지적인 정책이 아니라 민족의 장래와 민족통일 차원에서 교포정책을 수립해야 한다. 남북한간의 적대감을 해소하고 민족공동체 통일 정책을 지원하기 위한 교포정책을 수립해야 한다. 그 동안 우리의 교포정책은 분단된 조국의 정치적 현실에 의해 교포들의 분열을 부추기는 결과를 초래하였다. 이제 과거의 분열 대립정책을 청산하고 민족적 단합을 불러일으킬 때다.

또한 교포들로 하여금 조국의 평화적 통일을 위한 국내적 · 국제적인 환경을 조성하는 데 동참할 수 있는 정책을 펴 나가야 한다. 교포사회가 남북관계 개선에 기여하도록 유도해야 하며 교포들의 통일환경 조성을 위한 노력을 적극 장려해야 한다. 또한 현지 교포 각자가 홍보 요원이 되어 한국의 현황을 소개하고 투표권행사나 정계 진출을 통해서 조국통일에 필요한 거주국 여론 및 국제여론 조성에 기여하도록 정책적으로 유도해야 한다. 교포정책의 효율적인 추진방향의 결여로 일관된 정책을 수립하지 못하고 이로 인하여 교민들이 국적있는 조국의식을 갖지 못함으로써 자연 조국발전에 기여하려는 자세가 확립되지 못하고 있다. 그러므로 해외교포들이 참된 조국애를 갖도록 하기 위하여 한국정부와 국민은 피부로 통하는 조국애 심기에 많은 노력을 경주해야 할 것이다. 이를 위해서 해외교포들이 조국에 대해서 무엇을 소망하고 기대하고 있는가에 대해서 항상 관심을 가져야 할 것이다.

셋째, 한민족의 문화공간을 확보하고 21세기 민족공영을 위하여 모국과의 실질적인 유대를 강화하고 해외교포들의 권익옹호 및 민족복리를 우선하는 방향으로 정책이 추진되어야 한다. 민족의 미래를 위한 능동적 · 종합적 · 미래지향적인 방향과 통일과 미래 한국사회 건설이라는 국가 경영적 측면에서 종합적인 교포정책을 마련해야 한다.

이러한 기본적 정책방향하에서 해외교포들이 국제사회에서 한민족으로 자부심과 긍지를 가지고 한민족공동체 형성에 기여할 수 있도록 교포정책을 적극적으로 모색해야 하겠다. 과거의 근시안적 정책에서 과감히 탈피하여 교포들에게 도움을 주고 국가 경영에도 도움이 되는 발전적 정책개발을 위한 방향 전환이 있어야 할 것이다.

우리나라 이민의 역사는 최근의 미주지역 이민의 경우를 제외하고는 대부분이 불행했던 과거의 역사적 산물이다. 많은 사람들이 개인의 선택이 아닌 정치적 불행으로 인하여 조국을 등질 수밖에 없었던 것이다.[7] 그 동안 전후의 경제적 어려움과 권위주의 정권하에서 비롯된 인권의식의 약화로 우리 정부와 국민은 이러한 사실을 잊고 지내 왔다. 이제 우리는 해외 이민자들을 해외로의 도피자 내지는 일방적으로 도와주어야 할 짐스런 존재로 보는 오해와 편견에서 벗어나 우리의 민족적 역량을 확대시킬 수 있는 존재, 개척자적 사명의식을 가지고 조국발전에 헌신할 수 있는 대상으로 인식해야 한다.

특히 부존자원이 빈약한 한국으로서는 교포 2세들의 민족교육을 적극 지원함으로써 세계 각국의 교포들이 갖고 있는 과학기술 정보와 경제 정보를 체계적으로 수집하여 치열한 국제경쟁시대에 대처할 수 있는 해외 협력자를 양성하고 그로부터 민족의 미래를 위한 전진기지를 마련해야 할 것이다.

---

7) 최영희, 〈한민족의 해외이주〉, 서울: 한국문제문화협회, 1984.

### 더 알아보기

1. 세계화와 민족주의는 상호 배타적인가 보완적인가 비교해 보자.
2. 열린민족주의와 닫힌민족주의의 핵심적 차이는 무엇인가?
3. 탈냉전시대의 해외교포에 대한 법적 · 제도적 정책은 어떻게 달라지고 있는가 알아보자.
4. 남북 화해협력이 해외교포사회에 미친 영향을 알아보고 해외교포사회가 민족 통일에 기여할 수 있는 방안을 토론해 보자.

# 참고 문헌


### 제1장

강만길, 〈20세기 우리 역사〉(서울:창작과 비평사, 1999).

강정구, 〈현대 한국사회의 이해와 전망〉(서울:한울아카데미, 2000).

고대 평화연구소 편, 〈남북분단의 극복과 평화〉(법문사, 1990).

김규륜, 〈남북 경제교류협력 발전방안 연구〉(통일연구원, 1999).

김철범, 〈한국전쟁〉(평민사, 1989).

리영희, 〈반세기의 신화〉(삼인, 1999).

박명림, 〈한국전쟁의 발발과 기원〉(나남, 1995).

박영호 박종철, 〈4자회담 추진전략: '분과위' 운영방안을 중심으로〉(통일연구원, 1999).

백낙청, 〈흔들리는 분단체제〉(창작과비평사, 1998).

서대숙, 〈현대 북한의 지도자〉(을유문화사, 2000).

송자 외, 〈통일사회로 가는 길〉(오름, 1996).

양호민 외, 〈남과 북 어떻게 하나가 되나〉(나남, 1992).

옥태환, 〈통일한국의 위상〉(통일연구원, 1997)
유임하, 〈분단현실과 서사적 상상력〉(태학사, 1998).
이상민, 〈21세기 남북한 정치〉(한울아카데미, 2000).
이상우, 〈함께사는 통일〉(나남, 1993).
임순희, 〈남북한 이산가족 재결합시 문제점과 대책〉(통일연구원, 1998).
정용석, 〈분단과 통일〉(단국대 출판부, 2000).
제성호, 〈남북교류협력 활성화를 위한 법제도 개선방안〉(통일연구원, 1996).
중앙일보 편, 〈조선민주주의 인민공화국〉 상, 하 (1992).
최수영 외, 〈1999년도 통일문제 국민여론조사〉(통일연구원, 1999).
통일연구원 편, 〈한반도 냉전구조해체방안〉 I~IV(1999~2000).
______, 〈바람직한 통일문화〉(1997).
한국전쟁연구회 편, 〈한국전쟁의 회고와 과제〉(1999).

제2장

〈세계대백과사전〉(서울:동서문화, 1999).
한영우, 〈우리역사〉(서울:경세원, 1997).
Michael T. Klare, "Pax Americana: U. S. Military Policy in the Post-Cold War Era," P.Bnnis and M. Moushabeck, eds.
Willem van Kemenade, *China, Hong Kong, Taiwan, Inc: The Dynamics of a New Empire* (New York: Alfred A Knopf, 1997).

제3장

고병철, "북한의 통일전략은 변하고 있는가?", 〈계간사상〉(1991년 봄호).
구영록, 임용순 공저, 〈한국의 통일정책〉(서울:나남, 1993).
김동성, "바람직한 통일논의의 방향모색", 한국국제정치학회 1997년도 통일학술회의 발표문(1997년 10월 17일).

〈김일성 저작집 제35권〉(평양:조선로동당 출판사, 1987).

김학준, "제2공화국시대의 통일논의: 그 내용과 정치적 평가", 〈국제정치논총〉 제15집(1975).

_____, 〈남북한관계의 발전과 갈등〉(서울:평민사, 1985).

노중선 편, 〈민족과 통일 II〉자료편(서울:사계절, 1985)

민족통일연구원, 〈민족공동체 통일방안의 이론체계와 실천방향〉(서울:민족통일연구원, 1994).

박호성, 〈남북한 민족주의 비교연구: '한반도 민족주의'를 위하여〉(서울:당대, 1997).

백낙청, "분단체제의 인식을 위하여", 〈창작과 비평〉 제78호(1992년 겨울호).

서중석, "이승만과 북진통일: 1950년대 극우반공독재의 해부", 〈역사비평〉 제29호(1995).

이만우, "통일당위론과 분단현실을 절충", 〈한국사회의 제문제 II: 변혁기의 현상과 인식〉(서울:나남, 1991)

이정복, "대북 햇볕정책의 문제점과 극복방향", 〈한국정치연구〉(1999).

아태평화재단, 〈김대중의 3단계 통일론: 남북연합을 중심으로〉(서울:아태평화출판사, 1995).

통일원, 〈통일백서〉(서울:통일원, 1994).

함택영, "세계화시대 남북한통합의 구상", 〈국가전략〉 4권 1호(1998).

Anderson, *Imagined Communities: Reflections on the Origin and Spread of Nationalism*(London: Verso, 1983).

Manwoo Lee, "Domestic Politics and Unification: Seoul's Perspective," Young Whan Kihl(ed.), *Korea and the World: Beyond the Cold War*(Boulder: Westview, 1994).

제4장

김욱, "정치적 요인이 남북 경협에 미치는 영향에 대한 시계열 분석: 정경 분리 원칙에 대한 시사점을 중심으로," 〈통일경제〉, 48호(1998. 12).

박순성, "21세기 한반도 평화와 통일의 정치경제학," 강철규 외, 〈21세기 한국 사회경제의 발전전략〉(서울: 여강, 2000).

통일부, 〈2000 통일백서〉(2000).

통일부 교류협력국, 〈월간 남북교류협력 및 인도적사업 동향〉, 매호.

한국개발연구원, 〈KDI 북한경제리뷰〉, 매호.

현대경제연구원, 〈통일경제〉, 매호.

제5장

김문환, 〈분단조국과 통일문화〉(서울: 서울대학교 출판부, 1994).

김영윤, 〈북한의 관광실태와 남북한 관광분야 교류 · 협력방안〉(서울: 민족통일연구원, 1997).

김재용, "최근 북한 문예정책의 비판적 연구," 〈통일문화연구(하)〉(서울: 민족통일연구원, 1994).

김춘미 외, 〈남북 교류공연 분석 및 통일지향적 공연 구성안 연구〉(서울: 한국예술연구소, 1995).

김학성, 〈동 · 서독 인적교류 실태 연구〉(서울: 민족통일연구원, 1996).

______, "통일문화연구의 방향," 〈통일문화연구(상)〉(서울: 민족통일연구원, 1994).

박상천, "북한의 민족문화 유산 계승정책에 대한 고찰," 〈북한학보〉 제18집, (1994).

오기성, 〈남북한 문화통합론〉(서울: 교육과학사, 1999).

오일환 외, 〈현대북한체제론〉(서울: 을유문화사, 2000).

윤덕희, "통일문화의 개념정립과 형성방향 연구," 〈통일문화연구(상)〉(서울: 민족통일연구원, 1994).

이온죽, 〈남북한 사회통합론〉(서울: 도서출판 삶과 꿈, 1997).

이우영, 〈남북한 문화정책 비교연구〉(서울: 민족통일연구원, 1994).

이춘길, "북한 문화정책의 이념과 전개에 관한 연구," 〈북한문화연구〉 제1집(1993).

이헌경 · 최대석, "남북한 문화예술 정책 및 교류현황 분석," 〈통일문화연구(상)〉(서울: 민족통일연구원, 1994).

조한범, 〈남북 사회문화 교류 · 협력의 평가와 발전방향〉(서울: 통일연구원, 1999).

최대석, "남북문화교류 활성화방안 연구," 〈통일과 북한사회문화〉(서울: 민족통일연구원, 1995).

통일부, 〈월간 남북교류협력동향 및 인도적사업동향〉

제6장

곽태환 외, 〈한반도 평화체제의 모색〉(서울: 경남대학교 극동문제연구소, 1997).

______, 〈국제정치 속의 한반도: 평화와 통일구상〉(서울: 도서출판 서울프레스, 1999).

김덕, 〈국제질서의 전환과 한반도〉(서울: 도서출판 오름, 2000).

김학준, 〈한국전쟁: 원인 · 과정 · 휴전 · 영향〉(서울: 박영사, 1997)

백진현, "남북한 평화체제 구축방안", 〈한반도 군비통제〉 제18집(서울: 국방부, 1995).

송대성, 〈한반도 평화체제: 역사적 고찰, 가능성, 방안〉(서울:세종연구소, 1998).

제성호, "한반도 평화체제 전환에 따른 법적 문제". 〈한반도 군비통제〉 제27집. (서울: 국방부, 2000).

제7장

강원식, 〈통일한국의 등장에 따른 동북아 안보환경 변화 대응책〉(서울: 민족 통일연구원, 1994).

강원식 외, 〈한반도 평화체제 구축방안〉(서울: 민족통일연구원, 1995)

문흥호, 〈13억인의 미래: 중국은 과연 하나인가?〉(서울: 도서출판 당대, 1996).

전동진, 〈국제적 평화보장 사례연구〉(서울: 민족통일연구원, 1991).

정규섭, 〈북한외교의 어제와 오늘〉(서울: 일신사, 1997).

정규섭 · 강원식 · 문흥호, 〈동북아 신국제질서하에서의 한반도 통일기반 조성방안〉(서울: 민족통일연구원, 1992).

제8장

국가정보원, 〈21세기국가발전과 해외 한민족의 역할〉(서울: 국가정보원, 1998).

———, 〈주요국의 네트워크 실태와 한민족네트워크 추진방향〉(서울: 국가정보원, 1999).

김경득, "귀화 도미노, 정체성위기", 〈시사월간 윈〉(1996, 1).

김태일, 전상인, 〈"조국통일을 위한 전민족대단결 10대 강령"과 북한의 대남정책〉(서울: 민족통일연구원, 1993).

민관식,〈재일한국인〉(서울: 아세아정책연구원, 1990).

박찬응, "해외동포사회를 통한 북한사회의 변화 유도방안은 어떤 것인가?" 〈21세기를 향한 한민족공동체의 나아갈 길〉(서울: 민족통일협의회, 1991).

백영욱, 〈한민족공동체 형성을 위한 교포정책〉(서울: 민족통일연구원, 1993).

〈북한법령집〉, 제1권, 대륙연구소(서울).

〈수령님과 해외동포〉(도쿄: 조국사, 1992).

외무부, 〈해외동포현황〉(서울: 외무부, 1993).

한상복 외, 〈중국 연변의 조선족〉(서울: 서울대학교 출판부).

이광규 외, 〈在蘇韓人〉(서울: 집문당, 1993).
이종훈, 〈교민정책의 문제점과 향후과제: 현안분석 제58호〉(서울:국회도서관, 1993).
이창하, "북한의 교민정책과 대외선전활동", 〈새물결〉(서울, 1988).
〈제4차 해외한민족 대표자회의〉, 한승주외무부장관 격려사(1993. 롯데호텔).
중앙일보사, 〈시사월간 윈〉(서울: 중앙일보사, 1996 1월호).
최영희, 〈한민족의 해외이주〉(서울: 한국문제문화협회, 1984).
통일원, 〈통일백서〉(서울, 통일원, 1995).
평화문제연구소 · 한미교육개발원, 〈미국동포들이 보는 조국〉.
해외교포문제연구소, 〈교포정책자료〉 제44집
Won Moo Huh and Kawng Chung Kim, *Korean Immigrants in America*, (Cranbury, N. J.: Associated University Press, 1984).

# 부록

# 7·4 남북공동성명(1972. 07. 04)

최근 평양과 서울에서 남북관계를 개선하며 갈라진 조국을 통일하는 문제를 협의하기 위한 회담이 있었다.

서울의 이후락 중앙정보부장이 1972년 5월 2일부터 5월 5일까지 평양을 방문하여 평양의 김영주 조직지도부장과 회담을 진행하였으며 김영주 부장을 대신한 박성철 제2부수상이 1972년 5월 29일부터 6월 1일까지 서울을 방문하여 이후락 부장과 회담을 진행하였다.

이 회담들에서 쌍방은 조국의 평화적 통일을 하루빨리 가져와야 한다는 공통된 염원을 안고 허심탄회하게 의견을 교환하였으며 서로의 이해를 증진시키는 데서 큰 성과를 거두었다.

이 과정에서 쌍방은 오랫동안 서로 만나보지 못한 결과로 생긴 남북 사이의 오해와 불신을 풀고 긴장의 고조를 완화시키며 나아가서 조국통일을 촉진시키기 위하여 다음과 같은 문제들에 완전한 견해의 일치를 보았다.

1. 쌍방은 다음과 같은 조국통일원칙들에 합의를 보았다.
   첫째, 통일은 외세에 의존하거나 외세의 간섭을 받음이 없이 자주적으로 해결하여야 한다.
   둘째, 통일은 서로 상대방을 반대하는 무력행사에 의거하지 않고 평화적 방법으로 실현하여야 한다.
   셋째, 사상과 이념, 제도의 차이를 초월하여 우선 하나의 민족으로서 민족적 대단결을 도모하여야 한다.

2. 쌍방은 북과 남 사이의 긴장상태를 완화하고 신뢰의 분위기를 조성하기 위하여 서로 상대방을 중상 비방하지 않으며 크고 작은 것을 막론하고 무장도발을 하지 않으며 불의의 군사적 충돌사건을 방지하기 위한 적극적인 조치를 취하기로 합

의하였나.

3. 쌍방은 끊어졌던 민족적 연계를 회복하며 서로의 이해를 증진시키고 자주적 평화통일을 촉진시키기 위하여 남북 사이에 다방면적인 제반교류를 실시하기로 합의하였다.

4. 쌍방은 지금 온 민족의 거대한 기대 속에 진행되고 있는 남북적십자회담이 하루빨리 성사되도록 적극 협조하는 데 합의하였다.

5. 쌍방은 돌발적 군사사고를 방지하고 남북 사이에 제기되는 문제들을 직접, 신속정확히 처리하기 위하여 서울과 평양 사이에 상설 직통전화를 놓기로 합의하였다.

6. 쌍방은 이러한 합의사항을 추진시킴과 함께 남북사이의 제반문제를 개선 해결하며 또 합의된 조국통일 원칙에 기초하여 나라의 통일문제를 해결할 목적으로 이후락 부장과 김영주 부장을 공동위원장으로 하는 남북조절위원회를 구성, 운영하기로 합의하였다.

7. 쌍방은 이상의 합의사항이 조국통일을 일일천추로 갈망하는 온 겨레의 한결같은 염원에 부합된다고 확신하면서 이 합의사항을 성실히 이행할 것을 온 민족 앞에 엄숙히 약속한다.

서로 상부의 뜻을 받들어

이후락　　김영주

1972년 7월 4일

# 남북 사이의 화해와 불가침 및 교류 · 협력에 관한 합의서(1992. 2. 19 발효)

남과 북은 분단된 조국의 평화적 통일을 염원하는 온 겨레의 뜻에 따라, 7·4남북공동성명에서 천명된 조국통일 3대원칙을 재확인하고, 정치 · 군사적 대결상태를 해소하여 민족적 화해를 이룩하고, 무력에 의한 침략과 충돌을 막고 긴장 완화와 평화를 보장하며, 다각적인 교류 · 협력을 실현하여 민족공동의 이익과 번영을 도모하며, 쌍방 사이의 관계가 나라와 나라 사이의 관계가 아닌 통일을 지향하는 과정에서 잠정적으로 형성되는 특수관계라는 것을 인정하고, 평화 통일을 성취하기 위한 공동의 노력을 경주할 것을 다짐하면서, 다음과 같이 합의하였다.

## 제1장 남북화해

제1조 남과 북은 서로 상대방의 체제를 인정하고 존중한다.

제2조 남과 북은 상대방의 내부문제에 간섭하지 아니한다.

제3조 남과 북은 상대방에 대한 비방 · 중상을 하지 아니한다.

제4조 남과 북은 상대방을 파괴 · 전복하려는 일체 행위를 하지 아니한다.

제5조 남과 북은 현정전상태를 남북 사이의 공고한 평화상태로 전환시키기 위하여 공동으로 노력하며 이러한 평화상태가 이룩될 때까지 현군사정전협정을 준수한다.

제6조 남과 북은 국제무대에서 대결과 경쟁을 중지하고 서로 협력하며 민족의 존엄과 이익을 위하여 공동으로 노력한다.

제7조 남과 북은 서로의 긴밀한 연락과 협의를 위하여 이 합의서 발효 후 3개월 안에 판문점에 남북연락사무소를 설치 · 운영한다.

제8조 남과 북은 이 합의서 발효 후 1개월 안에 본회담 테두리 안에서 남북정치분과위원회를 구성하여 남북화해에 관한 합의의 이행과 준수를 위한 구체적 대책을 협의한다.

## 제2장 남북불가침

제9조 남과 북은 상대방에 대하여 무력을 사용하지 않으며 상대방을 무력으로 침략하지 아니한다.

제10조 남과 북은 의견대립과 분쟁문제들을 대화와 협상을 통하여 평화적으로 해결한다.

제11조 남과 북의 불가침 경계선과 구역은 1953년 7월 27일자 군사정전에 관한 협정에 규정된 군사분계선과 지금까지 쌍방이 관할하여 온 구역으로 한다.

제12조 남과 북은 불가침의 이행과 보장을 위하여 이 합의서 발효 후 3개월 안에 남북군사공동위원회를 구성 · 운영한다. 남북군사공동위원회에서는 대규모 부대이동과 군사연습의 통보 및 통제문제, 비무장지대의 평화적 이용문제, 군인사교류 및 정보교환 문제, 대량살상무기와 공격능력의 제거를 비롯한 단계적 군축 실현문제, 검증문제 등 군사적 신뢰조성과 군축을 실현하기 위한 문제를 협의 · 추진한다.

제13조 남과 북은 우발적인 무력충돌과 그 확대를 방지하기 위하여 쌍방 군사당국자 사이에 직통 전화를 설치 · 운영한다.

제14조 남과 북은 이 합의서 발효 후 1개월 안에 본회담 테두리 안에서 남북군사분과위원회를 구성하여 불가침에 관한 합의의 이행과 준수 및 군사적 대결상태를 해소하기 위한 구체적 대책을 협의한다.

## 제3장 남북교류 · 협력

제15조 남과 북은 민족경제의 통일적이며 균형적인 발전과 민족전체의 복리향상을 도모하기 위하여 자원의 공동개발, 민족 내부 교류로서의 물자교류, 합작투자 등 경제교류와 협력을 실시한다.

제16조 남과 북은 과학 · 기술, 교육, 문화 · 예술, 보건, 체육, 환경과 신문, 라디오, 텔레비전 및 출판물을 비롯한 출판 · 보도 등 여러분야에서 교류와 협력을 실시한다.

제17조 남과 북은 민족구성원들의 자유로운 왕래와 접촉을 실현한다.

제18조 남과 북은 흩어진 가족 · 친척들의 자유로운 서신거래와 왕래와 상봉 및 방문을 실시하고 자유의사에 의한 재결합을 실현하며, 기타 인도적으로

해결할 문제에 대한 대책을 강구한다.

제19조 남과 북은 끊어진 철도와 도로를 연결하고 해로, 항로를 개설한다.

제20조 남과 북은 우편과 전기통신교류에 필요한 시설을 설치 · 연결하며, 우편 · 전기통신 교류의 비밀을 보장한다.

제21조 남과 북은 국제무대에서 경제와 문화 등 여러분야에서 서로 협력하며 대외에 공동으로 진출한다.

제22조 남과 북은 경제와 문화 등 각 분야의 교류와 협력을 실현하기 위한 합의의 이행을 위하여 이 합의서 발효 후 3개월 안에 남북경제교류 · 협력공동위원회를 비롯한 부문별 공동위원회들을 구성 · 운영한다.

제23조 남과 북은 이 합의서 발효 후 1개월 안에 본회담 테두리 안에서 남북교류 · 협력분과위원회를 구성하여 남북교류 · 협력에 관한 합의의 이행과 준수를 위한 구체적 대책을 협의한다.

## 제4장 수정 및 발효

제24조 이 합의서는 쌍방의 합의에 의하여 수정 · 보충할 수 있다.

제25조 이 합의서는 남과 북이 각기 발효에 필요한 절차를 거쳐 그 문본을 서로 교환한 날부터 효력을 발생한다.

1991년 12월 13일

| | |
|---|---|
| 남 북 고 위 급 회 담 | 북 남 고 위 급 회 담 |
| 남측 대표단 수석 대표 | 북측 대표단 단장 |
| 대 한 민 국 | 조선민주주의 인민공화국 |
| 국무총리 정원식 | 정무원총리 연형묵 |

# 6·15 남북공동선언(2000. 6. 15)

조국의 평화적 통일을 염원하는 온 겨레의 숭고한 뜻에 따라 대한민국 김대중 대통령과 조선민주주의인민공화국 김정일 국방위원장은 2000년 6월13일부터 6월15일까지 평양에서 역사적인 상봉을 하였으며 정상회담을 가졌다.

남북정상들은 분단 역사상 처음으로 열린 이번 상봉과 회담이 서로 이해를 증진시키고 남북관계를 발전시키며 평화통일을 실현하는 데 중대한 의의를 가진다고 평가하고 다음과 같이 선언한다.

1. 남과 북은 나라의 통일문제를 그 주인인 우리 민족끼리 서로 힘을 합쳐 자주적으로 해결해 나가기로 하였다.
2. 남과 북은 나라의 통일을 위한 남측의 연합제 안과 북측의 낮은 단계의 연방제 안이 서로 공통성이 있다고 인정하고 앞으로 이 방향에서 통일을 지향시켜 나가기로 하였다.
3. 남과 북은 올해 8·15에 즈음하여 흩어진 가족, 친척 방문단을 교환하며, 비전향장기수 문제를 해결하는 등 인도적 문제를 조속히 풀어 나가기로 하였다.
4. 남과 북은 경제협력을 통하여 민족경제를 균형적으로 발전시키고, 사회, 문화, 체육, 보건, 환경 등 제반분야의 협력과 교류를 활성화하여 서로의 신뢰를 다져 나가기로 하였다.
5. 남과 북은 이상과 같은 합의사항을 조속히 실천에 옮기기 위하여 빠른 시일 안에 당국 사이의 대화를 개최하기로 하였다.

김대중 대통령은 김정일 국방위원장이 서울을 방문하도록 정중히 초청하였으며, 김정일 국방위원장은 앞으로 적절한 시기에 서울을 방문하기로 하였다.

2000년 6월 15일

| 대 한 민 국 | 조선민주주의인민공화국 |
| --- | --- |
| 대 통 령 | 국 방 위 원 장 |
| 김 대 중 | 김 정 일 |

# 한반도의 비핵화에 관한 공동선언(1992. 1. 20)

남과 북은 한반도를 비핵화함으로써 핵전쟁위험을 제거하고 우리나라의 평화와 평화통일에 유리한 조건과 환경을 조성하며 아시아와 세계의 평화와 안전에 이바지하기 위하여 다음과 같이 선언한다.

1. 남과 북은 핵무기의 시험, 제조, 생산, 접수, 보유, 저장, 배비, 사용을 하지 아니한다.
2. 남과 북은 핵에너지를 오직 평화적 목적에만 이용한다.
3. 남과 북은 핵재처리시설과 우라늄 농축시설을 보유하지 아니한다.
4. 남과 북은 한반도의 비핵화를 검증하기 위하여 상대측이 선정하고 쌍방이 합의하는 대상들에 대하여 남북핵통제공동위원회가 규정하는 절차와 방법으로 사찰을 실시한다.
5. 남과 북은 이 공동선언의 이행을 위하여 공동선언이 발효된 후 1개월 안에 남북핵통제공동위원회를 구성 · 운영한다.
6. 이 공동선언은 남과 북이 각기 발효에 필요한 절차를 거쳐 그 문본을 교환한 날부터 효력을 발생한다.

1992년 1월 20일

| | |
|---|---|
| 남북고위급회담 | 북남고위급회담 |
| 남측 대표단 수석대표 | 북측 대표단 단장 |
| 대 한 민 국 | 조선민주주의인민공화국 |
| 국무총리 정원식 | 정무원총리 연형묵 |

# 대한민국 국방부장관과 조선민주주의인민공화국 인민무력부장간 회담 공동보도문(2000. 9. 26)

역사적인 남북정상회담에서 채택된 6·15 남북공동선언 이행을 군사적으로 보장하기 위하여 대한민국 국방부 장관과 조선민주주의인민공화국 인민무력부장 사이의 회담이 9월 25일부터 26일 사이에 남측 제주도에서 진행되었다.

회담에는 남측에서 대한민국 조성태 국방부 장관을 수석대표로 하는 5명의 대표들과 북측에서 조선민주주의인민공화국 인민무력부장 김일철 차수를 단장으로 하는 5명의 대표들이 참가하였다. 회담에서 쌍방은 6·15 남북공동선언이 채택된 이후 그 이행을 위한 사업들이 본격적으로 추진되고 있는 가운데 적절한 군사적 조치들이 요구되고 있다는 데 견해를 같이하면서 다음과 같은 문제들을 합의하였다.

1. 쌍방은 남북 정상들이 합의한 6·15 남북공동선언의 이행을 위해 최선의 노력을 다하고, 민간인들의 왕래와 교류, 협력을 보장하는 데 따르는 군사적 문제들을 해결하기 위하여 상호 적극 협력하기로 하였다.
2. 쌍방은 군사적 긴장을 완화하며, 한반도에서 항구적이고 공고한 평화를 이룩하여 전쟁의 위험을 제거하는 것이 긴요한 문제라는 데 이해를 같이하고 공동으로 노력해 나가기로 하였다.
3. 쌍방은 당면 과제인 남과 북을 연결하는 철도와 도로공사를 위하여 각측의 비무장지대 안에 인원과 차량, 기재들이 들어오는 것을 허가하고 안전을 보장하기로 하였으며, 쌍방 실무급이 10월초에 만나서 이와 관련한 구체적 세부사항들을 추진하기로 하였다.
4. 남과 북을 연결하는 철도와 도로주변의 군사분계선과 비무장지대를 개방하여 남북관할지역을 설정하는 문제는 정전협정에 기초하여 처리해 나가기로 하였다.
5. 쌍방은 2차 회담을 11월 중순에 북측지역에서 개최하기로 하였다.

2000. 9. 26, 제주도

## 제1차 남북장관급회담 공동보도문(2000. 7. 31)

제1차 남북장관급회담이 2000년 7월 29일부터 31일까지 서울에서 진행되었다.

회담에서 쌍방은 남북 정상들의 역사적인 평양 회담과 6·15 남북공동선언의 중대한 의의를 강조하고, 공동선언을 성실히 이행해 나가기 위하여 다음과 같은 당면사항들에 합의하였다.

1. 남과 북은 남북장관급회담을 남북공동선언 정신에 부합되게 운영한다.

첫째, 남북장관급회담은 쌍방 정상들이 서명한 공동선언의 합의사항을 존중하고 공동이익을 추구하는 방향으로 그 이행문제를 협의, 해결하는 대화가 되도록 한다.

둘째, 남북장관급회담은 불신과 논쟁으로 일관하던 과거의 낡은 타성에서 벗어나 신의와 협력으로 쉬운 문제부터 해결하는 대화가 되도록 한다.

셋째, 남북장관급회담은 민족 앞에 실질적인 결실을 내놓을 수 있도록 실천을 중시하며, 평화와 통일을 지향해 나아가는 대화가 되도록 한다.

2. 남과 북은 1996년 11월에 잠정적으로 중단되었던 판문점 남북연락사무소 업무를 2000년 8·15를 계기로 재개한다.

3. 남과 북은 올해 8·15에 즈음하여 남과 북, 해외에서 각기 지역별로 남북공동선언을 지지, 환영하며 그 실천을 위한 전민족적 결의를 모으는 행사를 진행한다.

4. 남과 북은 총련 동포들이 방문단을 구성하여 고향을 방문할 수 있도록 협력하며, 이와 관련한 적절한 조치를 취한다.

5. 남과 북은 경의선 철도의 끊어진 구간을 연결하며, 이를 위한 문제는 빠른 시일 내에 협의하기로 한다.

6. 남과 북은 제2차 남북장관급회담을 2000년 8월 29부터 8월 31까지 평양에서 개최한다.

2000년 7월 31일
서울

# 제2차 남북장관급회담 공동보도문(2000. 9. 1)

제2차 남북장관급회담이 2000년 8월29일부터 9월 1일까지 평양에서 진행되었다.

회담에서 쌍방은 6·15 남북공동선언의 중대한 의의를 다시금 강조하고, 그것이 훌륭한 결실을 가져오고 있는 데 대하여 평가하였다.

회담에서 쌍방은 남북공동선언을 성실히 이행하기 위하여 함께 노력할 것을 재확인하고, 다음과 같은 실천사항들에 합의하였다.

1. 남과 북은 올해 안에 흩어진 가족, 친척방문단 교환 사업을 두차례 더 진행한다. 이와 관련한 실무적 문제는 남북 적십자 단체들이 곧 토의하며 이와 함께 흩어진 가족, 친척들의 서신교환을 추진하는 등의 문제들을 협의한다.
2. 남과 북은 긴장을 완화하고 평화를 보장하기 위하여 노력한다. 이와 관련하여 쌍방 군사당국자들이 회담을 조속한 시일 내에 가지도록 협의한다.
3. 남과 북은 경제협력을 확대 · 발전시키기 위하여 투자보장, 이중과세 방지 등 제도적 장치를 마련한다. 이와 관련한 쌍방 전문가들의 실무접촉을 9월중에 가진다. 그리고 남측은 북측이 연이어 자연재해를 겪고 있는 실정에서 상부상조의 원칙에 따라 북측에 식량을 차관으로 제공하는 문제를 검토하여 추진한다.
4. 남과 북은 서울-신의주 사이의 철도를 연결하며 문산-개성사이의 도로를 개설하기 위한 실무접촉을 9월중에 가지고 착공식 문제 등을 협의한다.
5. 남과 북은 조속한 시일 내에 임진강 수해방지 사업을 공동으로 추진한다.
6. 남과 북은 백두산, 한라산 관광단을 각기 100명 정도의 규모로 하여 오는 9월 중순부터 10월초까지 사이에 상대측 지역에 보낸다.
7. 남과 북은 제3차 남북장관급회담을 2000년 9월 27일부터 30일까지 한라산에서 개최한다. 장관급회담 대표단의 규모는 각기 편리한 대로 한다.

2000년 9월 1일, 평양

## 제3차 남북장관급회담 공동보도문(2000. 9. 30)

제3차 남북장관급회담이 2000년 9월 27일부터 9월 30일까지 제주도에서 진행되었다.

이번 회담에서 남북 쌍방은 역사적인 6·15 남북공동선언 발표 후 합의한 사항들이 성실히 이행되고 있는 데 대해 긍정적으로 평가하고 남북공동선언을 변함없이 적극 이행해 나갈 것을 다짐하면서 다음과 같은 사항들에 합의하였다.

1. 남과 북은 이미 여러 갈래 회담에서 합의한 모든 문제들을 차질없이 이행하면서 앞으로의 실천적인 사업들을 계속 폭넓고 깊이 있게 협의하고 성실히 추진해 나가기로 한다.
2. 남과 북은 이산가족 문제의 조속한 해결을 위해 쌍방 적십자 단체들이 제2차 회담에서 합의한 문제들과 함께 금년말부터 생사확인, 서신교환, 면회소설치 등에 관한 조속한 조치를 취해 나가도록 적극 협력하기로 한다.
3. 남과 북은 경제협력의 제도적 장치를 마련하기 위한 제1차 실무접촉이 성과적으로 진행되었음을 평가하고 투자보장과 이중과세방지 문제와 함께 분쟁해결 절차와 청산결제제도 마련 문제도 빨리 타결하기 위해 협력하기로 한다.
4. 남과 북은 경제분야에서 교류협력을 확대시키기 위한 제반문제를 협의 · 추진하기 위하여 '남북경제협력추진위원회' 를 협의 · 설치한다.
5. 남과 북은 학술 · 문화 · 체육 등 제반분야에서 교류와 협력을 활성화하는 것이 중요하다는 데 인식을 같이하는 바탕위에서 남측은 서울과 평양을 왕래하며 정기적으로 친선축구대회를 개최하는 문제와 시범적으로 교수 · 대학생 · 문화계 인사 등의 방문단을 상호 교환하는 문제를 제의하였고, 북측도 위의 제안을 포함하여 교류 협력문제에 대해 긍정적으로 연구 · 검토하기로 하였으며, 쌍방은 제4차 남북장관급회담에서 협의 · 결정하기로 한다.

6. 남과 북은 제4차 남북장관급회담을 2000년 11월 28일부터 12월 1일까지 3박 4일간 개최하기로 한다. 장소는 추후 협의하기로 한다.

2000년 9월 30일
제주도

## 제4차 남북장관급회담 공동보도문(2000. 12. 16)

제4차 남북장관급회담이 2000년 12월 12일부터 16일까지 평양에서 진행되었다.

회담에서 쌍방은 역사적인 남북공동선언 이행을 위한 지난 6개월 동안의 사업 추진결과를 평가하고 2001년을 맞으며 남북공동선언을 적극 이행해 나가야 한다는 데 인식을 같이하고, 다음과 같은 사항들에 합의하였다.

1. 남과 북은 민족경제의 균형적 발전과 공동번영을 위하여 남북경제협력추진위원회를 구성 · 운영하기로 하였다.
   이 위원회는 각기 차관(부상)급을 수석대표(단장)로 하여 5~7명으로 구성하며, 2000년 12월 26일경에 첫 회의를 평양에서 하되 여기에서는 전력협력 문제를 비롯하여 철도 및 도로연결 문제, 개성공업단지 건설 문제, 임진강유역 수해방지사업추진 문제 등 당면한 경제협력에서 제기되는 실무적 문제들을 협의 · 해결한다.
2. 남과 북은 어업부문에서 상호 협력해 나가기로 하였으며, 북측이 남측에 동해 북측 어장의 일부를 일정한 기간 제공할 것을 제의한 데 대해 쌍방 당국의 관계자들이 빠른 시일 안에 금강산 지역에서 접촉을 가지고 협의하기로 한다.
3. 남과 북은 태권도 시범단 교환 문제를 협의하기 위한 쌍방 태권도 단체들 사이의 접촉을 권고하기로 한다.
4. 남과 북은 이산가족들의 생사 · 주소 확인 사업과 서신교환 사업을 시범적으로 하되 생사 · 주소 확인은 2001년 1월과 2월에 각각 100명씩, 서신교환은 2001년 3월에 300명 정도로 한다.
5. 남과 북은 제3차 이산가족방문단 교환을 2001년 2월 말에 100명씩 한다.
6. 북측은 한라산 관광단을 2001년 3월, 경제시찰단을 2001년 상반기에 파견한다.

7. 남과 북은 쌍방 수석대표(단장)들이 서명한 남북사이의 투자보장에 관한 합의서, 남북사이의 소득에 관한 이중과세방지 합의서, 남북사이의 청산결제에 관한 합의서, 남북사이의 상사분쟁해결 절차에 관한 합의서에 대해 각기 발효절차를 거치며 그 결과를 상대측에 통보하기로 한다.
8. 남과 북은 제5차 남북장관급회담을 2001년 3월 중에 개최하며 장소는 추후 협의하여 정하기로 한다.

2000년 12월 16일
평양

# 제1차 남북경협 실무접촉 공동보도문(2000. 9. 26)

남과 북은 경제협력을 확대 발전시키고 민족경제의 균형적 발전을 위한 제도적 장치 마련을 위해 2000년 9월 25일부터 26일까지 서울에서 경제협력 실무접촉을 개최하였다.

실무접촉에서는 6·15 남북공동선언의 이행을 위한 남북 장관급 회담의 합의에 따라 투자보장, 이중과세 방지 등 제도적 장치를 빠른 시일 내에 타결키로 하였다.

쌍방은 투자보장 합의서와 이중과세 방지 합의서에 대한 토의를 진지하게 진행하였으며, 합의서 초안에서 나타난 차이점들을 제2차 접촉에서 합의하기로 하였다.

쌍방은 상사분쟁 해결절차와 청산결제에 관한 합의서가 필요하다는 데 이해를 같이하고 남북장관급회담에서 합의된 데 따라 실무접촉에서 협의하기로 하였다.

제2차 접촉은 10월 18일 평양에서 갖기로 하였다.

2000년 9월 26일
서울

## 투자보장 등 4대합의서 타결내용(2000. 11. 13)

〈투자보장에 관한 합의서〉

□ 투자자산 및 투자자의 정의(제1조)

ㅇ 투자자산은 "상대의 지역에 투자한 모든 종류의 자산"으로 규정.

☞ 합의서가 적용되는 투자의 범위를 포괄적으로 정의하여 투자한 모든 자산에 대한 보호가 되도록 함.

□ 투자의 허가 및 보호(제2조)

ㅇ 남과 북은 각각의 법령에 따라 투자를 허가하고, 투자자산을 보호하여 특히 쌍방간 투자의 활성화를 위해 필수적인 출입 및 체류와 관련한 문제에 관하여 호의적으로 처리하도록 규정.

☞ 우리 기업의 대북 투자시 가장 큰 우려사항이었던, 투자자산에 대한 보호를 규정하였으며, 특히 일반적인 다른 국가와의 협정에는 없는 투자관련 인력의 출입 및 체류와 관련하여 호의적 처리를 규정.

□ 투자의 대우(제3조)

ㅇ 타방 투자자, 투자자산, 수익금, 기업활동과 관련하여 최혜국 대우를 보장하도록 규정.

☞ 북한에서 활동중인 우리 기업이 북한기업과 경쟁하기보다는 주로 외국기업과 경쟁할 것으로 예상되므로 외국기업과 차별대우를 받는 일이 없도록 규정하는 것으로 충분.

북한은 모든 기업이 국영이며 수익을 대부분 국가에 납부하고 기업운영자금을 다시 국가가 기업에 지급하는 계획경제시스템을 운영하고 있는 바, 북측은 내국민대우를 보장할 경우 북측의 경제체제와 충돌이 발생할 가능성을 우려(실제로 북한은 1997년까지는 러시아, 마케도니아 등에 내국민대우를 해주었으나 이후 스위스, 말레이시아, 인도네시아와 체결한 협정에서는 내국민대우를 인정하지 않고 있으며 앞으로도 인정하지 않을 계획임).

다만, 투자보장의 핵심인 수용 및 보상에 있어서는 내국민대우를 보장하여 차별적인 수용금지, 비차별적인 보상을 규정하였음.

□ 수용 및 보상(제4조)

ㅇ 상대측 투자에 대해서 공공목적외 수용 또는 국유화를 원칙적으로 금지.

ㅇ 수용시에는 적법하게 그리고 내외국인과 무차별하게 이루어져야 하며, 신속·적절·유효한 보상을 수반.

☞ 수용의 금지와 수용시 국제시장가치로의 보상을 규정하여, 수용으로 인한 투자자의 불안감을 해소.

□ 송금의 보장(제5조)

ㅇ 투자와 관련된 모든 자금에 대해서 자유태환성통화에 의한 지체없고 자유로운 송금을 보장하도록 규정.

☞ 우리 기업이 투자자금 및 수익금을 자유롭게 송금 가능.

□ 투자자 대 당국간의 분쟁해결절차(제7조)

ㅇ 남북 일방의 투자자와 타방 당국간의 분쟁이 발생하는 분쟁은 가능한 한 당사자간의 협의와 교섭에 의한 해결을 규정.

ㅇ 다만, 당사자간 합의에 의해 해결되지 않을 경우는 일방의 요청에 따라 남북공동의 중재기구에 회부하여 해결토록 규정.

☞ 남 또는 북측 당국이 합의서를 이행하지 않아 투자기업이 손해를 입었을 경우 '남북상사중재위원회'에 제소할 수 있도록 함으로써 남북당국의 성실한 합의서 이행을 보장하는 효과.

□ 보다 유리한 규칙 또는 대우의 적용(제8조)

ㅇ 일방의 법률과 규정, 또는 계약에 따라 타방의 투자자에게 부여하는 대우가 본 합의서에 의하여 부여되는 대우보다 유리할 경우에는 보다 유리한 대우가 부여됨을 규정.

☞ 남한기업의 경우, 북한당국과의 계약에 의한 투자도 많으므로 계약도 북한당국에 의해 준수됨을 규정하였음.

□ 정보의 교환(제10조)

ㅇ 투자관련 법령 및 기타 투자관련 정보의 상호 제공을 규정.

☞ 우리 기업이 대북투자시 애로사항으로 느끼고 있는 북한의 투자관련 정보의 부족을 해소.

※ 투자보장 합의서 체결의 의의

□ 지금까지 남북간에는 명시적으로 상대방의 투자와 투자자를 보호하고 있는 법령을 갖고 있지 않았음

ㅇ 북한은 외국인 투자와 관련하여 외국인 투자법, 합영법, 합작법, 자유경제무역지대법 등을 운영하고 있으나 남한투자자에게 이 법이 적용되는지가 불분명하며, 이와 관련한 분쟁발생시 해결방안이 미흡함.

* 북한의 외국인 투자법은 "해외 조선동포들도 해당 법규에 따라 공화국 영역안에 투자할 수 있다"고 되어 있으며, 이중 "해외 조선동포"에 남한 기업이 포함되는지가 불분명.

ㅇ 마찬가지로, 북한의 대남투자도 외국인투자촉진법의 적용대상이 되는지가 불분명하여 북한 투자자의 지위에 대한 논란 소지가 있음.

□ 따라서 금번 남북간 투자보장합의서를 타결하게 됨으로써 우리기업의 대북투자에 대한 확고한 보장장치를 마련하게 된 것임

ㅇ 동 합의서는 앞으로 우리기업이 북한에 투자하는 데 따른 불확실성을 줄여주게 되므로 대북투자 활성화에 크게 기여할 것으로 기대되며,

ㅇ 투자는 단순한 물품의 교류와는 달리 인력과 기술의 교류가 함께 이루어지게 되

므로 전반적인 교류협력의 활성화에 크게 이바지하게 될 것임.

〈이중과세방지에 관한 합의서〉

□ 투자소득(제10조, 제11조, 제12조)

ㅇ 이자, 배당 및 로열티 등 투자소득에 대하여 소득발생지에서 10% 이하의 낮은 세율(제한세율)로 과세하도록 함.

* 합의서가 체결되 않은 경우 일반적으로 북측은 20%, 남측은 27.5%의 세율로 과세됨.

ㅇ 정부(지자체 포함) 및 중앙은행이 수취하는 이자에 대하여는 그 공공적 성격을 감안하여 면세토록 함.

□ 사업소득(제5조, 제7조, 제8조)

ㅇ 기업이 상대방지역에 지점, 사무소 등 고정된 사업장소를 가지고 있지 않는 한 상대방지역에서는 원칙적으로 그 기업의 사업소득을 과세하지 않도록 함.

- SOC건설 등을 위한 건축공사장 등 건설사업장의 경우 6개월 미만의 단기간 동안 사업활동이 수행되면 사업장소재지에서 비과세.

ㅇ 항공기, 선박, 철도등 남북간 수송수단을 이용한 사업소득(국제운수소득)에 대하여는 원천지(소득발생지)와 거주지에서 각각 과세하되, 원천지에서는 세액의 50%를 감면토록 함.

□ 직종별 용역제공대가(제14조, 제15조, 제17조)

ㅇ 연예인 및 체육인이 당국간 합의 또는 승인절차를 거쳐 활동하는 경우에는 용역수행지에서 과세하지 않도록 함.

ㅇ 변호사, 회계사 등이 전문적인 인적용역을 제공하고 얻는 소득에 대하여는 용역수행지에 사무소 등 고정된 사업시설을 두지 않거나 고정된 사업시설이 있더라도 1년 중 183일미만 단기체류시에는 용역수행지에서 비과세토록 함.

ㅇ 상대방지역의 지점 등에 파견된 근로자에 대하여는 1년 중 183일 미만 단기체류시에는 용역수행지에서 과세하지 않도록 함.

□ 이중과세방지방법(제22조)

○ 소득발생지와 거주지의 이중과세를 방지하기 위한 방법은 일반적으로 사용되는 세액공제방식을 채택하지 않고 소득면제방식을 채택함으로써 대북진출기업의 세부담 경감을 도모.

- 다만, 이자 · 배당 · 로열티 등 수동적 소득에 대하여는 국제적 관례에 따라 세액공제방식을 적용.

〈청산결제에 관한 합의서〉

□ 청산결제의 대상 및 한도(제1조, 제2조)

○ 청산결제는 남과 북이 합의하여 정하는 거래상품의 대금과 이에 동반하는 용역거래대금에 대해 적용.

- 남과 북은 청산결제방식으로 거래할 상품과 그 한도를 합의하여 정하며, 한도는 필요시 변경하는 것이 가능.
- 청산결제의 대상상품은 남과 북을 원산지로 하는 것에 한함.

□ 일반결제의 대상 및 방법(제8조)

○ 청산결제방식 이외의 대금결제와 자본의 이동은 국제관례에 따라 남과 북이 각기 지정하는 은행을 통해 일반결제방식으로 결제.

□ 청산은행과 청산계정의 운용(제3조~제7조, 제9조)

○ 남과 북은 각기 청산은행을 선정하여 청산계정을 설치하며, 합의에 의해 신용한도를 설정하여 운영.

○ 결제통화는 미달러화로 하되, 남북이 합의하는 다른 화폐로 하는 것도 가능.

○ 기타 구체적인 결제절차와 방법에 대해서는 청산결제은행이 합의하여 정함.

□ 합의서의 이행(제10조)

○ 남과 북은 합의서 서명일로부터 6개월 이내에 청산결제방식으로 거래할 상품과 한도, 청산계정의 신용한도를 정하고 각기 청산결제은행을 지정하여 상대측에

통보하기로 함.

〈상사분쟁해결에 관한 합의서〉

□ 남북간의 상사분쟁 해결 원칙(제1조, 제2조)

ㅇ 남북간 상사분쟁은 당사자가 협의하여 해결하는 것을 원칙으로 하되, 협의에 의해 해결되지 않는 분쟁은 남북한이 공동으로 구성한 '남북상사중재위원회(이하 중재위원회)' 의 중재로 해결.

□ 중재위원회 구성 및 기능(제2조, 제3조)

ㅇ 중재위원회는 남과 북이 각각 위원장 1명, 위원 4명을 선정하여 구성.

- 중재위원회의 쌍방은 각각 30명씩의 중재인을 선정하여 중재인명부를 작성 · 유지.

ㅇ 중재위원회는 중재에 관한 사항외에도 중재규정과 그 관련규정의 제 · 개정, 중재인 선정 등 기능을 수행.

□ 중재의 대상(제8조)

ㅇ 남북경제교류협력 과정에서 발생한 다툼으로 양당사자가 '남북상사중재위원회' 에 중재요청한 분쟁.

ㅇ 남북의 일방당국이 투자보장합의서를 이행하지 않아 투자자가 '남북상사중재위원회' 에 중재요청한 분쟁.

□ 중재절차(제9조, 제10조)

① 신청인이 자기측 중재위 위원장에게 중재 신청.

② 상대방 중재위 위원장에게 통보→피신청인에게 통보.

③ 중재인 3명으로 중재판정부 구성한 후 중재판정.

□ 중재판정부 구성방법(제10조)

① 양당사자가 각 1명씩 중재인 선정후 중재인이 합의에 의해 의장중재인 선정.

② 중재인이 합의하지 못하는 경우 쌍방 중재위 위원장이 합의에 의해 의장중재인 선정(순차추첨방식도 활용 가능).

③ 중재위위원장이 합의하지 못하는 경우 '국제투자분쟁해결기구' (ICSID)가 중재위의 의뢰에 의해 의장중재인 선정.

□ 중재 판정의 준거법(제12조)

ㅇ 중재판정은 당사자가 합의한 법령에 따라 하도록 하되 당사자가 합의한 법령이 없으면 남 또는 북의 관련법령, 국제법의 일반원칙, 국제무역거래관습에 따름.

□ 중재판정의 효력 및 집행(제14조)

ㅇ 분쟁당사자는 중재판정을 준수하여야 할 의무.

ㅇ 남과 북은 분쟁당사자에게 구속력이 있는 것을 승인하고 확정판결과 동일하게 집행하는 것을 보장.

# 미 · 북 제네바 기본 합의서(1994. 10. 21)

미합중국(이하 미국으로 호칭) 대표단과 조선민주주의인민공화국(이하 북한으로 호칭) 대표단은 1994년 9월 23일부터 10월 21일까지 제네바에서 한반도 핵문제의 전반적 해결을 위한 협상을 가졌다. 양측은 비핵화된 한반도의 평화와 안전을 확보하기 위해서는 1994년 8월 12일 미국과 북한간의 합의 발표문에 포함된 목표의 달성과 1993년 6월 11일 미국과 북한간 공동발표문상의 원칙과 준수가 중요함을 재확인하였다.

양측은 핵문제 해결을 위해 다음과 같은 조치들을 취하기로 결정하였다.

1. 양측은 북한의 흑연감속 원자로 및 관련시설을 경수로 원자로발전소로 대체하기 위해 협력한다.
   1) 미국 대통령의 1994년 10월 20일자 보장서한에 의거하여 미국은 2003년을 목표시한으로 총발전용량 약일2,000MWe의 경수로를 북한에 제공하기 위한 조치를 주선할 책임을 진다.
      - 미국은 북한에 제공할 경수로의 재정조달 및 공급을 담당할 국제 콘소시엄을 미국의 주도하에 구성한다.
        미국은 동 국제 콘소시엄을 대표하여 경수로 사업을 위한 북한과의 주 접촉선 역할을 수행한다.
      - 미국은 국제 콘소시엄을 대표하여 본 합의문 서명 후 6개월 내에 북한과 경수로 제공을 위한 공급 계약을 체결할 수 있도록 최선의 노력을 경주한다. 계약 관련 협의는 본 합의문 서명 후 가능한 조속한 시일 내 개시한다.
      - 필요한 경우 미국과 북한은 핵에너지의 평화적 이용 분야에 있어서의 협력을 위한 양자협정을 체결한다.
   2) 1994년 10월 20일자 대체에너지 제공 관련 미국의 보장서한에 의거 미국은

국제 컨소시엄을 대표하여 북한의 흑연감속원자로 동결에 따라 상실될 에너지를 첫번째 경수로 완공시까지 보전하기 위한 조치를 주선한다.

- 대체에너지는 난방과 전력생산을 위해 중유로 공급된다.
- 중유의 공급은 본 합의문 서명 후 3개월 내 개시되고 양측간 합의된 공급일정에 따라 연간 50만 톤 규모까지 공급된다.

3) 경수로 및 대체에너지 제공에 대한 보장서한 접수 즉시 북한은 흑연감속원자로 및 관련 시설을 동결하고 궁극적으로 이를 해체한다.

- 북한의 흑연감속원자로 및 관련 시설의 동결은 본 합의문서 후 1개월 내 완전 이행된다. 동 1개월 동안 및 전체 동결기간 중 IAEA가 이러한 동결 상태를 감시하는 것이 허용되며, 이를 위해 북한은 IAEA에 대해 전적인 협력을 제공한다.
- 북한의 흑연감속원자로 및 관련 시설의 해체는 경수로 사업이 완료될 때 완료 된다.
- 미국과 북한은 5MWe 실험용 원자로에서 추출된 사용 후 연료봉을 경수로 건설기간 동안 안전하게 보관하고 북한 내에서 재처리하지 않는 안전한 방법으로 동 연료가 처리될 수 있는 방안을 강구하기 위해 상호 협력한다.

4) 본 합의 후 가능한 조속한 시일 내에 미국과 북한의 전문가들은 두 종류의 전문가 협의를 가진다.

- 한쪽의 협의에서 전문가들은 대체에너지와 흑연감속원자로의 경수로로의 대체와 관련된 문제를 협의한다.
- 다른 한쪽의 협의에서 전문가들은 사용 후 연료 보관 및 궁극적 처리를 위한 구체적 조치를 협의한다.

2. 양측은 정치적, 경제적 관계의 완전 정상화를 추구한다.

1) 합의 후 3개월 내 양측은 통신 및 금융거래에 대한 제한을 포함한 무역 및 투자 제한을 완화시켜 나아간다.

2) 양측은 전문가급 협의를 통해 영사 및 여타 기술적 문제가 해결된 후에 쌍방의 수도에 연락사무소를 개설한다.

3) 미국과 북한은 상호 관심사항에 대한 진전이 이루어짐에 따라 양국관계를 대사급으로까지 격상시켜 나아간다.

3. 양측은 핵이 없는 한반도의 평화와 안전을 위해 함께 노력한다.

1) 미국은 북한에 대한 핵무기 불위협 또는 불사용에 관한 공식 보장을 제공한다.

2) 북한은 한반도 비핵화공동선언을 이행하기 위한 조치를 일관성있게 취한다.

3) 본 합의문이 대화를 촉진하는 분위기를 조성해 나아가는 데 도움을 줄 것이기 때문에 북한은 남북대화에 착수한다.

4. 양측은 국제적 핵비확산 체제 강화를 위해 함께 노력한다.

1) 북한은 핵비확산조약(NPT) 당사국으로 잔류하며 동 조약상의 안전조치협정 이행을 허용한다.

2) 경수로 제공을 위한 계약 체결 즉시 동결 대상이 아닌 시설에 대하여 북한과 IAEA간 안전조치 협정에 따라 임시 및 일반사찰이 재개된다. 경수로 공급계약 체결시까지 안전조치의 연속성을 위해 IAEA가 요청하는 사찰은 동결 대상이 아닌 시설에서 계속된다.

3) 경수로 사업의 상당 부분이 완료될 때, 그러나 주요 핵심 부품의 인도 이전에 북한은 북한 내 모든 핵물질에 관한 최초보고서의 정확성과 완전성을 검증하는 것과 관련하여 IAEA와의 협의를 거쳐 IAEA가 필요하다고 판단하는 모든 조치를 취하는 것을 포함하여 IAEA 안전조치협정(INFCIRC/403)을 완전히 이행한다.

조선민주주의 인민공화국 수석대표<br>
조선민주주의인민공화국 외교부 제1부부장  강석주

미합중국 수석대표 미합중국 본부대사  로버트 갈루치

# 한반도에너지개발기구 설립에 관한 협정(1995. 3. 9)

대한민국 정부, 일본국 정부 및 미합중국 정부는, 1994년 10월 21일 제네바에서 서명된 미합중국과 북한과의 기본합의문(이하 '기본합의문'이라 한다)에 명시된 북한 핵문제의 전반적 해결이라는 목적을 확인하고, 기본합의문의 이행조건으로 기본합의문에 명시된 북한이 취하여야 할 비확산 및 기타 조치의 결정적인 중요성을 인식하며, 한반도의 평화와 안보유지의 최상의 중요성에 유념하고, 국제연합헌장, 핵무기의 비확산에 관한 조약 그리고 국제원자력기구 규약과 부합하여, 기본합의문의 이행에 필요한 조치를 취하는 데 협력하기를 희망하며, 기본합의문에 상정된 바와 같이 관련국간 협력을 조정하고 기본합의문의 이행에 필요한 사업의 재원조달과 수행을 촉진하기 위한 기구 설립의 필요성을 확신하여, 다음과 같이 합의하였다.

제1조

한반도에너지개발기구(이하 '기구'라 한다)는 다음에 명시된 규정 및 조건에 따라 설립된다.

제2조

가. 기구의 목적은 다음과 같다.

(1) 기구와 북한의 체결된 공급협정에 따라 각각 약 1,000메가와트 용량의 2개의 한국 표준형원자로로 구성되는 북한에서의 경수로 사업의 재원조달과 공급

(2) 제1호 경수로가 건설될 때까지 북한의 흑연감속로에서 생산되는 에너지를 대신하는 대체에너지의 공급

(3) 상기 목적을 달성하기 위하여 또는 기본합의문의 목적을 수행하기 위하여 필요한 것으로 간주되는 기타 조치의 이행

나. 기구는 기본합의문에 명시된 북한의 의무사항의 완전한 이행확보를 목표로 그 목적을 수행한다.

제3조

상기 목적을 이행하는 데 있어서, 기구는 다음 기능을 수행할 수 있다.

가. 기구의 목적을 추진하기 위한 사업의 평가 및 관리

나. 기구의 목적을 추진하기 위한 사업의 재원조달을 위하여 기구의 회원국 또는 기타 국가나 단체로부터의 자금 수령, 그러한 자금의 관리와 지출 및 동자금에 대한 이자의 기구의 목적을 위한 보유

다. 기구의 목적을 추진하기 위한 사업을 위하여 기구의 회원국 또는 기타 국가나 단체로부터의 현물기여의 수령

마. 기구가 수령하거나 기구의 사업을 위하여 지정된 자금의 관리를 위하여, 합의된 바에 따라 적합한 금융기관과 협력하거나 협정, 계약 또는 기타 약정의 체결

바. 기구의 목적을 달성하기 위하여 필요한 재산, 시설, 장비 또는 재화의 취득

사. 기구의 목적을 달성하고 기능을 수행하기 위하여 필요한 국가, 국제기구 또는 기타 적절한 단체와의 차관협정, 계약, 또는 기타 약정의 체결

아. 원자력 안전성 증진활동을 포함하여 기구의 목적을 추진하는 활동의 수행을 위하여 국가, 지방당국 및 기타 공공단체, 국내 및 국제기관 그리고 사적 당사자 등과의 조정과 이들에 대한 지원

자. 기구의 수령액 · 자금 · 계정 또는 기타 자산의 처분 및 이로 인한 수익의 기구의 재정적 의무에 따른 분배, 그리고 기구의 결정에 따른 잔여 자산과 그로부터 발생하는 수익의 기구의 각 회원국 기여정도에 상응하는 균등한 방식의 분배

차. 이 협정과 일치하는 범위내에서 기구의 목적과 기능수행에 필요한 기타 권한의 행사

제4조

가. 기구의 활동은 국제연합헌장, 핵무기의 비확산에 관한 조약 및 국제원자력 기구 규약과 일치하여 수행되어야 한다.

나. 기구의 활동은 북한이 북한과 기구간의 모든 협정규정을 준수하고 기본 합의문과 일치하는 방법으로 행동할 것을 조건으로 한다. 이러한 조건이 충족되지 않으면 기 구는 적절한 조치를 취할 수 있다.

다. 기구는 기구가 수행하는 사업과 관련되어 북한에 이전되는 핵물질, 장비 또는 기술이 전적으로 동 사업을 위해서만 평화적 목적을 위하여 그리고 원자력의 안전한 이용을 보장하는 방법으로 사용될 것임을 북한으로부터 공식적으로 보

감받아야 한다.

제5조

가. 기구의 원회원국은 대한민국, 일본국 및 미합중국(이하 '원회원국' 이라 한다) 이다.

나. 기구의 목적을 지지하고 자금, 재화 또는 용역과 같은 지원을 기구에 제공하는 기타 국가와 지역통합기구를 포함한 국제기구도 집행이사회의 승인을 받아 제14조 나항의 절차에 따라 기구의 회원국(이하 원회원국과 함께 '회원국' 이라 한다)이 될 수 있다.

제6조

가. 기구의 기능을 수행하는 권한은 집행이사회에 있다.

나. 집행이사회는 각 원회원국의 1명의 대표들로 구성한다.

다. 집행이사회는 집행이사회 대표들 중에서 2년 임기의 의장을 선출한다.

라. 집행이사회는 집행이사회가 채택한 의사규칙에 의거하여 집행이사회 의장, 사무총장 또는 집행이사회 대표의 요청에 따라 언제든지 필요한 경우 소집된다.

마. 집행이사회의 결정은 모든 원회원국 대표들의 합의에 의하여 이루어진다.

바. 집행이사회는 기구의 목적을 달성하는 데 필요하거나 적합한 규칙과 규정을 승인할 수 있다.

사. 집행이사회는 기구의 기능에 관련된 모든 사안에 대하여 필요한 조치를 취할 수 있다.

제7조

가. 총회는 모든 회원국 대표들로 구성된다.

나. 총회는 제12조에 규정된 연례보고서를 심의하기 위하여 매년 개최된다.

다. 총회의 임시회는 집행이사회가 제출한 사안을 토의하기 위하여 집행이사회의 지침에 따라 개최된다.

라. 총회는 권고사항을 포함한 보고서를 집행이사회에 제출하여 그 심의를 받을 수 있다.

제8조

가. 기구의 직원은 사무총장이 대표한다. 사무총장은 이 협정이 발효된 후 가능한 조속한 시일 내에 집행이사회에 의하여 임명된다.

나. 사무총장은 기구의 최고행정책임자로서 집행이사회의 지휘와 감독을 받는다.

사무 총장은 집행이사회가 위임한 모든 권한을 행사하며, 본부 및 직원의 조직과 지휘, 연례 예산안의 준비, 재원 조달 그리고 기구의 목적을 달성하기 위한 계약의 승인, 작성 및 집행을 포함한 기구의 일상적인 업무수행을 담당한다. 사무총장은 상기 권한을 그가 적합하다고 생각하는 다른 직원에게 위임할 수 있다. 사무총장은 집행이사회가 승인한 모든 규칙 및 규정에 따라 자신의 임무를 수행한다.

다. 사무총장은 2명의 사무차장으로부터 보좌를 받는다. 2명의 사무차장은 집행이사회에 의하여 임명된다.

라. 사무총장 및 사무차장은 2년 임기로 임명되며, 재임명될 수 있다. 이들은 원회원국의 국민이어야 한다. 급여를 포함한 이들의 고용조건은 집행이사회에 의하여 결정한다. 사무총장 및 사무차장은 집행이사회의 결정에 의하여 그들의 임기만료 이전에 해고될 수 있다.

마. 사무총장은 집행이사회가 채택한 지침과 승인된 예산의 범위내에서 기구를 대신하여 사업을 승인하고 계약을 작성하며 기타 재정적 의무를 부담할 권한을 가진다. 단, 그러한 사업 · 계약 및 재정적 의무가 기구의 효과적이고 효율적인 운영 필요성에 기초하여 집행이사회가 결정한 특정가액을 초과하는 경우에는 집행이사회의 사전 승인을 받는다.

바. 사무총장은 집행이사회의 승인하에 직원의 직책과 급여를 포함한 고용조건을 수립한다. 사무총장은 집행이사회가 승인한 규칙 및 규정에 따라 유자격자를 그러한 직책에 임명하고 필요한 경우 직원을 해고한다.
사무총장은 최상 수준의 성실성, 효율성 및 기술적 능력확보의 중요성을 고려하고, 원회원국 국민들이 공평하게 채용될 수 있도록 직원을 임명한다.

사. 사무총장은 집행이사회 및 총회에게 기구의 활동과 재정에 관하여 보고한다. 사무총장은 집행이사회의 조치를 요하는 사안은 집행이사회가 즉시 주지하도록 한다.

아. 사무총장은 사무차장의 조언을 받아 이 협정과 기구의 목적에 부합되는 규칙 및 규정을 준비한다. 규칙 및 규정은 시행 이전에 집행위원회의 승인을 위하여 제출한다.

자. 사무총장과 직원은 그들의 직무를 수행함에 있어서 어느 정부나 또는 기구 이외의 어떠한 기관의 지시도 구하거나 받지 아니한다. 그들은 오로지 기구에 대

해서만 책임을 지는 국제공무원으로서의 지위를 손상시키는 어떠한 행동도 삼가야 한다. 각 회원국은 사무총장과 직원의 직무의 국제적 성격을 존중하고 그들의 직무수행에 영향을 미치지 아니하도록 한다.

제9조

가. 집행이사회는 기구가 수행중이거나 수행하도록 제의된 특정사업에 대하여 사무총장과 집행이사회에 적절한 조언을 제공할 자문위원회를 설치한다. 자문위원회는 경수로 사업, 대체에너지의 공급사업 및 집행이사회가 결정하는 기타 사업을 위하여 설치된다.

나. 자문위원회는 동 위원회의 설립목적이 되는 사업을 지원하는 원회원국과 다른 회원국 대표들을 포함한다.

다. 자문위원회의 소집시기는 각 위원회에서 결정한다.

라. 사무총장은 각 자문위원회가 소관사업에 관련된 사항을 충분히 인지하도록 하며, 집행이사회와 사무총장은 자문위원회의 권고에 유념한다.

제10조

가. 각 회계연도의 예산은 사무총장이 준비하며 집행이사회의 승인을 받는다. 기구의 회계연도는 1월 1일부터 12월 31일까지로 한다.

나. 각 회원국은 자국이 적절하다고 생각하는 자금을 제공하거나 이용하게 하도록 함으로써 기구에 자발적인 기여를 할 수 있다. 이러한 기여는 기구에 대한 직접적인 기여나 기구의 계약자에 대한 지불을 통하여 이루어질 수 있다.

기여는 현금예치, 조건부 증서, 신용장, 약속어음, 또는 기구와 기여자간의 합의하는 기타 법적 수단과 통화를 통하여 이루어진다.

다. 기구는 적절하다고 생각하는 공공 또는 사적 재원에서의 기여를 구할 수 있다.

라. 기구는 회원국이나 기타 재원으로부터 자금을 수령하기 위하여 재정을 설치한다. 동 계정은 특정사업과 기구 운영을 위하여 확보된 자금을 위한 독립계정을 포함한다. 그러한 계정에서 발생하는 이자 또는 배당은 기구의 활동을 위하여 재투자된다. 잉여자금은 제3조 자항에 규정된 대로 분배된다.

제11조

가. 회원국은 기구의 목적 달성에 도움이 될 수 있는 재화 · 용역 · 장비 및 시설을 기구나 기구의 계약자가 이용가능하도록 할 수 있다.

나. 기구는 자신의 목적 달성에 도움이 될 수 있는 재화 · 용역 · 장비 및 시설을 적

절하다고 생각하는 공공 또는 사적 재원으로부터 수령할 수 있다.

다. 사무총장은 기구에 대한 직접적 또는 간접적인 현물기여의 가치산정 업무를 담당한다. 회원국은 현물기여에 관한 정기보고서 제출과 동 기여의 가치확인에 필요한 기록에 대한 접근 허용 등을 통하여 가치산정 과정에서 사무총장과 협조한다.

라. 현물기여의 가치에 관하여 분쟁이 발생한 경우에는, 집행이사회가 사안을 심의하고 결정을 내린다.

제12조

사무총장은 기구의 활동에 관한 연례보고서를 집행이사회에 제출하여 그 승인을 받는다. 동 보고서는 경수로 사업 및 기타 사업의 현황에 관한 기술, 활동계획과 집행실적의 비교, 기구의 계정에 대한 회계감사보고서 등을 포함한다.

사무총장은 집행이사회의 승인을 얻어 회원국들에게 연례보고서를 배포한다.

사무총장은 집행이사회가 요구하는 기타 보고서를 집행이사회에 제출한다.

제13조

가. 기구는 그 목적과 기능을 수행하기 위하여 법적 능력, 특히 (1) 계약의 체결, (2) 부동산의 차용과 임차, (3) 동산의 취득과 처분 및, (4) 법적 소송을 제기할 수 있는 능력을 가진다.

회원국은 자국의 법령에 따라 기구가 그 목적과 기능을 수행하는 데 필요한 법적 능력을 기구에 부여할 수 있다.

나. 어떤 회원국도 회원국으로서의 지위나 기구참여를 이유로 기구의 작위, 부작위 또는 의무에 대한 책임을 부담하지 아니한다.

다. 회원국이 기구에 제공하는 정보는 전적으로 기구의 목적을 위해서만 사용되어야 하며 동 회원국의 명시적 동의없이는 공개되지 아니한다.

라. 회원국 영역에서의 이 협정의 이행은 각 회원국의 예산배정을 포함하여 관련 법령에 따라 이루어진다.

제14조

가. 이 협정은 원회원국들이 서명함과 동시에 발효한다.

나. 제5조 나항에 따라 집행이사회가 회원국 가입을 승인한 국가는 사무총장에게 이 협정 수락서를 제출함으로써 회원국이 될 수 있다. 이 수락서는 사무총장의 접수일자에 발표한다.

다. 이 협정은 원회원국의 서면합의에 의하여 개정될 수 있다

라. 이 협정은 원회원국의 서면합의에 의하여 종료되거나 정지될 수 있다.

제15조

회원국은 사무총장에게 서면으로 탈퇴통보를 함으로써 언제든지 이 협정으로부터 탈퇴할 수 있다.

탈퇴는 사무총장이 탈퇴통보를 접수한 지 90일 후부터 유효하다.

1995년 3월 9일 뉴욕에서 영어로 3부씩 작성하였다.

# 조선민주주의인민공화국에 대한 경수로 사업의 공급에 관한 한반도에너지개발기구와 조선민주주의인민공화국 정부간의 협정 (1995. 12. 15)

한반도에너지개발기구(이하 'KEDO'라 한다)와 조선민주주의인민공화국 정부(이하 '북한'이라 한다)는, KEDO가 1994년 10월 21일의 미합중국과 조선민주주의인민공화국간의 기본합의문(이하 '미 · 북 기본합의문'이라 한다)에 규정된 북한에 대한 경수로 사업(이하 '경수로사업'이라 한다)의 재원조달과 공급을 위한 국제기구임을 인식하고, 미 · 북 기본합의문과 1995년 6월 13일의 미 · 북 공동언론발표문은 미국이 경수로사업과 관련하여 북한과 주접촉선 역할을 할 것이라고 정하고 있음을 인식하며, 북한은 미 · 북 기본합의문의 관련 규정에 따른 제반 의무를 이행하며, 1995년 6월 13일의 미 · 북 공동 언론발표문에 명시된 내용에 따라 경수로사업을 수락한다는 것을 재확인하면서, 다음과 같이 합의하였다.

## 제1조(공급범위)

1. KEDO는 북한에 2개의 냉각재 유로를 가진 약 1,000메가와트 용량의 가압경수로 2기로 구성되는 경수로사업을 일괄 도급방식으로 제공한다. 노형은 KEDO가 선정하며 미국의 원설계와 기술로부터 개발된 개량형으로 현재 생산중인 것으로 한다.
2. KEDO는 협정 제1부속서에 명시된 경수로 사업의 공급범위를 부담한다. 북한은 협정 제2부속서에 명시된 제반 임무 및 품목으로 구성되는 경수로사업의 이행에 필요한 기타 사항을 부담한다.
3. 경수로 사업은, 국제원자력기구와 미국의 규제 및 기술수준에 상당하며, 이 조 1항에 언급된 노형에 적용된 규제 및 기술기준에 따라 수행된다. 이러한 규제 및 기술기준은 경수로 발전소의 설계, 제작, 시험, 시운전, 운전 및 유지보수뿐만 아니라 안전, 물리적 방호, 환경보호 및 방사성 폐기물의 저장과 처리에도 적용된다.

제2조(상환조건)

1. KEDO는 협정 제1 부속서에 규정된 임무 및 품목의 비용에 소요되는 재원을 조달하는 북한은 이 비용을 장기, 무이자 방식으로 상환한다.
2. 북한의 상환금액은 KEDO와 북한이 공동으로 결정하되, 이러한 결정은 경수로사업의 상업 공급계약(주계약)이 명시된 경수로사업의 기술명세서, 경수로사업의 공정하고 합리적인 시장가격, 그리고 협정 제1부속서에 규정된 임무 및 품목과 관련한 공급계약에 따라 KEDO가 계약자 및 하청계약자에게 지불해야 하는 계약금액에 대한 양측의 검토에 근거하여 결정된다. 협정 제1부속서에 명시된 임무 및 품목에 대한 북한은 추가비용이 없으나 북한의 작위 또는 귀책사유 있는 부작위로 야기된 추가비용에 대해서는 북한이 책임지며, 이 경우 경수로사업에 관하여 KEDO가 지불하여야 할 실제 추가비용에 근거하여 KEDO와 북한이 공동으로 결정하는 금액만큼 상환금액이 증액된다.
3. 북한은 KEDO에 각 경수로 발전소 완공 후 3년 거치기간 포함, 20년간 무이자로 연 2회 균등 분할 상환한다. 북한은 KEDO에 현금, 현금에 상당하는 기타 수단, 또는 재화의 이전을 통하여 상환할 수 있다. 북한이 현금에 상당하는 기타 수단 또는 재화로 상환(그러한 상환은 이하 '현물상환'이라 한다)하는 경우, 현물상환의 가치는 공정하고 합리적인 시장가격 산출을 위해 합의된 방식에 근거하여 KEDO와 북한이 공동으로 결정한다.
4. 상환금액 및 조건에 관한 상세사항은 이 협정에 따른 KEDO와 북한간의 별도 의정서에서 정한다.

제3조(인도 일정)

1. KEDO는 2003년 완공을 목표로 하는 경수로사업의 인도일정을 수립한다. 북한이 제3부속서에 규정된 바와 같이 미 · 북 기본합의문에 따라 이행하여야 하는 관련조치의 일정은, 이러한 조치가 2003년까지 이행되고 경수로 사업이 순조롭게 이행되도록 경수로사업 인도일정에 포함된다. 경수로사업의 제공과 제3부속서에 규정된 조치의 이행은 미 · 북 기본합의문에 규정된 바와 같이 상호 조건부이다.
2. 이 협정의 목적상 경수로 발전소의 '완공'이라 함은 제1조 3항에 규정된 규제 및 기술수준에 부합하는 성능시험의 완료를 말한다. 각 발전소 완공시에 북한은 KEDO에 대해 각 발전소별로 인수증을 발급한다.

3. 경수로사업의 인도 및 협정 제3부속서에 규정된 조치의 이행일정에 관한 상세사항과 필요한 일정조정을 위한 상호합의된 절차 및 협정 제4부속서에 규정된 경수로사업의 상당부분의 완료에 관한 상세사항은 이 협정에 따른 KEDO와 북한간의 별도 의정서에서 정한다.

제4조(이행구조)

1. 북한은 하나의 북한기업을 대리인으로 지정하고 그 기업에게 경수로 사업의 추진을 위해 필요한 이행구조에 참여하도록 허가할 수 있다.
2. KEDO는 경수로사업을 수행할 주계약자를 선정하며, 이 주계약자와 상업 공급계약을 체결한다. 하나의 미국 기업이 프로그램 코디네이터로서 KEDO가 경수로사업의 전반적 이행을 감리하는 것을 보좌한다. 이 프로그램 코디네이터는 KEDO가 선정한다.
3. KEDO와 북한은 경수로사업의 신속하고 원활한 이행을 보장하기 위하여 경수로사업 참여자들 사이의 효율적인 접촉과 협력을 포함하여 양측이 필요하다고 인정하는 실질적인 조치를 촉진한다.
4. 이 협정의 이행에 필요한 서면 교신은 영어와 한국어로 할 수 있으며, 기존 문서 및 자료는 원래의 언어로 사용 또는 전달될 수 있다.
5. KEDO, 계약자 및 하청계약자는 사업현장외에, 경수로사업의 진전에 따라 필요한 경우, KEDO와 북한이 합의하는 바에 따라 인근 항구 또는 공항과 같이 사업과 직접 관련된 부지 외 다른 지역에도 사무소를 운영할 수 있다.
6. 북한은 KEDO의 독립된 법적지위를 인정하고 KEDO 및 그 직원에게 KEDO에 위임된 기능의 수행에 필요한 북한 영역 내에서의 특권 및 면제를 부여한다. KEDO의 법적지위와 특권 및 면제는 이 협정에 따른 KEDO와 북한간의 별도 의정서에서 정한다.
7. 북한은 KEDO, 계약자 및 하청계약자가 북한에 파견한 모든 인원의 신변과 재산을 보호하는 조치를 취한다. 이들 모든 인원에 대하여 확립된 국제관행에 따른 적절한 영사보호가 허용된다. 필요한 영사보호 조치는 이 협정에 따른 KEDO와 북한간의 별도 의정서에서 정한다.
8. KEDO는 KEDO, 계약자 및 하청계약자가 북한에 파견한 모든 인원은 KEDO와 북한간에 별도로 합의될 내용에 따라 북한의 관련법을 존중하며, 아울러 항상 품위를 지키고 전문가적인 태도로 행동하도록 한다.

9. 북한은 KEDO, 계약사 및 하청계약자가 경수로사업과 관련된 건설 장비 및 잔여물자를 통관절차에 따라 재반출하는 것을 방해하지 아니한다.
10. 북한은 이 협정에 의하여 발생하거나, 또는 이 협정 및 이 협정에 따른 의정서, 기타 계약과 직접 관련하여 KEDO와 계약자 및 하청계약자의 작위, 부작위, 부채 또는 의무로부터 발생하는 청구권이 있을 경우 오로지 KEDO의 재산과 자산에 대해서만 변제를 추구한다.

### 제5조(부지 선정 및 조사)

1. KEDO는 부지가 KEDO와 북한이 합의하는 적합한 부지선정 기준에 부합하는지 여부와 개선사항을 포함한 경수로 발전소의 시공과 운전을 위한 제반 요건을 확인하기 위하여 우선적으로 함경남도 신포시 인근 금호리 일원 지역에 대한 조사를 실시한다.
2. 이 조사가 용이하게 이루어지도록 북한은 KEDO와 협조하고 동 지역을 대상으로 기 수행된 조사결과를 포함한 관련 정보를 KEDO가 이용할 수 있도록 한다. 이러한 자료가 불충분할 경우, KEDO는 추가적인 정보획득 또는 필요한 부지조사 수행을 위한 조치를 취한다.
3. 부지접근과 부지사용에 관한 상세사항은 이 협정에 따른 KEDO와 북한간의 별도 의정서에서 정한다.

### 제6조(품질보장 및 보증)

1. KEDO는 제1조 3항에 규정된 규제 및 기술수준에 따라 품질보장 계획을 수립하고 이를 이행하여야 한다. 이 품질보장계획은 설계, 자재, 장비와 부품의 제작 및 조립, 그리고 시공품질을 위한 적절한 절차를 포함한다.
2. KEDO는 북한에 품질보장계획을 적절히 문서로 제공하며, 북한은 적절한 검사와 시험, 시운전, 그리고 그 결과에 대한 북한측 검토가 포함될 품질보장계획의 이행에 참여할 수 있는 권리를 가진다.
3. KEDO는 경수로 발전소 각 호기가 제3조 2항에 규정된 대로 완공된 시점에서 그 발전용량이 약 1,000메가와트가 되도록 보장한다. KEDO는 관련 계약자와 하청계약자가 제공하는 주요 부품이 신품이며, 완공 후 2년 동안 설계 · 제작기술 · 자재면에서 결함이 없다는 것을 보증한다. 각 경수로발전소의 최초 장전을 위한 경수로 연료는 원자력업계의 기준관행에 따라 보장된다. KEDO는 경수로사업의 토목공사가 설계 · 제작 기술 · 자재면에서 결함이 없음을 완공후 2년간

보증한다.

4. 상기 언급된 사항과 보증서의 내용 및 그 발급과 수령에 관한 절차는 이 협정에 따른 KEDO와 북한간의 별도 의정서에서 정한다.

제7조(훈련)

1. KEDO는 북한의 경수로 발전소의 운전 및 유지보수를 위해 원자력 업계의 기준 관행에 따라 포괄적인 훈련계획을 수립하고 이행한다. 동 훈련은 상호 협의하는 장소에서 가급적 조기에 실시된다. 북한은 동 훈련계획을 위해 충분한 숫자의 자격있는 후보자를 제공하는 것을 책임진다.
2. 훈력계획에 관한 상세사항은 이 협정에 따른 KEDO와 북한간의 별도 의정서에서 정한다.

제8조(운전 및 유지 보수)

1. KEDO는 경수로발전소의 사용가능한 수명기간 동안 북한이 선호하는 공급자와 상업계약을 통하여 협정 제1부속서에 따른 제공분을 제외하고 경수로 연료를 북한이 구득하는 것을 지원한다.
2. KEDO는 경수로발전소의 사용가능한 수명기간 동안 북한이 선호하는 공급자와 상업계약을 통하여 협정 제1부속서에 따른 제공분을 제외한 예비부품, 마모성부품, 소모성 자재, 특수공구와 경수로 발전소의 운전 및 유지보수에 필요한 기술용역을 북한이 구득하는 것을 지원한다.
3. KEDO와 북한은 경수로발전소에서 발생하는 사용후 연료의 안전한 보관 및 처리를 보장하는 데 협력한다. KEDO의 요구가 있는 경우 북한은 경수로의 사용후 연료에 대한 소유권을 포기하며, 적절한 상업계약을 통해 동사용 후 연료의 인출 후, 기술적으로 가능한 한 조속히, 이를 북한 밖으로 이전하는 데 동의한다.
4. 경수로 사용 후 연료의 북한 밖으로의 이전을 위한 필요한 조치는 이 협정에 따른 KEDO와 북한간의 별도 의정서에서 정한다.

제9조(서비스)

1. 북한은 경수로사업의 완공에 필요한 모든 신청에 대한 승인을 신속히 그리고 무료로 처리한다. 이러한 승인에는 북한의 원자력 통제 당국이 발급하는 모든 허가, 통관, 입국 및 기타 허가, 각종 면허, 부지접근권 및 부지 인도협정이 포함된다. 이러한 승인이 통상적으로 소요되는 시간 이상으로 지체되거나 거부될 경우, 북한은 KEDO에 그 이유를 즉각적으로 통보하여야 하며, 이에 따라 경수로 사

업의 일정 및 비용은 적절히 조정될 수 있다.

2. KEDO, 계약자, 하청계약자 및 그 인원은, 경수로사업과 관련하여, 북한의 조세, 관세 및 KEDO와 북한이 합의하는 각종 부과금과 수수료를 면제 받으며 수용 조치로부터도 면제된다.
3. KEDO, 계약자 및 하청계약자가 북한에 파견하는 모든 인원은 사업현장에 방해받지 않는 접근이 허용되며, 사업현장으로의 출입을 위해 항공로와 해로를 포함하여 북한이 지정하고 KEDO와 북한이 합의하는 적절하고 효율적인 통행로가 허용된다. 경수로 사업의 진행에 따라 필요한 경우 추가 통행로가 고려된다.
4. 북한은 KEDO, 계약자 및 하청계약자가 북한에 파견하는 인원이 항만 서비스, 수송, 노동력, 식수, 음식, 부지 밖 숙박시설 및 사무실, 통신, 연료, 전력, 자재, 의료서비스, 환전 및 여타 금융서비스, 기타 생활 및 작업에 필요한 편의 설비를 공정한 가격으로 가능한 범위에서 이용할 수 있도록 한다.
5. KEDO, 계약자 및 하청계약자와 이들이 파견하는 인원은 북한 내의 이용가능한 통신수단에 대한 방해받지 않는 이용이 허용된다. 이에 부가하여, KEDO, 계약자 및 하청계약자는 각 장비설치 요청에 대한 신속한 사안별 검토를 거쳐 북한의 통신 관련규정에 따라 사무소에 보안이 유지되는 독자적인 통신수단을 설치할 수 있다.
6. 상기 서비스 관련 상세사항은, 이 협정에 따른 KEDO와 북한간의 하나 또는 그 이상의 별도 의정서에서 적절히 정한다.

제10조(핵안전 및 규제)

1. KEDO는 경수로 발전소의 설계, 제작, 시공, 시험과 시운전이 제1조 3항에 규정된 핵안전 규제 및 기술기준을 준수하도록 보장하는 책임을 진다.
2. 북한은 부지조사 완료시 KEDO에 부지 인도증을 발급한다. 북한의 원자력 통제당국은 예비안전성 분석보고서 및 부지조사에 대한 검토와 경수로발전소가 제1조 3항의 핵안전 규제 및 기술기준에 부합하는지 여부에 대한 판단에 기초하여 발전소 기초 굴착작업 이전에 KEDO에 건설허가를 발급한다. 북한의 원자력 통제당국은 경수로 발전소의 최종설계가 포함된 최종 안전성 분석보고서 검토와 핵연료 장입전 시운전시험 결과에 기초하여 최초 연료장전 이전에 KEDO에 시운전 허가를 발급한다. 발전소 운영자에 대한 운영허가 발급을 지원하기 위해 KEDO는 핵연료 장입 후 시운전시험 결과와 운전요원에 대한 훈련기록을 북한

에 제공한다. KEDO는 안전성 분석보고서, 규제 및 기술기준에 관한 정보 등 필요정보와 함께 이 협정상 요구되는 결정에 필요하다고 KEDO가 인정하는 기타 문서를 북한에 신속히 제공한다. 북한은 사업일정을 저해하지 않도록 이러한 허가를 적기에 발급하는 것을 보장한다.

3. 북한은 경수로발전소의 안전한 운영과 유지 보수, 적절한 물리적 방호, 환경보호, 그리고 제8조 3항에 일치하는 사용 후 연료를 포함한 방사성폐기물의 안전한 보관 및 처리를 제1조 3항에 규정된 규제 및 기술기준에 부합되도록 할 책임이 있다. 이와 관련, 북한은 경수로발전소의 안전한 운영과 유지보수를 위하여 적절한 원자력 규제기준과 절차가 이행되는 것을 보장한다.
4. 핵연료집합체 선적에 앞서 북한은 원자력 안전에 관한 협약(1994. 9. 20. 빈에서 채택), 핵사고의 조기통보에 관한 협약(1986. 9. 26. 빈에서 채택), 핵사고 또는 방사능 긴급사태시 지원에 관한 협약(1980. 3. 3. 빈 및 뉴욕에서 서명을 위하여 개방)의 규정을 준수한다.
5. 경수로발전소 완공 후 KEDO와 북한은 경수로발전소의 안전한 운영과 유지 보수를 보장하기 위하여 안전점검을 실시한다. 이와 관련, 북한은 이러한 점검이 가능한 한 신속하게 이루어질 수 있도록 필요한 지원을 제공하며, 이러한 점검결과를 적절히 고려한다. 안전점검의 절차 및 일정에 관한 상세사항은 이 협정에 따른 KEDO와 북한간의 별도의정서에서 정한다.
6. 핵 비상사태나 사고발생시 북한은 KEDO, 계약자 또는 하청계약자가 파견한 인원이 안전 우려 범위를 확정하고 안전지원을 제공할 수 있도록 즉시 현장 및 관련 정보에 대한 접근을 허용해야 한다.

### 제11조(핵사고 책임)

1. 북한은 경수로 발전소와 관련된 (1963년 5월 21자 핵피해의 민사책임에 관한 빈 협약에 정의된) 핵사고로 인한 손해와 관련하여 북한내에서 제기되는 배상청구를 충족시킬 수 있는 법적 · 재정적 장치가 마련되는 것을 보장한다. 이러한 법적 장치는 절대책임주의 원칙에 의거, 핵사고 발생시 운영자에게 책임이 부과되는 것을 포함한다. 북한은 운영자가 이러한 책임을 이행할 수 있음을 보장한다.
2. 경수로발전소와 관련한 핵사고로 인해 북한영역 내외에서 핵피해 또는 손실이 발생하여 제3자가 이 협정에 따라 수행된 활동을 이유로 법원에 제기하는 배상청구로부터 KEDO와 그 계약자, 하청계약자 및 그 인원을 보호하기 위하여 북

한은 핵연료집합체의 선적에 앞서 KEDO와 배상협정을 체결하며, 핵사고 책임보험 또는 기타 재정적 보장장치를 확보한다. 배상협정, 보험 및 기타 재정적 보장장치에 관한 상세사항은 이 협정에 따른 KEDO와 북한간의 별도 의정서에서 정한다.

3. 북한은 핵피해 또는 손실과 관련하여 KEDO와 그 계약자, 하청계약자 및 이들의 임직원에 대하여 손해배상을 청구하지 아니한다.
4. 이 조항은 어떤 특정한 법원의 재판 관할권을 인정하거나 어느 일방이 면책권을 포기하는 것으로 해석되지 아니한다.
5. 북한은 관련 핵피해가 전부 또는 부분적으로 피해인의 중과실에 기인하였거나, 피해인의 가해의도에 따라 행한 작위나 부작위에 의한 것임을 운영자가 입증할 경우에는 피해인에 대한 손해배상 의무로부터 운영자를 전부 또는 부분적으로 면제시키도록 국내법에 규정할 수 있다. 운영자는 핵사고에 따른 피해가 고의성이 있는 작위 또는 부작위에 의하여 발생한 경우에만 그러한 고의성 있는 작위 또는 부작위를 행한 개인을 대상으로 구상권을 가진다.

   이 항의 목적을 위하여, '자' 또는 '개인'이라 함은 핵피해의 민사책임에 관한 빈 협약(1963년 5월 21일 빈에서 채택)에서의 용어와 동일한 의미를 가진다.

제12조(지적재산)

1. 이 협정상의 의무를 이행함에 있어 양측은 상대방의 지적재산과 관련된 정보를 직 · 간접적으로 받아볼 수 있다. 이러한 정보와 동정보를 포함하는 물건이나 문서(이하 함께 '지적 재산'이라 한다)는 특허법 또는 저작권법에 의한 보호여부와 관계없이 상대방에 귀속되며, 비밀이 보호된다. 양측은 상대방의 지적재산에 대한 비밀을 보호하며, 협정에 규정된 경수로사업의 목적을 위해서만, 그리고 산업재산권 보호에 관한 파리협약에 따른 관행을 포함한 국제규범에 따라 이를 이용한다는 데 합의한다.
2. 별도로 합의하지 아니하는 한, 어느 일방도 경수로사업과 관련하여 제공된 상대방의 장비나 기술을 복제, 복사 또는 재생산하지 아니한다.

제13조(보장)

1. 북한은 이 협정에 따라 이전되는 원자로, 기술, 핵물질(국제관행에 따라 정의됨) 및 이들에 사용되거나 또는 그 사용을 통하여 생성된 핵물질을 전적으로 평화적이고 핵 폭발과 무관한 목적으로만 사용한다.

2. 북한은 이 협정에 따라 이전되는 원자료, 기술, 핵물질 및 이들에 사용되거나 또는 그 사용을 통하여 생성되는 핵물질이 적절하게 그리고 전적으로 경수로 사업을 위해서만 사용되도록 보장한다.
3. 북한은 이 협정에 따라 이전되는 원자로, 핵물질 및 이들에 사용되거나 또는 그 사용을 통하여 생성되는 핵물질에 대하여 그러한 원자로와 핵물질의 유용수명기간 동안 국제기준에 따른 효과적인 물리적 방호를 제공한다.
4. 북한은 이 협정에 따라 이전되는 원자로, 핵물질 및 이들에 사용되거나 또는 그 사용을 통하여 생성되는 핵물질에 대하여 그러한 원자로와 핵물질의 유용수명기간동안 국제원자력기구의 안전조치를 적용한다.
5. 북한은 이 협정에 따라 이전되는 핵물질 또는 경수로사업에 따라 이전되는 원자로나 핵물질에 이용되거나 또는 그 사용을 통하여 생성되는 핵물질을 어떠한 경우에도 재처리하거나 그 농축도를 증가시켜서는 아니된다.
6. 북한은 이 협정에 따라 이전되는 핵장비나 기술, 핵물질, 또는 이들에 사용되거나 또는 그 사용을 통하여 생성되는 핵물질을 KEDO와 북한간에 별도로 합의되지 아니하는 한 북한 영역 밖으로 이전하여서는 아니된다. 다만 제8조 3항에 규정된 경우는 그러하지 아니한다.
7. 상기에 언급된 보장들은, 해당 KEDO 회원국과 북한이 필요하다고 인정하는 경우, 경수로사업을 위해 핵공급국 그룹의 수출통제품목으로 규제되는 품목으로 북한에 공급하는 KEDO 회원국에 대해 적절한 형태로 북한측의 보장으로 보안될 수 있다.

제14조(불가항력)

어느 일방의 이행이 국제적으로 불가항력이라고 인정되는 사건에 의해 지연되는 경우 그러한 지연은 용납될 수 있는 것으로 양해한다. 그러한 사건을 이 협정에서 '불가항력' 적 사건이라고 규정한다. 불가항력적 사건에 의해 의무이행이 지연되는 측은 그러한 사건 발생후 지연사실을 즉시 상대방에 통보하고 의무이행의 지연과 이로 인한 영향을 경감시킬 수 있도록 합리적인 노력을 기울인다. 양측은 이에 따른 대체방안과 경수로 사업 일정의 조정이 필요한지의 여부 및 어느 측이 이에 따른 비용을 부담해야 하는지를 결정하기 위하여 상대방과 즉시 신의 성실에 입각하여 협의한다.

제15조(분쟁해결)

1. 이 협정의 해석 또는 이행과 관련하여 발생하는 모든 분쟁은 국제법의 원칙에 따

리 KEDO의 북한간의 협의를 통하여 해결한다. KEDO와 북한은 협정의 이행과정에서 발생할 수 있는 분쟁의 해결을 위하여 양측이 선정한 각 3명으로 구성되는 조정위원회를 설치한다.

2. 상기 방법으로 해결되지 아니한 모든 분쟁은 일방이 요청하고 타방이 동의하는 경우에는 다음과 같이 구성되는 중재재판소에 회부한다. KEDO와 북한은 각각 1인의 재판관을 임명하며 이 2인의 재판관은 재판장이 될 제3의 재판관 1인을 선정한다. 만일 중재에 관한 상호 합의후 30일내에 KEDO 또는 북한이 재판관을 임명하지 아니한 경우 KEDO 또는 북한은 국제사법재판소 소장에게 재판관 임명을 요청할 수 있다. 2명의 재판관 선정 후 30일내에 제3의 재판관이 임명되지 못한 경우에도 동일한 절차가 적용된다. 중재재판소의 의사정족수는 과반수이며, 모든 결정은 재판관 2명의 의견일치를 필요로 한다. 중재재판절차는 재판소가 수립한다. 재판소의 결정은 KEDO와 북한을 기속한다. 양측은 자신이 선임한 재판관과 중재재판 참여에 따른 비용을 부담한다. 재판장의 임무수행비용과 기타 중재재판소 비용은 양측이 균등하게 부담한다.

제16조(불이행시 조치)

1. KEDO와 북한은 이 협정의 기본 목적 달성을 위하여 각자의 의무를 성실히 이행한다.
2. 어느 일방이 이 협정에 명시된 조치를 취하지 못한 경우 상대방은 경수로사업과 관련하여 지불하게 되어 있는 금액 및 재정적 손실의 즉각적인 지불을 요구할 수 있는 권리를 가진다.
3. 어느 일방이 이 협정의 이행에 따라 발생하는 상대방에 대한 재정적 의무와 관련된 상환을 지연하거나 이행하지 아니할 경우 상대방은 범칙금을 산정하여 이를 부과할 수 있다. 범칙금 산정 및 부과에 관한 상세사항은 이 협정에 따른 KEDO와 북한간의 별도 의정서에서 정한다.

제17조(개정)

1. 이 협정은 양측의 서면합의로 개정할 수 있다.
2. 협정의 개정은 서명과 동시에 발효한다.

제18조(발효)

1. 이 협정은 KEDO와 북한간의 국제적 합의로서 국제법에 따라 양당사자를 기속한다.

2. 이 협정은 서명일에 발효한다.
3. 이 협정의 부속서는 협정의 불가분의 일부를 구성한다.
4. 이 협정에 따른 의정서는 각 의정서의 서명일에 발효한다.

이상의 증거로, 아래 서명자는 정당히 권한을 위임받아 이 협정에 서명하였다.
1995년 12월 15일 뉴욕에서 영어로 2부가 작성되었다.
· 한반도에너지개발기구를 대표하여
· 조선민주주의인민공화국 정부를 대표하여

## 제1부속서

KEDO가 제공하여야 할 이 협정 제1조에 언급된 경수로발전소의 공급범위는 다음 임무 및 품목으로 구성된다.

1. 부지조사
2. 부지정리, 평토, 부지내 공사에 필요한 전력 및 경수로 발전소 완공을 위하여 필요한 부지내 용수공급으로 이루어지는 부지 준비
3. KEDO가 경수로발전소 건설에 필수적이며 전적으로 이를 위해서만 사용될 것으로 판단하는 하부구조. 이러한 하부구조는 부지재 도로, 부지에서 부지밖 도로까지의 연결도로, 바지선 하역시설, 바지선 하역시설과 부지간도로, 수중보를 포함한 취수 시설과 수로, KEDO, 계약자 및 하청계약자를 위한 주거시설 및 관련 시설로 구성된다.
4. 공사일정을 포함한, 경수로발전소의 운전 및 유지보수에 필요한 기술문서
5. KEDO가 2기의 경수로 발전소에 필요하다고 판단하는 발전 체계, 시설, 건물, 구조물, 기기, 보조시설외에 실험실, 측정기기, 공작기계실을 포함
6. 발전소 2기를 위한 중 · 저준위 방사성 폐기물의 10년 저장 시설
7. 발전소 인수시까지 요구되는 모든 시험
8. 원자력업계 기준관행에 따라 KEDO가 발전소를 2년간 운전하는 데 필요하다고 인정하는 예비부품, 마모성 부품, 소모성 자재 및 특수 공구
9. 초기 운전의 안전확보에 필요한 연료봉을 포함한 각 경수로의 최초 장전용 핵연

10. 완전한 범위의 모의 훈련대의 제공을 포함하여 KEDO와 계약자가 원자력업계의 기준관행에 따라 실시하는 경수로발전소 운전과 유지를 위한 포괄적인 훈련계획
11. 원자력업계 기준관행에 따라 경수로발전소 1호기 완공후 1년간 이 발전소의 운전과 유지보수에 KEDO가 필요하다고 인정하는 기술 지원서비스
12. 전반적인 사업관리

## 제2부속서

북한이 그 책임을 지는 이 협정 제1조 2항에 언급된 임무 및 품목은 다음과 같이 구성된다.

1. 거주민 소개, 현존 구조물 및 시설의 이전을 포함한 경수로사업용 부지(육지 및 해상)확보
2. 북한내에서 이용 가능한, 경수로사업의 이행에 필요한 정보 및 문서의 제공 또는 접근
3. 2기의 경수로발전소의 시운전을 위해 북한내에서 이용가능한 전력의 안정적 공급
4. 경수로사업에 필요한 자재와 장비를 수송하기 위하여 북한이 지정하고 KEDO와 북한이 합의하는 부지에 인접한 기존의 항구, 철도 및 공항시설에 대한 접근
5. 골재 및 채석장 확보
6. 이 협정 제9조에 따라 가능한 범위까지의 경수로 부지로 연결하는 통신선로
7. 시운전에 참여시키기 위하여 KEDO가 훈련할 자질 있는 운전요원

## 제3부속서

이 협정 제3조 1항에 명시된대로 북한이 미·북 기본합의문에 따라 경수로사업의 제공과 관련하여 취해야 할 조치는 다음과 같다.

1. 북한은 미·북 기본합의문에 명시된 바대로 핵무기의 비확산에 관한 조약의 당

사국으로 잔류하며 동 조약에 따른 안전조치협정의 이행을 허용한다.

2. 북한은 흑연감속로 및 관련시설을 계속 동결하고 국제원자력기구의 동결상태 감시를 위한 활동에 적극 협조한다.
3. 북한은 새로운 흑연감속로 및 관련시설을 건설하지 아니한다.
4. 미국기업이 핵심부품을 공급하는 경우 북한과 미국은 이러한 부품의 인도전에 원자력의 평화적 협력을 위한 양자협정을 체결한다. 이 양자협정은 협정의 제4 부속서에 명시된 대로 경수로 사업의 상당부분이 완료된 후에 이행된다. 이 협정의 목적상 핵심부품이라 함은 원자력 공급국 그룹 수출통제목록에 따라 규제되는 부품을 말한다.
5. 북한은 5메가와트 실험용 원자로에서 추출된 사용후 연료의 안전한 보관 및 영구 처분을 위하여 계속 협조한다.
6. 북한은 이 협정이 서명되면 동결대상이 아닌 시설에 대하여 북한과 국제원자력기구간의 안전조치협정에 따른 임시 및 일반사찰의 재개를 허용한다.
7. 북한은 경수로사업의 상당부분이 완료될 때, 그러나 핵심 핵부품의 인도 이전에 국제원자력기구가 필요하다고 판단하는 모든 조치를 이행하는 것을 포함하여 국제원자력기구 안전조치 협정을 전면 이행한다.
8. 경수로발전소 1호기가 완료되면 북한은 동결된 흑연감속로 및 관련 시설의 해체를 시작하여 경수로 발전소 2호기 완료시까지 이러한 해체작업을 완료한다.
9. 경수로발전소 1호기의 핵심부품이 인도되기 시작하면 5메가와트 실험용 원자로로부터 추출된 사용후 연료의 영구처분을 위하여 이 연료의 북한으로부터의 이전이 시작되며, 이러한 작업은 경수로 발전소 1호기가 완공시까지 완료된다.

## 제4부속서

이 협정서의 제3조 3항에 언급된 별도 의정서에서 정한다.

1. 경수로 사업을 위한 계약의 체결
2. 부지준비 완료, 굴착, 경수로사업 건설지원에 필요한 시설의 완료
3. 선정된 부지에 대한 발전소 초기 설계의 완료
4. 사업 계획과 일정에 규정된 바에 따라 경수로발전소 1호기의 주요 원자로기기의

시방서 작성 및 제작

5. 사업 계획과 일정에 따른 터빈과 발전기를 포함한 경수로 1호기의 주요 비핵부품 인도
6. 사업계획과 일정에 규정된 단계에 부합되는 경수로 1호기 터빈용 건물과 기타 부속건물의 건설
7. 핵증기공급계통의 기기를 설치할 수 있는 단계까지의 경수로 1호기 원자로 건물과 격납 구조물의 건설
8. 사업공정에 따른 경수로 2호기의 토목공사와 기기제작 및 인도

## 남북이산가족방문단 교환과 면회소 설치 · 운영 및 비전향장기수 송환에 관한 합의서(제1차 남북적십자회담 합의서)(2000. 6. 30)

남북적십자단체대표들은 역사적인 '남북공동선언'에 따라 2000년 6월 27일부터 6월 30일까지 금강산호텔에서 올해 8·15에 즈음하여 이산가족방문단 교환과 면회소 설치 · 운영 및 비전향장기수 송환에 관한 문제를 협의하고 다음과 같이 합의하였다.

1. 이산가족방문단 교환
   ① 이산가족방문단은 2000년 8월 15일부터 8월 18일까지(3박4일) 동시 교환한다.
   ② 방문단은 책임자 1명, 이산가족 100명, 지원인원 30명, 취재기자 20명으로 구성하며, 방문단 책임자는 각기 편리한 대로 한다.
   ③ 방문단의 방문지는 서울과 평양으로 한다.
   ④ 쌍방은 방문단 후보자 명단을 방문 30일 전에 각기 200명씩 교환하며, 그 중 생사 · 소재를 확인한 후 확정된 방문자 명단을 방문 20일 전에 통보한다.
   ⑤ 쌍방은 지원인원, 취재기자를 포함한 방문단 최종 명단을 방문 7일 전에 상대측에 통보한다.
   ⑥ 방문단 교환 절차는 1985년 방문단 교환 관례에 따르며, 교환 경로는 육로 또는 항공로로 한다.

2. 이산가족면회소 설치 · 운영
   ① 쌍방은 이산가족면회소를 설치 · 운영하기로 한다.
   ② 면회소 설치 · 운영 등 구체적인 사항은 비전향장기수를 전원 송환하는 즉시 적십자회담을 열고 협의 · 확정한다.

3. 비전향장기수 송환
   ① 남측은 북으로 갈 것을 희망하는 비전향장기수 전원을 2000년 9월초에 송환

힌다.

② 남측은 북으로 갈 것을 희망하는 비전향장기수들의 명단과 실태자료를 송환 15일전에 북측에 통보한다.

③ 북측은 북으로 갈 것을 희망하는 비전향장기수 명단을 넘겨 받은 다음 확인한 데 따라 송환 10일전에 남측에 명단을 통보한다.

④ 비전향장기수 송환 절차는 1993년의 관례에 따르며, 송환 경로는 육로 또는 항공로로 한다.

4. 합의서 발효

이 합의서는 쌍방이 서명하고 교환하는 날부터 효력을 발생한다.

'남북공동선언' 이행을 위한 남북적십자회담 남측대표단 수석대표
대한적십자사 사무총장 박기륜

'북남공동선언' 이행을 위한 북남적십자회담 북측대표단 단장
조선민주주의인민공화국 적십자회중앙위원회 상무위원 최승철

# 제2차 남북적십자회담 합의서(2000. 9. 23)

남북적십자단체 대표들은 2000년 9월 20일부터 9월 23일까지 금강산호텔에서 이산가족문제 해결을 위한 사업들의 세부 이행절차를 협의하고 다음과 같이 합의하였다.

1. 이산가족 방문단 추가교환

① 제2차 방문단 교환은 2000년 11월 2일부터 4일까지, 제3차 방문단 교환은 12월 5일부터 7일까지 각각 2박 3일간씩 동시 교환한다

② 방문단 규모 및 기타 교환절차는 8·15 방문단 교환시의 전례를 따른다.

2. 생사 · 주소확인

① 쌍방은 이산가족찾기 신청자 명단을 시범적으로 9월에 100명, 10월에 100명씩 교환하며, 그 이후부터는 교환 규모를 확대해 나간다.

② 쌍방은 상대측으로부터 전달받은 신청자 명단에 대해 생사 · 주소확인 작업을 즉시 개시하고, 그 결과는 확인되는 대로 신속히 상대측에 통보한다.

③ 명단 및 결과통보 양식은 8·15 방문단 교환시의 전례를 따르되, 명단에는 신청자의 현주소를 포함시키고, 결과 통보서에는 대상자의 현주소 및 사망일자(사망시) 등을 포함한다.

3. 서신 교환

① 쌍방은 이산가족찾기 신청자들의 생사 · 주소가 확인되는 데 따라 그들 사이의 서신교환을 진행한다.

② 쌍방은 시범적으로 11월중에 생사 · 주소가 확인된 300명을 대상으로 서신교환을 실시하고, 그 규모를 점차적으로 확대해 나가며 그 구체적 문제는 제3차 남북적십자회담에서 협의 · 확정한다.

4. 이산가족면회소 설치 · 운영

쌍방은 제3차 남북적십자회담을 개최하여 면회소 설치 · 운영에 따른 구체적 절차 문제를 협의 · 확정한다.

5. 제3차 남북적십자회담 개최

제3차 남북적십자회담은 12월 13일부터 12월 15일까지 금강산에서 개최한다.

6. 합의서 발효

이 합의서는 쌍방이 서명하고 교환한 날부터 효력을 발생한다.

2000년 9월 23일

남북적십자회담 남측 대표단 수석대표 박기륜

북남적십자회담 북측 대표단  단장 최승철

# 제3차 남북적십자회담 공동보도문(2001. 1. 31)

남북적십자사 대표들은 2001년 1월 29일부터 31일까지 금강산호텔에서 제3차 남북적십자회담을 가지고 다음과 같이 합의하였다.

1. 쌍방은 제3차 이산가족방문단을 서울과 평양에서 2월 26일부터 28일까지(2박 3일) 동시에 교환한다. 방문단 규모 및 기타 교환절차는 제1·2차 방문단 교환시의 전례를 따른다.
   제3차 방문단 교환을 위해 1월 31일 교환한 방문 후보자 명단에 대한 회보서는 2월 15일에 교환하며, 최종 방문단 명단은 2월 17일에 교환한다.
2. 생사 · 주소가 확인된 300명을 대상으로 한 이산가족들의 서신교환은 3월 15일 판문점 적십자연락사무소를 통해 실시한다. 이 때 교환되는 서신은 편지로 하고, 1~2매의 가족사진을 함께 보낼 수 있다.
3. 2월중 실시하기로 한 이산가족들의 생사 · 주소확인 대상자(각기 100명) 명단은 2월 9일에 교환하며, 그 결과에 대한 통보는 2월 23일에 한다.
4. 쌍방은 이산가족찾기 신청자들의 생사 · 주소 확인 및 서신교환 사업의 규모를 확대해 나가기로 하고, 그 구체적 사항은 제4차 남북적십자회담에서 협의 · 확정하기로 하였다.
5. 쌍방은 이산가족면회소 설치 · 운영과 관련한 구체적 문제들을 제4차 남북적십자회담에서 계속 협의 · 확정하기로 하였다.
6. 제4차 남북적십자회담은 4월 3일부터 4월 5일까지 하며, 장소는 추후 협의 · 확정하기로 하였다.

2001년 1월 31일<br>
금강산

# 남북교류협력에 관한 법률

제정 1990. 8. 1 법률 제4239호
개정 1990.12.27 법률 제4268호(정부조직법)
1992.12. 8 법률 제4522호(출입국관리법)
1994.12.31 법률 제4850호(대외무역법)
1996.12.30 법률 제5211호(대외무역법)
1997.12.13 법률 제5454호(정부명칭 등의 변경에 따른 건축법 등의 정비에 관한 법률)

제1조(목적) 이 법은 군사분계선 이남지역(이하 "남한"이라 한다)과 그 이북지역(이하 "북한"이라 한다)간의 상호교류와 협력을 촉진하기 위하여 필요한 사항을 규정함을 목적으로 한다.

제2조(정의) 이 법에서 사용하는 용어의 정의는 다음과 같다.

1. "출입장소"라 함은 북한으로 가거나 북한으로부터 들어올 수 있는 남한의 항구·비행장 기타 장소로서 대통령령이 정하는 곳을 말한다.
2. "교역"이라 함은 남한과 북한간의 물품의 반출·반입을 말한다.
3. "반출·반입"이라 함은 매매·교환·임대차·사용대차·증여 등을 원인으로 하는 남한과 북한간의 물품의 이동(단순히 제3국을 경유하는 물품의 이동을 포함한다. 이하 같다)을 말한다.
4. "협력사업"이라 함은 남한과 북한의 주민(법인·단체를 포함한다)이 공동으로 행하는 문화·체육·학술·경제 등에 관한 제반활동을 말한다.

제3조(다른 법률과의 관계) 남한과 북한과의 왕래·교역·협력사업 및 통신역무의 제공 등 남북교류와 협력을 목적으로 하는 행위에 관하여는 정당하다고 인정되는 범

위안에서 다른 법률에 우선하여 이 법을 적용한다.

제4조(남북교류협력추진협의회의 설치) 남한과 북한간의 상호교류 및 협력(이하 "남북교류 · 협력"이라 한다)에 관한 정책을 협의 · 조정하고, 남북교류 · 협력에 관한 중요사항을 심의 · 의결하기 위하여 통일부에 남북교류협력추진협의회(이하 "협의회"라 한다)를 둔다.

제5조(협의회의 구성)

① 협의회는 위원장 1인을 포함한 15인이내의 위원으로 구성한다.

② 위원장은 통일부장관이 되며, 협의회의 업무를 통할한다.

③ 위원은 차관 및 차관급 공무원중에서 국무총리가 지명하는 자가 된다.

④ 위원장이 사고가 있을 때에는 위원장이 미리 지정한 위원이 위원장의 직무를 대행한다.

⑤ 협의회에 간사 1인을 두되, 간사는 통일부 소속 공무원중에서 위원장이 지명하는 자가 된다.

제6조(협의회의 기능) 협의회는 다음 각호의 사항을 심의 · 의결한다.

1. 남북교류 · 협력에 관한 정책의 협의 · 조정 및 기본원칙의 수립
2. 남북교류 · 협력에 관한 각종 허가 · 승인 등에 관한 중요사항의 협의 · 조정
3. 교역대상품목의 범위 결정
4. 협력사업에 대한 총괄 · 조정
5. 남북교류 · 협력의 촉진을 위한 지원
6. 남북교류 · 협력과 관련된 중요사항에 대한 관계부처간의 협조추진
7. 기타 위원장이 부의하는 사항

제7조(협의회의 의사)

① 협의회의 회의는 위원장이 소집한다.

② 협의회의 회의는 재적위원 과반수의 출석과 출석위원 과반수의 찬성으로 의결한다.

③ 협의회의 운영에 관하여 필요한 사항은 대통령령으로 정한다.

제8조(실무위원회)

① 협의회에 상정할 의안을 준비하고, 협의회의 위임을 받은 사무를 처리하게 하기 위하여 협의회에 실무위원회를 둘 수 있다.

② 실무위원회의 구성 · 운영등에 관하여 필요한 사항은 대통령령으로 정한다.

제9조(남 · 북한 왕래)

① 남한과 북한의 주민이 남한과 북한을 왕래하고자 할 때에는 대통령령이 정하는 바에 의하여 통일부장관이 발급한 증명서를 소지하여야 한다.

② 재외국민이 외국에서 북한을 왕래하는 때에는 재외공관의 장에게 신고하여야 한다.

③ 남한의 주민이 북한의 주민등과 회합 · 통신 기타의 방법으로 접촉하고자 할 때에는 통일부장관의 승인을 얻어야 한다.

④ 제1항의 규정에 의한 증명서의 발급절차, 제2항의 규정에 의한 재외국민의 범위와 신고절차 및 제3항의 규정에 의한 승인절차 등에 관하여 필요한 사항은 대통령령으로 정한다.

제10조(해외동포 등의 출입보장) 외국국적을 보유하지 아니하고 대한민국의 여권을 소지하지 아니한 해외거주동포가 남한에 왕래하고자 할 때에는 여권법에 의한 여행증명서를 소지하여야 한다.

제11조(남 · 북한 왕래에 대한 심사) 출입장소에서 남한과 북한을 직접 왕래하는 남한과 북한의 주민은 대통령령이 정하는 바에 의하여 심사를 받아야 한다.

제12조(교역당사자) 교역(북한과 제3국간에 물품의 중계무역을 포함한다. 이하 이 조에서 같다)을 할 수 있는 자는 국가기관 · 지방자치단체 · 정부투자기관 또는 대외무역법에 의하여 무역업의 등록을 한 자(이하 "교역당사자"라 한다)로 하되, 통일부장관은 특히 필요하다고 인정할 때에는 협의회의 의결을 거쳐 교역당사자중 특정한 자를 지정하여 교역을 하게 할 수 있다.

제13조(반출 · 반입의 승인) 교역당사자가 물품의 반출 · 반입을 하고자 할 때에는

대통령령이 정하는 바에 의하여 당해 물품 또는 거래형태 · 대금결제방법에 관하여 통일부장관의 승인을 얻어야 한다. 승인을 얻은 사항 중 대통령령이 정하는 주요내용을 변경하고자 할 때에도 또한 같다.

제14조(교역대상물품의 공고) 통일부장관은 물품의 반출 · 반입에 관하여 협의회의 의결을 거쳐 다음 각호의 사항을 미리 공고하여야 한다. 공고한 사항을 변경하고자 할 때에도 또한 같다.

1. 물품의 반출 · 반입에 관한 승인을 요하는 품목 또는 금지품목의 구분
2. 승인을 요하는 품목에 관한 제한내용 및 승인절차

제15조(교역에 관한 조정명령 등)

① 통일부장관은 교역에 관한 협정의 준수나 물품의 반출 · 반입의 질서유지 등을 위하여 필요하다고 인정할 때에는 교역당사자에게 반출 · 반입하는 물품의 가격 · 수량 · 품질 기타 거래조건등에 관하여 필요한 조정을 명할 수 있다.

② 통일부장관은 필요하다고 인정할 때에는 교역당사자에게 교역에 관한 사항을 보고하게 할 수 있다.

제16조(협력사업자)

① 협력사업을 하고자 하는 자는 대통령령이 정하는 바에 의하여 통일부장관의 승인을 얻어야 한다.

② 제1항의 규정에 의한 승인의 요건과 승인취소사유 및 그 절차에 관하여 필요한 사항은 대통령령으로 정한다.

제17조(협력사업의 승인)

① 제16조 규정에 의하여 협력사업의 승인을 얻은 자(이하 "협력사업자"라 한다)가 협력사업을 시행하고자 할 때에는 매사업마다 통일부장관의 승인을 얻어야 한다. 승인을 얻은 사업의 내용을 변경하고자 할 때에도 또한 같다.

② 제1항의 규정에 의한 협력사업의 승인요건과 그 절차에 관하여 필요한 사항은 대통령령으로 정한다.

제18조(협력사업에 관한 조정명령 등)

① 통일부장관은 협력사업이 남북교류 · 협력의 촉진에 이바지할 수 있도록 협력사업자에게 그가 시행하는 협력사업에 대하여 필요한 조정을 명할 수 있다.

② 통일부장관은 대통령령이 정하는 바에 의하여 협력사업자에게 협력사업의 시행내용을 보고하게 할 수 있다.

제19조(결제업무의 취급기관)

① 통일부장관은 남북교류 · 협력에 있어서 필요하다고 인정할 때에는 재정경제부장관과 협의하여 결제업무를 취급할 기관을 지정할 수 있다.

② 제1항의 규정에 의한 결제업무취급기관이 행하는 결제의 범위 · 방법 및 절차 등에 관하여 필요한 사항은 대통령령으로 정한다.

제20조(수송장비의 운행)

① 남한과 북한간에 선박 · 항공기 · 철도차량 또는 자동차 등을 운행하고자 하는 자는 통일부장관의 승인을 얻어야 한다.

② 제1항의 규정에 의한 승인의 기준 및 절차등에 관하여 필요한 사항은 대통령령으로 정한다.

제21조(수송장비 등의 출입관리) 선박 · 항공기 · 철도차량 또는 자동차 등과 그 승무원이 출입장소에 출입하는 때에는 출입국관리법 제69조 내지 제76조의 규정을 준용한다(개정 92. 12. 8).

제22조(통신역무의 제공)

① 남북교류 · 협력의 촉진을 위하여 우편역무 및 전기통신역무를 제공할 수 있다.

② 남한과 북한간에 제공되는 우편역무 및 전기통신역무의 제공자 · 종류 · 요금 · 취급절차 등에 관하여 필요한 사항은 대통령령으로 정한다.

제23조(검역 등)

① 북한으로부터 내항하는 선박 · 항공기 · 하물은 검역조사를 받아야 한다.

② 제1항의 규정에 의한 검역조사에는 검역법 제6조 내지 제28조 및 제33조 내지 제35조의2의 규정을 준용한다. 다만, 검역법 제19조 및 제20조의 규정에 의한 검역증 또는 가검역증의 교부는 이를 생략할 수 있다.
③ 북한으로부터 남한으로 오는 자 중 전염병에 감염되었거나 감염이 의심되는 자와 전염병균의 병원체에 오염되었거나 오염이 의심되는 물건을 소지한 자는 국립검역소장 또는 보건소장에게 신고하여야 한다.

제24조(남북교류 · 협력의 지원) 정부는 남북교류 · 협력을 증진시키기 위하여 필요하다고 인정할 때에는 이 법에 따라 행하는 남북교류 · 협력을 위한 사업을 시행하는 자에게 보조금을 지급하거나 기타 필요한 지원을 할 수 있다.

제25조(협조요청) 통일부장관은 남북교류 · 협력을 증진시키고 관련 정책수립을 위하여 필요하다고 인정할 때에는 관계전문가 및 남북교류 · 협력의 경험이 있는 자에게 의견의 진술 등 필요한 협조를 요청할 수 있다. 이 경우 협조를 요청받은 자는 정당한 사유가 없는 한 이에 응하여야 한다.

제26조(다른 법률의 준용)
① 교역에 관하여 이 법에 특별히 규정되지 아니한 사항에 대하여는 대통령령이 정하는 바에 의하여 대외무역법 등 무역에 관한 법률을 준용한다.
② 물품의 반출 · 반입에 대하여는 대통령령이 정하는 바에 의하여 조세의 부과 · 징수 · 감면 및 환급 등에 관한 법률을 준용한다. 다만, 물품의 반입에 있어서는 관세법에 의한 과세규정 및 다른 법률에 의한 수입부과금에 관한 규정은 이를 준용하지 아니한다.
③ 남한과 북한간의 투자, 물품의 반출 · 반입 기타 경제에 관한 협력사업 및 이에 수반되는 거래에 대하여는 대통령령이 정하는 바에 의하여 다음 각호의 법률을 준용한다.

1. 외국환관리법
2. 외국인투자촉진법
3. 한국수출입은행법
4. 수출보험법

5. 대외경제협력기금법
6. 법인세법
7. 소득세법
8. 조세감면규제법
9. 수출용원재료에 대한 관세 등 환급에 관한 특례법
10. 기타 대통령령이 정하는 법률

④ 제1항 내지 제3항의 규정에 의하여 다른 법률을 준용함에 있어서는 대통령령으로 그에 대한 특례를 정할 수 있다.

제27조(벌칙)

① 다음 각호의 1에 해당하는 자는 3년 이하의 징역 또는 1,000만원 이하의 벌금에 처한다.

1. 제9조 제1항의 규정에 의한 증명서를 발급받지 아니하고 남한과 북한을 왕래하거나 동조 제3항의 규정에 의한 승인을 얻지 아니하고 회합 · 통신 기타의 방법으로 북한의 주민과 접촉한 자
2. 제13조의 규정에 의한 승인을 얻지 아니하고 물품을 반출 또는 반입한 자
3. 제17조 제1항의 규정에 의한 승인을 얻지 아니하고 협력사업을 시행한 자
4. 사위 기타 부정한 방법으로 제9조 제1항의 규정에 의한 증명서를 발급받거나 제9조 제3항, 제13조 또는 제17조의 규정에 의한 승인을 얻은 자
5. 제20조 제1항의 규정에 의한 승인을 얻지 아니하고 남한과 북한간에 선박 · 항공기 · 철도차량 또는 자동차 등을 운행한 자

② 다음 각호의 1에 해당하는 자는 1년 이하의 징역 또는 500만 원 이하의 벌금에 처한다.

1. 제9조 제2항의 규정에 의한 신고를 하지 아니하고 북한을 왕래한 재외국민
2. 제15조 제1항의 규정에 의한 조정명령을 따르지 아니하거나 제15조 제2항의 규정에 의한 보고를 하지 아니한 자
3. 제18조 제1항의 규정에 의한 조정명령을 따르지 아니하거나 제18조 제2항의 규정에 의한 보고를 하지 아니한 자

③ 제1항 제1호 내지 제3호의 미수범은 처벌한다.

제28조(양벌규정) 법인의 대표자, 법인 또는 개인의 대리인, 사용인 기타 종업원이

그 법인 또는 개인의 업무에 관하여 제27조의 규정에 해당하는 행위를 한 때에는 행위자를 벌하는 외에 그 법인 또는 개인에 대하여도 동조의 규정에 의한 벌금형을 과한다.

제29조(형의 감경 등) 제27조 제1항 및 제2항 제1호의 죄를 범한 자가 자수한 때에는 그 형을 감경 또는 면제할 수 있다.

제30조(북한주민의제) 이 법(제9조 제1항 및 제11조를 제외한다)의 적용에 있어서 북한의 노선에 따라 활동하는 국외단체의 구성원은 이를 북한의 주민으로 본다.

# 북미 공동성명—조선민주주의인민공화국과 미합중국 사이의 공동콤뮤니케(2000.10.12)

조선민주주의인민공화국 국방위원회 김정일위원장의 특사인 국방위원회 제1부위원장 조명록차수가 2000년 10월 9일부터 12일까지 미합중국을 방문하였다.

방문기간 국방위원회 김정일위원장께서 보내시는 친서와 조미관계에 대한 그이의 의사를 조명록특사가 미합중국 윌리암 클린톤대통령에게 직접 전달하였다. 조명록특사와 일행은 매덜레인 알브라이트국무장관과 윌리암 코헨국방장관을 비롯한 미행정부의 고위관리들을 만나 공동의 관심사로 되는 문제들에 대하여 폭 넓은 의견교환을 진행하였다.

쌍방은 조선민주주의인민공화국과 미합중국사이의 관계를 전면적으로 개선시킬수 있는 새로운 기회들이 조성된데 대하여 심도 있게 검토하였다. 회담들은 진지하고 건설적이며 실무적인 분위기속에서 진행되였으며 이 과정을 통하여 서로의 관심사들에 대하여 더 잘 리해할수 있게 되였다.

조선민주주의인민공화국과 미합중국은 력사적인 북남최고위급상봉에 의하여 조선반도의 환경이 변화되였다는 것을 인정하면서 아시아태평양지역의 평화와 안전을 강화하는데 리롭게 두 나라사이의 쌍무관계를 근본적으로 개선하는 조치들을 취하기로 결정하였다. 이와 관련하여 쌍방은 조선반도에서 긴장상태를 완화하고 1953년의 정전협정을 공고한 평화보장체계로 바꾸어 조선전쟁을 공식 종식시키는데서 4자회담 등 여러 가지 방도들이 있다는데 대하여 견해를 같이하였다.

조선민주주의인민공화국측과 미합중국측은 관계를 개선하는 것이 국가들사이의 관계에서 자연스러운 목표로 되며 관계개선이 21세기에 두 나라 인민들에게 다같이 리익으로 되는 동시에 조선반도와 아시아태평양지역의 평화와 안전도 보장하게 될것이라고 인정하면서 쌍무관계에서 새로운 방향을 취할 용의가 있다고 선언하였다. 첫 중대조치로서 쌍방은 그 어느 정부도 타방에 대하여 적대적의사를 가지지 않을것이라고 선언하고 앞으로 과거의 적대감에서 벗어난 새로운 관계를 수립하기 위하여 모든 노력을 다할것이라는 공약을 확언하였다.

쌍방은 1993년 6월 11일부 조미공동성명에 지적되고 1994년 10월 21일부 기본합의문에서 재확인된 원칙들에 기초하여 불신을 해소하고 호상신뢰를 이룩하며 주요관심사들을 건설적으로 다루어 나갈 수 있는 분위기를 유지하기 위하여 노력하기로 합의하였다.

이와 관련하여 쌍방은 두 나라 사이의 관계가 자주권에 대한 호상존중과 내정불간섭의 원칙에 기초하여야 한다는 것을 재확언하면서 쌍무적 및 다무적공간을 통한 외교적접촉을 정상적으로 유지하는 것이 유익하다는데 대하여 류의하였다.

쌍방은 호혜적인 경제협조와 교류를 발전시키기 위하여 협력하기로 합의하였다. 쌍방은 두 나라 인민들에게 유익하고 동북아시아전반에서의 경제적협조를 확대하는데 유리한 환경을 마련하는데 기여하게 될 무역 및 상업가능성들을 탐구하기 위하여 가까운 시일 안에 경제무역전문가들의 호상방문을 실현하는 문제를 토의하였다.

쌍방은 미싸일문제의 해결이 조미관계의 근본적인 개선과 아시아태평양지역에서의 평화와 안전에 중요한 기여를 할것이라는데 대하여 견해를 같이하였다. 조선민주주의인민공화국측은 새로운 관계구축을 위한 또 하나의 노력으로 미싸일문제와 관련한 회담이 계속되는 동안에는 모든 장거리미싸일을 발사하지 않을것이라는데 대하여 미국측에 통보하였다.

조선민주주의인민공화국과 미합중국은 기본합의문에 따르는 자기들의 의무를 완전히 리행하기 위한 공약과 노력을 배가할 것을 확약하면서 이렇게 하는 것이 조선반도의 비핵평화와 안전을 이룩하는데 중요하다는 것을 굳게 확언하였다. 이를 위하여 쌍방은 기본합의문에 따르는 의무리행을 보다 명백히 할데 대하여 견해를 같이하였다. 이와 관련하여 쌍방은 금창리지하시설에 대한 접근이 미국의 우려를 해소하는데 유익하였다는데 대하여 류의하였다.

쌍방은 최근년간 공동의 관심사로 되는 인도주의분야에서 협조사업이 시작되였다는데 대하여 류의하였다. 조선민주주의인민공화국측은 미합중국이 식량 및 의약품지원분야에서 조선민주주의인민공화국의 인도주의적수요를 충족시키는데 의의 있는 기여를 한데 대하여 사의를 표하였다. 미합중국측은 조선민주주의인민공화국이 조선전쟁시기 실종된 미군병사들의 유골을 발굴하는데 협조하여 준데 대하여 사의를 표하였으며 쌍방은 실종자들의 행처를 가능한 최대로 조사확인하는 사업을 신속히 전진시키기 위하여 노력하기로 합의하였다. 쌍방은 이상의 문제들과 기타 인도주의문제들을 토의하기 위한 접촉을 계속하기로 합의하였다.

쌍방은 2000년 10월 6일 공동성명에 지적된바와 같이 테로를 반대하는 국제적노력을 지지고무하기로 합의하였다.

조명록특사는 력사적인 북남최고위급상봉결과를 비롯하여 최근 몇 개월사이의 북남대화상황에 대하여 미국측에 통보하였다. 미합중국측은 현행 북남대화의 계속적인 전진과 성과 그리고 안보대화의 강화를 포함한 북남사이의 화해와 협조를 강화하기 위한 발기들의 실현을 위하여 모든 적절한 방법으로 협조할 자기의 확고한 공약을 표명하였다.

조명록특사는 클린톤대통령과 미국인민이 방문기간 따뜻한 환대를 베풀어 준데 대하여 사의를 표하였다.

조선민주주의인민공화국 국방위원회 김정일위원장께 윌리암 클린톤대통령의 의사를 직접 전달하며 미합중국대통령의 방문을 준비하기 위하여 매덜레인 알브라이트국무장관이 가까운 시일에 조선민주주의인민공화국을 방문하기로 합의하였다.

2000년 10월 12일

워 싱 톤

## 4자회담 1차 회담 의장 성명(1997. 12. 10)

1997년 12월 9일부터 10일까지 스위스 제네바에서 개최된 제1차 4자평화회담 대표들은 한반도에서 항구적인 평화를 이룩하기 위한 협상과정을 성공적으로 개시하였다.

금번 회담은 우호적이고 생산적인 분위기 속에서 진행되었으며 4자회담 대표들은 다음과 같이 합의하였다.

1. 의장국에 의한 추첨 결과 차기 회의 의장국을 중화인민공화국, 대한민국, 조선민주주의 인민공화국, 미합중국 순서로 한다.
2. 차기 본회담은 3월 16일부터 제네바에서 개최한다.
3. 1차 4자회담 의장국은 2차 4자회담 이전에 이 회담 준비를 위해 2월 중순 북경에서 특별소위원회를 소집한다.
4. 특별소위원회에서는 2차 4자회담에서 논의할 사안들을 검토하여 이를 본회담에서 심의하도록 건의한다.

4자 대표단은 모두 금번 회의를 위한 스위스 정부의 지원에 사의를 표하였다.

이로써 한반도에서 공고한 평화를 구축하기 위한 본격적인 여정이 시작되었다.

정부는 한 · 미 양국 대통령이 공동으로 제안한 4자회담 본연의 정신과 목표를 견지하면서 앞으로의 평화정착 과정을 밟아나갈 방침이다.

한반도 평화체제 구축과 긴장완화는 남북간의 신뢰구축과 교류협력 문제를 비롯하여 복잡한 문제들이 관련되어 있기 때문에 단기간에 성과를 기대하기는 어려울 것으로 예상된다.

따라서 정부는 장기적 관점에서 일관성과 인내심을 가지고 4자회담을 차분하게 추진해 나갈 방침이다.

## 4자회담 3차 회담 공동 발표문(1998. 10. 24)

4자회담 제3차 본회담이 1998년 10월 21~24일간 제네바에서 개최되었다. 조선민주주의인민공화국, 중화인민공화국, 대한민국, 미합중국 4자 대표단은 진지한 자세로 유용하고 건설적인 협의를 가졌다.

금번 회담에서 4자는 한반도 평화체제 구축과 한반도 긴장완화를 각각 논의하는 2개 분과위원회를 구성하는데 합의하였다. 또한 4자는 분과위 작업에 지침이 될 '분과위 설립 및 운영에 관한 각서' 도 채택하였다.

제4차 본회담은 1999년 1월 18~22일간 제네바에서 개최된다. 차기 본회담의 조직관련 사항을 토의하기 위한 차석대표급 준비회의가 본회담 개최 하루전 제네바에서 개최된다.

본회담의 의장국은 직전 본회담의 종료시점부터 본회담 준비를 맡으며, 동 본회담 이전 개최되는 준비회의의 의장직을 수임한다.

4자 대표단은 금번 회담을 지원해준 스위스 정부측에 깊은 감사의 뜻을 표했다.

**〈분과위 설립 및 운영에 관한 각서〉**

1. 4자는 1998년 10월 21~24간 제네바에서 개최된 4자회담 제3차 본회담에서 2개 분과위를 설립하는데 합의했다. 분과위에서는 한반도 평화체제 구축과 한반도 긴장완화 문제를 각각 논의한다.
2. 각 분과위 대표단의 수석대표는 본회담 대표중에서 1인이 맡는다. 각 대표단원의 숫자는 각측의 재량에 따라 결정한다. 각 대표단은 필요한 경우 분과위 회의에 전문가들을 동반할 수 있다.

3. 분과위는 제4차 본회담시부터 실질적인 작업을 개시하며, 그 이후부터 매본회담시마다 개최된다. 분과위는 각 본회담 종료이전 자신들의 작업결과를 본회담에 보고한다.
4. 본회담 의장국은 분과위 의장직도 수임한다.

# 저자 약력

## 유호열

미국 오하이오주립대학교 정치학 박사

세계지역연구협의회 이사, 한국정치학회 총무이사

현재 고려대학교 북한학과 교수

· 주요 저술: 〈현대북한체제론〉(공저), 〈21세기의 남북한 정치〉(공저), "김정일시대의 선군정치" 외 다수

## 안영섭

미국 MIT대학교 정치학 박사

외교안보연구원 교수, 세계일보 논설위원, 한국정치학회 부회장

현재 명지대학교 북한학과 교수

· 주요 저술: 〈사회과학방법론총설〉, 〈세계정치경제학〉, 〈촘스키의 정치사상과 한국언론〉 외 다수

## 류길재

고려대학교 정치학 박사

경남대학교 극동문제연구소 연구위원, 한국정치학회 섭외이사

현재 경남대학교 북한대학원 교수

· 주요 저술: 〈김정일 시대의 북한〉(공저), "북한의 변화예측과 조기통일의 문제점", "전쟁 직전 남북한관계의 전개과정: 정부수립에서 한국전쟁 발발까지" 외 다수

## 박순성

프랑스 파리10대학교 경제학 박사

통일연구원 부연구위원

현재 동국대학교 북한학과 교수

· **주요 저술**: 〈자유주의비판〉, 〈경제학과 윤리학〉, "북한의 경제이론과 경제체제 변화" 외 다수

### 최대석

미국 Claremont Graduate School 정치학 박사

통일연구원 연구위원, 한국정치학회 북한통일연구위원장, 한국정치학회 섭외이사

현재 동국대학교 북한학과 교수

· **주요 저술**: 〈현대북한체제론〉(공저), 〈통일문화연구〉(공저), 〈통일과 북한사회문화〉(공저) 외 다수

### 김수민

미국 하와이대학교 정치학 박사

현재 선문대학교 북한학과 교수

· **주요 저술**: "북한 정권의 정통화 시도: 1945~1950", "북한 정권의 형성과 전개 과정", "The Soviet's Policy toward Korea : 1945~1948" 외 다수

### 강원식

러시아 모스크바국립대학교 정치학 박사

민족통일연구원 연구위원

현재 관동대학교 북한학과 교수

· **주요 저술**: "통일기반 조성방안", "한반도 평화체제 구축방안", "북한의 정보화 가능성과 사이버시대 남북한관계" 외 다수

### 백영옥

미국 일리노이대학교 정치학 박사

명지대학교 북한연구소 소장, 민족통일연구원 연구위원, 북한학과협의회 부회장

현재 명지대학교 북한학과 교수

· **주요 저술**: 〈한민족공동체 형성을 위한 교포정책〉, 〈국제기구를 통한 남북한 교류 · 협력 증대방안〉, 〈북한이탈주민대책연구〉 외 다수

# 남북 화해와 민족 통일

엮은이/ 전국대학북한학과협의회
지은이/ 유호열 외
펴낸이/ 정진숙
펴낸곳/ (주)을유문화사

초판 제1쇄 발행/ 2001년 3월 15일
초판 제2쇄 발행/ 2002년 1월 15일

등록번호/ 1-292
등록날짜/ 1950. 11. 1.
주 소/ 서울시 종로구 수송동 46-1
전 화/ 734-3515, 733-8151~3
FAX/ 732-9154
E-Mail/ eulyoo@chollian.net
ey@eulyoo.co.kr
인터넷 홈페이지/ www.eulyoo.co.kr

값/ 12,000원

ISBN 89-324-6068-X 03300